역해 화간집花間集 상上
사랑과 인생을 고뇌한 천년 전 노래집

역해자 이종진(李鍾振)

　　서울대학교 중국어문학과를 졸업하고, 동 대학원에서 석사학위를, 국립대만사범대학 국문연구소에서 박사학위를 취득하였다. 육군사관학교 교수부 전임강사, 계명대학교 한문교육학과, 중문과 조교수를 거쳐 이화여자대학교 중문과 교수로 퇴직하였다. 중국어문학회 회장, 한국중국학회 회장, 한국중어중문학회 회장, 한국중국문학이론학회 회장을 역임하였다. 현재, 중국어문학회 명예회장, 사단법인 한국중국어문학회 이사장을 맡고 있다.

　　저서로 ≪중국시와 사의 미적 경계를 찾아서≫, ≪중국시와 시인 - 송대편≫(공저), ≪조식시선≫, ≪소식시선≫ 등이 있으며, 번역서로 ≪중국언어학사≫(왕력王力, 공역), ≪당송사풍격론≫(양해명楊海明), ≪당시학의 이해≫(진백해陳伯海), ≪훈고학입문≫(곽재이郭在貽, 공역) 등이 있다.

역해 화간집花間集 상上
── 사랑과 인생을 고뇌한 천년 전 노래집

　초판 인쇄 2025년 11월 21일
　초판 발행 2025년 11월 28일

　편　 자 후촉後蜀 조숭조趙崇祚
　역해자 이종진
　펴낸이 이대현
　편　 집 이태곤·권분옥·임애정·강윤경
　디자인 안혜진·최선주·김다윤
　마케팅 박태훈

　펴낸곳 도서출판 역락
　주　 소 서울시 서초구 동광로 46길 6-6(반포동 문창빌딩 2F)
　전　 화 02-3409-2060(편집부), 2058(영업부)
　팩　 스 02-3409-2059
　등　 록 1999년 4월 19일 제303-2002-000014호
　이메일 youkrack@hanmail.net
　홈페이지 www.youkrackbooks.com

　ISBN 979-11-7396-418-3 94820
　　　　 979-11-7396-417-6(전2권)

＊ 사전 동의 없는 무단 전재 및 복제를 금합니다.
＊ 파본은 구입처에서 교환해 드립니다.

후촉 後蜀 **조숭조** 趙崇祚 편　이종진 역해

역해 화간집 上

花間集

사랑과 인생을 고뇌한
천년 전 노래집

역락

머리말

　사(詞)는 민간 전통 음악인 청상악(淸商樂)이 비파가 주요 악기로 연주되는 서역 음악인 호악(胡樂)과 결합된 연악(宴樂, 곧 燕樂)이 바탕이 되는 서정문학으로 민가(民歌)의 정취를 반영한다. <하전 河傳>, <양류지 楊柳枝> 같은 사조(詞調)는 수대(隋代)의 민가인 데다, 허다한 사조 명칭이 민간 생활에서 유래된 특징을 살필 수 있기 때문이다. 사는 협악(協樂)하는 문학이기에 모든 사는 고유한 음악성을 반영하는 사조명(詞調名)을 지닌다. 매 사조는 구(句) 수가 정해져 있고, 매 구는 자(字) 수가 정해져 있으며, 매 글자는 성(聲)이 정해져 있기에 근체시나 고체시와는 크게 다르다. 시(詩)는 언지(言志)하는 음영(吟詠) 문학인 반면, 사는 진정(眞情)을 노래하는 가창(歌唱) 문학으로 당 천보(天寶, 742-756) 연간 이후로 문인들에게서 매우 유행하는 문체가 되었다.

　≪화간집 花間集≫은 당(唐), 개성(開成) 원년(836) 경부터 후진(後晉) 천복(天福) 5년(940)인 후촉(後蜀, 934-966) 광정(廣政) 3년(940)에 이르는 사이에 활약한 사인(詞人)인 온정균(溫庭筠, 801?-866?), 황보송(皇甫松, 820?-900?), 위장(韋莊, 836-910), 설소온(薛昭蘊, 생졸 미상), 우교(牛嶠, 848-920?), 장필(張泌, 생졸 미상), 모문석(毛文錫, 생졸 미상), 우희제(牛希濟, 872?-?), 구양형(歐陽烔, 896-971), 화응(和凝, 898-955), 고형(顧敻, 생졸 미상), 손광헌(孫光憲, 898?-968), 위승반(魏承班, 약 925 전후?), 녹건의(鹿虔扆, 938?-950?), 염선(閻選, 후촉, 처사處士), 윤악(尹鶚, 896 전후?), 모희진(毛熙震, 947 전후?), 이순(李珣, 855?-930?) 등 18인이 근 1세기에 걸쳐 지은 사 500수를 채록(採錄)한 사집(詞集)으로 후촉 조숭조(趙崇祚, 생졸 미상)에 의해 광정 3년에 완성되었다. 그는 자(字)가 홍기(弘基)로 감숙(甘肅), 천수인(天水人)이었던 후촉 개국공신 조정은(趙廷隱, 885-950)의 차남이다. 조숭조는 편집의 객관성을 확보하기 위해 자신의 작품은 1수도 편입시키지 않았고, 이 사집의 서(序)를 쓴 구양형 사는 17수만을 채록하였다. 제일 많게는 온정균의 사 66수, 손광헌 사 61수, 고형 사 55수를 선록(選錄)하였고, 제일 적게는 녹건의,

윤악의 사를 각각 6수씩 선록하여 각 사인의 풍격을 살피게 하였다. 선록 배경은 구양형이 쓴 ≪화간집≫ 서를 참조할 수 있다. 화간사인(花間詞人) 18인 중, 만당(晩唐) 사인인 온정균, 황보송 2인과 후당(後唐, 923-936), 후진(後晉, 936-947), 후한(後漢, 947-950), 후주(後周, 951-960) 등에서 두루 관직을 지낸 화응과 만당, 후당(後唐), 송(宋)에서 관직을 지낸 손광헌 등 2인을 포함한 4인만이 촉(蜀)에 벼슬하지 않았을 뿐, 14인 모두는 전촉(前蜀, 907-925)과 후촉에서 관직을 지냈기에 ≪화간집≫은 촉 사인의 사집이라고 해도 과언이 아닐 정도이다.

≪화간집≫ 출현은 두 측면을 배경으로 하고 있다. 우선은 중, 만당 시기, 상업의 발달로 인해 대도시로 인구가 유입되고 새로운 도시가 형성됨에 따라 오락문화가 성행하게 된 면이고, 다른 하나는 중앙권력이 무너짐에 따라 시교(詩敎)로 받들어온 "문이재도(文以載道)" 관념이 쇠퇴한 면이다. 특히, 난세(亂世)인 오대(五代, 907-960)에 이르러서는 새로운 왕조에 재출사(再出仕)하는 현상이 여론의 지탄(指彈) 대상이 되지 않았을 뿐만 아니라, 도덕적 가책도 느끼지도 않았음은 전촉에서 어사중승(御史中丞)을 지낸 우희제(牛希濟)의 시를 통해 살필 수 있다. 그는 촉이 망하자 후당에 들어가, 명종(明宗)을 섬기면서 <황제의 명을 빌아 촉 주상이 후당에 투항한 시를 짓다 奉詔賦蜀主降唐詩>라는 시에서 "성을 가득 채운 문무백관이 아침에 황제를 뵈려 하나, 이웃 나라 군사는 차가운 안개를 무릅쓰는 고통을 느끼지 않네. 후당 주상이 다시 새 왕조를 세웠기에, 촉 왕은 옛 땅을 지키기 어렵게 되었네. 능력 있는 문무 대신이 서로 보살핌이 용렬해서가 아니고, 본래 군신이란 세월이 흐르면 노쇠해져서네. 고금의 오고 감이 이와 같았기에, 즐겁게 웃었음이 몇 번이었고 슬프게 눈물 흘렸음이 몇 번이었나!(滿城文武欲朝天, 不覺鄰師犯寒煙. 唐主再懸新日月, 蜀王難保舊山川. 非干將相扶持拙, 自是君臣數盡年. 古今往來亦如此, 幾曾歡笑幾潸然!)"라고 읊었다. 이런 소회는 전통 유가 사상과 상반된 관념으로 극기복례(克己復禮)가 더 이상의 미덕

이 될 수 없었기에, 사(詞) 창작은 유미주의 경향 속에 연정기미설(緣情綺靡說)을 적극적으로 좇게 되었다. 따라서 사는 완려(婉麗)하고 경염(輕艶)한 풍격을 드러내면서 유약(幽約)함 속에 진정을 유로(流露)했기에, 애수(哀愁)를 아름답게 표현하는 의경을 부단히 추구하게 되었다.

화간 비조로 받들어진 온정균은 허실(虛實)이 교차하는 모호한 의상(意象) 속에서 우회곡절(迂回曲折)한 방식으로 가무성색(歌舞聲色)에 부합하는 염려(艶麗)한 가사를 써냄으로써 화간 사풍을 창도할 수 있었다.

화간파 사인의 사작(詞作)은 가기(歌妓)의 연창에 수반되는 오락성을 중시한 데다, 남녀상열지사(男女相悅之事)가 주된 주제였기에 대담한 묘사도 꺼리지 않았다. 거의 여성의 사랑을 제재로 삼았기에 여성의 감정, 형모(形貌), 체태(體態) 묘사에 집중되는 특색을 보였다. 대개는 유희성을 벗어나지 못했지만 진지한 애정을 그린 작품에서 화간사의 특성을 드러낼 수 있었다. 이는 여성을 인격체로 인식한 측면으로 진정한 사랑 앞에서는 여성이 수단이 될 수 없다는 사고는 봉건 예교(禮敎) 관념에서 탈피하는 과감성을 보일 수 있었다. 하지만 이런 주제를 반영한 사가 기루(妓樓)를 자주 찾았던 사대부들의 손으로 쓰이게 된 아이러니를 어떻게 해석해야 할지! 사인(詞人)들은 여성의 애정 심리와 연애심리를 심층적으로 세밀하게 파악하고 있었기에, 이들이 쓴 사가 마치 여성 작가에 의해 쓰인 사로 착각될 만큼 세심함을 보일 수 있었다. 물론 이러한 창작 경향은 내일이 불투명한 난세라서 더욱 거리낌이 없었던 데다가, 이제껏 듣지 못했던 정성(鄭聲)이었기에 더욱 환영받았으니 "망해가는 나라의 노래는 슬퍼 깊은 생각을 끌어내므로 그 나라의 백성은 곤궁해져 고통스럽다.(亡國之音哀以思, 其民困.)"는 종국을 피할 수 없었다.

≪화간집≫이 중국문학 발전에 미친 영향을 세 방면으로 구분해 살필 수 있다.

우선은 최초 문인 사집으로 진정(眞情), 염려(艶麗), 완약(婉約), 층심(層深), 유미(唯美)라는 사의 풍격 특징을 확정시킴으로써 시와는 차별화된 독립된 문학 장르임을 선언할 수 있었다. 특히 북송(北宋)초, 안수(晏殊, 991-1055), 유영(柳永, 984?-1053?), 구양수(歐陽修, 1007-1072), 안기도(晏幾道, 1038-1110), 소식(蘇軾, 1037-1101) 등과 같은 저명 문인들이 이 사집을 즐겨 애창하면서 시에 상응하는 문체로 사를 즐겨 창작하여, 사의 문학적 지위를 확립함으로써, 중국문학사에서 송사(宋詞)라는 칭호를 부여받게 된 면이다. 따라서

≪화간집≫은 1900년 돈황석실장(敦煌石室藏) ≪운요집 雲謠集≫이 발견되기 전까지 중국 사집(詞集)의 비조로 칭송될 수 있었다.

다음은 ≪화간집≫에 흔히 쓰인 사조인 <어부사 漁父詞>, <양류지 楊柳枝>, <낭도사 浪淘沙> 등이 당인(唐人) 시집인 ≪전당시 全唐詩≫에도 실려 있기에 이 사집은 시(詩), 사(詞)의 전변(轉變) 궤적과 발전 과정을 살핌에 매우 중요한 자료임을 확인케 하는 면이다. 따라서 이에 대한 탐색은 계속되어야 할 것이다.

마지막은 송사에 쓰인 제재가 이미 ≪화간집≫에서 거의 망라된 면이다. 그 유형은 애정사, 연회사(宴會詞), 절서사(節序詞), 변새사(邊塞詞), 회고사, 영물사(詠物詞), 영사사(詠史詞), 한수사(閑愁詞), 남월(南粵) 풍토사, 은일사(隱逸詞), 농촌사, 기려사(羈旅詞), 과거 급제의 기쁨을 노래한 사 등으로 구분할 수 있다. 이 같은 제제 중에 사랑의 고뇌를 노래한 애정사가 주류를 이룬바, 이별과 상사(相思)를 그린 규원사(閨怨詞), 순수한 사랑을 찬양한 순정사, 은중교다(恩重嬌多)라는 상관 심리를 묘사한 연정사, 실연한 여인이 비애를 극복하려는 의지를 그린 사, 남자의 연정을 고백한 사, 애정이 물거품 같음을 탄식한 사 등으로 세분할 수 있다. 이처럼 다양한 방식으로 애정사가 쓰인 까닭은 남녀 간의 사랑이 인생의 삶을 역동적으로 이끌어가는 본질임을 자각한 때문이었다. 영사사는 또한 남송 사의 주류를 이룬 애국사(愛國詞)의 연원이 된 점을 간과할 수 없다. 따라서 ≪화간집≫ 500수를 접하지 않고는 송사의 연변을 언급할 수가 없을 것이니, 이는 ≪시경≫ 300수를 모르고는 악부시나 당송시(唐宋詩)의 성취를 논할 수 없는 이치와 같다.

이 역해는 ≪화간집≫ 작품을 심도 있게 감상하기 위해 상세한 설명을 마다하지 않았다. 설득력을 보인 주요 사론가(詞論家)의 품평을 인용한 것도 이 때문이었다. 특히, 탕현조(湯顯祖, 1550-1616), 진정작(陳廷焯, 1853-1892), 이빙약(李冰若, 1899-1939) 등의 평을 위주로 소개한 이유는 아래와 같다.

탕현조는 만명(晚明)의 저명 희곡작가로 ≪화간집≫을 애호하여 거세(去世) 1년 전인 만력(萬曆) 43년(1615), ≪옥명당평화간집 玉茗堂評花間集≫을 완성하면서 ≪화간집≫이 의성전사(依聲塡詞)하는 사의 원조가 된 지위를 인정한 동시에, 사경(詞境)이 시경(詩境)이나 화경(畫境)과 다른 점을 비교하면서 화간사의 심미(審美) 연원을 탐색한 때문이다. 특히 화간사가 감정 표달이 세미함을 강조함으로써 "사위염과(詞爲艷科)"라는 편면성을 반박하면서 전아유미(典雅流美)한 언어로 지정(至情)을 묘사할 것을 강조했을 뿐만 아니라, 화간사가 송사와 원명곡(元明曲)에 미친 영향을 탐구했기에 ≪화간집≫의 문학적인 지위를 새롭게 조명할 수 있었던 때문이었다.

진정작은 사의 기탁(寄託)을 중시하여 상주사파(常州詞派) 사론을 집대성한 만청(晚淸) 사론가로 온정균과 위장 사를 척도로 하여 제 사인들의 창작 성취의 고저를 형량하였고, 온후(溫厚)와 풍아(風雅)라는 기준으로 화간사를 품평하면서, 침울돈좌(沈鬱頓挫)라는 의경을 추구한 때문이었다. 특히 ≪운소집 雲韶集≫은 진씨 초기의 사평집(詞評集)으로 절서사파(浙西詞派)가 중시한 "순아(醇雅)"와 "청공(淸空)"론을 받들면서 정심(情深)을 평사(評詞)의 요체로 삼는 침울설을 확립하는 토대가 되었다.

한편 이빙약은 호남(湖南), 신영(新寧) 사람으로, 원명은 석형(錫炯)이며, 만년에는 허장주인(栩莊主人)이라고 자호(自號)하였다. 1924년 남경 동남대학 국문계에 입학해, 오매(吳梅, 1884-1939), 진종범(陳鍾凡, 1888-1982) 등을 사사(師事)하며 중국 고전문학을 연구했고, 1920년 이후에는 상해기남(上海暨南) 대학 문학원 교수로 강의하였고, 1939년 병사하였다. 그는 <허장만기 栩莊漫記>라는 명의로, 화간 사인 18명과 ≪화간집≫ 170여 수의 사에 정밀한 분석을 보인 196조의 평어(評語)를 썼다. 이 평어는 독특한 문학성을 보였기에 후세 사론가들이 자주 인용한바, 당규장(唐圭璋, 1901-1990), 섭가영(葉嘉瑩, 1924-) 같은 사론가들도 그의 평어를 중시하였다. <허장만기>는 그의 ≪화간집평주 花間集評注≫에 실린바, 이 평주는 1936년 상해 "개명서국(開明書局)"에서 초간된 이후, 이를 저본으로 하여 여러 출판사들이 표점을 새로 정리해 출간을 거듭해 오면서 설득력을 보인 때문이다.

화간사는 정감을 여과 없이 묘사함도 주저하지 않았기에 때로는 농도가 진한 술을 맛보는 듯하다. 비치는 옷에 고운 살결이 드러나는 듯한 자극도 받지만, 진실한 사랑에는 음탕함이 수반될 수 없음을 일깨우고 있다. 하지만 인생이 추구하는 궁극적 가치를 탐색하게 하면서, 명리를 다툼이 허망함을 깨닫게 한 사도 적지 않다. 따라서 이 역해를 통해 만당과 전, 후촉 시기의 사회상과 문인의 내재심리를 살피면서, 세상을 접하는 우리의 인식이 올바른지를 자문해 보는 계기가 될 수 있기 바란다. 특히 우리는 "사위염과(詞爲艷科)"라는 편향된 유가적 인식에서 이미 탈피한 시대에 살고 있기 때문이다.

끝으로 화간사를 연구한 김윤정, 2010년부터 ≪화간집≫ 작품을 입력하면서 <당송사연

구> 강좌를 수강해준 이진아 박사, 김아름, 그리고 김민경, 김지현, 양초롱, 전소연 석사와 학부 수업을 경청해준 이화 중문 동학 모두에게 깊은 감사를 전하면서 모든 독자의 질정을 간구한다. 각별히 탕약사선생평선(湯若士先生評選) ≪화간집≫(취금당재행 聚錦堂梓行) 자료를 제공해준 서울대 이창숙 교수와 위승반 <소충정 訴衷情> 5-2수 사에 탕현조가 동파의 평을 인용한 "사각기반, 저일매흑자(四脚棋盤, 著一昧黑子)"라는 구 해석에 도움을 준 유종목 서울대 명예교수에게 고마움을 전한다. 15년이란 긴 세월 동안의 작업물이 필자의 손을 떠나려 하니 아쉬움만 더해질 뿐이다. 아울러 교정본 원고 출력을 도와준 이지은 교수, 우리글 표현을 다듬기 위해 일독해준 최동표 박사, 어려운 출간 여건 속에서도 흔쾌히 응낙해준 이대현 사장님과 편집과 교정에 심혈을 쏟은 권분옥 님께 깊은 감사를 표한다.

을사년(2025) 모춘(暮春) 대모산 밑
청음재(淸音齋)에서 이종진 씀

차례

머리말 _ 4
일러두기 _ 20

화간집서花間集序 __ 구양형歐陽炯 • 22

1. 온정균溫庭筠 66수 • 25

1-1-1	<보살만 菩薩蠻> 14수-1 小山重疊金明滅	• 28
1-2-2	<보살만> 14수-2 水精簾裏玻璃枕	• 30
1-3-3	<보살만> 14수-3 蕊黃無限當山額	• 32
1-4-4	<보살만> 14수-4 翠翹金縷雙鸂鶒	• 34
1-5-5	<보살만> 14수-5 杏花含露團香雪	• 36
1-6-6	<보살만> 14수-6 玉樓明月長相憶	• 38
1-7-7	<보살만> 14수-7 鳳凰相對盤金縷	• 40
1-8-8	<보살만> 14수-8 牡丹花謝鶯聲歇	• 42
1-9-9	<보살만> 14수-9 滿宮明月梨花白	• 44
1-10-10	<보살만> 14수-10 寶函鈿雀金鸂鶒	• 46
1-11-11	<보살만> 14수-11 南園滿地堆輕絮	• 48
1-12-12	<보살만> 14수-12 夜來皓月才當午	• 50
1-13-13	<보살만> 14수-13 雨晴夜合玲瓏日	• 52
1-14-14	<보살만> 14수-14 竹風輕動庭除冷	• 54
1-15-15	<경루자 更漏子> 6수-1 柳絲長	• 56
1-16-16	<경루자> 6수-2 星斗稀	• 58
1-17-17	<경루자> 6수-3 金雀釵	• 60
1-18-18	<경루자> 6수-4 相見稀	• 62
1-19-19	<경루자> 6수-5 背江樓	• 64
1-20-20	<경루자> 6수-6 玉爐香	• 66
1-21-21	<귀국요 歸國遙> 2수-1 香玉	• 70

1-22-22	<귀국요> 2수-2 雙臉	· 72
1-23-23	<주천자 酒泉子> 4수-1 花映柳條	· 74
1-24-24	<주천자> 4수-2 日映沙窗	· 76
1-25-25	<주천자> 4수-3 楚女不歸	· 78
1-26-26	<주천자> 4수-4 羅帶惹香	· 80
1-27-27	<정서번 定西番> 3수-1 漢使昔年離別	· 82
1-28-28	<정서번> 3수-2 海燕欲飛調羽	· 84
1-29-29	<정서번> 3수-3 細雨曉鶯春晚	· 86
1-30-30	<양류지 楊柳枝> 8수-1 宜春苑外最長條	· 88
1-31-31	<양류지> 8수-2 南內墻東禦路旁	· 90
1-32-32	<양류지> 8수-3 蘇小門前柳萬條	· 92
1-33-33	<양류지> 8수-4 金縷毿鬖碧瓦溝	· 94
1-34-34	<양류지> 8수-5 館娃宮外鄴城西	· 96
1-35-35	<양류지> 8수-6 兩兩黃鸝色似金	· 98
1-36-36	<양류지> 8수-7 禦柳如絲映九重	· 100
1-37-37	<양류지> 8수-8 織錦機邊鶯語頻	· 102
1-38-38	<남가자 南歌子> 7수-1 手裏金鸚鵡	· 104
1-39-39	<남가자> 7수-2 似帶如絲柳	· 106
1-40-40	<남가자> 7수-3 倭墮低梳髻	· 108
1-41-41	<남가자> 7수-4 臉上金霞細	· 110
1-42-42	<남가자> 7수-5 撲蕊添黃子	· 112
1-43-43	<남가자> 7수-6 轉盼如波眼	· 114
1-44-44	<남가자> 7수-7 懶拂鴛鴦枕	· 116
1-45-45	<하독신 河瀆神> 3수-1 河上望叢祠	· 118
1-46-46	<하독신> 3수-2 孤廟對寒潮	· 120
1-47-47	<하독신> 3수-3 銅鼓賽神來	· 122
1-48-48	<여관자 女冠子> 2수-1 含嬌含笑	· 124
1-49-49	<여관자> 2수-2 霞帔雲髮	· 126
1-50-50	<옥호접 玉蝴蝶>	· 128
1-51-51	<청평악 淸平樂> 2수-1 上陽春晚	· 130

1-52-52	<청평악> 2수-2 洛陽愁絶	132
1-53-53	<하방원 遐方怨> 2수-1 憑繡檻	136
1-54-54	<하방원> 2수-2 花半拆	138
1-55-55	<소충정 訴衷情>	140
1-56-56	<사제향 思帝鄕>	142
1-57-57	<몽강남 夢江南> 2수-1 千萬恨	144
1-58-58	<몽강남> 2수-2 梳洗罷	146
1-59-59	<하전 河傳> 3수-1 江畔	148
1-60-60	<하전> 3수-2 湖上	150
1-61-61	<하전> 3수-3 同伴	154
1-62-62	<번녀원 蕃女怨> 2수-1 萬枝香雪開已遍	156
1-63-63	<번녀원> 2수-2 磧南沙上驚雁起	158
1-64-64	<하엽배 荷葉杯> 3수-1 一點露珠凝冷	160
1-65-65	<하엽배> 3수-2 鏡水夜來秋月	162
1-66-66	<하엽배> 3수-3 楚女欲歸南浦	164

2. 황보송皇甫松 12수 · 167

2-1-67	<천선자 天仙子> 2수-1 晴野鷺鷥飛一隻	170
2-2-68	<천선자> 2수-2 躑躅花開紅照水	172
2-3-69	<낭도사 浪淘沙> 2수-1 灘頭細草接疏林	174
2-4-70	<낭도사> 2수-2 蠻歌豆蔻北人愁	176
2-5-71	<양류지 楊柳枝> 2수-1 春入行宮映翠微	178
2-6-72	<양류지> 2수-2 爛熳春歸水國時	180
2-7-73	<적득신 摘得新> 2수-1 酌一巵	182
2-8-74	<적득신> 2수-2 摘得新	184
2-9-75	<몽강남 夢江南> 2수-1 蘭燼落	186
2-10-76	<몽강남> 2수-2 樓上寢	188
2-11-77	<채련자 採蓮子> 2수-1 菡萏香蓮十頃陂	190
2-12-78	<채련자> 2수-2 船動湖光灩灩秋	192

3. 위장韋莊 48수 · 195

3-1-79	<완계사 浣溪沙> 5수-1 清曉妝成寒食天	· 198
3-2-80	<완계사> 5수-2 欲上鞦韆四體慵	· 200
3-3-81	<완계사> 5수-3 惆悵夢餘山月斜	· 202
3-4-82	<완계사> 5수-4 綠樹藏鶯鶯正啼	· 204
3-5-83	<완계사> 5수-5 夜夜相思更漏殘	· 206
3-6-84	<보살만 菩薩蠻> 5수-1 紅樓別夜堪惆悵	· 208
3-7-85	<보살만> 5수-2 人人盡說江南好	· 210
3-8-86	<보살만> 5수-3 如今却憶江南樂	· 212
3-9-87	<보살만> 5수-4 勸君今夜須沉醉	· 214
3-10-88	<보살만> 5수-5 洛陽城裏春光好	· 216
3-11-89	<귀국요 歸國謠> 3수-1 春欲暮	· 218
3-12-90	<귀국요> 3수-2 金翡翠	· 220
3-13-91	<귀국요> 3수-3 春欲晚	· 222
3-14-92	<응천장 應天長> 2수-1 綠槐陰裏黃鶯語	· 224
3-15-93	<응천장> 2수-2 別來半歲音書絶	· 226
3-16-94	<하엽배 荷葉杯> 2수-1 絶代佳人難得	· 228
3-17-95	<하엽배> 2수-2 記得那年花下	· 230
3-18-96	<청평악 清平樂> 4수-1 春愁南陌	· 232
3-19-97	<청평악> 4수-2 野花芳草	· 234
3-20-98	<청평악> 4수-3 何處遊女	· 236
3-21-99	<청평악> 4수-4 鶯啼殘月	· 238
3-22-100	<망원행 望遠行>	· 240
3-23-101	<알금문 謁金門> 2수-1 春漏促	· 242
3-24-102	<알금문> 2수-2 空相憶	· 244
3-25-103	<강성자 江城子> 2수-1 恩重嬌多情易傷	· 246
3-26-104	<강성자> 2수-2 髻鬟狼藉黛眉長	· 248
3-27-105	<하전 河傳> 3수-1 何處	· 250
3-28-106	<하전> 3수-2 春晚	· 254

3-29-107	<하전> 3수-3 錦浦	• 256
3-30-108	<천선자 天仙子> 5수-1 悵望前回夢裏期	• 258
3-31-109	<천선자> 5수-2 深夜歸來長酩酊	• 260
3-32-110	<천선자> 5수-3 蟾彩霜華夜不分	• 262
3-33-111	<천선자> 5수-4 夢覺雲屛依舊空	• 264
3-34-112	<천선자> 5수-5 金似衣裳玉似身	• 266
3-35-113	<희천앵 喜遷鶯> 2수-1 人洶洶	• 268
3-36-114	<희천앵> 2수-2 街鼓動	• 270
3-37-115	<사제향 思帝鄕> 2수-1 雲髻墜	• 272
3-38-116	<사제향> 2수-2 春日遊	• 274
3-39-117	<소충정 訴衷情> 2수-1 燭爐香殘簾半卷	• 276
3-40-118	<소충정> 2수-2 碧沼紅芳煙雨靜	• 278
3-41-119	<상행배 上行杯> 2수-1 芳草灞陵春岸	• 280
3-42-120	<상행배> 2수-2 白馬玉鞭金轡	• 282
3-43-121	<여관자 女冠子> 2수-1 四月十七	• 284
3-44-122	<여관자> 2수-2 昨夜夜半	• 286
3-45-123	<경루자 更漏子>	• 288
3-46-124	<주천자 酒泉子>	• 290
3-47-125	<목란화 木蘭花>	• 292
3-48-126	<소중산 小重山>	• 294

4. 설소온薛昭蘊 19수 • 297

4-1-127	<완계사 浣溪沙> 8수-1 紅蓼渡頭秋正雨	• 300
4-2-128	<완계사> 8수-2 鈿匣菱花錦帶垂	• 302
4-3-129	<완계사> 8수-3 粉上依稀有淚痕	• 304
4-4-130	<완계사> 8수-4 握手河橋柳似金	• 306
4-5-131	<완계사> 8수-5 簾下三間出寺牆	• 308
4-6-132	<완계사> 8수-6 江館淸秋纜客船	• 310
4-7-133	<완계사> 8수-7 傾國傾城恨有餘	• 312

4-8-134	<완계사> 8수-8 越女淘金春水上	· 314
4-9-135	<희천앵 喜遷鶯> 3수-1 殘蟾落	· 316
4-10-136	<희천앵> 3수-2 金門曉	· 318
4-11-137	<희천앵> 3수-3 淸明節	· 320
4-12-138	<소중산 小重山> 2수-1 春到長門春草靑	· 322
4-13-139	<소중산> 2수-2 秋到長門秋草黃	· 324
4-14-140	<이별난 離別難>	· 326
4-15-141	<상견환 相見歡>	· 330
4-16-142	<취공자 醉公子>	· 332
4-17-143	<여관자 女冠子> 2수-1 求仙去也	· 334
4-18-144	<여관자> 2수-2 雲羅霧縠	· 336
4-19-145	<알금문 謁金門>	· 338

5. 우교牛嶠 32수 · 341

5-1-146	<유지 柳枝> 5수-1 解凍風來末上靑	· 344
5-2-147	<유지> 5수-2 吳王宮裏色偏深	· 346
5-3-148	<유지> 5수-3 橋北橋南千萬條	· 348
5-4-149	<유지> 5수-4 狂雪隨風撲馬飛	· 350
5-5-150	<유지> 5수-5 裊翠籠煙拂暖波	· 352
5-6-151	<여관자 女冠子> 4수-1 綠雲高髻	· 354
5-7-152	<여관자> 4수-2 錦江煙水	· 356
5-8-153	<여관자> 4수-3 星冠霞帔	· 358
5-9-154	<여관자> 4수-4 雙飛雙舞	· 360
5-10-155	<몽강남 夢江南> 2수-1 銜泥燕	· 362
5-11-156	<몽강남> 2수-2 紅繡被	· 364
5-12-157	<감은다 感恩多> 2수-1 兩條紅粉淚	· 366
5-13-158	<감은다> 2수-2 自從南浦別	· 368
5-14-159	<응천장 應天長> 2수-1 玉樓春望晴煙滅	· 370
5-15-160	<응천장> 2수-2 雙眉淡薄藏心事	· 372

5-16-161	<경루자 更漏子> 3수-1 星漸稀	· 374
5-17-162	<경루자> 3수-2 春夜闌	· 376
5-18-163	<경루자> 3수-3 南浦情	· 378
5-19-164	<망강원 望江怨>	· 380
5-20-165	<보살만 菩薩蠻> 7수-1 舞裙香暖金泥鳳	· 382
5-21-166	<보살만> 7수-2 柳花飛處鶯聲急	· 384
5-22-167	<보살만> 7수-3 玉釵風動春幡急	· 386
5-23-168	<보살만> 7수-4 畫屛重疊巫陽翠	· 388
5-24-169	<보살만> 7수-5 風簾燕舞鶯啼柳	· 390
5-25-170	<보살만> 7수-6 綠雲鬢上飛金雀	· 392
5-26-171	<보살만> 7수-7 玉樓冰簟鴛鴦錦	· 394
5-27-172	<주천자 酒泉子>	· 396
5-28-173	<정서번 定西番>	· 398
5-29-174	<옥루춘 玉樓春>	· 400
5-30-175	<서계자 西溪子>	· 402
5-31-176	<강성자 江城子> 2수-1 鵁鶄飛起郡城東	· 404
5-32-177	<강성자> 2수-2 極浦煙消水鳥飛	· 406

6. 장필張泌 27수 · 409

6-1-178	<완계사 浣溪沙> 10수-1 鈿轂香車過柳堤	· 412
6-2-179	<완계사> 10수-2 馬上凝情憶舊遊	· 414
6-3-180	<완계사> 10수-3 獨立寒階望月華	· 416
6-4-181	<완계사> 10수-4 依約殘眉理舊黃	· 418
6-5-182	<완계사> 10수-5 翡翠屛開繡幄紅	· 420
6-6-183	<완계사> 10수-6 枕障熏爐隔繡帷	· 422
6-7-184	<완계사> 10수-7 花月香寒悄夜塵	· 424
6-8-185	<완계사> 10수-8 偏戴花冠白玉簪	· 426
6-9-186	<완계사> 10수-9 晚逐香車入鳳城	· 428
6-10-187	<완계사> 10수-10 小市東門欲雪天	· 430

6-11-188	<임강선 臨江仙>	• 432
6-12-189	<여관자 女冠子>	• 434
6-13-190	<하전 河傳> 2수-1 渺莽雲水	• 436
6-14-191	<하전> 2수-2 紅杏	• 438
6-15-192	<주천자 酒泉子> 2수-1 春雨打窗	• 440
6-16-193	<주천자> 2수-2 紫陌靑門	• 442
6-17-194	<생사자 生査子>	• 444
6-18-195	<사월인 思越人>	• 446
6-19-196	<만궁화 滿宮花>	• 448
6-20-197	<유지 柳枝>	• 450
6-21-198	<남가자 南歌子> 3수-1 柳色遮樓暗	• 452
6-22-199	<남가자> 3수-2 岸柳拖煙綠	• 454
6-23-200	<남가자> 3수-3 錦薦紅鸂鶒	• 456
6-24-201	<강성자 江城子> 2수-1 碧欄於外小中庭	• 458
6-25-202	<강성자> 2수-2 浣花溪上見卿卿	• 460
6-26-203	<하독신 河瀆神>	• 462
6-27-204	<호접아 蝴蝶兒>	• 464

7. 모문석毛文錫 31수 • 467

7-1-205	<우미인 虞美人> 2수-1 鴛鴦對浴銀塘暖	• 470
7-2-206	<우미인> 2수-2 寶檀金縷鴛鴦枕	• 472
7-3-207	<주천사 酒泉子>	• 474
7-4-208	<희천앵 喜遷鶯>	• 476
7-5-209	<찬성공 贊成功>	• 478
7-6-210	<서계자 西溪子>	• 480
7-7-211	<중흥락 中興樂>	• 482
7-8-212	<경루자 更漏子>	• 484
7-9-213	<접현빈 接賢賓>	• 486
7-10-214	<찬포자 贊浦子>	• 488

7-11-215	<감주편 甘州遍> 2수-1 春光好	· 490
7-12-216	<감주편> 2수-2 秋風緊	· 492
7-13-217	<사창한 紗窓恨> 2수-1 新春燕子還來至	· 496
7-14-218	<사창한> 2수-2 雙雙蝶翅塗鉛粉	· 498
7-15-219	<유함연 柳含煙> 4수-1 隋堤柳	· 500
7-16-220	<유함연> 4수-2 河橋柳	· 502
7-17-221	<유함연> 4수-3 章臺柳	· 504
7-18-222	<유함연> 4수-4 御溝柳	· 506
7-19-223	<취화간 醉花間> 2수-1 休相問	· 508
7-20-224	<취화간> 2수-2 深相憶	· 510
7-21-225	<완계사 浣沙溪> 2수-1 春水輕波浸綠苔	· 512
7-22-226	<완사계> 2수-2 七夕年年信不違	· 514
7-23-227	<월궁춘 月宮春>	· 516
7-24-228	<연정심 戀情深> 2수-1 滴滴銅壺寒漏咽	· 518
7-25-229	<연정심> 2수-2 玉殿春濃花爛熳	· 520
7-26-230	<소충정 訴衷情> 2수-1 桃花流水漾縱橫	· 522
7-27-231	<소충정> 2수-2 鴛鴦交頸繡衣輕	· 524
7-28-232	<응천장 應天長>	· 526
7-29-233	<하만자 河滿子>	· 528
7-30-234	<무산일단운 巫山一段雲>	· 530
7-31-235	<임강선 臨江仙>	· 532

8. 우희제牛希濟 11수 · 535

8-1-236	<임강선 臨江仙> 7수-1 峭碧參差十二峰	· 538
8-2-237	<임강선> 7수-2 謝家仙觀寄雲岑	· 540
8-3-238	<임강선> 7수-3 渭闕宮城秦樹凋	· 542
8-4-239	<임강선> 7수-4 江繞黃陵春廟閑	· 544
8-5-240	<임강선> 7수-5 素洛春光瀲灧平	· 546
8-6-241	<임강선> 7수-6 柳帶搖風漢水濱	· 548

8-7-242	<임강선> 7수-7 洞庭波浪颭晴天	· 550
8-8-243	<주천자 酒泉子>	· 554
8-9-244	<생사자 生查子>	· 556
8-10-245	<중흥락 中興樂>	· 558
8-11-246	<알금문 謁金門>	· 560

9. 구양형歐陽炯 17수 · 563

9-1-247	<완계사 浣溪沙> 3수-1 落絮殘鶯半日天	· 566
9-2-248	<완계사> 3수-2 天碧羅衣拂地垂	· 568
9-3-249	<완계사> 3수-3 相見休言有淚珠	· 570
9-4-250	<삼자령 三字令>	· 572
9-5-251	<남향자 南鄉子> 8수-1 嫩草如煙	· 574
9-6-252	<남향자> 8수-2 畫舸停橈	· 576
9-7-253	<남향자> 8수-3 岸遠沙平	· 578
9-8-254	<남향자> 8수-4 洞口誰家	· 580
9-9-255	<남향자> 8수-5 二八花鈿	· 582
9-10-256	<남향자> 8수-6 路入南中	· 584
9-11-257	<남향자> 8수-7 袖斂鮫綃	· 586
9-12-258	<남향자> 8수-8 翡翠鵁鶄	· 588
9-13-259	<헌충심 獻衷心>	· 590
9-14-260	<하명조 賀明朝> 2수-1 憶昔花間初識面	· 594
9-15-261	<하명조> 2수-2 憶昔花間相見後	· 596
9-16-262	<강성자 江城子>	· 598
9-17-263	<봉루춘 鳳樓春>	· 600

일러두기

1. 이 책은 대만 중화서국 ≪화간집≫의 사를 전역하고 주석과 감상을 달았다.
2. ≪화간집≫은 유전(流傳)된 기간이 길고 파급된 지역이 광범하였기에 판본 또한 매우 많고 다양하다.
   이 책은 남송(南宋) 소흥(紹興) 18년(1148), 조겸지(晁謙之, 1105-1165) 발문(跋文)이 있는 건강군재본(建康郡齋本)인 ≪화간집≫ 10권을 저본으로 삼은 상해고적출판사 간행(2005년 5월) ≪화간집≫을 차용하였고, 명(明) 만력(萬曆) 48년(1620) 간행 탕현조평주묵본(湯顯祖評朱墨本), 청(淸) 광서(光緒) 19년(1893) 왕붕운(王鵬運, 1850-1904)의 사인재소각사본(四印齋所刻詞本)에 의거한 대만중화서국(臺灣中華書局)본 ≪화간집≫, 이빙약(李冰若, 1899-1939) 편 ≪화간집평주 花間集評注≫, 양경룡(楊景龍) ≪화간집교주 花間集校注≫(중화서국 2014년)를 참고하였다.
3. 조겸지(晁謙之), 육유(陸游, 1125-1210)의 발문(跋文)을 말단에 첨부해 남송 당시 ≪화간집≫의 가치와 문학적인 지위를 살피게 하였다.
4. 매 사 원작에 한글 독음을 붙여 해독의 편의를 제공하였다.
5. 매 사의 압운처에, 평성운이면 "。" 부호를 붙였고, 측성운이면 "•" 부호를 붙여 압운자의 평측을 구분했고 ", " 부호로는 압운자가 없는 구임을 살피게 하였다.
6. 매 사의 번역문은 구절이 끝남을 알리는 측성 압운처에는 "다", "ㅏ"로 마침을 표기했고, 평성 압운처에는 "네", "ㅣ"로 써, 마침을 표기함으로써 평측이 주는 어감의 차이를 구분하였다.
7. 【주석】은 어휘나 구절의 이해를 돕도록 설명했고, 【감상】은 작품의 이해를 돕기 위해 상세함을 꺼리지 않았다.
8. 서명은 "≪ ≫"로 표기했고, 사패(詞牌)나 사조명, 작품명은 "< >"로 표기하였다.
9. 구절을 직접 인용할 때는 " " 부호를 썼고, 필요한 경우에는 원문 인용도 이 부호를 썼다. " " 안에서의 인용은 ' ' 부호로 표기하였다.
10. 사 작품 맨 앞의 세 자리 숫자는 작가 순서, 각 작가의 작품 순서, 총 작품 순서 표기이다.

【참고】 다음은 본서에서 참고하거나 인용한 판본들이다.

판본	약칭	소장처
송 소흥18년 간 조겸지발본 (宋 紹興十八年刊 晁謙之拔本)	조본 晁本	중국국가도서관장 中國國家圖書館藏
송 순희간 악주책자지본 (宋 淳熙刊 鄂州冊子紙本)	악본 鄂本	중국국가도서관장 中國國家圖書館藏
명 자지만초본 (明 紫芝漫鈔本)	자지본 紫芝本	북경대학도서관장 北京大學圖書館藏
명 오눌집 ≪당송명현백가사≫ (明 吳訥輯 ≪唐宋名賢百家詞≫)	오초본 吳鈔本	천진도서관장 天津圖書館藏
명 정덕16년 육원대복조본 (明 正德十六年 陸元大覆晁本)	육본 陸本	상해도서관장 上海圖書館藏
명 만력8년 모씨능하산방간본 (明 萬曆八年 茅氏凌霞山房刊本)	모본 茅本	상해도서관장 上海圖書館藏
명 만력30년 현람재간건상본 (明 萬曆三十年 玄覽齋刊巾箱本)	현본 玄本	상해도서관장 上海圖書館藏
명 만력48년간 탕현조평주묵본 (明 萬曆四十八年刊 湯顯祖評朱墨本)	탕평본 湯評本	중국국가도서관장 中國國家圖書館藏
명 천계사년간 종인걸합각화간초당본 (明 天啓巳年刊 鐘人傑合刻花間草堂本)	종본 鐘本	상해도서관장 上海圖書館藏
명 설염정활자인본 (明 雪艷亭活字印本)	설본 雪本	이일맹장 李一岷藏
명 모씨급고각간본 (明 毛氏汲古閣刊本)	모본 毛本	상해도서관장 上海圖書館藏
청 사고전서본 (淸 四庫全書本)	사고본 四庫本	문연각본 文淵閣本
청 광서19년 왕붕운사인재소각사본 (淸 光緒十九年王鵬運四印齋所刻詞本)	사인재본 四印齋本	상해도서관장 上海圖書館藏
왕국유 ≪당오대21가사집집≫본 (王國維 ≪唐五代二十一家詞輯集≫本)	왕집본 王輯本	상해도서관장 上海圖書館藏

화간집서花間集序

무덕군절도판관구양형찬
武德軍節度判官歐陽炯撰

누옥조경. 의화공이형교. 재화전엽. 탈춘염이쟁선. 시이창운요즉금모사청. 읍하례
鏤玉雕瓊, 擬化工而迥巧. 裁花翦葉, 奪春艶以爭鮮. 是以唱雲謠則金母詞淸, 挹霞體

즉목왕심취. 명고백설. 성성이자합난가. 향알청운. 자자이편해봉률.
則穆王心醉. 名高白雪, 聲聲而自合鸞歌, 響遏青雲, 字字而偏諧鳳律.

양류대제지구. 악부상전. 부용곡저지편 호가자제. 막부쟁고문하. 삼천대모지잠. 경
楊柳大隄之句, 樂府相傳. 芙蓉曲渚之篇, 豪家自製. 莫不爭高門下, 三千玳瑁之簪. 競

부준전. 수십산호지수. 즉유기연공자. 수황가인. 체엽엽지화전. 문추여금. 거섬섬
富樽前, 數十珊瑚之樹. 則有綺筵公子, 繡幌佳人. 遞葉葉之華牋, 文抽麗錦. 擧纖纖

지옥지. 박안향단. 불무청절지사. 용조교요지태.
之玉指, 拍按香檀. 不無淸絶之辭, 用助嬌嬈之態.

자남조지궁체. 선북리지창풍. 하지언지불문. 소위수이불실. 유당이강. 솔토지빈. 가
自南朝之宮體, 扇北里之倡風. 何止言之不文, 所謂秀而不實. 有唐已降, 率土之濱, 家

가지향경춘풍. 영심월염. 처처지홍루월야. 자쇄항아. 재명황조. 즉유이태백응제청평
家之香徑春風, 寧尋越艶. 處處之紅樓月夜, 自鎖嫦娥. 在明皇朝, 則有李太白應制淸平

악조사수. 근대온비경부유금전집. 이래작자. 무괴전인.
樂調四首, 近代溫飛卿復有金荃集. 邇來作者, 無愧前人.

금위위소경. 자홍기. 이습취주변. 자득우모지이. 직초천저. 독수기저지공. 광회중빈.
今衛尉少卿, 字弘基, 以拾翠洲邊, 自得羽毛之異. 織綃泉底, 獨殊機杼之功. 廣會衆賓,

시연가론. 인집근래시객곡자사오백수. 분위십권. 이형추예지음. 욕청명제. 잉위서인.
時延佳論, 因集近來詩客曲子詞五百首, 分爲十卷. 以炯麤預知音, 辱請命題, 仍爲序引.

석영인유가양춘자. 호위절창. 내명지위화간집. 서이양춘지갑. 장사서원영철. 용자우
昔郢人有歌陽春者, 號爲絶唱, 乃命之爲花間集. 庶以陽春之甲, 將使西園英哲, 用資羽

개지환. 남국선연. 휴창연주지인.
蓋之歡. 南國嬋娟, 休唱蓮舟之引.

광정3년. 하사월. 대촉. 구양형 서.
廣政三年, 夏四月, 大蜀, 歐陽炯 序.

【번역】

옥에 새기고 붉은 옥에 수를 놓음이 자연의 조화를 모방했으나 교묘함이 그 조화를 멀리 뛰어넘었고, 고운 꽃과 푸른 잎의 마름질은 봄꽃과 염려함을 다투었기에 더욱 선명하였다. 따라서 <백운요 白雲謠>를 노래함에 서왕모의 가사(歌詞)는 청려하여, 선주(仙酒)를 떴기에 주(周) 목왕(穆王)은 심신이 취하였다. 이런 노래는 영인(郢人)이 부른 명성 높은 <백설 白雪>과 같아, 소리마다 절로 미묘한 가락에 합치하여 음향이 떠가는 구름을 정지시켰음은 매 글자가 모두 12음률과 조화를 이뤄서였다.

<절양류 折楊柳>, <대제곡 大堤曲> 중의 명구는 역대 악부로 끊이지 않고 전해졌다. 고시 중의 "섭강채부용(涉江采芙蓉)", 하손(何遜)의 "송별임곡저(送別臨曲渚)" 등과 같은 명편은 모두가 걸출한 대가(大家)가 스스로 창제하였다. 이처럼 미려한 시 작품은 문단에서 고하(高下)를 다투지 않음이 없었으니, 조(趙) 평원군(平原君)이 보낸 사절이 대모잠(玳瑁簪)으로 꾸미자, 초(楚) 춘신군(春申君)의 3천 식객(食客)이 주리(珠履)를 끌며 응대하는 것 같았고, 술잔 앞에서 부려(富麗)함을 다투지 않음이 없었음은 진대(晉代) 석숭(石崇)과 왕개(王愷)가 술자리를 펼침에 거대한 산호수(珊瑚樹)를 내보이며 높고 낮음을 헤아림과 같았다. 바로 비단 연석의 귀공자와 수놓은 휘장 안 규방 미인이 있어, 서로 한 장 한 장씩 오색 무늬 용지를 건넸으니, 작문의 구상(構想)은 우미하고 화려하였다. 곱고 고운 옥 같은 손가락을 들어 향단 나무로 만든 박자 판을 쳐, 전창(傳唱)하니, 청아(淸雅)하기 그지없는 가사는 미녀의 곱고 아름다운 자태를 거들어 줌이 없지 않았다.

남조에서 기염(綺艶)한 궁체시가 유행하자 장안(長安) 성북(城北)의 가기(歌妓)가 창사(唱詞)하는 기풍을 흥기하게 했으니 어찌 가사에 문체(文采)가 없다고 할 수 있을까만은, 전창(傳唱) 범위가 협소하여 세상에 전해지기가 어려웠으니 꽃은 피었으나 결실을 못 거둔 격이었다. 당조(唐朝) 이래로, 온 천하의 호문망족(豪門望族)과 가가호호(家家戶戶)의 화원(花苑)과 원림(園林)에서는 오히려 월나라 서시(西施) 같은 미녀를 찾았고, 달 뜬 밤 곳곳의 홍루(紅樓)에서는 월궁(月宮)의 항아 모습 선녀를 집결시켜 창사(唱詞)에 흥을 도왔다. 당 현종 때, 이태백에게는 응제(應制)한 <청평악 淸平樂> 4수가 있었고, 근대 온정균에게는 또 ≪금전집 金筌集≫이 있으나, 그 이후의 작사자(作詞者)는 앞 사람에게 부끄러움이 없다.

지금의 위위소경(衛尉少卿) 조숭조(趙崇祚)는 자가 홍기(弘基)로, 모래톱 가에서 비취새 깃털을 주워 기이한 작품을 스스로 얻었고, 샘물 바닥에서 생사를 짜내는 듯한 편집 과정과 선집(選集)이란 특수 공적을 이룸에, 수많은 문인의 의견을 널리 모으고 때로는 아름다운 의론을 청하여, 근래에 시객(詩客)이 창작한 곡자사(曲子詞) 500수를 집집(輯集)하여 10권으로 나누었다. 구양형인 내가 음악을 조금 안다고 하여 황공하게도 사집에 제(題)를 청했기에 서언(序言)을 쓰게 되었다. 옛 초(楚)의 영성(郢城) 사람 중에 <양춘곡 陽春曲>을 부른 이가 있어 절창으로 칭해졌다. "양춘"은 "백화 찬란한 계절"이란 뜻이기에 이 사집을 ≪화간집≫이라고 명명하였다. <양춘곡>의 최상에 해당되는 작품집이기에 서원(西園)에서 즐겼던 건안문인(建安文人) 같은 명사(名士)들이 이 사집(詞集)으로 새로운 사를 창작하여, 부호(富豪)들의 기쁨을 누리게 할 수 있기를 바라며, 남국의 미소녀가 <채련곡 采蓮曲> 같은 옛 곡을 다시 부르지 않기를 바란다.

대촉(大蜀), 광정(廣政) 3년(940), 4월 여름(夏四月), 구양형(歐陽炯) 머리말.

【설명】

구양형(896-971)이 맹창(孟昶, 919-965) 즉위 3년이던 해, 곧 광정(廣政) 3년에 쓴 서(序)로, ≪화간집≫이 미문(美文)으로 구성된 사집임을 강조한 후, 화간사 출현의 필연성을 제기하였다. 곧 명편의 악부시와 "부용(芙蓉)"(<고시 19수> 중 제6째 수), "곡저(曲渚)"(하손의 <송위사마별 送韋司馬別>)같은 명시 출현이 당시 귀족 문인의 전초(傳抄)와 가기(歌妓)의 연창(演唱)을 일으켜 대성황을 보였기에 화간사의 출현이 당연함을 강조한 것이다. 특히 온정균 사를 받들며 위장 이하의 많은 사 작가를 칭송하였다. 더 나아가 조숭조가 편찬한 이 사집이 현란탈목(絢爛奪目)한 사집(詞集)임을 찬양한 뒤, 조숭조의 요청으로 서언을 쓰게 된 배경과 사집 명칭을 ≪화간집≫으로 명명한 이유를 밝히고, 이 사집이 출간된 이후의 바람을 기술하였다. 따라서 <화간집 서>는 만당, 오대 시기 문학이 유미주의(唯美主義) 사조 속에서 귀족문학이 추구할 방향을 천명한 명문(名文)이라고 하겠다.

1

온정균 溫庭筠

66수

온정균(801?-866?)은 본명이 기(歧)로, 일명 정운(庭雲)이라고도 한다. 자는 비경(飛卿)이며, 태원(太原 : 산서山西, 양곡陽曲)부근 사람으로 전함은 그의 6세조인 온언박(溫彦博, 574-637)이 태원인이었고, ≪구당서·온정균전 舊唐書·溫庭筠傳≫에도 태원인으로 전하는 때문이다. 온언박은 당, 개국공신으로 정관 4년 중서령(中書令)을 지냈고 나아가 우국공(虞國公)에 봉해졌으며, 정관 10년에는 상서우복야(尙書右僕射)를 지냈다. 하지만 그의 시와 사에는 고향 태원에 대한 언급이 거의 없다. 따라서 그의 출생에 관한 시 <감구진정50운헌회남이복야 感舊陳情五十韻獻淮南李僕射>에 따르면 이복야는 이신(李紳, 772-846) (진상군陳尙君의 <온정균조년사적고변 溫庭筠早年事跡考辨> 참조)으로 온정균이 유년시절 그가 고향에서 멀지않은 이신의 집이 있던 무석(無錫)에서 이신을 배알할 수 있었기에 온정균의 출생지를 무석 부근으로 보고 있다.(유학개劉學錯, 2007년 ≪온정균전집교주≫ 참조) 위의 온정균 생졸년은 유씨의 <온비경계년 溫飛卿繫年>을 따른 것이다. 정균의 부친에 관한 기록은 전하지 않으며 부친이 그가 어린 나이에 죽자 먼 친척 손에 자랐다는 기록이 보인다. ≪구당서·온정균전≫ 중의 "선비의 행실은 속되었고, 외관은 꾸미지 않았다.(士行塵雜, 不修邊幅.)"와 같은 구속 없는 성격은 어려서 어른들의 정상적인 훈도를 받지 못한 데서 기인된 듯하다. 그는 재주가 많고 생각이 영민하여, 과거시험을 볼 때마다 여덟 번 손을 깍지 끼는 사이에 관운(官韻)을 압운하여 부를 지었기에, 당대의 사람들은 "온팔차(溫八叉)"라 칭하였다. 그는 권세 있고 지위 높은 사람을 경시하여 과거에 응시했으나 번번이 급제하지 못했다. 당 선종(宣宗) 대중(大中) 3년(859) 수현위(隋縣尉)에 임용되었으나 사도(仕途)가 뜻과 같지 않아 방성위(方城尉)와 국자조교(國子助敎)를 지냈을 뿐이다. ≪화간집 花間集≫에서는 그를 "온조교(溫助敎)"라고 칭했다. 그는 평생 66년 동안 문종(文宗, 대화大和 9년-개성開成 5년), 무종(武宗, 화창會昌 6년), 선종(宣宗, 대중大中 13년), 의종(懿宗, 함통咸通 7년)까지의 난세를

온정균溫庭筠

살면서 많은 일화가 얽힌 시(詩)와 사(詞)를 남겼다.

그의 시는 이상은(李商隱, 813-858)과 이름을 나란히 하였기에, 당시 "온, 리(溫, 李)"라고 칭해졌고, 그의 사는 위장(韋莊, 836?-910)과 명성을 같이 했기에 "온, 위(溫, 韋)"라고 칭해졌다. 사의 발전에서, 온정균의 역할이 지대하기에 그를 화간(花間) 비조(鼻祖)로 받든다.

온정균의 사는 원래 ≪금전집 金筌集≫으로 전해졌는데 ≪신당서新唐書, 예문지藝文志≫ 저록(著錄)에는 ≪금전집≫ 10권이 있다고 했으나 이 전집(專集)이 전해지지 않기에 사의 전집인지는 알 수 없다. 청(淸) 고사립(顧嗣立, 1665-1722)의 <온비경시집> 발(跋)에서 송각(宋刻) ≪금전사 金筌詞≫ 1권이 있다고 말했으나 이 사집은 유전(流傳)되지 않는다. 근인 유육반(劉毓盤, 1867-1928)의 ≪당오대송요금원명가사집 唐五代宋遼金元名家詞輯≫에 ≪금전사≫ 1권이 있어 사 72수를 수록했고, 왕국유(王國維, 1877-1927)의 ≪당오대21가사집 唐五代二十一家詞輯≫에 ≪금전사≫ 1권이 있어 70수를 수록하였다고 했으나 확인할 수 없었다. 현재 온정균의 사는 ≪화간집≫에 전하는 66수와 ≪존전집≫에서 보이는 1수, ≪운계우의 雲溪友議≫에 집록된 2수를 더해 모두 69수가 전한다.

온정균의 사는 거의가 남녀간의 정을 주제로 한바, 색채는 농염하며, 구성은 면밀하고, 사의 취지는 은밀하게 숨겨져 있다. 이전 사람은 그의 사에 대하여 많은 평가를 내렸는데, 특히 호자(胡仔, 1110-1170)는 ≪소계어은총화 笤溪漁隱叢話≫에서 온정균은 "조어에 능하여, 문사가 극히 화려하다.(工于造語, 極爲綺靡.)"고 말하였고, 장혜언(張惠言, 1761-1802)은 ≪사선 詞選≫<서 序>에서 "그의 말은 깊게 숙고한 아름다움으로 넓게 채취해 축약하였다.(其言深美閎約.)"고 평하였다. 이빙약(李冰若, 1899-1939)은 <허장만기 栩莊漫記> 중에서 그의 사는 "아름다우면서도 세밀함으로 빼어난 것도 있고, 청아함으로 빼어난 것도 있다.(有以麗密勝者, 有以淸雅勝者.)"라고 평하였다.

1-1-1 온정균

<보살만 菩薩蠻> 14수-1 小山重疊金明滅

小山重疊金明滅。[1]	소산미 눈썹 화장 겹쳐 금빛 환해졌다 어두워졌다 하고
鬢雲欲度香腮雪。[2]	구름 같은 귀밑머리 향그런 흰 볼을 가리려 한다.
懶起畵蛾眉。[3]	느리게 일어나 고운 눈썹 그리거늘
弄妝梳洗遲。[4]	단장하는 빗질 더디기만 하네.
照花前後鏡。[5]	앞뒤 거울에 꽃을 비추니
花面交相映。[6]	꽃과 얼굴 서로를 비친다.
新帖繡羅襦。[7]	새로 자수해 붙인 비단 저고리에
雙雙金鷓鴣。[8]	금 자고새 쌍쌍이 수놓였네.

【주석】

1 小山(소산) : 실내 병풍에 그려진 작은 산. 또는 고대 여성 눈썹화장법의 하나인 소산미(小山眉 : 작은 산봉우리 모양으로 그린 눈썹화장법). 金明滅(금명멸) : 병풍 위로 아침 햇빛이 비쳐 갑자기 밝아졌다 갑자기 어두워졌다 하기에 반짝임이 일정치 않다. 또는 얼굴에 그린 소산미가 밤을 지나며 화장 흔적이 희미해졌고, 금색으로 칠한 액황(額黃)이 아침 햇살 속에 중첩되어 명멸하였다. 전후 견해 중, 아래 구와의 연계를 고려해 후자의 견해를 따랐다.

2 鬢雲(빈운) : 검은 구름처럼 고운 여자의 귀밑머리. 度(도) : 도(渡)로, 넘다. 여기에서는 머리카락이 헝클어진 채 얼굴로 내려와 반쯤 가림을 말함. 腮(시) : 뺨.

3 蛾眉(아미) : 여자의 길고 아름다운 눈썹. 아미(娥眉).

4 弄妝(농장) : 꾸미다. 화장하다.

5 花(화) : 머리 위에 꽂은 꽃단장.

6 花面(화면) 구 : 두 개의 거울 사이에 머리 위의 꽃장식과 얼굴이 교차하여 눈부시게 빛나기에 사람의 얼굴이 꽃과 같음을 묘사함.

7 帖(첩) : 첩(貼)과 같음. 금실로 꽃 모양을 수놓아 이를 다시 옷에 붙임을 말함.

襦(유) : 짧은 상의.
8 鷓鴣(자고) : 자고새. 비둘기 모양으로 머리는 자홍색이고 등은 회색이며 입은 붉다. 배에는 노란색 띠가 있고 발은 붉은색으로, 그 외형이 아름다우며 서로 마주해 운다.

【감상】

온정균 사는 ≪화간집≫에서 가장 많이 실려 있는 데다, 이 <보살만>을 맨 앞에 두었기에 온정균을 대표하는 사가 되었을 뿐만 아니라, ≪화간집≫을 대표하는 작품이 되었다.

이 사는 규중에서 홀로 지내는 여인이 새벽에 일어나 화장하는 중에 밀려오는 이별의 아쉬움을 묘사하였다. 규방 여인의 원정(怨情)을 외모로 형상하면서도, 머금고 드러내지 않았기에 절제미를 보일 수 있었다.

상편은 화장 이전의 생기 없는 심리상태를 형상하였다. 첫 구는 날이 밝아오며 아침 햇살이 잠에서 깬 여인 얼굴의 소산장(小山妝)에 비춰 희미하게 남아 있는 화장 흔적을 조명하였다. 제2구는 여인이 잠에서 막 깼으나 아직 화장하지 않았기에, 구름같이 흩어진 귀밑머리가 눈같이 흰 얼굴 위로 흘러내림을 그렸다. 제3, 4구는 그녀가 일어난 후의 행동묘사로, 기운 없이 화장함에 느릿느릿 빗질함을 부각하였다. 곧 "나(懶)" 자와 "지(遲)" 자를 씀으로써 쓸쓸하고 권태로운 정을 세심하게 드러낼 수 있었다.

하편은 화장을 끝낸 뒤의 생기발랄한 모습을 그렸다. 첫 2구는 얼굴 치장을 마친 후 머리에 꽂은 꽃이 앞뒤로 놓인 두 거울에 비쳐 꽃과 얼굴이 서로 어울려 얼굴이 꽃같이 보임을 형상하였다. 이렇게 세심하고, 진지하게 화장함을 언외(言外)로 드러냄으로써 앞에서 쓴 "나" 자와 "지" 자를 잇는 동시에 그녀 마음속에 감춰진 모순을 살피게 하였다. 연인이 곁에 없기에 게을리 일어났고 느리게 화장하지만 아름다움을 나타내려는 본능이 세심하게 화장케 했음을 엿보게 하였다. 끝 2구는 그녀가 다시 새 옷으로 갈아입을 때, 분늑 옷 위에 수놓인 짝진 자고새를 등장시켜 새로운 근심을 갖게 한 동시에 벅찬 기대도 지니게 하였다.

<보살만>은 측운(仄韻)과 평운(平韻)을 엇섞어 변환을 보이는 사조로, 이 사는 섬세한 감정을 곡절 속에 완미한 어음형식으로 전개한 특성을 보였다. "조화전후경, 화면교상영(照花前後鏡, 花面交相映)" 2구는 "측평평측측, 평측평평측"으로 써, 율구와 결합시켰을 뿐 아니라, 5개의 울리는 거성자(去聲字)인 "조(照)", "후(後)", "경(鏡)", "면(面)", "영(映)"을 환두(換頭)처에 안배하여 조화로운 음률미를 느끼게 하였다. 따라서 여주인공의 정조가 경쾌하게 바뀌어 감을 나타낼 수 있었다.

1-2-2 온정균

<보살만 菩薩蠻> 14수-2 水精簾裏玻璃枕

水精簾裏玻璃枕。¹ 　수정 발 속 유리 베개의
暖香惹夢鴛鴦錦。² 　따스한 향기는 원앙 수 비단이불 속 여인을 꿈꾸게 한다.
江上柳如煙。　　　 강가의 버들은 안개같이 자욱한데
雁飛殘月天。　　　 기러기는 지는 달 뜬 하늘을 나르네.

藕絲秋色淺。³ 　　　청백색 치마는 옅은 가을빛인데
人勝參差剪。⁴ 　　　꽃 모양 머리 장식 화승은 들쭉날쭉 잘렸다.
雙鬢隔香紅。⁵ 　　　양쪽 귀밑머리는 볼을 사이했고
玉釵頭上風。⁶ 　　　옥비녀는 화승에 매여 머리 위에서 바람에 흔들리네.

【주석】

1 水精(수정) : 수정석(水晶石). 대개가 투명한 무색이지만 함유한 물질 성분에 따라 회색·검정색·노란색·자색 등이 있으며 장식품을 만든다. 玻璃(파리) : 유리. 당대(唐代)에 페르시아 이란에서 전해짐.
2 惹(야) : 건드리다. 鴛鴦(원앙) : 물새인 원앙. 항상 짝져 노닐며 깃털이 아름다워 옛사람들은 원앙으로써 부부를 비유함. 錦(금) : 무늬 비단. 곧 비단이불을 말함.
3 藕絲(우사) : 연뿌리에서 나는 실로 청백색이기에 치마를 빗대었다.
4 人勝(인승) : 화승(花勝). 인일(人日)에 만들기에 인승이라 하는데 오색비단을 접어 옆으로 포개 만든 머리장식. ≪형초세시기 荊楚歲時記≫에 "정월 7일이 인일(人日)이라서, … 채색 비단을 잘라 사람 모양을 만들거나 금박을 새겨 사람 모양을 만들어, 병풍에 붙이거나 머리에 그것을 이기도 하였다.(正月七日爲人日, …剪彩爲人, 或鏤金薄爲人, 以貼屛風, 亦載之頭鬢.)"라고 했다. 參差剪(참치전) : 자른 길이가 같지 않은 모양.
5 隔香紅(격향홍) 구 : 양쪽 귀밑머리가 여자의 두 볼을 사이해 있기에 사이한다는 격(隔)자

를 썼다. 향홍(香紅) : 생화(生花). 여기서는 여자 얼굴의 볼을 비유함.
6 玉釵(옥채) : 옥으로 만든 비녀. 頭上風(두상풍) : 머리 위에 장식으로 이고 있는 화승(花勝)이 옥비녀에 매였기에 화승에 바람 불어 옥비녀가 떨림을 형용함.

【감상】

규몽(閨夢)을 써 원정(怨情)을 그렸다.

상편은 여주인공이 고상한 생활환경 속에서 원앙금 꿈을 꾸고 난 뒤의 처량한 심사를 그렸다. 첫 2구는 실내 장식 묘사로 수정 주렴, 빛나고 투명한 유리 베개와 같은 아결(雅潔)한 기물을 배치하여, 따뜻하고 향기로운 원앙 수놓인 이불에 쓸쓸한 몽경을 투영하였다. "난향야몽(暖香惹夢)"의 "야(惹)" 자는 난향을 매체로 꿈꿨음을 형상했기에 신선감을 보일 수 있었다. 어떤 꿈을 꾸었는지 명확히 밝히지는 않았으나, 아마도 원앙 이불을 덮고 꾼 꿈이 임 그리는 춘몽이었을 것이다. 이어진 "강상(江上)" 2구는 꿈 깬 뒤의 실외의 청아한 경상(景象)을 화려한 화면 속에 융화시킴으로써 경계를 더욱 확대한 동시에 주인공의 고독을 배가할 수 있었다. 초승달 빛은 흐릿해진 강 하늘과 한 빛이 되었기에 주위가 드넓게 보였고, 버들에 안개 낀 경치 속에 날아가는 기러기를 편입시킴으로써 멀리 있는 이에 대한 그리움도 드러낼 수 있었다.

하편은 여주인공이 꿈에서 깬 후의 자신의 모습을 그려 원정을 상외(象外)로 표현하였다. 첫 "우사(藕絲)" 구는 의복 색깔이 담백함을 묘사했고, 다음 "인승(人勝)" 구는 머리 장식의 아름다움을 형용하였다. 끝 2구는 여주인공의 심경을 그렸다. 귀밑머리 밑의 흰 볼의 아름다움을 드러낸 뒤에 머리 위에 화승이 달린 옥비녀가 바람에 미세하게 흔들림을 돋보이게 그려 극도의 그리움이 원정으로 변했음을 엿보게 하였다.

상, 하편은 연관성이 없는 듯하나 자세히 음미하면 맥락은 분명해진다. 젊고 아름답기에 "난향야몽(暖香惹夢)"이 출현하였고, 꿈속의 허상보다는 꿈 깬 뒤의 허전한 심사를 "파리침(玻璃枕)", "난향(暖香)"과 "옥채(玉釵)", "향홍(香紅)"과 같은 농염한 형상으로 부각함으로써 여주인공의 쓸쓸한 심경을 세심하고도 곡진하게 드러낼 수 있었다.

유평백(俞平伯, 1900-1990)은 ≪독사우득 讀詞偶得≫에서 "전편(全篇)은 화려한 자수와 번잡한 현악이 사람의 눈과 귀를 미혹시켜 슬픈 근심을 깊게 숨긴 듯하기에, 거의 흔적을 찾을 수 없다.(通篇如縟繡繁弦, 惑人耳目, 悲愁深隱, 幾似無迹可求.)"라고 평하였다.

1-3-3 온정균

<보살만 菩薩蠻> 14수-3 蕊黃無限當山額

蕊黃無限當山額。[1] (예황무한당산액)	눈썹 위 이마 사이에 바른 황금 분 희미해진
宿妝隱笑紗窗隔。[2] (숙장은소사창격)	지난 밤 화장을 미소로 숨기고 비단 창을 사이했다.
相見牡丹時。[3] (상견모란시)	모란 꽃 필 때 서로 만났지만
暫來還別離。 (잠래환별리)	잠시 왔기에 다시 헤어졌네.
翠釵金作股。[4] (취채금작고)	비취 상감 비녀는 금빛 가닥으로 나눴는데
釵上蝶雙舞。[5] (채상접쌍무)	비녀 위 쌍 나비 장식이 춤을 춘다.
心事竟誰知。[6] (심사경수지)	이 시름을 결국 누가 알지?
月明花滿枝。 (월명화만지)	달은 밝고 꽃은 가지에 가득하네.

【주석】

1 蕊黃(예황) : 꽃술을 모아 만든 황색 안료(顔料)를 이마 사이에 붙이는 화장법. 액황(額黃)이라고도 함. 육조(六朝) 때부터 부녀자들이 단장할 때 이마 사이를 황금색으로 칠했기에 그 이 풍습이 당(唐)·오대(五代)까지 계속되었다. 無限(무한) : 한계가 없다. 황금색이 모호해져 분명치 않음을 말한다. 山額(산액) : 눈썹 위 이마 사이.
2 宿妝(숙장) : 밤 지난 화장. 지워져가는 화장.
3 牡丹(모란) : 모란. 늦은 봄에 피는 꽃 이름.
4 翠釵(취채) : 비취를 상감한 비녀. 股(고) : 비녀에서 갈라진 다리 부분.
5 蝶雙舞(접쌍무) : 비녀 머리를 두 마리 나비 모양으로 장식해, 흔들릴 때 나비가 춤추며 나는 형상이다.
6 心事(심사) : 마음의 근심.

【감상】

모란이 피는 절기에 임을 잠시 만나고 곧 헤어진 정경을 추억하였다.

상편의 첫 2구는 규방 안 여주인공의 화장한 얼굴 모습을 그려 근심에 빠진 형상을 엿보게 하였다. 다음 2구는 그녀가 "은소(隱笑)"한 이유를 밝혔다. 사랑하는 사람을 만난 때가 모란이 꽃 피는 저문 봄임을 강조하고 서로 만난 시기가 늦었음을 아쉬워하였다. "잠래환별리(暫來還別離)"는 바로 "은(隱)" 자를 쓰게 된 까닭을 알린 구로 짧은 만남이 행복했지만 아쉬움은 컸다는 여운을 남길 수 있었다.

하편은 홀로 지내며 임 그리워하는 경상을 그렸다. "취채(翠釵)" 2구는 비녀의 형상 묘사로 비녀다리의 나뉨과 비녀 위에 장식된 나비의 "쌍무(雙舞)"를 부각하여 두 사람이 함께하고 싶은 소망을 은근히 드러냈다. <보살만> 첫 수 끝구에 쓴 "쌍쌍금자고(雙雙金鷓鴣)"도 이 같은 바람을 형상한 묘사이다. 끝 2구는 전 사의 총결로 이때의 그녀 심정을 알 수 있는 이가 있을 수 없음을 강조하였다. 곧 말 없는 창밖의 밝은 달, 나뭇가지 가득히 핀 꽃만이 알 수 있으리라고 말함으로써 그 비애의 정도를 상상케 하였다.

이 사는 여주인공이 화장으로 드러낸 심기를 근간으로, 이별 후 그녀가 지닌 고독한 정을 비녀 형상에 결합시켜 원정(怨情)을 달과 꽃에 부쳐냄으로써 그리운 정을 담담하게 그려낼 수 있었다.

1-4-4 온정균

<보살만 菩薩蠻> 14수-4 翠翹金縷雙鸂鶒

翠翹金縷雙鸂鶒。¹ 비취빛 꼬리털에 금색 깃털 줄무늬 한 짝진 비오리가
水紋細起春池碧。² 물결무늬 잔잔히 일으키는 봄 못은 쪽빛이다.
池上海棠梨。³ 못 가의 동백나무
雨晴紅滿枝。 비 개니 붉은 꽃 가지에 가득하네.

繡衫遮笑靨。⁴ 수놓인 웃옷은 웃어 생긴 보조개를 가렸는데
煙草黏飛蝶。⁵ 안개 낀 풀에는 날던 나비 붙어 있다.
青瑣對芳菲。⁶ 푸른빛 격자창 여인 향그런 풀 마주했건만
玉關音信稀。⁷ 옥문관 소식은 뜸하기만 하네.

【주석】

1 翠翹(취교) : 새 꼬리 중의 비취색 긴 털. 金縷(금루) : 금빛 깃털 줄무늬. 鸂鶒(계칙) : 계무(谿鶩)라는 물새. 속칭 자원앙(紫鴛鴦)이라 함.
2 水紋(수문) 구 : 짝진 비오리가 봄 못의 푸른 물 위를 헤엄쳐 잔잔한 물결무늬를 일으킴을 말함.
3 海棠梨(해당리) : 해홍(海紅). 산차(山茶). 곧 동백나무. 정초(鄭樵, 1104-1162)의 ≪통지 通志≫는 "해당자를 동백이라고 이름했으니, 곧 ≪이아≫가 언급한 팥배나무다.(海棠子名海紅, 卽≪爾雅≫赤棠也.)"라고 씀.
4 靨(엽) : 보조개. 주와아(酒窩兒).
5 煙草(연초) : 안개 속에 무성히 자란 풀. 黏(점) : 착 달라붙다. 나비가 안개 낀 가는 풀 위로 바짝 붙어 있음을 형용함.
6 青瑣(청쇄) : 청쇄(靑鎖). 고대 황궁 문을 청색 꽃무늬로 잇대어 장식한 격차장. 여기서는 청쇄를 마주한 여인을 지칭함. 명(明), 주기(周祈)의 ≪명의고 名義考≫는 "청쇄(靑瑣)는

곧 지금의 문에 쓰이는 단단한 칸막이 틀로, 연이어진 무늬로 깎아 새기고 푸른색으로 그것을 칠했기에, 청쇄라 한다.(靑瑣, 卽今之門有殼隔者, 刻鏤爲連瑣文也, 以靑塗之, 故曰靑瑣.)"라고 썼다. 芳菲(방비) : 화초가 향기롭고 무성하다.
7 玉關(옥관) : 옥문관(玉門關). 지금의 감숙성(甘肅省) 돈황(敦煌) 서북쪽에 있는 당(唐)나라 때에 서쪽 요충지.

【감상】

옛 즐거움을 지금의 슬픔에 대비시켜 춘수(春愁)에서 헤어날 수 없는 젊은 부인의 정상(情狀)을 그렸다.

상편은 비 갠 날 정원에 봄빛이 한창인 광경을 그렸다. 첫 2구는 화려한 깃털 지닌 짝진 비오리가 헤엄쳐 고요한 봄 연못이 물결을 일으키는 형상을 여주인공의 정서에 융화시켰다. 다음 2구는 비 온 뒤, 연못가 동백꽃이 붉고 아름답게 만발한 모습을 그려 즐거운 봄 분위기를 고조시켰다.

하편은 상편을 이어 지난날의 즐거움을 회상한 뒤에 그와 상반되는 지금의 비애를 썼다. 첫 "수삼차소엽(繡衫遮笑靨)" 구는 여주인공이 아름다움을 드러내면서 아양 떨던 형상을 그렸고, 다음 "연초점비접(煙草粘飛蝶)" 구는 앞 구를 발전시켜 안개 속 향기로운 풀 곁을 쌍쌍이 나는 나비를 묘사하여 예전 봄날의 즐거웠던 추억을 회상하였다. 끝 2구는 지금 여주인공의 마음 깊은 곳에 감췄던 심경 묘사로 이 사의 요지이기도 하다. "청쇄대방비(靑瑣對芳菲)" 구는 "옥관음신희(玉關音信稀)"라는 끝구를 부각하기 위해 쓴 복선으로 앞 구 "평측측평평"에 요구(拗句)인 "측평평측평"으로 대(對)를 씀으로써 불편한 심경을 드러낼 수 있었다. 곧 "연초(煙草)", "비접(飛蝶)", "청쇄(靑瑣)", "방비(芳菲)"와 같은 경물은 한결같은 모습이지만, 그리운 임 소식은 한결같지 않기에 그윽한 원(怨)이 쌓이지 않을 수 없음을 표출할 수 있었다.

1-5-5 온정균

<보살만 菩薩蠻> 14수-5 杏花含露團香雪

杏花含露團香雪。¹　살구꽃 이슬 머금으니 향그런 눈꽃이 뭉친 듯 한데
綠楊陌上多離別。²　푸른 버들 늘어진 길가로 많은 이들 이별한다.
燈在月朧明。³　달 어슴푸레한 속에 등불 켜있는데
覺來聞曉鶯。⁴　잠 깨니 새벽 앵무새 소리 들리네.

玉鉤褰翠幕。⁵　옥고리로 비취 휘장 걷어 올리거늘
妝淺舊眉薄。⁶　화장기 옅고 밤 지난 눈썹 희미하다.
春夢正關情。⁷　덧없는 꿈이 바로 정을 끌어냈기에
鏡中蟬鬢輕。⁸　거울에 비친 귀밑머리 성겨졌네.

【주석】

1　杏花(행화) 구 : 이슬을 머금은 살구꽃 모습이 둥글둥글한 눈꽃으로 뭉쳐있는 듯하다고 묘사했다. 團(단) : 뭉치다. 동사로 쓰임. 香雪(향설) : 눈처럼 흰 꽃.
2　綠楊(녹양) 구 : 푸른 버들이 있는 길은 예로부터 이별의 장소가 되었다.
3　燈在(등재) : 등이 아직 밝다. 朧明(농명) : 달빛이 어슴푸레하다.
4　覺來(각래) : 잠이 깨다.
5　玉鉤(옥구) : 옥 장식 고리. 褰(건) : 줄 당겨 걸다. 翠幕(취막) : 비취색 휘장.
6　妝淺(장천) : 아침 단장하지 않아 화장기가 옅은 모습. 舊眉薄(구미박) : 원래 그렸던 눈썹 색이 흐려지다.
7　春夢(춘몽) 2구 : 이어진 꿈이 깨어 자기도 모르게 거울을 보며 스스로 가련하다고 여겼기에 귀밑머리가 성김을 깨닫다. 關情(관정) : 정감을 끌어내다.
8　蟬鬢(선빈) : 귀밑머리를 양쪽으로 나누어 매미의 양 날개처럼 빗음. ≪고금주 古今注≫에서는 "위(魏) 문제(文帝) 때 궁인인 막경수(莫瓊樹)가 처음 매미 날개 같은 귀밑머리로 단

장하여 그것을 바라보면 가물거림이 매미 날개 같았다.(魏文帝宮人莫瓊樹始制爲蟬鬢, 望之縹緲如蟬翼然.)"고 하였다. 輕(경) : 간편하다. 성기다.

【감상】

춘몽(春夢)에서 깬 후의 여주인공 심경을 묘사하였다. 특히 객관 경물과 인물 외형을 묘사하여 꿈 깬 뒤의 실의에 빠진 모습과 깊게 숨겨진 심경을 엿보게 하였다.

상편은 꿈에서 본 경물 묘사 속에 꿈 깬 후의 적막감을 새벽 앵무새 소리로 드러냈다. 첫 2구는 꿈속에서 재현된 이별할 때의 광경 묘사이다. 이슬 머금은 살구꽃이 눈같이 흰 모습을 강조한 뒤, 길가의 수양버들이 한들거리는 모습으로 별정(別情)을 끌어내었다. "다(多)"란 한 글자로 슬픔과 원망을 함축함은 이별이 어쩔 도리가 없었음을 객관화한 때문이다. 이어 쓴 "등재월롱명, 각래문효앵.(燈在月朧明, 覺來聞曉鶯.)"은 꿈을 꾸고 깬 뒤의 보고 들린 경상 묘사로 이별의 회상인바, 홀로 앵무새 소리를 듣는 것만 달라졌을 뿐이다. 사람은 떠나가고 방은 비었기에 새벽 꾀꼬리의 울부짖음이 여주인공을 더욱 슬프게 하고 고뇌케 한 것이다.

하편은 여주인공이 춘몽을 깬 뒤의 행동과 눈썹 칠 상태를 그려, 춘몽이 꾸게 된 까닭을 엿보게 하였다. 첫 2구는 여주인공이 아침 일찍 일어난 모습으로, 상편의 꿈을 잇대어 묘사했다. 곧 일어나 휘장을 걷어 올렸지만, 임이 멀리 갔기에 몸치장할 마음이 없음을 썼다. 끝 2구는 꿈을 꾸게 된 이유와 화장대에 비친 모습을 썼다. 곧 정황의 결말을 먼저 쓴 다음, 발단과 전개 과정을 뒤에 쓰는 도서법(倒敍法)을 구사한바, 그리운 정으로 인해 지난밤에 꿈을 꾸게 되었음을 강조할 수 있다.

진정작(陳廷焯, 1853-1892)은 ≪백우재사화 白雨齋詞話≫에서 "끝 2구가 슬픔과 원망으로 처량함은 참으로 말 못할 고통이 있어서다.(末二句, 凄涼哀怨, 眞有難言之苦.)"라고 평하였다.

당규장(唐圭璋, 1901-1990)은 ≪당송사간석 唐宋詞簡釋≫에서 "끝의 2구 10자는 모두 양성자(陽聲字 : 비음인 m, n, ng을 운미로 하는 글자)로, 온정균 사의 성운의 울림이 맑음을 알 수 있다.(末兩句十字皆陽聲字, 可見溫詞聲韻之響亮.)"라고 평하였다.

1-6-6 온정균

<보살만 菩薩蠻> 14수-6 玉樓明月長相憶

玉樓明月長相憶•¹   옥루에 뜬 밝은 달로 오래토록 임 그리워짐은

柳絲裊娜春無力•²   버들잎 하늘거려 기력 없어지는 봄이 와서다.

門外草萋萋。³   문밖에 풀 무성해져

送君聞馬嘶。   임 전송했기에 말 울음 들렸네.

畫羅金翡翠•⁴   촛불 감싼 비단 덮개는 금빛 물총새 수놓였고

香燭消成淚•   향그런 촛불은 녹아 눈물 되었다.

花落子規啼。⁵   꽃 지고 두견새 우니

綠窗殘夢迷。⁶   푸른 휘장 안 여인의 못다 꾼 꿈 아련하네.

【주석】

1 玉樓(옥루) : 정교하고 아름답게 지어진 누각.
2 裊娜(요나) : 가지가 유약하여 가늘게 긴 모양.
3 門外(문외) 2구 : 옛날 서로 이별하던 정경을 추억하였다. 萋萋(처처) : 초목이 무성한 모양. 嘶(시) : 울다.
4 畫羅(화라) 구 : 촛불 바람막이 비단 덮개 위로 금빛 물총새가 수놓여 있다. 翡翠(비취) : 물총새. 물가에서 서식하며, 깃털은 남색과 녹색 빛을 띠는데, 매우 곱고 아름다워 장식품으로 쓰인다. 붉은색을 한 수컷을 비(翡)라고 하고, 푸른색을 한 암컷을 취(翠)라 한다.
5 子規(자규) : 두견새. 고통스럽게 울어 피를 토해내야 비로소 그친다고 해, 일명 원조(怨鳥)라고도 한다.
6 綠窗(녹창) : 비단 드리운 창인 규방(閨房)으로 규방 여인을 비유함. 殘夢(잔몽) : 단절된 어수선한 꿈.

【감상】

남편을 그리는 여인이란 뜻을 지닌 사부(思婦)가 봄날 멀리 계신 남편 생각에 망연자실(惘然自失)해진 모습을 그렸다.

상편은 임과 함께 지냈던 봄을 맞아 당시의 이별이 더 큰 수심으로 다가옴을 썼다. 한들거리는 버들가지가 힘이 없는 듯이 보임은 의지할 곳 없는 여주인공의 마음이 그대로 투영되어서다. 다음 2구는 임을 보냈던 슬픈 날의 장면 묘사로 말 우는 소리로 당시를 회상치 않을 수 없음을 일깨웠다.

하편은 경물을 빌려 홀로 밤을 지내야 하는 여인의 심경을 그렸다. 여주인공의 심경을 대변하듯 촛불 덮개는 물총새가 쌍으로 수놓였고, 초는 눈물을 흘리며 스러져가고, 두견새는 피맺힌 설움을 토해내며 울고 있다. 꿈속에서라도 임을 보려고 잠을 청하는 여인의 애처로운 모습에서 진정을 느끼게 된다. 이러한 모습은 첫 구에서 제기한 "장상억(長相憶)"을 구체적으로 형상한 장면으로 수미상응하는 묘를 보일 수 있었다. 끝구에 쓴 "잔몽미(殘夢迷)" 중의 "잔몽(殘夢)" 2자에는 다시 꾸기 힘든 꿈이라는 함의가 담겼기에 재회하려는 뜻을 이루기가 어려움을 드러낼 수 있었다.

진정작은 《운소집 雲韶集》 권1에서 "음절이 처량하고 적막하며, 글자마다 정이 슬프면서 구성지기에 읽으면 넋을 잃게 된다.(音節淒淸. 字字哀艷, 讀之銷魂.)"라고 평하였다.

당규장의 《당송사간석》은 "전 사의 경상이 진실되고 정감도 진실하여, 순박함과 충실함이 원활하게 유동한다.(通體景眞情眞, 渾厚流轉.)"라고 평하였다.

이빙약(李冰若, 1899-1939)은 <허장만기 栩莊漫記>에서 "청담(淸淡)하고 기려(綺麗)하기에 성취가 드러나다.(淸綺有味.)"라고 평하였다.

1-7-7 온정균

<보살만 菩薩蠻> 14수-7 鳳凰相對盤金縷

鳳凰相對盤金縷●¹   짝진 봉황 서로 마주해 금실로 휘감은 모습의
牡丹一夜經微雨●²   모란은 밤 내내 가랑비 맞았다.
明鏡照新妝。³   맑은 거울에 새단장한 모습 비추니
鬢輕雙臉長。   귀밑머리 성겨졌고 두 뺨 길어졌네.

畫樓相望久●⁴   그림 단장한 누각에서 마주해 오래 바라 본 것은
欄外垂絲柳●   난간 밖에 늘어진 버들가지인데
音信不歸來。⁵   임 소식 돌아오지 않았지만
社前雙燕迴。⁶   춘사일(春社日) 전에 짝진 제비 돌아왔네.

【주석】

1 盤(반) : 둘둘 휘감다. 곧 옷 위에 에둘러 수놓은 모습임. 金縷(금루) : 금빛 비단실.
2 經雨(경우) : 비에 젖다.
3 新妝(신장) : 새로 화장하다.
4 畫樓(화루) : 채색 그림으로 장식된 누각.
5 音信(음신) : 소식.
6 社(사) : 춘사(春社)를 올리는 사일(社日)을 말함. 곧 토신(土神)에게 제사 올리는 날. 사일에는 춘사와 추사(秋社)가 있다. 춘사일은 입춘 뒤 제5번째 무일(戊日)이고, 추사일(秋社日)는 입추 후 제5번째 무일(戊日)이다. ≪형초세시기 荊楚歲時記≫ "사일에는 사방의 이웃이 함께 모여 토지 신에게 제사를 지내는데, 제물로 바칠 산짐승을 죽이고 지붕을 덮은 나무 아래에서 먼저 신에게 제를 올린 후 그 고기를 함께 먹는다.(社日, 四隣幷結宗會社, 宰牲牢, 爲屋于樹下, 先祭神, 然後享其胙.)"고 하였다. 社燕(사연) : 춘사 이전에 왔다가 추사 이후에 떠나는 제비.

【감상】

이별로 시름에 잠겨 임을 기다리는 여인의 애원(哀怨)을 노래하였다.

상편은 고독하게 지내는 여주인공이 곱게 단장하고 임과 함께 지내려 했으나, 임이 곁에 없기에 초췌한 모습으로 홀로 지내야 하는 서글픔을 썼다.

첫 2구는 아름다운 여주인공이 외로움 속에 임과 함께하길 바랐지만 그렇지 못한 데서 온 실의를 썼다. 여인의 미모를 짝진 봉황 수가 놓인 듯한 모란 무늬로 형상하고는 끝내 돌아오지 않은 임으로 인해 밤 내내 비에 젖은 초라한 모란 모습이 되었음을 부각하였다. 다음 2구는 거울에 비친 여주인공의 모습으로 그리운 정에 빠져 고운 얼굴이 극도로 수척해졌음을 형상하였다. 특히 "신장(新妝)"에서 "신(新)" 자를 써, 임이 안 계시기에 평소에 거울 보고 아름답게 화장하는 일이 극히 드물었음을 강조할 수 있었다.

하편은 여인이 무료를 떨치려고 누각에 올라 오매불망하며 임을 기다리는 모습을 그렸다.

첫 2구는 난간 밖에 드리워진 버들잎 묘사로 임이 곁에 계시기를 바라는 애절한 마음을 드러내는 동시에 봄이 가고 있는 아쉬움을 함축하였다. "유(柳)"는 "유(留)"와 쌍관음(雙關音)인 때문이다. 끝 2구는 사일(社日)이면 어김없이 돌아오는 제비와 소식을 전하지 않는 임을 대비시켜 여인의 고독은 더해지고 수심은 깊어감을 부각할 수 있었다.

탕현조(湯顯祖, 1550-1616) 탕평(湯評) ≪화간집≫ 권1에서 모란 2구(牡丹 二句)에 "눈 앞의 경치로 속마음을 알아차린 사람이 아니고는 알지 못한다.(眼前景, 非會心人不知.)"라고 평하였다.

1-8-8 온정균

<보살만 菩薩蠻> 14수-8 牡丹花謝鶯聲歇

牡丹花謝鶯聲歇•¹　　모란꽃 져 꾀꼬리 울음도 그쳤거늘
綠楊滿院中庭月•²　　푸른 버들이 정원에 가득하고 뜰 가운데 달떴다.
相憶夢難成。　　　　서로를 그리워하나 꿈꾸기도 어려운데
背窓燈半明。³　　　　창을 등진 등불은 반쯤 환하네.

翠鈿金壓臉•⁴　　　　비취 비녀의 금빛 장식이 얼굴을 눌렀음은
寂寞香閨掩•　　　　적막함이 향그런 규방을 가려서다.
人遠淚闌幹。⁵　　　　임 멀리 계셔 이리저리 눈물 흐르는데
燕飛春又殘。　　　　제비 날아오니 봄은 또 가네.

【주석】

1 牡丹(모란) : 모란. 5월에 꽃 피며 부귀화(富貴花)라고도 부르는데, 꽃이 피면 봄이 간다. 謝(사) : 꽃이 지다. 鶯(앵) : 앵무새. 몸집이 작고 울음소리가 낭랑하여 노랫소리처럼 구성지기에 앵무새 울음을 앵가(鶯歌)라고 한다.
2 中庭(중정) : 뜰 한가운데.
3 背(배) : 저버리다. 가리다. 감추다.
4 翠鈿(취전) : 비취 혹은 주옥·금은 등으로 만든 꽃송이 모양의 비녀. 金壓臉(금압검) : 금, 옥으로 만든 장신구가 얼굴을 억누르다. 壓(압) : 억누르다.
5 闌幹(난간) : 산만하게 흩어지다. 방울방울 떨어지다.

【감상】

젊은 사부(思婦)의 별한(別恨)을 형상하였다.

상편 첫 2구는 사부가 외부 환경에서 느낀 묘사로 시간과 공간을 그렸다. 모란은 꽃 피었고, 꾀꼬리 우는 소리도 사라진 늦봄에, 온 뜰에 가득한 버들과 중천에 뜬 달로 이별한 심경을 엿보게 하였다. 다음 2구는 늦봄날 밤에 그녀가 상심하면서 먼 곳에 있는 이를 그리워하는 처경(處境)을 살피게 하였다. "몽난성(夢難成)"은 이별한 근심으로 잠들지 못해 적막하게 지냄을 형상하였다.

하편은 이런 광경에서 한층 더 깊게 들어가 실내 공간을 조명하여 그녀의 내심을 살피게 하였다. 첫 2구 중 "적막함이 규방을 가려서다.(寂寞香閨掩.)"는 임 생각에 빠진 부인이 예전에 화장할 때 즐겨 꽂던 비취 비녀가 지금은 얼굴을 억누르는 거추장스러운 물건이 된 까닭을 암시한 구절이다. 끝 2구는 마음속 탄식으로 잠 못 드는 밤은 끝없이 계속되고 기다리는 이는 돌아올 기약 없는 가운데 봄이 쓸쓸히 지나감을 아쉬워하였다. 끝구는 첫 2구에서 제기한 늦봄 절기에 호응하는 형상으로 덧없이 지나가는 봄에 대한 애상을 부각함으로써 수미쌍관(首尾雙關)한 구성을 보일 수 있었다.

진정작은 ≪운소집≫ 권1에서 "홀로 잠자는 기분을 이해하고 한 글자, 한 구절씩 읽어가면 슬프고도 측은하니 온정균은 확실히 세심한 사인이다.(領略孤眠滋味, 逐句逐字, 凄凄惻惻, 飛卿大是有心人.)"라고 평하였다.

1-9-9 온정균

<보살만 菩薩蠻> 14수-9 滿宮明月梨花白

滿宮明月梨花白●¹   집을 가득 채운 환한 달빛에 배꽃은 흰데
故人萬里關山隔●²   그리운 임은 머나먼 변경을 사이해 있다.
金雁一雙飛。³   금빛 기러기 짝져 나르니
淚痕沾繡衣。   눈물 흔적이 수놓은 옷을 적시네.

小園芳草綠●   작은 정원은 향긋한 풀 녹음졌고
家住越溪曲●⁴   월계 굽이진 곳에 집이 있다.
楊柳色依依。⁵   버들은 그리운 빛으로 한들거리는데
燕歸君不歸。   제비는 돌아왔으나 임은 돌아오지 않으셨네.

【주석】

1 宮(궁) : 일반 주택으로 황궁을 지칭하지 않는다. ≪경전석문 經典釋文≫은 "옛사람들은 귀천을 따지지 않고 똑같이 궁(宮)이라 불렀으나, 진·한 이래로 오직 왕이 거하는 곳만 궁이라고 칭했다.(古者貴賤同稱宮, 秦漢以來, 惟王者所居稱宮焉.)"고 썼다.

2 故人(고인) : 오래 사귄 친구. 죽은 사람이나 전처(前妻). 여기서는 그리운 임을 말함. 關山(관산) : 험준한 요충지. 변경의 요새와 산악.

3 金雁(금안) : 금빛의 큰 기러기. 임이 보낸 편지. 유공부(劉貢父)는 ≪중산시화 中山詩話≫에서 "금안(金雁)은 쟁의 줄 받침이다.(金雁, 箏柱也.)"라고 하였다. 쟁의 현 받침을 보니 먼 곳의 사람이 그리워진다는 의미도 지닌다.

4 家住(가주) : 집이 위치하다. 越溪(월계) : 약야계(若耶溪). 절강성 소흥(紹興) 남쪽 약야산(若耶山) 아래에 있으며 계수(溪水)는 북쪽으로 흘러 경호(鏡湖)로 들어간다. 월(越)나라 미인 서시(西施)가 여기서 빨래했다고 하여 완사계(浣紗溪)라고도 부른다. 曲(곡) : 굽이진 곳.

5 依依(의의) : 서로 그리워하듯이 한들한들 늘어진 모양. ≪시경·소아·채미 詩經·小雅·採薇≫에 "옛날 내가 떠남에 버들가지 아쉬운 듯 한들거렸네.(昔我往矣, 楊柳依依.)"라는 구절이 있다.

【감상】

멀리 떠난 임이 돌아오지 않는 데서 오는 여인의 우수를 묘사하였다.

상편은 눈앞에 보이는 경상으로 인해 눈물이 흐름을 썼다. 명월 속의 배꽃을 보니 만리길 떨어진 옛 임 생각이 더욱 간절해짐을 토로하였다. 달 밝은 밤하늘에 날아가는 기러기를 바라보나, 임이 소식을 전해주지 않음이 떠오르니 눈물이 옷을 적실 뿐이다.

하편은 여주인공이 자신을 서시의 미모에 비유하고, 거처 환경이 아름다움을 부각한 뒤, 봄은 왔어도 임은 오시지 않는 데서 오는 실의를 썼다. 특히 떠난 임의 고향이 아름다움을 생동하게 묘사하고는 이별의 서러움을 알 것 같은 버들 빛과 때 되면 어김없이 돌아오는 제비를 매체로 외로움과 허전함을 형상하는 기법을 썼다.

온정균 사의 여주인공은 대부분 귀부인인데 이 사는 유독 민간 여자를 대상으로 하여 진솔하게 묘사했기에 또 다른 맛을 전한다.

탕현조의 탕평 ≪화간집≫ 권1에서 "감흥을 드러낸 말은 이하 같고, 결어는 이백 같은데, 중간은 평조일 따름이다.(興語似李賀, 結語似李白, 中間平調而已.)"라고 평하였다.

진정작 ≪운소집≫ 권24에서 "처량한 아름다움은 온정균의 원래 모습이다. 왕유의 '봄풀은 해마다 푸르러지네.'에서 변화시켜 내었다.(凄艷是飛卿本色. 從摩詰 '春草年年綠.' 化出.)"라고 평하였다.

1-10-10 온정균

<보살만 菩薩蠻> 14수-10 寶函鈿雀金鸂鶒

寶函鈿雀金鸂鶒•¹ 　머리 장식함 속의 새 모양 장식물은 자원앙 금박인데
沉香閣上吳山碧•² 　침향으로 단장한 누각 위의 오산은 푸르다.
楊柳又如絲。　　　 버들가지 또 실처럼 늘어지니
驛橋春雨時。³ 　　 역참 가 다리에 봄비 내리는 때이네.

畫樓音信斷• 　　　단장한 누대에 소식 끊였으나
芳草江南岸• 　　　향그런 풀은 강남 연안 따라 자랐다.
鸞鏡與花枝。⁴　　 난새 장식 거울에 꽃가지 같은 나를 비추는
此情誰得知。⁵　　 이 마음을 누가 알지!

【주석】

1 寶函(보함) : 귀중한 머리 장식품을 넣어두는 작은 상자. 鈿雀(전작) : 금, 은, 옥, 패(貝)를 상감한 새 모습의 장식물. 金鸂鶒(금계칙) : 자원앙(紫鴛鴦) 형상을 상감한 비녀. 계칙(鸂鶒)은 자원앙으로 늘 짝지어 지내는 습성이 있다.

2 沉香閣(침향각) : 호화로운 누각을 두루 지칭하나, 여기서는 여자가 화장하는 장각(妝閣)을 일컬었다. 吳山(오산) : 삼국시대 오나라 땅에 있던 산을 말하나 여기서는 강소(江蘇)·절강(浙江) 일대인 강남의 산악을 두루 가리켰다.

3 驛(역) : 고대에 공문(公文)을 전하던 사람과 내왕하던 관원들이 묵고 말을 바꿔 탈 수 있게 한 장소. 역참(驛站)이라고 함. 驛橋(역교) : 공문서 전하는 길 위의 다리. 이별하는 장소.

4 鸞鏡(난경) : 난새 모양의 거울. 범태(范泰, 355-426) <난조시서 鸞鳥詩序>에는 "계빈왕은 고운 빛깔의 난새를 얻어, 그 새를 울게 하였으나 울 수 없었다. 부인이 말하기를 '듣자니 새는 같은 부류를 보면 운다고 하던데, 거울을 달아 그것을 비추면 되지 않겠어요!'라고 하였다. 왕이 그 말을 따르자 난새는 거울에 비친 그림자를 보더니 슬피 울어, 그 애달픈 소리

가 중천(中天)에 울렸고, 몸을 떨치자 기절하였다.(罽賓王獲彩鸞鳥. 欲其鳴而不能致. 夫人曰: '嘗聞鳥見其類而後鳴, 可懸鏡以映之.' 王從其言, 鸞睹影悲鳴, 哀響中霄, 一奮而絶.)"는 기록이 보인다. 이후로 거울을 '난경(鸞鏡)'이라 불렀다. 花枝(화지) : 꽃가지. 여주인공 자신을 비유함.

5 得知(득지) : 알게 되다. 알다.

【감상】

봄은 돌아왔으나 임은 돌아오지 않는 데서 온 사부(思婦)의 실의와 고뇌를 묘사하였다. 상편은 여인이 보함(寶函)을 마주해 단장을 마치고 화려한 누각에 올라 오산(吳山)을 바라보며, 봄비 내리는 역교(驛橋)에서 이별했던 장면을 떠올림을 썼다. 푸른빛 오산을 바라봄을 써 기다리는 임이 돌아오기를 바라는 심경을 엿보게 하였고, "양류우여사(楊柳又如絲)"의 "우(又)" 자로는 이별 당시 버들의 모습과 지금의 모습을 대비 시켜 수심에 빠진 여주인공의 외로운 모습을 언외(言外)로 그렸다.

하편은 지금의 정감 묘사로 가는 봄의 경치를 그려 소식 없는 임에 대한 극도의 실의를 투영하였다. 첫 2구는 임 소식은 끊긴 데다가 강남 연안의 방초가 무성함을 그려 돌아올 기약을 어긴 실의를 함축하였다. 혹은 임 계신 강남의 봄 풍경을 상상해 그에 대한 그리운 정을 형상한 구로 볼 수 있다. 끝 2구는 돌아올 기약 없는 임에 대한 기대를 차마 저버리지도 못하는 심사를 썼다. 꽃가지 같은 자신을 거울에 비춰 그 모습을 먼저 쓴 뒤, 끝구에서 자신을 스스로 불쌍히 여기며 자상(自傷)하는 모습을 그림으로써 한없는 애수를 느끼게 하였다. 특히 "난경여화지(鸞鏡與花枝)"에서 쓰인 "여(與)" 자는 난경이 비춰준다는 뜻을 보일 수 있었고, "화지(花枝)"의 '지(枝)' 자는 '지(知)'와 해음(諧音)을 이루는 쌍관어(雙關語)이기에 상사의 정을 알아준다는 뜻도 드러낼 수 있었다. 따라서 이 구는 장심(匠心)이 발휘되었음을 알 수 있다. 시계가 탁 트이게 그린 데다가 색조도 청신하기에 <보살만> 14수 중에서 소랑(疏朗)한 특성을 보일 수 있었다.

탕현조는 탕평 ≪화간집≫ 권1에서 "'침향', '방초' 구 모두는 시 속에 있는 그림이다.('沉香', '芳草' 句, 皆詩中有畫.)"라고 평하였다.

진정작은 ≪운소집≫ 권1에서 "다만 '우'란 이 한 자에 많은 눈물이 맺힘은 음절이 쓸쓸히 늦춰져서다. 대체로 향렴사를 지음에 음절이 늦춰질수록 더 오묘해진다.(只 一 '又'字, 多少眼淚, 音節凄緩. 凡作香奩詞, 音節愈緩愈妙.)"라고 평하였다.

1-11-11 온정균

<보살만 菩薩蠻> 14수-11 南園滿地堆輕絮

南園滿地堆輕絮●¹   남쪽 정원 땅 가득히 가벼운 버들솜 쌓였는데
愁聞一霎淸明雨●²   청명절의 한 차례 빗소리를 근심스레 듣는다.
雨後却斜陽。³   비 온 뒤로 석양을 되돌리니
杏花零落香。⁴   살구꽃 시들어 떨어졌어도 향기 내네.

無言匀睡臉●⁵   잠에서 깬 얼굴을 말없이 고루 다듬음은
枕上屛山掩●⁶   침상이 병풍을 가려서다.
時節欲黃昏。⁷   황혼이 들려 하는 때라
無憀獨倚門。⁸   무료함에 홀로 문에 기댔네.

【주석】

1. 輕絮(경서) : 가벼운 버들솜. 서(絮)는 유서(柳絮)인 버들솜.
2. 一霎(삽) : 시간이 촉박하다. 한 차례.
3. 却(각) : 후퇴시키다. 되돌리다.
4. 零落(영락) : 시들어 떨어지다.
5. 匀(균) : 균형이 잡히다, 고르다. 조화를 이루다. 睡臉(수검) : 잠에서 깬 뒤의 졸린 듯한 얼굴.
6. 枕上(침상) : 침대 위. 屛山(병산) : 병풍. 掩(엄) : 덮어 가리다.
7. 時節(시절) : 때.
8. 무료(無憀) : 무료(無聊).

【감상】

홀로 지내는 여주인공이 청명절에 낮잠을 깬 뒤의 외로운 심경을 그렸다.

상편은 낮잠을 깨어났을 때 주위의 경상을 묘사하였다. 빗소리도 근심스레 들리고, 아름답고 향기로운 살구꽃도 그녀의 눈에는 쇠락해가는 모습으로 비침은 그녀의 심리가 평온한 상태가 아닌 때문이다. "수문(愁聞)" 구는 모춘(暮春)인 청명절에 생긴 모순된 정서를 반영하였다.

하편은 여주인공의 정태(情態) 묘사로 오수(午睡)에서 깬 뒤의 적막하고 무료한 내심을 그렸다. 첫 2구는 도장구(倒裝句)로 낮잠에서 깬 뒤 눈에 보이는 것은 침상 위의 병풍뿐이건만 적막함 속에 무심하게 화장함을 먼저 써 여주인공의 심리 변화를 추적케 하였다. 끝 2구는 우수에 쉽게 빠지게 되는 황혼녘을 그려, 공허해진 여주인공의 의지할 곳 없는 심경을 엿보게 하였다.

청명절 비가 온 뒤의 영락(零落)한 경상을 그린 뒤 "무언균수검(無言勻睡臉)"이란 동작 묘사로, 해질녘 여주인공의 허전한 심경을 살피게 하였다. 이 사는 거의 매구에 동사를 써 상황 변화와 심경의 향방을 살피게 했기에 맥락을 선명히 드러낼 수 있었다.

왕국유(王國維, 1877-1927)는 ≪인간사화부록 人間詞話附錄≫에서 "'비 온 뒤로 석양을 되돌리니, 살구꽃 시들어 떨어졌어도 향기 내네.'를 진관(秦觀)은 <화당춘·춘정 畵堂春·春情>사 중에서 '비온 후 방초에 석양이 드니, 살구꽃 시들어 떨어져 제비집 짓는 진흙이 향기 내네.'라고 쓴바, 진관 사는 비록 이 구에서 탈태했지만 실은 청출어람이란 오묘함을 보였다.('雨後却斜陽, 杏花零落香.' 少遊之 '雨餘芳草斜陽, 杏花零落燕泥香.', 雖自此脫胎, 而實有出藍之妙.)"라고 평하였다.

1-12-12 온정균

<보살만 菩薩蠻> 14수-12 夜來皓月才當午

夜來皓月才當午。¹   밤 오며 환한 달 막 중천에 걸리니
重簾悄悄無人語。²   겹친 발에는 말하는 이 없어 조용하다.
深處麝煙長。³   깊숙한 규방은 사향 연기 길게 퍼지는데
臥時留薄妝。⁴   누울 땐 엷은 화장기 남았네.

當年還自惜。⁵   그 해를 생각하면 또 절로 아쉬워지나
往事那堪憶。   지난 일을 어찌 생각할 수 있으랴!
花露月明殘。⁶   꽃잎에 맺힌 이슬에는 밝은 달빛 다해가니
錦衾知曉寒。⁷   비단이불도 새벽 한기 아는 듯하네.

【주석】

1. 皓月(호월) : 희고 밝은 달. 當午(당오) : 한밤중, 반야(半夜). 곧 달이 중천(中天)에 걸리다.
   重簾(중렴) : 겹쳐진 발과 휘장. 규방 안이 깊음을 형용.
2. 悄悄(초초) : 조용하다. 은밀하다.
3. 麝煙(사연) : 사향을 태울 때 나는 향의 연기.
4. 薄妝(박장) : 엷은 화장. 담장(淡妝).
5. 當年(당년) : 그 해. 自惜(자석) : 절로 아쉬워하다.
6. 花露(화로) : 꽃 위의 이슬.
7. 錦衾(금금) : 수놓인 비단이불.

【감상】

　밤부터 새벽까지 잠을 이룰 수 없는 주변의 경상을 그려 여주인공이 회상하기도 힘든 우수를 그렸다.

　상편은 한밤중 중천에 뜬 달, 인적 끊인 주렴, 길게 퍼지는 사향 연기, 옅게 남은 화장 흔적 등을 그려 여주인공이 초저녁부터 한밤중까지 잠 못 드는 상황을 엿보게 하였다. 이런 묘사는 하편의 첫 2구를 끌어내기 위한 복선으로 다소 정적(靜寂)이 흐르는 분위기를 조성하였기에 여주인공의 심경 묘사를 곡진하게 그려낼 수 있었다. 곧 한밤의 고요한 객관 경상 속에 적막한 심경을 융화시킴으로써 외로운 모습을 투영해 낼 수 있었다.

　하편은 여주인공의 심리묘사 속에 새벽 경상을 그려 실면(失眠)한 이유를 살피게 하였다. 첫 2구는 당시의 아름다운 생활과 현재의 비애를 대비시키면서 현재 자신의 외로운 처지를 부각하였다. 끝 2구는 밤 깊어지며 실면(失眠)한 경상을 그려 애원(哀怨)한 정서를 반영하였다. "화로월명잔(花露月明殘)"은 여주인공 자신의 모습을 형상한 구로 "화로(花露)"로 자신이 처한 곤경을, "월명잔(月明殘)"으로는 다해가는 은총을 함축하였다. 여주인공이 이같은 상황에서 잠들 수 없음을 새벽 한기를 아는 금침으로 비유함으로써, 고뇌와 애수의 정도를 엿보게 하였다. 이런 심경은 이미 앞 구에서 말한 "왕사나감억(往事那堪憶)"에서 연유되었다.

　장혜언(張惠言, 1761-1802) ≪사선 詞選≫ 권1은 "이 사는 누운 때부터 날이 샐 때까지를 썼으니, 이른바 '서로 그리워하나 꿈도 꾸기 어렵네.'이다.(此自臥時至曉, 所謂 '相憶夢難成'也.)"라고 평하였다.

　섭가영(葉嘉瑩, 1924-)은 ≪가릉논사총고 嘉陵論詞叢稿≫에서 "끝없는 슬픔과 원망을 말하지 않는 중에 다 나타내었다!(無限哀怨盡在不言中矣!)"라고 평하였다.

1-13-13 온정균

<보살만 菩薩蠻> 14수-13 雨晴夜合玲瓏日

雨晴夜合玲瓏日●¹   비 개어 자귀 꽃이 영롱해진 날임은

萬枝香裊紅絲拂●²   수많은 가지에 붉은 실 꽃술이 스쳐 꽃 향기 감돌아서다.

閑夢憶金堂。³   한가한 꿈은 화려한 훤당을 그리워했기에

滿庭萱草長。⁴   망우초 뜰 가득히 자랐네!

繡簾垂篆籔●⁵   수놓인 발은 술 장식 드리웠는데

眉黛遠山綠●⁶   원산미(遠山眉)로 그린 눈썹은 녹색이다.

春水渡溪橋。⁷   봄 강물이 시냇가 다리를 건너 흐르기에

憑欄魂欲銷。⁸   난간에 기대니 넋 나가려 하네.

【주석】

1 夜合(야합) : 야합화(夜合花 : 아침에 꽃 피고 황혼에 짐으로 이렇게 부름) 자귀나무 꽃. 합혼(合昏)이라고도 하며, 속칭 마영화(馬纓花)라 하며 합환(合歡)을 상징함. 주처(周處, 238-299)의 ≪풍토기 風土記≫에 "합혼은 무궁화과로 꽃은 새벽에 피어 해질녘에 떨어진다.(合昏, 槿也, 華晨舒而昏合.)"라고 함. 玲瓏(영롱) : 정교하고 아름답다. 곧 꽃이 펴서 만개했을 때를 형용한 말.

2 香裊(향뇨) : 향기가 감돌다. 紅絲(홍사) : 붉은 실 같은 꽃술. 혼인이나 중매인을 대신 지칭함. 拂(불) : 스치다.

3 金堂(금당) : 화려한 대청. 훤당. 예전 거처.

4 萱草(훤초) : 훤초(藼草). 훤초(諼草)라고도 씀. 망우초(忘憂草). 모친화(母親花). ≪시경·위풍·백혜 詩經·衛風·伯兮≫에서는 "어디서 원추리 얻을 수 있나. 이것을 뒤꼍에 심어봤으면!(焉得諼草, 言樹之背.)"이라고 읊었다. ≪모전 毛傳≫에서는 "원추리는 사람에게 근심을 잊게 한다.(諼草令人忘憂.)"고 풀이 했으며, 주희(朱熹, 1130-1200)는 "원추리와 합

환목인 자귀나무는 그것을 먹으면 사람에게 근심을 잊게 한다.(諼草合歡, 食之令人忘憂者.)"라고 주(注)하였다.
5 籠籔(녹속) : 아래로 늘어뜨린 술 장식. 술 종류의 장식품.
6 眉黛(미대) : 청흑색 안료로 칠한 눈썹. 곧 눈썹을 지칭함. ≪서경잡기 西京雜記≫에는 "사마상여의 처 탁문군은 아름다워, 얼굴은 늘 부용 같고 눈썹은 먼 산을 바라보는 듯하여, 당시 사람들이 '원산미'를 본떠 그렸다.(司馬相如妻卓文君姣好, 臉際常若芙蓉, 眉色如望遠山, 時人效畫遠山眉.)"라고 하였다. 그 후로 여인의 눈썹 화장법을 원산미라고 칭함.
7 溪橋(계교) : 시냇물이 흐르는 작은 다리.
8 魂欲銷(혼욕소) : 영혼이 육신을 떠나는 듯하다. 銷(소) : 녹이다. 사라지다.

【감상】

여주인공이 백일한몽(白日閑夢)을 꾼 뒤에 넋을 잃을 듯이 즐거웠던 지난날을 회상하면서 현재의 우수를 형상하였다.

상편은 자귀 꽃이 영롱하게 피어 꽃향기 물씬 풍기는 날, 금당(金堂) 뒤뜰의 망우초(忘憂草)인 훤초를 떠올린 꿈을 꾸었음을 술회하였다. 첫 2구는 비 온 뒤로 해가 뜨자 수 없는 자귀나무의 붉은 꽃술이 햇빛에 비쳐 꽃 향기 풍기는 속에 매우 아름다운 모습을 썼다. "불(拂)" 자는 나뭇가지에 꽃술이 스쳐 향기를 풍기는 모습을 형상할 수 있었다. 다음 2구는 꿈에 본 경상으로 여주인공이 홀로 적막하게 지내기에 즐거웠던 지난날 금당(金堂) 생활을 회상하는 그 자체가 즐거운 일임을 썼다. 금당의 뒤뜰에 늘 훤초를 심어 놓아 부녀의 근심을 달랠 수 있었다.

하편은 몽경에서 현실로 돌아온 정경으로 여주인공이 화장 후 눈앞에 보이는 경상을 그려 지난날을 추억하였다. 첫 2구는 수놓인 발아래로 술 장식 드리운 뒤, 원산미(遠山眉)를 녹색으로 그린 모습을 투영해 그리움에 빠진 심사를 드러내었다. 끝 2구는 실외의 경상 묘사이다. 춘수(春水)가 계교(溪橋)를 건너 흘러가기에 난간에 기대어 꿈속의 광경과 멀리 계신 임을 떠올리니 그리움에 혼(魂)이 나갈 듯한 고통에 빠짐을 토로하였다. 곧 젊은 날의 환희를 몽환식(夢幻式)으로 그려 지금의 우수를 반어적으로 드러낸 것이다. 다리 아래로 봄 강물이 흐름을 보며 자신의 아름다운 세월도 물 흐르듯 흘러감을 느끼었기에 망연자실하게 됨을 피할 수 없었다.

1-14-14 온정균

<보살만 菩薩蠻> 14수-14 竹風輕動庭除冷

竹風輕動庭除冷。¹   대나무 사이로 바람 산들거려 섬돌 싸늘해지니
(죽풍경동정제냉)

珠簾月上玲瓏影。²   구슬발 위로 달이 떠 영롱히 비친다.
(주렴월상영롱영)

山枕隱濃妝。³   산 모양 베개에 짙게 화장한 여인이 기댔거늘
(산침은농장)

綠檀金鳳凰。⁴   진한 녹색 베개 바탕에는 금 봉황 수놓였네.
(녹단금봉황)

兩蛾愁黛淺。⁵   두 눈썹에 근심 어려 눈썹 먹 옅음은
(양아수대천)

故國吳宮遠。⁶   고향이 서시같이 오궁에서 멀어서다.
(고국오궁원)

春恨正關情。⁷   봄날의 수심은 바로 정에 끌려선데
(춘한정관정)

畫樓殘點聲。⁸   단장한 누대에는 방울지는 물시계 소리 잦아드네.
(화루잔점성)

【주석】

1 竹風(죽풍) : 대나무 사이로 부는 바람. 庭除(정제) : 뜰 앞의 섬돌, 층계.

2 玲瓏(영롱) : 정교하고 섬세하다.

3 山枕(산침) : 옆 두 쪽은 높고 가운데가 들어간 산 모양 베개. 隱(은) : 기대다. ≪맹자·공손추 孟子·公孫丑≫의 "안석에 기대 누웠다(隱几而臥.)"에 조기(趙岐, ?-201)는 "'은'은 '의지하다'의 뜻이다.(隱, 倚也.)"라고 주(注)함. 곧 짙게 화장한 여인(濃妝)이 베개에 머리를 기댔다는 뜻임.

4 綠檀(녹단) : 진한 녹색 (베개). 단(檀)은 상록(常綠)인 작은 교목(喬木)으로 향기를 풍김.

5 兩蛾(양아) : 두 눈썹.

6 故國(고국) : 고향. 서시(西施)가 고국인 월(越)을 그리듯 고향이 그리움을 비유함.
吳宮(오궁) : 강소성(江蘇省) 소주(蘇州) 일대에 있던 춘추시대 오 왕궁으로, 월왕(越王) 구천(勾踐, ?-B.C.465)이 오왕(吳王) 부차(夫差, ?-B.C.473)의 환심을 사기 위해 미녀 서시를 보냈고 부차는 서시를 위해 춘소궁(春宵宮)을 지어 주며 깊은 애정을 보였다. 오궁은 춘소

궁으로 추측됨.
7 春恨(춘한) : 봄날의 슬픔. 춘수(春愁).
8 殘點聲(잔점성) : 밤의 시각을 알리는 물시계 물방울이 힘없이 잦아드는 소리.
　殘(잔) : 다해 가다. 곧 날이 밝으려는 뜻임.

【감상】

오궁(吳宮)을 썼기에 궁중 여인의 원사(怨詞)로 볼 수 있으나, 오궁을 귀부인이 지내는 장소로 보면 귀부인의 춘원(春怨)을 우의한 사로도 볼 수 있다.

상편은 여주인공이 베개를 베고 자리에 누웠을 때 들리고 본 것과 누워있는 자신의 모습을 그렸다. 첫 2구는 자리에 누워서 가까이 접한 경상 묘사이다. 대나무 사이로 불어오는 싸늘한 바람 소리와 구슬발 위로 뜬 달이 주렴에 비쳐 영롱한 그림자를 드린 모습으로 서늘한 경계를 출현시켰다. 다음 2구는 진하게 화장하고 산침(山枕)에 기대 누운 여인의 외형만을 그렸다. 녹색 바탕 속에 금빛 봉황이 수놓인 산침은 합환(合歡)의 희망을 드러낸 동시에 자신의 외로움을 감추었다. 이 외로움은 앞 2구에서 이미 묘사된 싸늘한 경관과 연계된바, 여주인공의 서글픈 심사를 살필 수 있다.

하편은 임을 만날 수 없는 수심에 눈썹 화장이 옅어짐을 그린 뒤, 그리운 정에 끌려 날 밝도록 잠 못 듦을 썼다. 첫 2구는 도치(倒置) 구로 서시(西施)가 월나라 범려(范蠡)를 그리워하며 오나라 왕궁에 연금된 것을 견딜 수 없어 했던 전고를 써 여주인공이 처한 현실에 대한 고뇌와 유원(幽怨)을 드러냈다. 끝 2구는 수심의 내원을 구체적으로 토로하였다. 곧 관정(關情)으로 생긴 춘원(春怨)으로 인해 단장한 누대에서 날 밝도록 다 해가는 물시계 방울 소리를 듣게 되는 불행한 현실에 대한 고뇌를 노정한 것이다.

청(淸) 장혜언은 ≪사선≫에서 "우의한 뜻을 대략 드러냈다.(略露寓意.)"라고 평해 이 사를 기탁(寄託)한 사로 보았다. 여기서 우의란 서시가 월나라를 그리워해 오 나라 궁궐에서 갇혀 지낼 수 없다는 뜻이기에 장혜언은 작자 온정균이 처한 정치적 속박에 대한 불만을 표현한 작품으로 본 것이다. 문재(文才)를 지닌 온정균이 처했던 만당(晩唐)의 정치 상황에 대한 이해를 높여야 이 평의 득실을 논할 수 있을 것이다.

1-15-15 온정균

<경루자 更漏子> 6수-1 柳絲長

柳絲長 _{유사장}	버들가지 길고
春雨細• _{춘우세}	봄비 가는데
花外漏聲迢遞•¹ _{화외누성초체}	꽃 저편에서 아득히 들리는 물시계 소리
驚塞雁,² _{경새안}	요새의 기러기 놀래키고
起城烏。 _{기성오}	성 위의 까마귀 날아오르게 하지만
畫屛金鷓鴣。³ _{화병금자고}	그림 병풍엔 금 자고새 그려졌네.

香霧薄• _{향무박}	향긋한 안개 옅어
透簾幕•⁴ _{투렴막}	발과 휘장으로 스며드는
惆悵謝家池閣•⁵ _{추창사가지각}	기녀 서글프게 하는 못가 전각이다.
紅燭背, _{홍촉배}	붉은 초 등졌고
繡簾垂。⁶ _{수렴수}	수놓은 발 드리워져
夢長君不知。 _{몽장군불지}	꿈 길지만 임은 모르시리!

【주석】

1 漏聲(누성) : 물시계에서 떨어지는 물소리. 迢遞(초체) : 아득히 멀다.
2 塞雁(새안) : 변새 밖에서 남쪽으로 돌아온 기러기. 城烏(성오) : 성 위에서 서식하는 까마귀.
3 金鷓鴣(금자고) : 병풍 위에 그려진 금빛 자고새. 움직이지 않음을 형상하였다.
4 透(투) : 스며들다. 簾幕(염막) : 발과 휘장.
5 謝家(사가) : 사낭가(謝娘家)의 준말로 기녀(妓女), 기관(妓館). 애첩(愛妾)을 말함. 명(明), 호진형(胡震亨, 1569-1645) ≪당음계첨 唐音癸籤≫에 따르면, 태위(太尉) 이덕유(李德裕, 787-849)는 사추낭(謝秋娘)이라는 애첩이 있어, 그녀를 화려한 집에 두고, 매우 극진히 총애하였

다. 후에 이덕유가 절강(浙江)을 진무(鎭撫)할 때, 기녀 사추낭을 도망(悼亡)하기 위해 수양제(隋煬帝)가 지은 <망강남 望江南>을 보고 <사추낭곡 謝秋娘曲>을 지었다. 이후 사인(詞人)들이 '사낭(謝娘)', '사가(謝家)', '추낭(秋娘)'이라는 말로, 기녀, 기관, 애첩을 두루 이르게 되었다. 惆悵(추창) : 서글프다. 슬퍼하며 낙담하다. 池閣(지각) : 연못과 동산이 있는 누각.
6 繡簾(수렴) : 수놓인 발.

【감상】

부귀한 집의 사부(思婦)가 꿈을 깬 후, 외로움 속에 임 그리는 정을 썼다.

상편은 사부의 귀에 들려오고 눈에 보이는 경물 묘사로 잠들기 힘든 심경을 그렸다. 상편 6구는 2층을 이뤘다. 앞 3구는 실외의 경상 묘사로 여주인공이 받은 느낌을 썼다. 실버들 가지를 길게 자라게 하는 봄비가 가늘게 내리는 깊은 밤에 꽃이 핀 저편 멀리에서 물시계 소리가 아득히 들려옴을 묘사했다. 이런 가운데 여주인공은 조용한 마음이 편치 못함을 아래 3구로 드러냈다. 이 물시계 소리는 바로 요새의 기러기를 놀래 날게 하고, 성곽의 까마귀를 날아오르게 하는 상상으로 이어감은 임 계신 곳을 연상한 때문이다. 하지만 눈앞에 보이는 화병의 금 자고새는 자신의 외로움을 일으킨 매체가 되었다. 이로써 외로움으로 요동친 심경은 잠시 평온으로 돌아왔으나 다시 그리움으로 전전반측(輾轉反側) 하는 처지로 바뀌었음을 알 수 있다.

하편은 여주인공이 거처하는 방 안, 곧 화병(畫屛) 곁 정경(情景)을 묘사하였다. 옅은 안개가 수놓인 발과 휘장으로 스며들어 오니 그녀의 거처는 서글픔만 더해질 뿐이다. 붉게 타는 초를 등지고 수놓은 발 낮게 드리우고 화려한 방안에서 아름다운 꿈을 꾸며 서글픔을 잊으려 한다. 꿈은 긴데다 서글픔이 사라지지 않음은 임이 알아주지 않아서이다. 유정(柔情)을 에돌 듯이 그리면서 알 듯 모를 듯, 설파(說破)하지 않았기에 온정균 사의 함축이라는 특성을 부각할 수 있었다.

진정작은 ≪사칙·대아집 詞則·大雅集≫에서 "임금을 그리워한 말을 버림받은 부인에 의탁해 스스로 슬퍼하고 원망함을 묘사했기에 품격의 등급은 제일로 정교하며 정취는 제일 진하다.(思君之詞, 託於棄婦, 以自寫哀怨, 品最工, 味最厚.)"라고 평하였다. 따라서 이 사는 비흥(比興)으로 작자 자신의 불우를 기탁한 사로 볼 수 있다. 섭가영은 ≪가릉논사총고≫에서 온사(溫詞)는 "원망하나 노여워하지 않기에 감도는 맛이 끝이 없다.(怨而不怒, 無限低徊.)"라고 평하였다.

1-16-16 온정균

<경루자 更漏子> 6수-2 星斗稀

星斗稀,^{성두희}¹	별 성겨져
鐘鼓歇●²^{종고헐}	종과 북소리 그치니
簾外曉鶯殘月●^{염외효앵잔월}	발 밖엔 새벽 꾀꼬리 울며 달은 진다.
蘭露重,^{난로중}³	난초 잎에는 이슬 무겁고
柳風斜。^{유풍사}	버들로 바람 빗기니
滿庭堆落花。^{만정퇴낙화}	정원 가득히 떨어진 꽃 쌓이네.

虛閣上●⁴^{허각상}	빈 누각 위
倚欄望●^{의란망}	난간에 기대어 바라보니
還似去年惆悵●^{환사거년추창}	지난해 서글픔과 같다.
春欲暮,^{춘욕모}	봄 저물려니
思無窮。^{사무궁}	그리움 끝없음은
舊歡如夢中。⁵^{구환여몽중}	지난 즐거움이 꿈결 같아서네.

【주석】

1 星斗(성두) : 성명(星名)으로 별을 총칭함.
2 鐘鼓(종고) : 고대에 쳐서 시각을 알리던 기물인 종과 북.
3 蘭露(난로) : 난초 위 이슬.
4 虛閣(허각) : 빈 누각. 혹은 높은 누각.
5 舊歡(구환) : 지난 즐거움.

【감상】

젊은 여인이 늦은 봄날 아침 일찍 누각에 올라, 무료한 중에 시름겹게 바라보는 감회를 썼다.

상편은 봄날 경물 묘사로, 새벽부터 보고 들은 것을 세밀하게 그렸다. 첫 3구는 객이 본 듯한 묘사이나, 실은 여주인공의 주관적인 느낌을 그린 것이다. 별은 성겨 5경을 알리는 종과 북소리가 그치자, 새벽 꾀꼬리 울고 달이 지는 모습을 청신하게 묘사했다. 다음 "난로중(蘭露重)" 3구는 실외 정원 경색(景色)으로 난초 잎에는 이슬이 무겁게 드려졌고 버들은 바람에 날리는 속에 낙화는 뜰에 쌓임을 써 봄이 다하는 모습을 엿보게 하였다. 이러한 경상은 여주인공이 적막하고 쓸쓸한 처지에 놓였음을 여실히 드러낸 표현으로 상별(傷別)한 고통을 숨기었다.

하편은 청아하고 수려한 환경 속에서 여주인공이 보인 행위와 상념을 묘사하였다. 첫 3구는 텅 빈 누각 위에서 난간에 기대어 바라보며, 먼 곳에 가 있는 임이 돌아오길 바람을 썼다. 그 임은 작년에 돌아오지 않았듯이 올해도 돌아올 기약이 없기에 슬픔만 남긴다. "환사(還似)" 2자는 서로의 이별이 오래되어 그리움이 깊어짐을 드러냈다. "춘욕모(春欲暮)" 3구는 그녀의 심리상태를 그렸다. 봄날이 순식간에 지나가니, 청춘이란 시절도 이처럼 덧없이 사라졌건만 사랑하는 임은 돌아올 기약이 없으므로 이로 인한 고뇌를 "사무궁(思無窮)" 3자로 함축하였다. 이 말은 동시에 즐거웠던 추억을 끌어낸 끝구의 단서가 되었기에, 끝구 "여몽(如夢)" 2자에는 오랜 이별로 생긴 서글픈 생각과 허망한 심사가 한없이 농축되었음을 알 수 있다.

탕현조는 탕평 ≪화간집≫ 권1에서 "'발 밖엔 새벽 꾀꼬리 울며 달은 진다.'는 구는 오묘하다. 하지만 '버들 늘어진 언덕에 새벽바람 불고 달은 지네.'는 더욱 이를 능가한다. 송시는 멀리 당시에 미치지 못하나, 사는 거의 허용하지 않으니 그 이유는 아무래도 알 수 없다.('簾外曉鶯殘月', 妙矣. 而 '楊柳岸, 曉風殘月' 更過之. 宋詩遠不及唐, 而詞多不讓, 其故殆不可解.)"라고 평하였다.

진정작의 ≪백우재사화≫는 "'난초 잎에는 이슬 무겁고, 버들로 바람 빗기니, 정원 가득히 떨어진 꽃 쌓였네.'라는 이 구는 성한 것은 절로 성해지고, 쇠한 것은 절로 쇠해진다는 인과관계를 말했으니, 또한 윗 사에서 언급한 모순 속에 조화를 찾는다는 뜻이다. 도치시켜 말함은 순수히 비유를 쓰는 시인의 장법으로 특히 면모를 바꿨기에 사람들은 스스로 깨닫지 못할 뿐이다.('蘭露重, 柳風斜, 滿庭堆落花.' 此又言盛者自盛, 衰者自衰, 亦卽上章苦樂之意. 顚倒言出, 純是風人章法, 特改換面目, 人自不覺耳.)"라고 평하였다. 온사(溫詞) 작법에 풍유법(諷諭法)이 반영됨을 일깨운 말이다.

1-17-17 온정균

<경루자 更漏子> 6수-3 金雀釵

금 작 채
金雀釵,¹ 까치 깃 모양 금비녀 꽂고
홍 분 면
紅粉面●² 붉은 분칠한 얼굴 여인을
화 리 잠 시 상 견
花裏暫時相見● 꽃 속에서 잠시 만났다.
지 아 의
知我意, 내 뜻을 알았고
감 군 련
感君憐。³ 그녀의 사랑 느꼈기에
차 정 수 문 천
此情須問天。⁴ 이 같은 정을 하늘에 물어야 했네!

향 작 수
香作穗●⁵ 향은 재 되고
납 성 루
蠟成淚● 촛불 눈물 됨은
환 사 양 인 심 의
還似兩人心意●⁶ 두 사람 마음과 흡사했다.
산 침 이
山枕膩,⁷ 산 모양 베개 매끈거렸고
금 금 한
錦衾寒。⁸ 비단이불도 차가워져
각 래 경 루 잔
覺來更漏殘。⁹ 잠을 깨니 물시계 소리 잦아들며 날은 밝았네.

【주석】

1 金雀釵(금작채) : 참새 모양의 금비녀. 금작채(金爵釵).
2 紅粉面(홍분면) : 붉은 분 바른 얼굴.
3 憐(련) : 사랑하다.
4 須(수) : 반드시. 須問天(수문천) : 반드시 하늘에 물어야 했다.
5 穗(수) : 벼와 보리의 이삭. 여기서는 향이 탄 후 떨어진 재.
6 還似(환사) : 흡사했다. 心意(심의) : 마음.

7 山枕(산침) : 나무로 된 산 모양 베개. 膩(니) : 반들반들하다. 여기서는 눈물이 흘러 더럽혀져 반들거리다.
8 錦衾(금금) : 무늬 비단으로 만든 이불.
9 漏殘(누잔) : 남은 밤이 다하려 할 때, 이따금씩 떨어지는 물시계 소리. 경루(更漏)는 시간을 재는 물시계.

【감상】

젊은 여자가 사랑을 등진, 임에 대한 원망을 느낀 대로 묘사하였다.

상편은 사랑하는 임과 처음 밀회한 장면을 회상해 썼다. 첫 "금작채(金雀釵)" 3구는 그녀가 단장한 당시의 모양과 표정을 그렸다. "금작채"는 단장한 그녀의 모습이 화려함을 나타내고, "홍분면(紅粉面)"은 그녀가 아름다우면서도 수줍어함을 그렸다. "화리(花裏)"는 밀회하던 장소로, 환경과 심정이 일치했음을 형상하였다. "잠시(暫時)"는 그녀가 사랑의 감정에 도취됨을 써, 사랑하는 임을 느낀 긴 시간도 모두 짧게 여겨짐을 드러낸 표현이다. 다음 "지아의(知我意)" 3구는 직접 속마음을 나타낸 묘사로 대담하게 표현하였다. 임은 내가 사랑하는 깊은 정을 알았고, 나 또한 임의 사랑을 느껴 서로 굳은 사랑을 맹세했기에, 하늘이 우리의 증인이 될 수 있음을 천명하였다.

하편은 이별한 후, 젊은 여자의 마음을 저버린 남자에 대한 원망을 그렸다. 첫 "향작수(香作穗)" 3구는 정교하고 아름다운 비유로 사랑하는 임이 그녀의 진심을 저버림을 알게 된 후의 마음속 동요를 썼다. "향작수"는 바로 임의 사랑이 식었음을, "납성루(蠟成淚)"는 밤낮으로 눈물처럼 붉은 초가 흐름을 나타낸 말로 사랑의 동요를 형상하였다. 이런 동요는 이별이 오래된 네나, 소식조자 보내오지 않는 데서 유발되었다. "환사양인심의(還似兩人心意)"는 두 사람의 속마음이 바로 "향수(香穗)", "납루(蠟淚)"의 형상과 서로 같음을 드러낸 묘사로 마음을 저버린 원망과 치정의 가련함을 살피게 한다. 끝 3구는 그녀가 버림을 받은 뒤의 고통을 썼다. 몸져누웠으니 화려한 베개는 이미 눈물로 더럽혀졌고 비단이불도 싸늘하기만 할 뿐인 데다, 물시계 소리에도 괴로워져 새벽까지 잠들지 못할 뿐이다.

이 사는 실연한 여인이 받는 사랑의 고통을 어떻게 극복해야 하는지를 세심하게 살피게 하였다. 애정이 싹틈과 그 경과를 순차적으로 치밀하게 그린 데다, 정의(情意)는 완곡하고 깊기에 함축을 보일 수 있었다.

1-18-18 온정균

<경루자 更漏子> 6수-4 相見稀

相見稀, _{상견희} 　　　　만나기는 뜸했어도
相憶久● _{상억구} 　　　　그리움 오래 갔기에
眉淺淡煙如柳●[1] _{미천담연여류} 　안개 속 버들처럼 눈썹 먹 옅어졌다.
垂翠幕,[2] _{수취막} 　　　비취색 휘장 드리우고
結同心。[3] _{결동심} 　　　두 마음 하나로 묶는 장식 매듭 매고
待郎熏繡衾。[4] _{대랑훈수금} 　자수한 이불에 향 쏘이며 임을 기다렸네.

城上月● _{성상월} 　　　성 위로 뜬 달
白如雪● _{백여설} 　　　눈같이 흰데
蟬鬢美人愁絕●[5] _{선빈미인수절} 매미 날개 같은 귀밑머리 미인은 수심이 그지없다.
宮樹暗, _{궁수암} 　　　궁중 나무 어두워지며
鵲橋橫。[6] _{작교횡} 　　　오작교 옆으로 기우니
玉簽初報明。[7] _{옥첨초보명} 　물시계 옥 바늘은 동이 틈을 알리네.

【주석】

1　眉淺(미천) : 눈썹 먹 옅다.
2　翠幕(취막) : 비취색 휘장.
3　同心(동심) : 동심결(同心結). 두 매듭이 서로 연이어진 공예품으로 견정(堅貞)한 애정을 상징하기에 사랑을 맹세한 남녀가 서로 간직하였다.
4　熏(훈) : 훈향(熏香) 하다. 繡衾(수금) : 자수한 비단이불.
5　蟬鬢(선빈) : 매미 날개같이 엷어진 귀밑머리. 絕(절) : 극도에 이르다.

6 鵲橋(작교) : 은하수. ≪풍속기 風俗記≫에 "직녀가 칠석날 은하수를 건널 때, 까치로 다리를 삼았다.(織女七夕當渡河, 使鵲爲橋.)"라고 전한다.
7 玉籤(옥첨) : 고대에 물시계 통 안에 뜨게 하여 시각 눈금을 알게 한 죽전(竹箭). 報明(보명) : 날 밝음을 알리다.

【감상】

아내가 멀리 떠난 남편을 그리워하며 기다리는 정을 그렸다.

상편은 서로 그리는 정이 꿈이 됨을 썼다. 첫 3구는 떨어져 있는 기간이 길고 함께한 시간은 짧아 서로 그리움이 깊어졌음을 썼다. "눈썹 먹 옅어졌다.(眉淺.)"는 그리움에 빠진 여인의 초췌한 얼굴을 형상적으로 그렸다. 다음 "수취막(垂翠幕)" 3구는 밤이 되면서 보인 다짐과 동작을 묘사했다. 비취색 장막을 드리우고 동심결로 굳건한 애정을 다짐하고는 수놓은 비단이불에 향기 쏘이면서 남편을 기다렸음을 직설하였다.

하편은 수심이 극도에 달한 상태에서 날이 새도록 기다림을 썼다. 성 위로 뜬 달이 성벽 위로 높게 걸려있어, 눈처럼 희게 보임은 기다리는 남편이 어디에 있으며 언제 돌아올지를 모르기 때문이다. 그래서 무한한 수심에 빠진 모습을 "매미 날개 같은 귀밑머리 미인은 수심이 그지없다.(蟬鬢美人愁絕.)"라고 술회하였다. 끝 3구는 밤이 기울어 가기에 은하수를 건넜던 직녀를 생각하며 남편을 기다리나, 옥 바늘은 이미 동이 틈을 알림을 썼다. 이 같은 허망함은 형용하기 어려운 심사인데 이처럼 우아하게 형상할 수 있었던 까닭은 유거독처(幽居獨處)라는 환경 설정 속에 세밀한 구상을 보인 때문이다.

탕현조는 탕평 ≪화간집≫ 권1에서 "구두어가 평이하게 펼쳐지면서도 속됨이 없으니 역시 사를 짓는 주재자이다.(口頭語, 平衍不俗, 亦是塡詞當家.)"라고 평하였다.

이빙약은 <허장만기>에서 "온비경 사 중에 구가 겹치고 뜻이 겹침이 ≪화간집≫에서 자주 나타남은 의경이 다양하지 않은데다, 구를 지음에 염려함을 지나치게 추구했기에 이런 폐단이 생겼으니, 단지 '선빈미인'이란 이 1구에 그치지 않았다.(飛卿詞中重句重意, 屢見 ≪花間集≫ 中, 由於意境無多, 造句過求姸麗, 故有此弊, 不僅 '蟬鬢美人' 一句已也.)"라고 꼬집었다.

1-19-19 온정균

<경루자 更漏子> 6수-5 背江樓

背江樓, 강변 누대 등지고
臨海月 •[1] 바다 위로 뜬 달 바라보니
城上角聲嗚咽 •[2] 성벽 위에서 부는 호각 소리 흐느낀다.
堤柳動, 둑의 버들 흔들리고
島煙昏。 섬에 낀 안개 흐릿한데
兩行征雁分。[3] 멀리 가는 기러기 떼 두 줄로 나뉘었네.

京口路 •[4] 진강(鎭江) 지역
歸帆渡 • 돌아온 배가 정박한 나루로는
正是芳菲欲度 •[5] 바로 꽃향기 풍기는 봄 지나가려 한다.
銀燭盡, 은 촛대 촛불 다 타고
玉繩低。[6] 뭇 별들 낮아지며 날 밝는데
一聲村落雞。 촌락의 닭 외마디로 우네.

【주석】

1. 臨(임) : 높은 곳에서 아래를 바라보다. 海月(해월) : 바다 위의 밝은 달.
2. 角聲(각성) : 호각(號角) 소리. 호각 소리로 군중에게 시각이나 경계 상황을 알림.
3. 征雁(정안) : 멀리 나는 기러기 떼.
4. 京口(경구) : 지금의 강소성(江蘇省) 진강(鎭江)으로 군사 요충지였다. 路(로) : 지역, 지구(地區). 당대(唐代)의 행정구역.
5. 芳菲(방비) : 화초가 무성하다. 여기서는 봄 경치인 춘광(春光)을 말함. 度(도) : 지나가다.

6 玉繩(옥승) : 북두칠성의 제5성(星)인 옥형(玉衡)의 북쪽에 있는 별 이름. 뭇 별들을 이르는 말. 옥승저(玉繩低)로 새벽이 옴을 비유함.

【감상】

구구(句句)와의 연계가 모호하여 행역 묘사인지, 송별 묘사인지, 출행인지, 귀가인지가 분명치 않다. 하지만 필자는 행역 나가는 나그네가 배 안에서 보고 들은 새벽 경상을 묘사해 객수(客愁)를 형상한 작품으로 보았다.

상편은 이별하고 떠나가는 나그네가 성내(城內)에서 둑 변으로 장소가 바뀜에 따라 변모하는 경치를 그렸다. 첫 3구는 강가의 누대를 등지고 멀어져가는 모습이다. 바다 위로 달이 뜬 것을 보았고, 성 위에서 뿔나팔 부는 소리를 들었음을 써 행역의 소회를 엿보게 하였다. 다음 3구는 주위의 경치 묘사로 둑의 버들이 스침은 근경(近景)이고, 안개 속 섬이 흐릿하게 보임은 중경(中景)이며, 두 줄 지어 기러기가 날아감은 원경(遠景)이다. 특히 "양항정안분(兩行征雁分)"은 경(景)의 묘사로 이별의 우수를 직접 쓰지 않고도 서글픈 정(情)을 은밀하게 표현할 수 있었다. 시간의 추이에 따라 경물이 바뀌지는 묘사법을 써 시간이 흐를수록 우수가 더욱 깊어지는 효과를 거두게 하였다.

하편은 진강(鎭江) 지역으로 장면을 바꾸어 그 주위의 모춘(暮春)의 경상과 날 밝은 모습을 그려 객수가 절실해짐을 알렸다. 첫 3구 중, "로(路)", "도(渡)" 2자는 나그네가 빨리 돌아오고 싶은 심경을 형상하였다. "정시방비욕도(正是芳菲欲度)"는 꽃피는 호시절이 막 떠나가려는 경상을 그려 나그네가 겪을 객고(客苦)를 엿보게 하였다. 끝 3구는 날이 밝으려는 새벽 경상 묘사로 긴 여정 속에 겪을 외로움을 살피게 하였다. 더욱이 외마디로 들리는 촌락의 새벽닭 울음은 장기간의 여행을 예고한 형상으로 나그네의 무거운 마음을 엿보게 하였다.

탕현조는 탕평 ≪화간집≫ 권1에서 "'멀리 가는 기러기 떼 두 줄로 나뉘었네.'라는 구가 좋다.('兩行征雁分', 好.)"라고 평하였다.

정수전(丁壽田)·정역비(丁亦飛)는 ≪당오대4대명가사 唐五代四大名家詞≫ 갑편(甲篇)에서 "이 사는 배로 여행하는 도중의 새벽 경치를 묘사하였다. 시작부터 끝까지 전체 사는 배 안에서 본 실제 경치를 묘사한바, 조리는 정연하고 경색은 그림 같다.(此詞寫舟行旅途中黎明之景. 全詞從頭到尾寫 舟中所見實景, 條理井然, 景色如畵.)"라고 평하였다.

1-20-20 온정균

<경루자 更漏子> 6수-6 玉爐香

玉爐香, _{옥로향}	옥 향로의 향 타는데
紅蠟淚● _{홍랍루}	붉은 초는 촛농 흘리며
偏照畫堂秋思●[1] _{편조화당추사}	단장한 집의 가을 시름에 잠긴 이를 한사코 비춘다.
眉翠薄, _{미취박}	비취색 눈썹 엷어졌고
鬢雲殘。[2] _{빈운잔}	치렁거리는 귀밑머리 성겼음은
夜長衾枕寒。[3] _{야장금침한}	밤은 길고 이불과 베개 차가워서네.
梧桐樹● _{오동수}	오동나무로
三更雨● _{삼경우}	한밤중에 내리는 비는
不道離情正苦●[4] _{부도이정정고}	이별한 정이 바로 고통임을 아랑곳하지 않고
一葉葉, _{일엽엽}	잎새마다
一聲聲。 _{일성성}	똑똑 소리 내며
空階滴到明。[4] _{공계적도명}	빈 계단으로 날 새도록 떨어지네.

【주석】

1 玉爐(옥로) : 옥 향로. 아름다움을 형용했다. 偏(편) : 각별히, 한사코. 秋思(추사) : 가을날에 느끼는 적막하고 처량한 심사. 곧 이런 심사에 빠진 사람을 말함.
2 鬢雲(빈운) : 구름처럼 치렁거리는 머리.
3 眉翠(미취) : 비취색으로 그린 눈썹. 衾枕(금침) : 이불과 베개. 곧 침대 위에서 쓰는 용품.
4 不道(부도) : 돌보지 않다. 관여치 않다.

【감상】

한 여인이 홀로 가을밤을 보내며 밤 내내 잠 못 들어 괴로워하는 심사를 썼다.

상편은 실내 경물로 여주인공 마음속에 감춰진 수심을 형상한 뒤, 그 여인의 얼굴과 머리 형상, 금침(衾枕)의 상태로 그녀의 심리를 엿보게 하였다. 첫 3구는 향, 촛농, 단장한 외로운 집의 실내 분위기로 "추사(秋思)"에 잠긴 여주인공의 마음을 엿보게 하였다. "추사"는 상편의 핵심어로 "편(偏)" 자를 써서 감정 없는 붉은 초도 유정(有情)함을 느끼게 하였다. 붉은 초로 단장한 집의 근심 어린 여인을 볼 수 있게 형상하여, 여주인공과 함께 슬퍼하며 눈물을 흘리는 착각에 빠지게 하였다. 뒤 3구는 여주인공이 "추사"에 빠진 모습이다. 그녀의 얼굴과 두발 묘사 속에 잠들지 못함을 "금침한(衾枕寒)"으로 형상하였다. "미박(眉薄)", "빈잔(鬢殘)"은 긴 밤에 잠들지 못하고 전전반측하는 모습을 드러냈고, "야장(夜長)"으로는 고독감을 그렸다. 이런 묘사법은 백묘법(白描法)으로 깊은 원망을 부각할 수 있었다.

하편은 실내에서 실외의 빗소리를 들으며 느끼는 괴로움을 묘사하였다. 오동잎은 가을 되어 메마른 데다가, 비까지 그 위로 떨어지니 삼경의 빗소리는 더욱 분명히 들릴 수밖에 없다. "부도(不道)"는 관여치 않는다는 뜻으로 경물과 인물을 연계시키는 역할을 하면서 여주인공이 근심하고 고뇌하는 심경을 돋보이게 했기에 화룡점정(畵龍點睛)이 아닐 수 없다. 끝 3구는 "추사"의 경과를 생동감 넘치게 형상하였다. 삼경 비가 오동잎에 똑똑 소리 내며 빈 계단으로 새벽까지 떨어지니, 이는 마치 텅 빈 가슴으로 떨어지는 듯하다. "공계(空階)"는 곧 허전한 가슴이요, '일엽성(一葉聲)'은 떨어지는 눈물방울 소리이다. "공계" 중의 "공(空)" 자는 빗소리만 들림을 강조한 허자(虛字)로 주위의 고요함을 부각할 수 있었다. 특히 여주인공이 밤새도록 잠들지 못한 사실을 끝내 말하지 않으면서 이를 표현했기에 함축은 깊고, 정은 진실하게 다가올 수 있었다.

진정작의 ≪백우재사화≫ 권1은 "온정균 <경루자> 3장(이 사를 말함)은 본래 절창으로 후인은 유독 그 끝장인 '오동수' 이하 몇 구절을 칭송한다.(飛卿 <更漏子> 三章, 自是絶唱, 而後人獨賞其末章 '梧桐樹' 數語.)"라고 평하였다.

진정작의 ≪백우재사화족본≫ 권6은 "온정균의 <경루자> 3장은 후세에 이어 쓸 사람이 없다.(飛卿 <更漏子> 三章, 後來無人爲繼.)"라고 극찬하였다.

진정작의 ≪운소집≫ 권1은 "단어 구사가 처절함이 온정균 사의 본래의 모습인데 끝맺는

3구는 북송 사의 발단을 열었다.(遣詞凄絶, 是飛卿本色, 結三語開北宋先聲.)"라고 평하였다.

이빙약의 <허장만기>는 "온정균의 이 사가 당연히 사집의 으뜸임은 일상적인 정경을 구슬프고 은근하게 묘사해 사람을 감동시켜선데, 전 사는 추사(秋思)와 이정(離情)으로 사의 골간을 삼았다.(飛卿此詞, 自是集中之冠, 尋常情景, 寫來凄婉動人, 全由秋思離情爲其骨幹.)"라고 평하였다.

1-21-21 온정균

<귀국요 歸國遙> 2수-1 香玉

香玉(향옥)●¹	아름다운 머리 장신구인
翠鳳寶釵垂簏簌(취봉보채수녹속)●²	비취색 봉황 모양 보채는 술 장식 드리웠다.
鈿筐交勝金粟(전광교승금속)●³	전광 비녀는 꽃술 모양 금속 장식을 돋보이게 하고
越羅春水淥(월라춘수록)●⁴	월 지방에서 짠 비단옷은 봄 강물처럼 맑다.
畫堂照簾殘燭(화당조렴잔촉)●⁵	단장한 집은 꺼져가는 촛불이 발을 비추는데
夢餘更漏促(몽여경루촉)●⁶	꿈 깨니 물시계 소리 빨라졌다.
謝娘無限心曲(사낭무한심곡)●⁷	사추낭 같은 여인의 깊은 속마음 끝없음은
曉屛山斷續(효병산단속)●⁸	새벽녘 병풍 위의 그림은 끊겼다 이어져서다.

【주석】

1 香玉(향옥) : 머리 위의 정교하고 아름다운 장신구를 말한다.
2 翠鳳(취봉) : 비취색 봉황으로 장식된 비녀. 보채(寶釵) : 고대 여성들이 머리 장식으로 꽂는 비녀. 簏簌(녹속) : 아래로 늘어뜨린 술 장식. 옥채(玉釵), 세잠(細簪), 금속(金粟), 채승(彩勝)은 모두 머리 장식 명칭으로 이 장식들을 머리에 이고 있다.
3 鈿筐(전광) : 금, 은, 옥, 패(貝) 등을 상감(象嵌)한 작은 비녀. 交勝(교승) : 서로 도와 아름답게 하다. 곧 전광(鈿筐)이 금속(金粟)을 빛나게 서로 비춤을 말함. 金粟(금속) : 꽃술 모양의 머리 장식. 계화(桂花)라고도 함. 계화의 꽃술이 금빛 조와 같은 형태여서 생긴 명칭.
4 越羅(월라) : 월(越)에서 나는 가볍고 얇은 비단. 淥(록) : 물 맑음.
5 畫堂(화당) : 화려하게 꾸민 집.
6 夢餘(몽여) : 꿈 깬 후. 更漏促(경루촉) : 물시계의 물 떨어지는 소리가 빨라지다.
7 謝娘(사낭) : 온정균 <경루자> 6수-1 주 참고. 心曲(심곡) : 깊은 속마음.
8 屛山(병산) : 병풍.

【감상】

아름답게 단장한 기녀가 이별로 상심하는 모습을 썼다.

상편은 각종 머리 장식과 복색의 화려함을 묘사하여 여주인공의 아름다운 자태를 부각하였다. 상편에서 형상한 모습을 하편 "몽여경루촉(夢餘更漏促)"과 연계시켜 보면 상편은 아마도 상사의 그리움에 빠진 여인의 꿈 깨기 전 모습을 그린 듯하다.

하편은 꿈 깬 뒤에 시각, 청각으로 접한 인상을 그렸다. 첫 2구는 꿈 깨니 날이 밝아옴을 썼다. "꺼져가는 촛불(殘燭)"만 부질없이 "화당(畫堂)"과 "수렴(垂簾)"을 비치는데 날은 밝아온다. 끝 2구는 만감이 교차하는 그때, 병풍 위에 그려진 경물들이 끊이었다가 이어지는 모습을 부각하였다. 이러한 형상은 여주인공의 애정 행로가 순탄치 못했음을 살피게 하였다.

이빙약 <허장만기>는 "이 사와 아래 1수는 아름다운 글자를 쌓아 둔 것을 제외하면, 정경이 모두 하등에 속한다.(此詞及下一首, 除堆積麗字之外, 情境俱屬下劣.)"라고 평하였다.

1-22-22 온정균

<귀국요 歸國遙> 2수-2 雙臉

雙臉^{쌍검} •¹   양 볼에서는

小鳳戰篦金颭艷^{소봉전비금점염} •²   작은 봉황 장식의 떨리는 참빗이 금빛으로 곱게 흔들린다.

舞衣無力風斂^{무의무력풍렴} •³   춤이 끝나 춤 옷 힘없이 드리워짐은 바람 걷혀선데

藕絲秋色染^{우사추색염} •   연근색과 가을 색인 흰색으로 물들여졌다.

錦帳繡帷斜掩^{금장수유사엄} •⁴   비단 장막과 수놓인 휘장은 비스듬히 가려졌는데

露珠淸曉簟^{노주청효점} •⁵   이슬방울이 새벽 대자리를 싱그럽게 하였다.

粉心黃蕊花靨^{분심황예화엽} •⁶   분 바른 뒤 노란 꽃술로 보조개 장식하고

黛眉山兩點^{대미산양점} •⁷   두 산봉우리 모양으로 눈썹을 그렸다.

【주석】

1 雙臉(쌍검) : 양 볼.
2 小鳳戰篦(소봉전비) : 귀밑머리 위에서 채색 봉황으로 장식된 떨리는 참빗. 전비(戰篦) 중 전(戰)은 전(顫)과 통한다. 篦(비) : 참빗. 머리 빗는 도구로, 얼레빗보다 이가 촘촘하다. 颭(점) : 바람에 흔들리다. 金颭艷(금점염) : 금빛으로 곱게 흔들리다.
3 斂(렴) : 거두다. 감추다. 藕絲(우사) : 연근색. 앞 온정균 <보살만> 14수-2 주 참조. 秋色(추색) : 가을 색에 해당하는 흰색.
4 繡帷(수유) : 꽃을 수놓은 휘장.
5 露珠(노주) : 이슬방울. 淸(청) : 청량(淸凉).
6 粉心(분심) : 분 바른 바탕 黃蕊(황예) : 노란 꽃술. 花靨(화엽) : 부녀자의 보조개 위로 바른 장식. 명(明) 양신(楊愼)의 ≪단연록 丹鉛錄≫에서는 "당(唐) 위고(韋固)의 처는 젊어서 도적에게 베여 보조개에 상처가 났기에 비취로 상처를 가렸다. 그래서 여인의 화장에 엽식(靨飾)이 생겼다.(唐韋固妻少爲盜所刃, 傷靨, 以翠掩之. 女妝遂有靨飾.)"라고 하였다. ≪화

간집≫ 중의 '취엽(翠靨)', '화엽(花靨)', '금엽(金靨)', '금엽자(金靨子)', '성엽(星靨)'과 같은 말은 모두 볼 위의 화장 명칭이다.
7 黛眉(대미) : 눈썹먹으로 그린 눈썹. 여인의 눈썹. 點(점) : 바르다.

【감상】

기녀(妓女)가 아름답게 치장하고 임을 기다리는 모습을 그렸다.

상편은 여주인공 머리 장식의 아름다움과 복식의 미려함을 들어 아름다운 용모를 드러냈다. "소봉(小鳳)", "전비(戰篦)", "무의(舞衣)", "추색(秋色)"은 모두가 기녀들에게 수반되는 장식물로 내심을 드러내는 매체가 되었다.

하편은 실내의 청량함과 얼굴 화장의 화려한 특성을 그려 멀리 떠난 임에 대한 한없는 그리움을 함축하였다. 끝구 "대미산양점(黛眉山兩點)" 중의 "산양점"은 고악부(古樂府) <고침가 藁砧歌> 중의 "산 위에 다시 산(山上復有山)" 구에서 은어로 쓴 "출(出)"자의 뜻을 암유(暗喩)했기에, 그리운 임이 여주인공 곁에 있지 않음을 알 수 있다.

이 사는 머리 장식과 의복, 침상에서의 분장을 섬세하게 그려 기녀의 정태미(情態美)를 부각함으로써 내심을 엿보게 하였다.

당규장은 <온·위사 비교>에서 "한 미인의 얼굴 모습과 복식을 전부 묘사하여 정이 그 안에서 조성되었지만, 도리어 정을 묘사한 구는 하나도 없다.(全寫一美人顏色服飾之態, 而情醞釀其中, 卻無一句寫出.)"라고 평하였다.

1-23-23 온정균

<주천자 酒泉子> 4수-1 花映柳條

花映柳條。^{화영유조}¹　　　버들솜이 버들가지 비추면서

閒向綠萍池上●^{한향녹평지상}²　푸른 개구리밥 뜬 연못 위로 한가히 다가가는데

憑欄幹,^{빙난간}³　　　　난간에 기대어

窺細浪●^{규세랑}　　　　잔잔한 물결에

雨蕭蕭。^{우소소}　　　　쓸쓸히 내리는 비를 엿보네.

近來音信兩疏索●^{근래음신양소삭}⁴　요즘 소식이 서로 뜸해 쓸쓸해지니

洞房空寂寞●^{동방공적막}⁵　　깊은 규방 허전해 적막하다.

掩銀屏,^{엄은병}⁶　　　　은 장식 병풍 가리고

垂翠箔●^{수취박}⁷　　　비취색 대 발 내리고

度春宵。^{도춘소}　　　봄밤을 보내네.

【주석】

1 花(화) : 여기서는 버들솜(柳花), 유서(柳絮)를 말함.
2 綠萍(녹평) : 부평초. 개구리밥. 봄에는 푸른빛이고 여름에는 홍갈색임.
3 憑欄幹(빙난간) : 난간에 기대다. 蕭蕭(소소) : 쓸쓸하고 적막한 모습.
4 疏索(소삭) : 내왕이 뜸해 쓸쓸해지다.
5 洞房(동방) : 깊고 깊은 규방(閨房).
6 銀屏(은병) : 은을 상감한 병풍.
7 翠箔(취박) : 녹색 대를 잘게 쪼개어 만든 발.

【감상】

임을 그리워하는 여인의 봄 수심을 썼다.

상편은 아름다운 봄 풍경 속에 여주인공이 난간에 기대어 가느다란 물결을 일으키며 쓸쓸히 내리는 봄비를 바라봄을 썼다. 첫 2구는 푸른 버들가지로 형상된 미녀 여주인공이 흰 버들솜 같은 남편을 비추며 지냄을 묘사한 뒤, 버들가지에서 떨어진 버들솜이 못 위를 떠도는 부평초 신세가 되어 다시 만날 수 없음을 형상하였다. 이는 곧 "좋은 경치는 오래 가지 못하며, 이별은 쉽지만 만남은 어렵다.(好景不長, 別易會難.)"는 말을 떠올리게 하였다. 제2구의 "한(閒)" 자는 이런 상황을 역으로 묘사했으므로 오묘하다. 다음 3구는 여주인공이 난간에 기대어 본 경상으로 연못으로 날려간 버들솜의 자취를 찾으나 그 흔적은 보이지 않고 푸른 물결만 출렁이며 봄비만 쓸쓸히 내리는 모습을 엿봄을 썼다. 이로써 여주인공의 이별이 가져온 상심과 그리움의 정도를 가늠케 하였다.

하편은 견디기 힘든 별정(別情)을 느낀 대로 썼다. 첫 2구는 근래에 소식이 끊여 적막한 방에서 외로운 밤을 지냄을 썼다. 다음 3구는 바로 앞 구인 "동방공적막(洞房空寂寞)"에서 읊은 적막을 구체적으로 형상한 묘사로, 그리움으로 잠 못 이루는 여주인공의 애원(哀怨)을 곡진하게 드러낼 수 있었다.

전체 사는 여인의 심경을 경치 속에 그려, 내재된 심사를 언외(言外)로 드러낸 묘미를 보였다.

이빙약은 <허장만기>에서 "은 장식 병풍, 비취색 대나무 발은 아름다운데, 깊은 규방 적막하니 봄밤을 보냄을 어찌하나!(銀屛翠箔麗矣, 奈洞房寂寞度春宵何!)"라고 평하였다.

1-24-24 온정균

<주천자 酒泉子> 4수-2 日映沙窗

_{일 영 사 창} 日映紗窗。	해는 비단 창 비추는데
_{금 압 소 병 산 벽} 金鴨小屛山碧●[1]	금 오리 향로 곁 작은 병풍 속 산 푸르다.
_{고 향 춘} 故鄕春,	고향에 봄이 왔으련만
_{연 애 격} 煙靄隔●[2]	운무로 막혔기에
_{배 난 강} 背蘭釭。[3]	난초 향 등잔을 등졌네.
_{숙 장 추 창 의 고 각} 宿妝惆悵倚高閣●[4]	밤 지난 화장이 서글퍼져 높은 누각에 기대니
_{천 리 운 영 박} 千里雲影薄●	천 리에 드리운 구름 그림자 옅다.
_{초 초 제} 草初齊,[5]	풀 막 가지런히 무성해지며
_{화 우 락} 花又落●	꽃은 또 지니
_{연 쌍 쌍} 燕雙雙。	제비 짝지어 나네.

【주석】

1. 金鴨(금압) : 오리 모양의 금빛 향로.
2. 煙靄(연애) : 운무(雲霧). 곧 산수(山水)를 상징함. 隔(격) : 막다, 차단하다.
3. 背(배) : 등불을 등지다. 끄다. 蘭釭(난강) : 향 등. 난고(蘭膏)를 태우는 등잔.
4. 宿妝(숙장) : 전날에 한 화장.
5. 草初齊(초초제) : 풀이 막 가지런해지면서 무성히 자라다.

【감상】

고향에 머물러 있는 남편을 그리워하는 여인의 심경을 그렸다.

상편은 봄날 아침 실내 경물로 외로움을 드러낸 뒤, 고향의 봄을 떠올리니 그리움에 마음이 쓸쓸해짐을 썼다. 첫 2구는 봄이 오자 해가 길어져 비단 창을 비추고, 향로 곁 작은 병풍에 그려진 산이 푸른빛을 반사함을 써, 먼 곳에 계신 이를 떠올림을 형상하였다. 다음 3구는 아침이 오기 전까지의 실내외 경상 묘사로 임 계신 고향에 봄이 와 그곳의 임과 소통하고 싶으나 운무(雲霧)가 가로막아 뜻을 이룰 수 없는 실의를 그렸다. 난강(蘭釭)을 등지고 등불을 꺼야 했던 괴로움을 감춘 끝구는 고향을 그리는 정을 곡진하게 드러냈을 뿐만 아니라, 밤 내내 잠들지 못한 상황을 엿보게 하였다. 한편 육간여는 ≪중국시사 中國詩史≫에서 "배난강(背蘭釭)"과 "일영사창(日映紗窗)"은 각기 야간과 백주(白晝)에 보이는 경상인데 이를 동시에 출현시킨 모호성을 지적한 바 있다.

하편은 여주인공이 일어나 화장도 하지 않고 고각(高閣)에 기대어 멀리 바라보니 "운영(雲影)" 속에 늦봄은 가고 있으나 고향에 갈 수 없는 실의가 증대됨을 썼다. 첫 2구는 여주인공이 아침 화장도 하지 않은 채 서둘러 높은 누각에 오르나 천 리 멀리 뻗친 "운영"만 옅게 보일 뿐, 돌아오려는 임의 모습은 보이지 않음을 우의하였다. 끝 3구는 누각 가까이 보이는 경치 묘사로 가는 봄을 서글퍼하는 심경을 그렸다. 특히 짝진 제비가 여주인공의 애타는 심사를 더욱 슬프게 한 것이다. 성정 묘사가 질박(質朴)하고 진솔하기에 잔잔한 여운을 남긴다.

1-25-25 온정균

<주천자 酒泉子> 4수-3 楚女不歸

楚女不歸。[1]　　　　초나라 여인 돌아가지 못하건만
樓枕小河春水●[2]　　누각은 작은 봄 강가에 자리했다.
月孤明,　　　　　　달 홀로 밝고
風又起●　　　　　　바람은 또 부니
杏花稀。　　　　　　살구꽃 성겨졌네.

玉釵斜簪雲鬟髻●[3]　옥비녀 비껴 꽂아 구름 모양 쪽진머리 했는데
裙上金縷鳳●[4]　　　치마 위엔 금 봉황 수놓였다.
八行書,[5]　　　　　여덟 줄 편지 쓰며
千里夢●　　　　　　천 리 밖 임 꿈꾸지만
雁南飛。[6]　　　　기러기는 남쪽으로 나르네.

【주석】

1 楚女(초녀) : 초나라 여인. 가는 허리의 절세 미녀로 정이 많다. 不歸(불귀) : (돌아가려 해도) 돌아가지 못하다.
2 枕(침) : (건물이) ~에 위치하다.
3 斜簪(사잠) : 비껴 비녀 꽂음. 잠(簪)은 동사임. 雲鬟(운환) : 고대에 아녀자의 머리를 구름처럼 치장한 데서 유래 됨. 따라서 환(鬟)은 운환(雲鬟)이란 뜻이고, 계(髻)는 운계 (雲髻)라는 뜻이다.
4 金縷鳳(금루봉) : 금실로 봉황 수놓은 도안.
5 八行書(팔항서) : 편지. 옛 편지지는 매 쪽이 여덟 줄이어서 부쳐진 명칭.
6 雁南飛(안남비) : 기러기가 남쪽으로 날다. 전 사의 구성으로 보면 '안북비(雁北飛)'로 써야

하기에 오류인 듯하다.

【감상】

남쪽에 사는 임에게 돌아가려 해도 돌아가지 못하는 초 여인의 애달픈 정을 노래했다.

상편은 초 여인인 여주인공이 기루가 있는 강가에서 지내면서 달 밝은 봄밤에 바람에 지는 살구꽃을 바라보며 남쪽으로 돌아가지 못하는 애달픔과 상춘(傷春)의 외로움을 형상하였다. 첫 2구는 다정함이 넘치는 초 여인이 임에게 돌아가지 못하는 이유는 말하지 않고 거처 환경만을 써 기녀 신세임을 밝혔다. 다음 3구는 기루 위에서 본 경치 묘사로 "월고(月孤)"로 외로움을 드러냈고 "풍우기(風又起)"로 살구꽃이 다시 짐을 묘사했다. 곧 외적 상황에 따라 자신의 모습도 변모해가기에 스스로 슬퍼지지 않을 수 없음을 언외로 드러내었다.

하편은 여인의 머리 장식과 복식 묘사 속에 그리운 정을 적은 편지를 전하고 싶은 바람을 썼다. 첫 2구는 화려한 치장으로 그녀의 심경을 드러냈다. "사잠(斜簪)", "금루봉(金縷鳳)" 등의 형상은 임에 대한 그리움이 지극함을 함축하였다. 끝 3구는 천 리 멀리 떨어져 있는 임에게 그리움으로 가득 찬 편지를 써 보내려 하지만 기대와는 다른 상황을 썼다. 주인공인 초녀가 "불귀(不歸)"한다는 말은 남쪽에 있는 임에게 돌아가지 못함이기에 "안남비(雁南飛)"는 '안북비(雁北飛)'가 잘못 쓰인 것으로 추정된다. '안북비'로 써야 편지를 전할 수 없기 때문이다.

이 사를 남자가 여자를 그리워한 작품으로 볼 수도 있으나, <주천자 酒泉子> 4수가 모두 여주인공을 주제로 쓴 노래임을 참작하면 앞의 견해를 따라야 할 것 같다.

당현조는 탕평 ≪화간집≫ 권1에서 "섬세한 난어와 아름나운 말이 사유사새로 전환되니 정품(精品)이다.(纖詞麗語, 轉折自如, 能品也.)"라고 평하였다.

진정작은 ≪사칙·별조집 詞則·別調集≫ 권1에서 "정을 쓴 말은 슬프고도 애달프다. '월고명' 3구는 층층으로 다소간 전절되었다.(情詞悽怨. '月孤明' 三句中有多少層折.)"라고 평하였다.

1-26-26 온정균

<주천자 酒泉子> 4수-4 羅帶惹香

羅帶惹香。¹ _{나 대 야 향}	비단 허리띠 향기 냄은

羅帶惹香。¹   비단 허리띠 향기 넘은
猶系別時紅豆●   이별할 때 건넨 홍두 아직도 매고 있어서다.
淚痕新,²   눈물 흔적 새로움은
金縷舊●   맨 금실 오래되어
斷離腸。   이별한 애간장 끊어지네.

一雙嬌燕語雕梁。³   아리따운 한 쌍 제비가 수놓인 들보에서 지저귀니
還是去年時節●   여전히 작년 그때 같다.
綠陰濃,   녹음 우거지며
芳草歇●⁴   향기로운 풀 자람을 멈추니
柳花狂。⁵   버들솜 멋대로 날리네.

【주석】

1 羅帶(나대) : 비단 띠. 惹香(야향) : 향기 일으키다. 紅豆(홍두) : 상사자(相思子)라고도 한다. 중국 광동·광서 지역에서 자란다. 열매는 꼬투리로 맺히고, 씨는 완두처럼 크며 색은 선명한 붉은 빛으로 검은 반점이 있다. 장식이나 약재로 쓸 수 있다. ≪고금사화 古今詩話≫에 "상사자는 둥글고 붉다. 옛날 어떤 사람이 변방에서 죽었는데, 그 부인이 그를 그리워하며, 나무 아래에서 곡하다 죽었기에 상사자로 이름 하였다.(相思子圓而紅。昔有人歿於邊, 其妻思之, 哭於樹下而卒, 因以名之。)"라는 말이 전한다.
2 淚痕新(누흔신) : 눈물이 매일 흐르기에 신(新)이라고 썼다.
3 雕梁(조량) : 무늬를 넣어 장식한 대들보. 화려하게 장식한 집.
4 歇(헐) : 생장을 멈추다.

5 柳花狂(유화광) : 버들솜이 공중에서 흩날림을 형용한 말.

【감상】

여인이 별정(別情)으로 생긴 상춘(傷春)의 우수를 그렸다.

상편은 이별할 때 정표로 허리띠에 맺던 홍두 향기를 맡으며 오래 만나지 못한 고통을 형상하였다. 첫 2구는 임과 이별할 때 매달았던 홍두로 추억에 젖는 장면을 그렸다. 다음 3구는 이별한 기간이 오래될수록 눈물 자국 선명해지며 고통이 가중됨을 썼다.

하편은 임과 같이 들보의 한 쌍 제비 소리를 듣던 작년을 회상하면서 지금은 홀로 가는 봄을 보내며 외로움 속에 석별의 고통을 떠올림을 그렸다. 첫 2구는 짝진 제비가 새봄에 둥지로 돌아온 모습은 외형적으로 같으나 홀로 이를 바라보는 심경은 작년과 다름을 "환시(還是)"로 드러냈다. 끝 3구는 "환시"를 다시 이어 이별할 당시에 녹음은 무성했고 버들솜이 하늘 가득히 날리는 가운데 서로 비단 띠에 홍두를 매어주며 이별했던 때를 회상하였다. 가는 봄의 경색은 작년과 유사하지만 임은 보이지 않기에 애상이 깊어짐을 언외로 드러낼 수 있었다. 특히 "유화광(柳花狂)"은 제멋대로 날리는 버들솜을 형상한 말로, 임을 만나려고 떠도는 여인의 혼을 우의한 표현이다.

이빙약은 <허장만기>에서 "이별로 생긴 한스러운 정이 심사와 맞닿아 끊임없이 다가온다.(離情別恨, 觸緖紛來.)"라고 평하였다.

1-27-27 온정균

<정서번 定西番> 3수-1 漢使昔年離別

漢使昔年離別,¹   한나라 사신 떠나듯이 지난해 이별함에
攀弱柳,²   부드러운 버들가지 당겨 꺾고
折寒梅。³   매화 꺾어 드리고는
上高臺。⁴   높은 누대로 올랐네.

千里玉關春雪,⁵   천 리 밖 옥문관엔 봄눈이 내릴 텐데
雁來人不來。   기러기 돌아왔으나 사람은 돌아오지 않았기에
羌笛一聲愁絶,⁶   오랑캐 피리 한 가락에 수심은 극에 달해
月徘徊。   달 보며 배회하네.

【주석】

1 漢使(한사) : 장건(張騫, ?-B.C.114). 서한(西漢) 시기 섬서성(陝西省), 성고(城固)인으로 한 무제 때 군공(軍功)으로 박망후(博望侯)에 봉해졌고 중랑장(中郎將)을 지냄. 장건의 서역 진출로 한나라가 중앙아시아와 교류하는 통로를 열게 됨. 이로써 우량한 마종(馬種), 포도 등이 전래됨.
2 攀弱柳(반약류) : 이별에 앞서 부드러운 버들가지 당겨 꺾어 주며 이별하는 풍속을 말함.
3 折寒梅(절한매) : 매화 가지 꺾어 멀리 떠나는 이에게 주다. ≪형주기 荊州記≫는 "유송(劉宋)시기, 선비인(鮮卑人) 육개는 범엽(398-445)과 서로 친했기에, 강남에서 매화 한 가지를 부치고 함께 주는 시에 이르길, '매화 꺾자 역관 사신 만나, 용두에 있는 그대에게 부치네. 강남에서는 지닌 게 없어, 우선 봄 매화 한 가지를 보내드리네.'라고 하였다.(宋, 陸凱與范曄相善, 自江南寄梅一枝, 並贈詩曰, '折梅逢驛使, 寄與隴頭人. 江南無所有, 聊贈一枝春.')"라고 전한다.
4 上高臺(상고대) : 멀리 가는 임을 바라보기 위해 높은 누대에 오르다.

5 玉關(옥관) : 옥문관 일대의 변경지역.
6 羌笛(강적) : 고대 관악기인 피리의 일종으로 감숙성(甘肅省) 일대에 거주하는 강족(羌族)에게서 기원했기에 붙여진 명칭임. 처음에는 3개의 구멍이 있었으나 후에는 5개의 구멍을 냈기에 5음을 낼 수 있었다. ≪풍속통 風俗通≫에는 "한 무제 시기 구중이 피리를 만들었는데, 그 후에 다시 오랑캐 피리가 나왔다.(漢武帝時丘仲作笛, 其後又有羌笛.)"라고 썼다.

【감상】

멀리 떠나간 이를 기다리는 심경을 노래하였다. 만당(晩唐) 시기 서북 오랑캐들과 전쟁이 잦아 남자들의 출정이 빈번하였기에 남편을 그리는 원부시(怨婦詩)와 원부사(怨婦詞)가 많이 쓰이게 되었다.

상편은 이별할 당시의 정경을 추억하였다. 첫 3구 중 '한사(漢使)'는 한 무제 때 서역에 출사했던 장건(張騫)을 이르지만, 사패(詞牌)의 취지로 보면 서북 변방 지역으로 출정 간 남자를 지칭하였다. 다음 2구는 당시에 이별하며 정표로 꺾어 주던 버들가지와 육개(陸凱)의 <증범엽시(贈范曄詩)>에 쓴 "절매(折梅)" 구를 인용해 석별의 정을 곡진하게 말했다. 끝구는 떠나가는 이를 멀리 전송하기 위해 높은 언덕에 올라 보이지 않을 때까지 바라봄을 써 연연하는 정이 끝없음을 형상하였다.

하편은 현재의 상사(相思)로 인한 그리움을 형상하였다. 첫 2구는 옥문관이 배경이 된 변새 밖은 봄에도 눈이 내림을 써 변경의 고역(苦役)을 상상케 했고, 가을이 깊어져 변방에서 날아온 기러기를 바라보니 돌아오지 못한 임 생각이 더욱 간절해짐을 술회하였다. 끝 2구는 멀리서 들려오는 처량한 강적(羌笛) 소리가 더욱 수심을 자아내기에 외로움을 달래려고 차가운 달빛을 보며 배회하는 모습을 부각함으로써 주체할 수 없는 수심과 외로움을 언외로 드러낼 수 있었다.

1-28-28 온정균

<정서번 定西番> 3수-2 海燕欲飛調羽

海燕欲飛調羽,¹ 제비 날려고 깃 고르는데
萱草綠,² 녹색 원추리와
杏花紅。 붉은빛 살구꽃이
隔簾櫳。 발 드린 창을 사이했네.

雙鬢翠霞金縷,³ 양쪽 귀밑머리의 노을빛 청색 비녀는 금실 장식 드렸기에
一枝春豔濃。⁴ 봄에 핀 곱디고운 꽃 한 가지 같은데
樓上月明三五,⁵ 누대 위로 뜬 달은 보름이라
瑣窗中。⁶ 무늬 새긴 격자창 속에서 밝기만 하네.

【주석】

1 海燕(해연) : 제비. 제비가 바다에서 온다고 여겨 이렇게 불렀다.
2 萱草(훤초) : 원추리, 망우초. 杏花(행화) : 매화 다음으로 피어나며, 꽃잎은 5개이고 흰색에 붉은빛을 띠고 있다. 매화와 비슷하나 조금 크고, 열매는 먹을 수 있다. 簾櫳(염롱) : 발 드리운 격자창. ≪설문해자≫에 단옥재(段玉裁)는 "'농'과 '롱'은 모두가 가로, 세로로 창살을 이뤄 환히 통함을 말했다.(櫳與櫳, 皆言橫直爲窗櫳, 通明.)"라고 주하였다. 翠霞(취하) : 노을빛 감도는 청색 비녀. 金縷(금루) : 비녀에 늘어뜨린 금실 장식.
4 春豔濃(춘염농) : 농염(濃豔)하기가 춘화(春花)와 같다. 곧 화장한 여인을 비유함.
5 三五(삼오) : 15일. ≪예기·예운 禮記·禮運≫에 "15일에 차고, 다시 15일이 지나면 이지러진다.(三五而盈, 三五而闕.)"라고 기록함.
6 瑣窗(쇄창) : 꽃무늬 도안을 연이어 새긴 격자창.

【감상】

　규중 여인의 봄 수심을 썼다.

　상편은 창밖의 아름다운 봄 경치를 묘사하였다. 제비가 깃을 고르는 모습을 그려 여인이 새로운 기대로 새 단장 함을 은유하였다. 원추리가 푸르고 살구꽃 붉음은 규방 안에서 봄날의 경상을 감상하는 여주인공의 고운 모습을 형상한 동시에 그녀의 고아한 정취를 반영하였다.

　하편은 실내 정경으로 홀로 밤을 보내는 여인의 외로움을 그렸다. 그녀는 장신구로 곱게 치장해 꽃 한 가지 같이 아름답지만, 달빛만이 수놓인 창 안을 비출 뿐이니, 그 심정은 어떨까? 기대에서 오는 초조함과 외로움이 동시에 밀려오는 듯하다. 끝 2구는 외로운 규방 안 여인이 임으로 비유된 보름달만 바라볼 뿐, 함께할 수 없는 애상을 엿보게 하였다. 특히 "쇄창중(瑣窗中)"이란 고아한 공간을 설정함으로써 여주인공의 외로운 심경을 증폭시킬 수 있었다.

　탕현조는 탕평 ≪화간집≫ 권2에서 결미 2구에 "어느 곳에서 수심에 잠겼는지를 모르겠다.(不知秋思在誰家.)"라는 평을 썼다.

1-29-29 온정균

<정서번 定西番> 3수-3 細雨曉鶯春晚

細雨曉鶯春晚, _{세 우 효 앵 춘 만}	가랑비 내리고 새벽 꾀꼬리 울며 봄은 가는데
人似玉, _{인 사 옥}	사람은 옥같이 고운 모습으로
柳如眉。 _{유 여 미}	버들잎 같은 일자 눈썹 보임은
正相思。 _{정 상 사}	바로 그리움 때문이네.
羅幕翠簾初卷,[1] _{나 막 취 렴 초 권}	비단 장막과 비취색 주렴 막 걷히니
鏡中花一枝。 _{경 중 화 일 지}	거울 속에 비친 꽃 한 가지 같건만
腸斷塞門消息,[2] _{장 단 새 문 소 식}	애간장 끊임은 변방 소식 전해 주는
雁來稀。 _{안 래 희}	기러기 날아 옴이 뜸해져서네.

【주석】

1 羅幕(나막) : 비단 장막.
2 腸斷(단장) : 애가 끊이다. 극도로 비통함을 비유함. 塞門(새문) : 변새(邊塞)의 관문. 이선(李善)의 "새(塞)는 장성(長城)이다. 빗장이 있기에 문이라 하였다.(塞, 紫塞也. 有關, 故曰門.)"라고 주함.

【감상】

절세미인이 변경에서 행역하는 임을 그리워하는 심경을 노래했다.

상편은 애상에 빠지게 하는 늦봄 풍경 묘사로 그리움이 절실해짐을 그렸다. 첫 구는 가는 봄을 알리는 새벽 꾀꼬리 울음소리를 가랑비 내리는 속에서 듣게 되니, 여주인공의 심사가 더욱 애절해짐을 썼다. 그런 모습은 바로 다음 3구로 묘사되었다. "유여미(柳如眉)"는 여주인공의 눈썹이 먼 산 모양이 아니고, 바로 한 일 자로 곧은 버들잎 모양임을 강조한 말로 그녀가 평정심을 잃었음을 형상하였다.

하편은 절세미인이 아침 화장하려고 거울에 비친 자신의 모습을 보니 꽃가지처럼 아름답건만 변방으로 행역 나간 임 소식이 뜸해졌기에 애가 끊임을 술회하였다. 곧 화려한 장막과 주렴을 배경으로 거울에 비친 여주인공의 모습을 "경중화일지(鏡中花一枝)"로 비유함으로써 절세미인임을 형용했을 뿐 아니라, 보아줄 사람이 없는 애수를 함축할 수 있었다. 그녀를 보아줄 사람이 소식조차 전해오지 않기에 애간장이 끊인다고 직설한 기법은 설득력을 지닌다.

1-30-30 온정균

<양류지 楊柳枝>[1] 8수-1 宜春苑外最長條

宜春苑外最長條。[2] 의춘원 밖 버들의 제일 긴 가지는
閑嫋春風伴舞腰。[3] 한가롭게 흔들리는 봄바람을 춤추는 허리와 짝했는데
正是玉人腸絶處,[4] 궁녀가 바로 애간장 끊이는 곳은
一渠春水赤欄橋。[5] 봄 강물 흐르는 적란교라네.

【주석】

1 <양류지 楊柳枝>는 악부 <근대곡 近代曲> 명으로, 백거이(白居易, 772-846)는 <양류지 20운 楊柳枝二十韻> 제목 아래 스스로 주(注)를 달아, "<양류지>는 낙하(洛河)의 새로운 가락이다. 낙하의 젊은 기녀 중에 노래를 잘하는 이가 있었는데, 가사와 운율을 들으면 사람을 감동시킬 수 있었다.(<楊柳枝>, 洛下新聲也. 洛之小妓有善歌之者, 詞章音韻, 聽可動人.)"라고 썼다. 곡조는 고(古)악부 <절양류 折楊柳>, <절류지 折柳枝>의 기초 위에 개편하였기에, "새로 개편한 <양류지>(新翻<楊柳枝>)"라고도 칭하였다.

2 宜春苑(의춘원) : 진대(秦代)의 궁 이름으로 당대(唐代)에 곡강(曲江)에 재건한바, 그 터는 지금 섬서성(陝西省) 장안현(長安縣) 남쪽에 있다. 유신(庾信)의 <춘부 春賦>에 "의춘원에 봄 돌아오니, 피향전 안은 봄옷 입었네.(宜春苑中春已歸, 披香殿裏著春衣.)"라는 구절이 보인다.

3 閑嫋(한요) : 가늘고 긴 부드러운 물건이 바람에 가볍게 흔들리는 모습. 요(嫋)는 요(嬝)와 같은 뜻으로 가늘고 길어 유연하게 흔들리는 모습. 伴(반) : 짝하다.

4 玉人(옥인) : 용모가 고운 사람. 선녀. 여기서는 궁녀.

5 一渠春水(일거춘수) : 도랑 이뤄 흐르는 봄 강물. 赤欄橋(적란교) : 장안성(長安城) 교외 의춘원 부근에 있던 다리로 보임. 혹은 붉은색 난간이 있는 다리.

【감상】

<양류지> 8수는 모두 영류사(咏柳詞)로 남녀의 상사지정(相思之情)을 묘사했다. 내용으로 보면 새로운 뜻은 없으나 정(情)에 따라 경치를 그리고 물상에 느껴 술회하면서 깊은 함축을 보였기에 온정균 사 중에서 각별한 <양류지> 풍격을 형성하였다.

이 사는 의춘원(宜春苑) 밖의 버들을 읊어 상사의 그리움을 우의(寓意)하였다. 버들은 대체로 기녀나 궁녀로 의인화되었다.

첫 2구는 의춘원 밖 명미(明媚)한 봄 경치를 생동감 넘치게 묘사하였다. "한(閑)" 자는 버들의 자태를 그렸으나 여주인공 내심의 외로움과 무료함을 감추었다. "요(裊)" 자 역시 버들의 자태로 소녀 같은 기질을 부여받았음을 형상하였다. 봄바람 불어 버들가지가 한들거리기에 여주인공이 한때 춤추던 자신의 아름다운 모습을 보는 듯하다. 특히 "외(外)" 자와 "한(閑)" 자는 여주인공이 지금은 버려져 다시는 의춘원(宜春苑)에 들어갈 수 없는 처지를 우의하였다.

끝 2구는 여주인공의 심리를 묘사한바, 외로운 자신에게는 눈앞의 아름다운 봄 경치가 도리어 이별을 상기시켜 춘한(春恨)으로 다가옴을 술회하였다. 봄 경치가 아름다울수록 그 한이 더욱 깊어짐을 단장(斷腸)으로 형상하였다. 특히 적란교 아래의 버들이 봄 강물에 닿을 듯이 흔들리기에 그 가지를 꺾어 주면서 이별했던 당시를 회상한 데다가, 흘러가는 강물은 되돌아 흐를 수 없기에 자신의 고운 외모도 시간의 흐름에 따라 더욱 추해질 것을 떠올리게 되었다. 그래서 적란교 아래로 무심히 흐르는 봄 강물을 바라보면 단장의 고통을 느끼지 않을 수 없게 된 것이다.

이 사는 전질(轉折)이 자연스럽고 함의도 깊기에 긴 여운을 남긴다.

이빙약은 <허장만기>에서 "바람 신이 바람 따라 나부끼니, 사제(詞題)의 신묘함을 얻었다.(風神旖旎, 得題之神.)"라고 평하였다.

1-31-31 온정균

<양류지 楊柳枝> 8수-2 南內墻東禦路旁

南內墻東禦路旁。¹	홍경궁 담 동쪽은 황궁 길 곁이라
須知春色柳絲黃。²	봄빛에 버들가지 노래짐을 알게 마련인데
杏花未肯無情思,³	살구꽃이 꼭 정감이 없는 것도 아니건만
何事行人最斷腸。⁴	어째서 버들은 행인의 애간장을 제일로 끊는지!

【주석】

1 南內(남내) : 홍경궁(興慶宮). 천자의 궁전은 대내(大內)라 부르고, 간단히 줄여 내(內)라고 칭했다. ≪구당서·현종기 舊唐書·玄宗記≫에 따르면, 홍경궁(興慶宮)은 융경방(隆慶坊)에 있는데 본디 현종의 옛 저택으로 동내(東內)인 대명궁(大明宮) 남쪽에 있어 남내(南內)라고 불렀다고 한다. 禦路(어로) : 황궁 안의 길.
2 須知(수지) : 알지 않으면 안 된다. 柳絲(유사) : 가늘고 길게 늘어진 버들가지.
3 未肯(미긍) : 꼭 ~인 것은 아니다. 情思(정사) : 정감, 정의(情意).
4 何事(하사) : 어째서, 무슨 일로. 最(최) : 으뜸으로.

【감상】

나그네가 봄버들 빛을 보며 고향의 그리운 여인에게 돌아가지 못하는 서글픔을 노래했다.

앞 2구는 서사로 나그네가 버들 빛이 노래짐을 보고 봄이 옴을 알게 되자, 사랑하는 고향 여인이 이별하며 꺾어 주던 봄버들을 떠올림을 썼다. 버들 빛을 형용하면서 "남내(南內)", "어로(禦路)"라는 장소를 밝힌 것은 이 지역에 버들이 매우 많아 무성함을 강조하려는 의도가 있어서다.

끝 2구는 서정으로 버들 색이 봄빛으로 변하여 원정(怨情)이 일게 됨을 썼다. 살구나무는 봄이 되면 꽃을 피워 나그네에게 다정함을 솔직히 보임에 반해, 버들은 봄이 되면 노란빛이 되어 당시 이별의 회한(悔恨)을 끌어내기에 그 무정함을 비할 데가 없음을 토로하였다. 하지만 그 원정의 주체가 버들임을 직접 제기하지 않고, "하사(何事)", "행인(行人)", "단장(斷腸)"과 같은 말로 그 원정을 감췄기에 여운을 남길 수 있었다.

1-32-32 온정균

<양류지 楊柳枝> 8수-3 蘇小門前柳萬條

蘇小門前柳萬條。[1]　소소 집 문 앞의 수많은 버들가지의
毿毿金線拂平橋。[2]　가늘고 긴 금실이 평평한 다리를 스치는데
黃鶯不語東風起,　　꾀꼬리 울지 않고 봄바람 부니
深閉朱門伴舞腰。[3]　깊숙이 닫힌 붉은 대문이 무희 허리 같은 버들과 짝하네.

【주석】

1 蘇小(소소) : 소소소(蘇小小). 남조, 제(齊)나라 때 전당(錢塘) 일대의 명기(名妓). 용모가 아름다운 데다 재주가 뛰어나 뭇 선비들을 압도했는데, 그녀 집 문 앞에는 버들이 많았다.
2 毿毿(삼삼) : 털이 가늘고 긴 모양을 형용. 平橋(평교) : 호도(弧度)가 없는 평평한 다리.
3 朱門(주문) : 부유한 세도가 집의 대문. 문에 항상 붉은색 옻칠을 한 데서 유래함.

【감상】

　유연하며 고운 자태를 지닌 소소(蘇小)의 문 앞 버들을 생동감 넘치게 묘사하여 여주인공의 서글픈 심경을 엿보게 하였다.

　처음 2구는 "유만조(柳萬條)", "불평교(拂平橋)"로 춘색의 명미함과 버들가지의 구속 없는 자태를 그려 기녀인 여주인공의 춘한(春恨)이 깊음을 우의하였다. "유만조"는 곧 천만 갈래의 수심을, "불평교"는 이별로 생긴 그리움을 형상하였다. 특히 불(拂)자로 버들가지에 생명감을 불어넣음으로써 고요한 가운데 한가롭게 흔들리는 자태를 형상할 수 있었다.

　끝 2구는 여주인공의 처량한 모습과 춘한을 그렸다. "황앵불어(黃鶯不語)"로는 그녀의 거처가 적막한 곳에 있는 데다가 봄이 지났기에, 그녀의 심경 또한 외롭고 처량함을 우의했다. "동풍기(東風起)"로는 춘풍 불어 만물이 약동하는 모습을 그릴 수 있었지만 "깊숙히 닫힌 붉은 대문이 무희 허리 같은 버들과 짝하네.(深閉朱門伴舞腰.)"로는 적적함 속에 깊은 애상을 함축했기에 여주인공의 고독과 유원(幽怨)을 드러낼 수 있었다. 특히 "심폐주문(深閉朱門)"이란 말에는 실연한 여인이나 미모가 사라진 여인에게는 무관심하다는 권세가의 의도가 숨겨졌기에 애상을 더하게 한다.

1-33-33 온정균

<양류지 楊柳枝> 8수-4 金縷毿毿碧瓦溝

金縷毿毿碧瓦溝。¹ 　　금실 같은 버들의 긴 털이 푸른 기왓골에 날리니

六宮眉黛惹香愁。² 　　육궁 궁녀의 눈썹에 수심을 일게 하네.

晩來更帶龍池雨,³ 　　저녁 되며 또 용지에 비까지 내리니

半拂欄干半入樓。 　　버들가지 절반은 난간을 스쳤고 그 절반은 누대로 들어왔네.

【주석】

1 金縷(금루) : 버들가지를 미화한 말. 毿(삼) : 털이 긴 모양. 털이 길다. 碧瓦溝(벽와구) : 남색으로 유약을 발라 구운 기와의 골.

2 六宮(육궁) : 고대 황후의 침궁(寢宮)으로 정침(正寢)이 1궁, 연침(燕寢)이 5궁으로 모두 6궁인 데서 유래됨. 眉黛(미대) : 눈썹. 청흑색 안료인 대(黛)로 눈썹을 그렸기에 이 말이 유래함. 香愁(향수) : 여인의 우수.

3 晩來(만래) : 저녁 되며. 龍池(용지) : 홍경궁(興慶宮) 안에 있는 못 이름. 당, 현종(玄宗, 685-762)의 옛집은 융경방(隆慶坊)에 있었는데 우물이 넘쳐서 연못이 되었고, 중종(中宗, 656-710) 때엔 우물 위에 항상 용운(龍雲)이 끼어 상서로운 조짐을 보였으므로 '용지(龍池)'라 칭함. 후에 이 택지에 지은 궁이 홍경궁(興慶宮)임.

【감상】

궁녀들이 춘경(春景) 속에 자신의 처지와 같은 버들을 바라보며 스스로 슬퍼하면서도 황제의 은총을 추구하지 않을 수 없는 처지를 우의하였다.

첫 2구는 긴 털 드리운 황금빛 버들가지가 궁궐 지붕을 덮은 푸른 기와 골에 반사되며 흩날림을 보는 궁녀들이 봄 수심이 일게 됨을 그렸다. 이 궁녀들을 육궁(六宮)으로 묘사함으로써 한두 궁녀가 아닌 거의 모든 궁녀의 처지임을 강조했고, 미대(眉黛)로는 그녀들이 젊고 아름다운 여인임을 우의하였다. 특히 "수(愁)" 자는 관건이 되는 글자로 임금의 총애를 입어도 언젠가는 실총 하게 되는 궁녀의 명운을 함축하였다. "야(惹)" 자는 싱그러운 버들가지의 자태와 젊은 궁녀들의 처량한 신세를 자연스럽게 연계시켰기에 생동감을 보일 수 있었다.

끝 2구는 앞 구에서 보인 실의를 반전시켰다. 온종일 수심 가득했던 궁녀들이 저녁, 어류(御柳)가 있는 "용지(龍池)"에 비가 내림을 보고는 새로운 희망을 찾게 되었다. 그 희망은 곧 황제의 은총을 받기 위해 노심초사하는 모습으로 그려졌다. 버들의 처지와 같은 궁녀들은 "용지우(龍池雨)"로 촉촉함을 맛보았기에 당명황(唐明皇)의 은총을 받을 수 있다는 기대를 지니게 되었다. 그 기대를 저녁 바람 타고 애교 넘치는 자태로 무희 같은 허리를 자유롭게 흔드는 춤으로 나타냈다. 그 결과 버들의 절반은 난간을 스치며 빗속에서 춤을 추게 되었고 또 그 절반은 누대 안으로 들어와 비를 피하게 된 것이다. 이 불공정한 모습은 바로 궁녀들이 은총을 받기 위해 질투 속에 경쟁하는 형상이기도 하다. 여기에 끼지 못해 유폐된 궁녀들은 자신들이 버들만도 못하다는 자괴감까지도 유발할 수 있었으니 이 형상이야말로 극품으로 칭송하지 않을 수 없다.

1-34-34 온정균

<양류지 楊柳枝> 8수-5 館娃宮外鄴城西

館娃宮外鄴城西。[1]	관왜궁 밖과 업성 서쪽 물가 버들이
遠映征帆近拂堤。	멀게는 가는 배의 돛을 비추고 가깝게는 둑을 스침은
繫得王孫歸意切,[2]	왕손 같은 길손이 돌아가려는 뜻을 꼭 묶는 것이니
不關芳草綠萋萋。[3]	방초가 푸르게 무성해져 임 기다리는 정과는 상관없네.

【주석】

1 館娃宮(관왜궁) : 춘추시대 오(吳)나라 궁궐 명. ≪월절서 越絶書≫에 따르면 오왕 부차(夫差)가 연석산(硏石山)에 관왜궁(館娃宮)을 지어 서시(西施)를 살게 하였다고 한다. 궁의 옛 터가 지금의 강소성, 오현(吳縣) 서남쪽의 영암산(靈岩山)위에 있다. 鄴城(업성) : 삼국시대 위(魏) 도읍. 지금의 하북성, 임장현(臨漳縣) 서쪽, 하남성 안양시(安陽市) 북쪽에 위치한 바, 조조(曹操)는 210년 이곳에 동작대(銅雀臺)를 세웠다. 이 두 터는 강과 물가에 임해 있다.

2 繫(계) : 묶다. 王孫(왕손) : 귀족의 후예. 부귀한 집의 자제. ≪초사·초은사 楚辭·招隱士≫에 "왕손은 노닐며 돌아오지 않건만, 봄풀은 무성히 자랐네.(王孫遊兮不歸 春草生兮萋萋.)"라고 하여 왕손 같은 귀중한 임이 봄풀이 무성해진 때에 돌아오길 우의함. 왕부지(王夫之, 1619-1692)의 ≪초사통석 楚辭通釋≫은 "왕손은 세상을 등진 선비이다. 진한 이전에, 사대부는 모두가 왕과 제후의 후예였기에 왕손이라고 칭하였다.(王孫, 隱士也. 秦漢以上, 士皆王侯之裔, 故稱王孫.)"라고 풀이함. 切(절) : 절실하다.

3 萋萋(처처) : 풀이 무성하다.

【감상】

버들 신세 같은 여인이 사랑하는 임을 떠나가지 못하게 버들가지로 매어 두고픈 심경을 우의하였다.

첫 2구는 버들이 많은 장소로 대표되는 남쪽 관왜궁과 북쪽 업성(鄴城) 동작대(銅雀臺) 아래 물가의 다정한 버들을 묘사해 그 버들가지가 멀리는 강 위를 떠가는 배를 비추고 가까이는 이별하는 장소인 둑 위를 쓸고 있음을 써, 이별의 아쉬움을 함축하였다. 특히 관왜궁과 업성은 모두 미인과 연계된 장소로, 이곳 버들이 미인으로 형상됨은 서시가 일찍이 관왜궁에서 지냈고, 이교(二喬)가 조조(曹操, 155-220)의 총애로 구속받게 될 가능성을 상상한 때문이다. 이 같은 염사(艷事)는 아마도 두목(杜牧, 803-852)의 <적벽 赤壁> 시구 중 "봄바람이 주유 편을 들어주지 않았다면, 봄이 온 동작대는 동오(東吳)의 두 미녀를 깊게 가뒀으리!(東風不與周郎便, 銅雀春深鎖二喬!)"라는 시의(詩意)를 역사 사실과는 무관하게 차용한 때문이다. 이 두 미인은 모두 옛 연인을 못 잊어 근심에 잠겨 지냈기에 버들로 의인화 되었다.

끝 2구는 버들이 긴 가지로 왕손 같은 임이 돌아가지 못하게 꼭 잡아맬 수 있기에 방초가 푸르게 무성해져 돌아오길 기다리는 정과는 무관함을 강조하였다. 곧 <양류지>라는 사패(詞牌)에 부합하는 '류(柳)'의 쌍관어인 '류(留)'란 뜻을 부각하려는 의도를 보인 것이다. 끝구 중의 "방초녹처처(芳草綠萋萋)"는 지난해에 임 보낼 때의 광경으로, 새봄의 경치는 지난해와 같으나 기다리는 임은 돌아오지 않는 데서 온 실의를 우의한 묘사이다. 따라서 이런 정은 머물게 하려는 버들의 정과는 상반되기에 만류하는 정을 더욱 곡진히 드러낼 수 있었다.

이빙약은 <허장만기>에서 "노래 소리와 정감이 아득히 이어짐은 묶는 '계(繫)' 자가 매우 훌륭해서다.(聲情綿邈, 繫字甚佳.)"라고 평하였다.

1-35-35 온정균

<양류지 楊柳枝> 8수-6 兩兩黃鸝色似金

兩兩黃鸝色似金。[1]   금빛 같은 색깔로 둘씩 짝진 꾀꼬리가
裊枝啼露動芳音。[2]   이슬 머금고 휘늘어진 가지에서 아름다운 소리로 우는데
春來幸自長如線,[3]   봄이 와 원래대로 실처럼 길어짐은
可惜牽縈蕩子心。[4]   떠도는 임의 마음 얽어맴을 소중히 여겨서네.

【주석】

1 黃鸝(황리) : 꾀꼬리(黃鶯). 노란 색 깃에 담홍색 부리로 우는 소리가 듣기 좋다.
2 裊枝(요지) : 버드나무 가지가 부드럽고 가늘어 흔들거리며 늘어지다. 啼露(제로) : 이슬을 머금다. 動芳音(동방음) : 아름답고 낭랑한 소리를 내다(울다).
3 幸自(행자) : 원래, 원래대로.
4 可惜(가석) : 소중히 여기다. 아끼다. 牽縈(견전) : 얽어매다. 끈덕지게 따라붙다. 蕩子(탕자) : 집을 떠나가 돌아오길 잊은 남자.

【감상】

젊은 부인이 떠도는 남편을 그리워하는 정을 썼다.

첫 2구는 짝진 꾀꼬리가 이슬을 머금은 버들가지 사이에서 우는 모습을 묘사하였다. 이는 젊은 부인이 듣고 본 실제 모습으로, 오랫동안 밖에서 기거하는 남편에 대한 절실한 그리움에서 기인되었음을 알 수 있다.

끝 2구는 앞 수와 연관된 묘사법을 사용했다. 곧 젊은 부인의 그리움이 버들가지로 옮겨가자 버들 한 가지 한 가지가 실로 보여, 한가롭게 노닐며 돌아오기를 잊은 남편 마음을 끌어매어 자기 곁으로 돌아오게 하고픈 심경을 형상하였다. 특히 "행자(幸自)"와 "가석(可惜)"을 연계시켜 오는 봄과 같이 그리는 임도 되돌아오기를 바라는 염원을 자연스럽게 드러내는 묘미를 보였다. 상상이 기발한 데다가 형상성도 빼어났다.

1-36-36 온정균

<양류지 楊柳枝> 8수-7 禦柳如絲映九重

禦柳如絲映九重。¹   실같이 늘어진 궁중 버들이 구중궁궐 비추고
鳳凰窓映繡芙蓉。²   봉황 새긴 창은 부용꽃 수놓인 휘장을 비추는데
景陽樓畔千條路,³   경양루 곁 버들가지 무성하게 드리운 길에서
一面新妝待曉風。   온 얼굴에 새 단장하고 새벽바람 기다리네.

【주석】

1 禦柳(어류) : 궁 안 버들. 九重(구중) : 궁궐. 심원함을 극대화한 말.
2 鳳凰窓(봉황창) : 봉황 암수가 새겨진 규각(閨閣)의 창. 繡芙蓉(수부용) : 부용꽃 도안을 수놓은 휘장이나 주렴.
3 景陽樓(경양루) : 남조(南朝)의 궁루명(宮樓名)으로 5경이나 3경을 알리는 궁중의 종루(鍾樓). ≪남사·무목배황후전 南史·武穆裴皇后傳≫은 "궁 안이 매우 깊어 궁궐의 남쪽 정문에서 내는 북소리를 들을 수 없어 종을 경양루 위에 설치해 오경(五更)과 삼경(三更)에 맞춰 울렸기에 궁녀들은 종소리를 듣고 일찍 일어나 화장하였다.(宮內深隱, 不聞端門鼓樓聲, 置鐘於景陽樓上, 應五鼓及三鼓, 宮人聞鐘聲, 早起粧飾.)라고 기록하였다. 千條路(천조로) : 버들가지가 무성하게 드리워진 길.

【감상】

버들 빛 바뀌며 궁중에 봄이 오니, 황궁의 궁녀들이 춘정(春情)을 느끼고는 새벽부터 용모를 가다듬고 임금님 오시길 기다림을 썼다.

첫 2구는 궁중의 어류(禦柳)가 휘황하게 궁궐 문을 비추니 봉황 수놓인 창 안의 휘장은 버들 빛으로 인해 더욱 아름다운 경치를 드러냄을 썼다. 이렇게 묘사된 봉황과 부용은 버들로 비유된 궁녀의 춘심을 자극하지 않을 수 없었음을 언외(言外)로 나타낼 수 있었다.

끝 2구는 경양루 곁 버들 늘어선 길가 버들이 일찍 화장하고 새벽바람을 기다림을 그렸다. 새벽의 싱그러운 공기 속에서 아름다운 자태로 단장한 버들이 새벽바람을 맞이해 생기발랄하게 춤추며 애교 부릴 모습을 상상한 표현이다. 이 2구는 곧 버들가지가 싱그러운 모습으로 새벽바람을 기다림을 쓴 것이나 실은 아름다운 궁녀들이 새벽 화장하고 봄바람같이 오실 황제를 맞이해 춤을 추며 미모를 자랑하려는 마음을 드러낸 표현이다. 봄바람에 자유자재한 자태 연출을 본성으로 하는 버들의 생태를 짧은 4구로 생동하게 그려낸 솜씨가 돋보인다.

1-37-37 온정균

<양류지 楊柳枝> 8수-8 織錦機邊鶯語頻

^{직 금 기 변 앵 어 빈}
織錦機邊鶯語頻。¹   비단 짜는 베틀 곁으로 꾀꼬리 울음 잦아져

^{정 사 수 루 억 정 인}
停梭垂淚憶征人。²   북 멈추고 눈물 흘리며 출정한 임 그리워함은

^{새 문 삼 월 유 소 삭}
塞門三月猶蕭索,³   변방의 요새는 3월에도 여전히 쓸쓸하여

^{종 유 수 양 미 각 춘}
縱有垂楊未覺春。⁴   수양버들 있다 해도 봄기운 느끼지 못해서이네.

【주석】

1 織錦(직금) : 비단을 짜다. 남편을 그리는 회문시(回文詩)를 짜다.
2 梭(사) : 베틀 위의 북. 征人(정인) : 출정하는 사람. 멀리 떠나간 사람.
3 塞門(새문) : 변방의 요새. 蕭索(소삭) : 쓸쓸한 모양.
4 縱有(종유) : 설사 ~가 있더라도.

【감상】

역지사지(易地思之) 기법으로 사부(思婦)가 출정한 남편을 그리는 심경을 돌출시켰다.

첫 2구는 직금(織錦)으로 주인공이 사부의 처지임을 비유한 후, "앵어빈(鶯語頻)"으로 인해 출정한 남편에 대한 그리움이 절실해져 눈물 흘림을 썼다.

끝 2구는 남편이 처한 고한(苦寒)을 부각하였다. 출정한 변새 지역은 아직 봄이 오지 않았기에 여주인공이 남편을 이처럼 그리워하고 있을 줄을 상상치도 못할 것을 제기해 상사의 정도를 극대화하였다. 이는 곧 왕지환(王之渙, 688-742)의 <양주사 涼州詞> 중 "봄바람이 옥문관을 건너지 못했네.(春風不度玉門關.)"라는 시의를 그대로 차용한 바, 동일 시간 속에서 부동한 공간을 대비시킨 역지사지 기법은 묘사가 핍진하고 감정이 절실하기에 일체감을 전할 수 있었다.

청(淸), 정문작(鄭文焯, 1856-1918)은 ≪대학산인사론 大鶴山人詞論≫에서 "온정균의 <양류지> 8수는 마침내 송사 중에서 위력이 없는 경지가 되었기에 소식과 황정견도 이를 수 없다. 당인들은 여력으로 사를 지었기에 웅건한 기세는 걸출해 높았으며, 문채(文彩)는 온화하고 아름다웠다.(飛卿<楊柳枝>八首, 終爲宋詞中振絶之境, 蘇黃不能到也. 唐人以餘力爲詞, 而骨氣奇高, 文藻溫麗.)"라고 평하였다.

1-38-38 온정균

<남가자 南歌子> 7수-1 手裏金鸚鵡

手裏金鸚鵡,	손 안에는 금빛 앵무새 놀고
胸前繡鳳凰。[1]	옷가슴 앞엔 봉황 수놓였네.
偸眼暗形相。[2]	몰래 훑어 살펴보고는
不如從嫁與,[3]	"이제부터 그에게 시집가
作鴛鴦。[3]	원앙 됨이 낫겠네!"라고 말하네.

【주석】

1. 手裏(수리) 2구 : 손으로는 금빛 앵무새 만지작거리는데, 가슴 앞 중간 분문에는 봉황새가 수놓여 있다. 부귀한 귀공자를 형용한 모습이다. "작원앙(作鴛鴦)"은 허상으로 여인이 소망하는 모습이다.
2. 偸眼(투안) : 몰래 훑어보다. 形相(형상) : 관찰하다. 자세히 보다.
3. 不如(불여) : ~하는 편이 낫다. 從(종) : 이제부터. 종차(從此)의 줄임 말. 與(여) : ~에게. 뒤에 목적어 "타(他)"가 생략됨.

【감상】

<남가자 南歌子> 7수는 한 쌍의 젊은 남녀가 흠모하고 그리워하며 합환(合歡)하려는 정을 쓴바, 전후가 일관한다. 남녀의 감정을 매우 솔직하고 분명하게 표현했으므로 신선하고 활발한 느낌을 준다.

이 사는 소녀의 솔직한 소망을 썼다.

첫 2구는 "앵무(鸚鵡)"와 "봉황(鳳凰)"으로 대장을 이룬 바, 여주인공이 풍류를 지닌 소년을 바라봄과 동시에 "작원앙(作鴛鴦)"이란 소망을 갖게 된 동기를 썼다. 다음 구는 여자가 보인 "남몰래(偸)", "은밀히(暗)", "살펴보다(相)"라는 행위 묘사로 그녀가 대담한 가운데 부끄러워하는 표정을 선명히 형상할 수 있었다.

끝 2구는 그녀가 소년을 관찰한 뒤의 결의를 말했다. 그 정이 대담하고도 진솔하기에 운미(韻味)를 보일 수 있었다. 당대(唐代)는 송대(宋代)같이 예교의 구속이 엄하지 않아 여자의 사고가 자유롭고 활발했던 점을 살필 수 있다.

청(淸) 담헌(譚獻, 1832-1901)은 ≪평사변 評詞辨≫에서 "끝내는 말은 소령 중에서 선이 굵직한 필획인데 오대 이후로 이런 기법이 끊었다.(盡頭語, 單調中重筆, 五代後絶響.)"라고 평하였다.

진정작은 ≪운소집≫ 권24에서 "'투안암형상' 5자는 후세인에게 규방 여인의 많은 미담을 입 열어 말하게 하였다.('偸眼暗形相' 五字, 開後人多少香奩佳話.)"라고 평하였다.

이빙약의 <허장만기>는 "≪화간집≫의 사는 거의 완곡하고 아름답지만 꾸밈없는 시원시원함으로 장점을 드러낸 것도 있으니 '이제부터 그에게 시집가 원앙 됨이 낫겠네!'와 같은 묘사는 대체로 악부 유풍을 지녔다.(≪花間集≫詞多婉麗. 然亦有以直快見長者, 如 '不如從嫁與, 作鴛鴦.' 蓋有樂府遺風也.)"라고 평하였다.

1-39-39 온정균

<남가자 南歌子> 7수-2 似帶如絲柳

似帶如絲柳,[1]	띠 두른 듯한 허리는 실버들처럼 가늘고
團蘇握雪花。[2]	둥글고 윤기 흐르는 흰 얼굴은 설화를 움켜쥐었네.
簾卷玉鉤斜。[3]	발 걷어 올려 옥고리가 기울음은
九衢塵欲暮,[4]	큰길엔 먼지 일고 날 저물려 해
逐香車。[5]	눈으로 꽃마차 좇아서네.

【주석】

1 絲柳(사류) : 실처럼 가늘고 부드러운 버들가지. 실버들.
2 團蘇(단소) : 기름이 엉긴 듯이 윤기 나는 둥근 얼굴 모습. 蘇(소) : 응고된 기름이 부드럽게 윤기 내다. 握雪花(악설화) : 눈꽃을 손에 쥐다. 흰 모습을 형용함.
3 簾卷(염권) : 발을 걷어 올리다.
4 九衢(구구) : 종횡으로 교차하는 번화한 큰길. 衢(구) : ≪이아 爾雅≫에 "사방으로 통하는 길을 구라 한다.(四達謂之衢.)"라고 함.
5 香車(향거) : 호화롭게 꾸민 귀한 수레.

【감상】

　아름다운 여인이 그리워하는 임이 늦은 저녁까지 돌아오지 않자, 실망하여 향그런 마차를 눈으로 추적하는 형상을 그렸다.

　첫 2구는 아름다운 여인의 형상 묘사이다. 실버들 가지 같은 허리와 설화(雪花)를 움켜쥔 듯한 둥글고 흰 얼굴로 여주인공의 미모를 돋보이게 그렸다. 가는 허리에 희고 둥근 얼굴 모습이 당대 미인의 전형임을 엿볼 수 있다.

　끝 3구는 이런 전형적인 미인이 해가 질 무렵 창문의 발을 걷어 올리고 길거리를 주시하면서 임이 돌아오길 애타게 기다리는 모습을 그렸다. 여주인공은 번화한 거리를 달리는 마차를 바라보며 임이 돌아오기를 초조하게 기다리고 있으나, 날 저물 무렵까지도 돌아오지 않기에 눈은 멀리 가는 향기로운 꽃마차를 좇고 있다.

　짧은 5구지만 그리운 정이 넘쳐나듯 느껴짐은 여주인공 내심의 고독을 추적하듯 세심하게 형상한 때문이다.

1-40-40 온정균

<남가자 南歌子> 7수-3 倭墮低梳髻

^{왜 타 저 소 계}
倭墮低梳髻,¹　　　틀어 올린 머리 이마 앞으로 낮게 눕히고

^{연 연 세 소 미}
連娟細掃眉。²　　　눈썹을 굽혀 가늘게 쓸었네.

^{종 일 양 상 사}
終日兩相思。　　　종일토록 두 사람이 서로를 그리워함은

^{위 군 초 췌 진}
爲君憔悴盡,　　　임 때문에 한없이 초췌해지는

^{백 화 시}
百花時。　　　　　온갖 꽃 피는 때여서네.

【주석】

1　倭墮(왜타) : 왜타계(倭墮髻)의 줄임말로 상투 머리를 이마 앞쪽으로 굽어 내려오게 하는 고대 부녀자 머리 양식. 梳髻(소계) : 머리를 틀어 올리다.

2　連娟(연연) : 연연(聯娟)으로도 씀. 완곡한 모습. 곧 연연미(連娟眉)의 줄임말. 이선(李善)은 "연연은 구불구불 굽은 모습이다.(聯娟, 彎曲貌.)"라고 주하였다.

【감상】

여인이 상사(相思)로 생긴 그리움을 노래하였다.

첫 2구는 여주인공이 수심에 빠진 정상(情狀)을 그렸다. 틀어 올린 머리를 나직이 이마 앞으로 굽어 내린 "왜타계(倭墮髻)" 양식을 취함은 얼굴 모습을 남에게 보이기가 수줍어진 때문이고, "연연미(連娟眉)" 스타일로 눈썹을 가늘게 쓸었음은 온종일 상사에 빠져 치장에 무심함을 알리려 해서이다.

끝 3구는 상사의 고통을 술회하였다. "종일양상사(終日兩相思)"로는 온종일 여주인공이 상대인 임을 그리워했고 상대인 그 임도 여주인공을 그리워했음을 회상하면서, 지금도 그런 사랑으로 괴로워하지 않을 수 없음을 실토하였다. 그리고는 이렇게 괴로워하는 때가 바로 "백화시(百花時)"임을 밝혀 화사한 꽃 모양 같은 여주인공의 얼굴이 곧 초췌해질 것에 대한 두려움을 암시하였다.

진정작은 ≪사칙·한정집 詞則·閑情集≫ 권1에서 "오가며 감도는 슬픈 정조가 미약해져 끊이려 한다.(低徊欲絶.)"라고 평하였다.

1-41-41 온정균

<남가자 南歌子> 7수-4 臉上金霞細

臉上金霞細,¹   얼굴의 액황 칠 옅은데
<small>검 상 금 하 세</small>

眉間翠鈿深。²   미간 사이로 비취 비녀 깊게 꽂았네.
<small>미 간 취 전 심</small>

倚枕覆鴛衾。³   베개에 의지해 원앙금침 덮어쓴은
<small>의 침 부 원 금</small>

隔簾鶯百囀,⁴   발 사이로 앵무새 온갖 소리로 울어
<small>격 렴 앵 백 전</small>

感君心。   임의 마음 느껴서네.
<small>감 군 심</small>

【주석】

1 金霞(금하) : 액황(額黃). 곧 이마 중간에 누런색을 둥글게 칠하는 고대 여인의 화장법. 細(세) : 세미하다, 옅다.
2 翠鈿(취전) : 비취색 비녀.
3 覆(부) : 덮다. 덮어쓰다.
4 百囀(백전) : 온갖 고운 소리로 울다.

【감상】

여인의 상사지정(相思之情)을 썼다.

첫 2구는 여주인공이 화장할 마음이 없음을 "금하세(金霞細)"의 "세(細)", "취전심(翠鈿深)"의 "심(深)"을 써 초췌(憔悴)한 모습을 살피게 하였다.

끝 3구는 "의침부원금(倚枕覆鴛衾)"으로 여주인공이 베개에 기대어 홀로 잠을 청하는 외로움을 썼다. 끝 "격렴(隔簾)" 2구는 가는 봄이 아쉬워지자 임을 그리워하는 정이 더욱 절실해짐을 실토하였다. "부원금(覆鴛衾)"으로 외로운 형상을 "앵백전(鶯百囀)"으로는 명미한 춘경(春景)을 그려, 홀로 허송해야 하는 서글픔을 부각함으로써 상사의 그리움을 더욱 절실하게 드러낼 수 있었다.

1-42-42 온정균

<남가자 南歌子> 7수-5 撲蕊添黃子

^{박 예 첨 황 자} 撲蕊添黃子,¹	꽃술 비벼 얻은 색을 이마에 누렇게 바르고
^{가 화 만 취 환} 呵花滿翠鬟。²	꽃송이를 입으로 부니 쪽진 비취색 머리에 가득해지네.
^{원 침 영 병 산} 鴛枕映屛山。³	원앙 베개에 병풍이 비치는
^{월 명 삼 오 야} 月明三五夜,⁴	달 밝은 보름밤에
^{대 방 안} 對芳顏。⁵	임의 얼굴 마주했네.

【주석】

1 撲蕊(박예) : 꽃술을 비벼 색을 취하다. 黃子(황자) : 액황(額黃). 부녀자들이 이마 사이를 황색으로 칠해 부쳐진 명칭.
2 呵花(가화) : 입으로 꽃송이를 불다. 翠鬟(취환) : 검푸른 빛의 쪽진머리.
3 鴛枕(원침) : 원앙 수놓인 베개. 屛山(병산) : 병풍.
4 三五夜(삼오야) : 보름밤.
5 芳顏(방안) : 남의 얼굴을 칭송해 부르는 말. 달을 비유한 말로 볼 수 있음.

【감상】

아름답게 치장한 여인이 보름밤에 임 그림을 썼다.

첫 2구는 여자가 정성 들여 화장함을 강조해 아름다움에 대한 집착이 남다름을 엿보게 하였다. 이런 묘사에 탕현조는 탕평본(湯評本) ≪화간집≫ 권1에서 "'꽃술 비벼(撲蕊)', '꽃송이를 입으로 불어(呵花)'라는 4자는 아직 사람들이 말한 적이 없다.(撲蕊, 呵花, 四字, 未經人道過.)"라고 칭송하였다.

끝 3구는 봄빛이 아름다운 절기에 "원침(鴛枕)"과 "병산(屛山)"을 마주하니 외로워진 데다가 보름달까지 비쳐 그리운 정이 배가 됨을 형상하였다. 이 안에는 원정(怨情)이 감춰졌음을 알 수 있다. 꽃피는 호시절에 아름다운 자신을 받아 줄 임이 없음을 언외로 드러냈기에 더욱 애절함을 느끼게 한다.

한편, 끝 3구를 보름날 밤에 그리운 임을 만난 즐거움을 실제 그대로 묘사한 단락으로 보아도 뜻이 통하니 위의 감상에 집착할 필요는 없다.

1-43-43 온정균

<남가자 南歌子> 7수-6 轉盼如波眼

轉盼如波眼,[1] (전반여파안)	이리저리 굴려보는 눈빛은 출렁이는 물결이었고
娉婷似柳腰。[2] (빙정사유요)	수려한 자태는 버들가지 같은 허리였네.
花裏暗相招。[3] (화리암상초)	꽃 속에서 은밀히 만난
憶君腸欲斷, (억군장욕단)	임 생각으로 장이 끊이려 해
恨春宵。 (한춘소)	봄밤을 한했네.

【주석】

[1] 轉盼(전반) : 눈빛을 이리저리 돌리다. 波眼(파안) : 정을 전하는 물결 같은 눈빛. 娉婷(빙정) : 자태가 수려하고 아름다움을 형용함.
[2] 柳腰(유요) : 가늘고 부드러운 버들가지 같은 여자 허리.
[3] 相招(상초) : 초대하다. 곧 은밀한 만남을 말함.

【감상】

　남녀가 처음 즐겁게 만났다가 이별한 뒤, 여인이 만났던 남자를 애타게 그리워하는 심경을 그렸다.

　첫 2구는 첫 만남을 추억하였다. "전반(轉盼)" 2구는 여주인공 자신이 아름다운 모습으로 수줍음 속에 연정을 보냈던 눈매와 버들가지 같았던 날씬한 허리 모습을 그려 첫 만남이 설레었음을 함축하였다.

　끝 3구는 금석(今昔)의 대비로 그리워하는 정을 암시하였다. "화리(花裏)" 구는 즐겁게 만났던 환희의 장소로 결코 잊을 수 없음을 상기시켰다. 끝 2구는 금석의 대비 속에 그리워하는 정이 더욱 깊어져 아름다운 이 봄밤을 홀로 지내기 힘든 심경을 토로하였다. "한춘소(恨春宵)" 3자는 직설적인 말이지만 그리운 정이 끝없이 감돌기에 곱씹을 만하다.

1-44-44 온정균

<남가자 南歌子> 7수-7 懶拂鴛鴦枕

懶拂鴛鴦枕,¹	원앙 수놓인 베개의 먼지를 털기가 싫어지자
休縫翡翠裙。²	비취새 수놓인 치마 꿰매기 그만두고
羅帳罷爐熏。³	비단 휘장 훈향을 멈춤은
近來心更切,⁴	근래에 마음 더 절실하게
爲思君。	임 그리기 때문이네.

【주석】

1 懶拂(나불) : 털어내기 귀찮다.
2 翡翠裙(비취군) : 비취새를 도안해 수놓은 치마. 첫 구중 '원앙침(鴛鴦枕)'과 대장을 이룸
3 罷(파) : 멈추다. 爐熏(노훈) : 훈향(熏香) 하다. 옷과 이불·휘장 등의 물건을 향로의 향에 쬐어, 그 향기의 따스함을 취하다.
4 心切(심절) : 마음이 절실해지다.

【감상】

임에 대한 애절한 그리움을 그렸다.

첫 3구는 "나불(懶拂)", "휴봉(休縫)", "파훈(罷熏)"을 써서 여주인공이 사랑을 나눌 때 정겨워 했던 베개와 치마, 비단 휘장과 같은 치장품을 돌볼 마음이 전혀 없음을 분명히 말했다. 이같이 층층이 바뀌어 가는 부정법은 강렬한 그리움을 끌어내기 위한 긍정법으로 다음 구를 잇기 위한 복선이기도 하다. 이로써 그리움에서 온 무료를 다 함축할 수 있었다.

끝 2구는 앞 3구의 보충으로, 앞에서 부정했던 이유를 직접 명확히 밝힘으로써 그리움의 정도를 심화케 하였다. 특히 "갱절(更切)"이란 결과를 먼저 쓴 뒤 "위군(爲君)"이란 원인을 그 뒤에 씀으로써 "사군(思君)"하는 정도가 절실함을 드러낼 수 있었다.

육유(陸游, 1125-1210)는 <방옹제발 放翁題跋>에서 "온정균 <남가자> 여러 사는 말의 뜻이 섬세하고 정교하여, 유몽득(772-842)의 <죽지>를 좇아 짝할 수 있으니, 실로 한 시대의 걸작이다.(飛卿 <南歌子>諸闋, 語意工妙, 可追配劉夢得<竹枝>, 信一時傑作也.)"라고 평하였다.

이빙약은 <허장만기>에서 "온정균의 <남가자> 7수는 <보살만>의 선명한 아름다움을 지니면서 군더더기 말이 없다. 천상에서 짜낸 비단으로 그 정교함과 아름다움이 같거늘 사람들은 <보살만>을 ≪화간집≫의 으뜸으로 극력 받들어 칭송함은 어째서인가!(飛卿 <南歌子>七首, 有<菩薩蠻>之綺艶, 而無其堆砌。天機雲錦, 同其工麗, 而人之盛推 '菩薩蠻' 爲集中之冠者, 何耶!)"라고 평하였다.

1-45-45 온정균

<하독신 河瀆神> 3수-1 河上望叢祠

_{하 상 망 총 사}
河上望叢祠。[1]   강가에서 숲 속의 사당을 바라봄은

_{묘 전 춘 우 래 시}
廟前春雨來時。   사당 앞으로 봄비 내리는 때여선데

_{초 산 무 한 조 비 지}
楚山無限鳥飛遲。   초 땅의 산은 한없이 이어져 새가 낢이 더디기에

_{난 도 공 상 별 리}
蘭棹空傷別離。[2]   목란 배는 이별한 마음을 공연히 상하게 하네.

_{하 처 두 견 제 불 헐}
何處杜鵑啼不歇●   어디선가 두견새 끊임없이 우는데

_{염 홍 개 진 여 혈}
艶紅開盡如血●   곱고 붉은 꽃은 핏빛으로 다 피었다.

_{선 빈 미 인 수 절}
蟬鬢美人愁絕●[3]   매미 날개 모양 귀밑머리 미인이 몹시 우울해짐은

_{백 화 방 초 가 절}
百花芳草佳節●   온갖 꽃 속에 향초 자라는 좋은 절기여서다.

【주석】

1 叢祠(총사) : 숲 속에 있는 사당이나 묘.
2 蘭棹(난도) : 목란 배(蘭舟). 도(棹)로 배를 대신했다.
3 蟬鬢(선빈) : 매미 날개 모양의 귀밑머리를 한 미인. 愁絕(수절) : 극도로 우울해지다.

【감상】

<하독신 河瀆神>은 영신곡(迎神曲)으로 천지의 신들이 강림함을 맞이하는 곡이다. 이 사는 이별로 상심하는 여인의 우수를 그렸다.

상편은 여주인공이 강변에서 바라본 경상을 그리면서 서글픈 정회(情懷)를 썼다. "망(望)" 자를 쓴 후, "별(別)" 자로 바라본 경상이 이별과 연계됨을 암시하였다. "총사(叢祠)" 이하는 모두 바라본 경상이다. 근경인 "묘전춘우(廟前春雨)", 원경인 "초산무한(楚山無限)", "조비지(鳥飛遲)"와 같은 묘사는 멀리 떠나간 이에 대한 그리움을 끌어내기 위한 복선으로 가까운 것에서 먼 곳으로 옮겨가는 기법을 썼다. "난도(蘭棹)" 구는 그리워하는 이가 멀리 떨어져 있음을 연상케 하였다. 송별한 사람의 정을 굳이 말하지 않아도 "공(空)" 자를 씀으로써 떠나가는 이의 외로움에 공감하는 효과를 거둘 수 있었다.

하편은 주위의 객관 경물을 그려 이별의 고통을 실감케 하였다. 하편은 상편 끝구의 "상(傷)" 자를 받아 전개하였다. 첫 2구는 두견새와 붉은 꽃을 빌려 괴로움을 드러냈다. 두견새의 울부짖는 "불여귀거(不如歸去)"라는 소리로 두견새 울고 꽃이 피면 남편은 반드시 돌아오리라 믿었으나, 현실은 그렇지 못했기에 이별의 정이 고통으로 다가옴을 실토하듯 그릴 수 있었다. 특히 "제불헐(啼不歇)"을 써 두견의 울음소리가 마치 흐느껴 우는 듯하고 하소연하는 듯함을 형언했으며, "여혈(如血)"로는 슬픈 정을 더욱 격앙케 하였다. 끝 2구는 여주인공의 아름다움과 호시절인 경상을 역으로 그려, 상심하는 이의 고통을 엿보게 하였다. 곧 비를 만나 다 지게 된 온갖 꽃의 처량한 모습으로 자신이 쇠잔함을 암시했기에 경치로 애상을 배가시키는 효과를 거둘 수 있었다.

이 사는 여인이 이별한 장소를 향규(香閨)에서 총사(叢祠)로 옮겨 강변과 산천을 배경으로 별정(別情)을 그렸기에 염정의 빛깔을 이채롭게 드러낼 수 있었다.

1-46-46 온정균

<하독신 河瀆神> 3수-2 孤廟對寒潮

孤廟對寒潮。[1]	외로운 사당은 차가운 물결을 마주했는데
西陵風雨蕭蕭。[2]	서릉은 비바람으로 쓸쓸해지네.
謝娘惆悵倚蘭橈。[3]	사낭 같은 여인이 서글퍼져 향그런 뱃전에 기대니
淚流玉箸千條。[4]	옥 젓가락 같은 눈물이 천 갈래로 흐르네.
暮天愁聽思歸樂●[5]	저물녘 두견새 울음 근심스레 들리는데
早梅香滿山郭●[6]	일찍 핀 매화 향기는 산성에 가득하다.
廻首兩情蕭索●[7]	고개 돌려 보니 두 사람 정은 적막해졌지만
離魂何處飄泊●[8]	먼 타향 유랑하는 이는 어디를 떠돌까!

【주석】

1 孤廟(고묘) : 홀로 서 있는 사당. 寒潮(한조) : 한류(寒流).
2 西陵(서릉) : 협곡 명으로, 지금의 호북성 의창현(宜昌縣) 서북쪽에 있으며, 이릉(夷陵)이라고도 한다. 장강 삼협(三峽 : 구당협瞿塘峽·무협巫峽·서릉협西陵峽) 중의 마지막 협곡. ≪수경주 水經注≫는 "강물은 다시 동쪽으로 흘러 서릉협을 지나는데, 산의 물은 구불거리고 절벽은 대략 천 길쯤 되며 숲의 나무는 높이 우거졌고, 원숭이 울음소리는 지극히 맑아 산골짜기로 울림을 전하니 싸늘한 기운이 끊이지 않는다.(江水又東, 徑西陵峽, 山水紆曲, 絶壁或千丈許, 林木高茂, 猿鳴至淸, 山穀傳響, 冷冷不絶.)"라고 기술하였다.
3 謝娘(사낭) : 당(唐) 재상 이덕유(李德裕, 787-850)의 가기(歌妓)인 사추낭(謝秋娘). 후에는 가기, 여인이란 뜻으로 쓰임. 蘭橈(난요) : 목란으로 만든 배(蘭舟). 노로 배를 말함.
4 玉箸(옥저) : 눈물. 옥저(玉筯)로도 쓴다. 저(箸)는 젓가락으로 가닥가닥 흘러내리는 눈물이 옥 젓가락 같음을 형용한 말.
5 思歸樂(사귀락) : 두견새. 두견새 울음소리. 두견새 우는 소리가 마치 "돌아감만 못하네(不

如歸去)"라고 하는 것 같아 "사귀락(思歸樂)"이라는 말이 생겼다.
6　早梅(조매) : 일찍 피는 매화. 山郭(산곽) : 산성(山城). 산촌(山村). 곽(郭)은 외성(外城)으로, 성 밖에 축조한 성벽.
7　廻首(회수) : 고개 돌려 보다. 蕭索(소삭) : 적막한 모양. 여기서는 냉담하다는 뜻.
8　離魂(이혼) : 멀리 타향을 유랑하는 나그네. 여기서는 사랑하는 이를 말함. 飄泊(표박) : 떠돌다.

【감상】

　　이 사 역시 여자가 이별로 상심함을 썼다.
　　상편은 이별로 상심에 빠질 때의 특수 환경을 묘사하였다. 첫 2구는 비바람 세찬 가운데 서릉의 외로운 사당 앞으로 싸늘한 물결이 끝없이 밀려옴을 썼다. 첫 구의 "대(對)" 자는 이별하는 장소를 지목한 말로 그 지역에 다른 사물이 없는 데다 환경은 광활하고 적적함을 부각하여, 근심으로 고뇌하는 분위기를 고조시켰다. 다음 "사낭(謝娘)" 2구는 여주인공이 배에 기대어 그리움 속에 밀려오는 슬픈 정을 실제 모습대로 묘사하였다. 눈물이 천 갈래로 흐름은 비통함이 극에 달해서다.
　　하편은 배에 기대어 흐느껴 우는 이유를 말했다. 첫 2구는 여주인공이 들은 것, 본 것, 느낀 것을 썼다. 두견새가 보금자리로 돌아가고 싶어서 우는 소리를 들었기에 해 질 무렵 떠나는 사람의 근심을 증폭시킨다. 일찍 핀 매화 향기는 이미 산 둘레에 가득한 데다 아름다운 경치는 여주인공을 위해 머물러있지 않기에 슬픔을 배가하는 효과를 거둘 수 있었다. 또한 "조매(早梅)"는 상편의 "한(寒)" 자와 은근히 합치했기에 이별의 한(恨)을 증폭시킬 수 있었다. 끝 2구는 쌍방에서 나와 한쪽에서 이어진 형식으로, "소삭(蕭索)"을 써서 그리워하는 이와 그리움의 대상이 되는 이의 심경이 적막해짐을 표현했다. 이런 상념은 물론 그녀의 추측일 것이다. 이별한 후 소식을 전하기 어려워서인지 아니면 정감이 냉담해져서인지는 분명히 말하지 않았지만, 마음속으로는 그 사람이 어디를 떠돌아다닐지를 추적하고 있다. 의문사를 씀으로써 그런 심경을 더욱 절실히 드러낼 수 있었다.
　　진정작은 ≪운소집≫ 권1에서 "붓을 댐이 망망한 가운데서 고상한 운치를 보임은 음절이 보조를 맞춰서다.(起筆蒼茫中有神韻, 音節湊合.)"라고 평하였다.

1-47-47 온정균

<하독신 河瀆神> 3수-3 銅鼓賽神來

銅鼓賽神來。[1]	동고 울리는 새회(賽會) 행사에 신이 강림하시니
滿庭幡蓋徘徊。[2]	깃발과 수레 덮개가 뜰 가득히 서성거리네.
水村江浦過風雷。[3]	물가 마을 강 포구로 바람과 우레 지나가니
楚山如畫煙開。[4]	초산은 그림같이 안개 걷히네.
離別櫓聲空蕭索●[5]	이별해 들리는 노 젓는 소리 한없이 쓸쓸하여
玉容惆悵妝薄●[6]	옥 같은 얼굴은 슬픔으로 화장기 옅어졌다.
靑麥燕飛落落●[7]	푸른 보리 싹 무성해져 제비 유유히 날기에
卷簾愁對珠閣●	발 걷고 수심으로 화려한 누각 마주했다.

【주석】

1 銅鼓(동고) : 교지(交趾 : 越南 일대) 지역의 낙월족(駱越族) 악기. 좌돈(坐墩 : 도자기로 만든 걸상의 작은 중두리와 비슷한 모양)과 비슷하나 안이 비어 있고 북 전체에 정교한 꽃문양이 있으며, 네 귀퉁이에는 작은 달이 그려져 있다. 두 사람이 들고 다니는데, 두드리면 비고(鼙鼓 : 옛날 군중에서 쓰던 작은 북) 같은 소리를 낸다. 賽神(새신) : 제단을 만들어 신령에게 제사하다. 새신회(賽神會), 새회(賽會)라고도 한다. 당(唐) 풍속으로, 신이 탄생한 날, 의장(儀仗)으로 징과 북을 갖추고 잡극 등을 공연하며 큰길과 골목을 누비면서 사당으로 강림하는 신을 맞는 의식.

2 幡蓋(번개) : 폭이 좁은 긴 깃발과 수레 덮개인 하개(荷蓋). 연잎을 수레 덮개로 쓴 데서 연유함.

3 江浦(강포) : 강물 가. 風雷(풍뢰) : 광풍(狂風)과 맹렬한 우레. 신을 맞이하는 거마(車馬) 소리가 세찬 바람과 우레 같음을 형용함. 櫓聲(노성) : 노가 물을 저어 내는 소리.

4 楚山(초산) : 초 땅의 산. 煙開(연개) : 안개와 연무가 걷히다.

5 空(공) : 끝없이, 한량없이.
6 玉容(옥용) : 옥같이 고운 여인의 얼굴.
7 靑麥(청맥) : 푸른빛 보리 싹. 대략 음력 3월에 무성해진다. 落落(낙락) : 연속되어 끊이지 않게 많은 모습. 제비의 유연하고 자유로운 모습. 珠閣(주각) : 화려한 누각.

【감상】

이 사는 무속이 성했던 초(楚)나라 새회(賽會)에서 영신(迎神), 강복(降福), 송신(送神), 회묘(回廟)하는 경과를 그리면서 여주인공이 송신 뒤에 온 허전함을 그리워하는 이가 돌아오지 않는 서글픔으로 비유하였다.

상편은 마을의 신령에게 집단으로 제사 지내는 성대한 분위기를 그렸다. 첫 구는 신령이 강림하는 첫 시작을 말했고 다음 2, 3구는 성대한 영신 묘사로 수촌(水村) 물가에 동고(銅鼓) 소리가 울려 퍼지며, 깃발과 수레 덮개가 휘날리고, 수레는 폭풍우와 같이 빨리 달림을 보는 듯이 그렸다. "초산(楚山)" 구는 송신하고 사당에 돌아온 후에 안개 걷히고 구름 흩어지며 초산이 그림같이 선명히 드러남을 반어적으로 기술함으로써 조용하고 쓸쓸한 심사를 부각할 수 있었다.

하편은 신령의 오고 감은 쉬우나, 연인은 이별하기 쉽고 돌아옴은 어렵기에 가서 돌아오지 않는 연인을 그리워하는 고통을 그렸다. 첫 2구는 목란 배를 전송한 뒤, 이별의 괴로움으로 초췌해짐을 썼다. 끝 2구는 늦봄 3월 푸른 보리 싹 무성해지며 제비는 흩어져 외롭게 나니, 여주인공은 이런 광경 속에서 이별의 수심에 빠져들지 않을 수 없음을 우의하였다.

진정작은 ≪별조집 別調集≫ 권2에서 "<하독신> 3장은 영신곡 가운데 슬픔과 원망을 부쳤기에 <구가>가 남긴 뜻을 얻었다.(<河瀆神>三章, 寄哀怨于迎神曲中, 得<九歌>之遺意..)"라고 평하였다.

이빙약은 <허장만기>에서 "상 반결은 ≪초사·구가≫의 풍미를 자못 지녔는데, '초산'이란 이 한 마디가 가장 오묘하다.(上半闋頗有≪楚辭·九歌≫風味, '楚山'一語最妙.)"라고 평하였다.

1-48-48 온정균

<여관자 女冠子> 2수-1 含嬌含笑

含嬌含笑●¹ 아리따운 자태로 미소 머금으니
_{함 교 함 소}

宿翠殘紅窈窕●² 밤 지난 눈썹과 화장기 옅은 얼굴 그윽하고 아름답다.
_{숙 취 잔 홍 요 조}

鬢如蟬。 귀밑머리는 매미 날개 같은데
_{빈 여 선}

寒玉簪秋水,³ 옥비녀를 가을 강물에 꽂은 듯하고
_{한 옥 잠 추 수}

輕紗卷碧煙。⁴ 얇고 고운 비단옷은 푸른 안개를 감싼 듯하네.
_{경 사 권 벽 연}

雪胸鸞鏡裏,⁵ 눈같이 흰 가슴은 난경 속에 비치는데
_{설 흉 난 경 리}

琪樹鳳樓前。⁶ 도관의 봉황 누각 앞에서
_{기 수 봉 루 전}

寄語青娥伴,⁷ 아리따운 소녀 동료에게
_{기 어 청 아 반}

早求仙。⁸ "어서 신선을 찾게!"라는 말 전하네.
_{조 구 선}

【주석】

1 含嬌(함교) : 요염한 자태를 머금다.
2 宿翠殘紅(숙취잔홍) : 밤 지난 그린 눈썹과 얼굴 화장. 窈窕(요조) : 그윽하고 아름다운 여인의 모습.
3 寒玉簪(한옥잠) : 옥비녀. 한옥(寒玉)은 옥질(玉質)이 청량하기에 부쳐진 명칭. 잠(簪)과 권(卷)은 모두 동사로 쓰임.
4 輕紗(경사) : 얇고 고운 비단. 여기서는 비단 옷자락을 말함.
5 雪胸(설흉) : 눈과 같이 흰 가슴. 당대(唐代)의 여장(女裝)은 흉부를 약간 드러냈다. 鸞鏡(난경) : 화장 거울. 경대. 온정균 사 <보살만> 14수-10 주 참조.
6 琪樹(기수) : 선가의 옥 나무. 곧 옥수(玉樹)처럼 서 있는 여관(女冠)이나 도관(道觀)을 비유한 말. 鳳樓(봉루) : 아름다운 누각. 선인이 거처하는 누각.

7 寄語(기어) : 말을 전하다. 기언(奇言). 靑娥(청아) : 아름다운 소녀. 양웅(揚雄)은 ≪방언 方言≫에서 "진나라는 '호(好)'를 '아(娥)'라 말한다.(秦謂好曰娥.)"라고 함. 伴(반) : 동료. 짝.
8 求仙(구선) : 신선을 찾다. 곧 도관에 들어와 여관(女冠)이 되다.

【감상】

<여관자 女冠子>의 "여관"은 여도사(女道士)를, "자(子)"는 "곡자(曲子)"인 악곡을 뜻하기에 "여관자"란 곧 여도사가 신선을 추구하는 정상(情狀)을 묘사한 노래라는 뜻이다. 당대(唐代)의 여도사는 거의 애정이나 가정의 갈등으로 인해 잠시 출가하여 도관(道觀)에 머물며 시집가기를 기다리는 장소로 삼았다. 양귀비가 먼저 여도사로 머물다가 그 후에 당 현종의 비가 된 것도 그 예이다.

이 사는 도정(道情)을 빌려 남녀 상사(相思)의 정을 노래하였다.

상편은 여도사의 아름다운 용모, 복식의 정미(精美)함을 부각했고, 하편은 여도사의 내심과 외형을 묘사하였다.

난경(鸞鏡) 속에 비치는 여도사의 설흉(雪胸) 묘사로 상사의 정을 떨칠 수 없음을 암시했기에 도관의 예교 구속이 세속보다 엄격하지 않았음을 엿보게 하였다. "기수봉루전(琪樹鳳樓前)"으로는 여도사의 정결한 자태와 기상을 형상하였다. 끝 2구는 젊은 동료에게 도관에 일찍 들어와 여도사가 되기를 권고했기에, 그 당시 여도사를 선망하는 풍조가 성행한 정도를 살필 수 있다. 깊은 뜻은 없으나 신선을 추구하는 여도사가 지닌 유한(幽閒)한 외모와 정조를 살필 만하다.

1-49-49 온정균

<여관자 女冠子> 2수-2 霞帔雲髮

霞帔雲髮, [1]	노을빛 숄 걸쳤고 구름 같이 풍성히 머리치장 했는데
鈿鏡仙容似雪。[2]	상감한 거울 속 신선 얼굴은 눈같이 희다.
畫愁眉。[3]	수심 어리게 눈썹 그렸지만
遮語迴輕扇, [4]	비단 부채 거두어 입 가려 말함에
含羞下繡帷。	수줍음 머금고는 수놓인 휘장을 내리네.
玉樓相望久,	옥루에서 오래 바라보다가
花洞恨來遲。[5]	신선 처소로 더디게 옴을 한스러워하며
早晚乘鸞去, [6]	"언젠가는 난새 타고 떠나가리니
莫相遺。[7]	서로 잊지 말지요!"라고 하네.

【주석】

1 霞披(하피) : 노을빛 숄. 雲髮(운발) : 구름처럼 풍성한 머리.
2 鈿鏡(전경) : 상감한 거울.
3 愁眉(수미) : 수심으로 찡그린 눈썹.
4 遮語(차어) : 입 가리고 말하다. 迴輕扇(회경선) : 비단 부채를 거두다.
5 花洞(화동) : 온갖 꽃이 두루 핀 신선 거처.
6 早晚(조만) : 언젠가는. 乘鸞(승란) : 선인(仙人)이 되다. 난(鸞)은 신선이 타는 난새와 봉황류의 새. ≪집선록 集仙錄≫에 따르면 하늘의 사자(使者)가 강림할 때는 난새와 학이 천만 마리가 모이고, 수많은 신선이 모두 모이는데, 지위가 높은 선인은 난새를 타고, 그 다음 선인은 기린을 타며, 그 다음 선인은 용을 탄다고 하였다.
7 相遺(상유) : 서로 잊고 지내다. 서로 버리다.

【감상】

　이 사 또한 여도사의 얼굴, 복식, 언행을 묘사해 마음에 둔 남자에 대한 애정을 지키려는 뜻을 썼다.

　상편 첫 2구는 여주인공이 고운 노을빛 숄을 걸친 데다 구름 같은 풍성한 머리치장 했는데, 금장식 거울 속에 비친 그녀는 눈처럼 정갈한 용모임을 강조하였다. 다음 구는 그녀가 다소 수심 어린 듯한 눈썹을 그렸음을 살피게 한 뒤, 다음 2구에서는 여주인공이 마음속에 두었던 이를 보았을 때, 수줍음을 머금은 자태를 부각하였다. 곧 부채를 거두고 입 가리며 말함에 수줍음으로 머뭇거리면서 수놓은 비단 휘장을 내리는 모습으로 은근한 애정을 드러내는 묘미를 보였다.

　하편 첫 2구는 여주인공이 옥루(玉樓)에서 마음속에 둔 사람을 기다리는 형상을 그렸다. "망(望)", "한(恨)" 자를 써서 그녀의 의중인(意中人)이 빨리 오기를 기다리는 초조한 심사를 드러내었다. 끝 2구는 여주인공이 의중인에게 한 분부로, 애정에 대한 굳건한 소신을 밝혔다.

　상사의 정을 선경(仙境)에 부쳐 같이 신선이 되기를 바라는 절실한 심경을 보였기에 색다른 의경을 출현시킬 수 있었다.

1-50-50 온정균

<옥호접 玉蝴蝶>

秋風淒切傷離。 가을바람 처절해져 이별한 마음이 상함은
行客未歸時。[1] 나그네가 때맞춰 돌아오지 않아선데
塞外草先衰。[2] 변경 밖은 풀 먼저 시들어
江南雁到遲。 강남으로 오는 편지 더디어지네.

芙蓉凋嫩臉。[3] 수줍은 부용꽃 같던 얼굴 여위어가고
楊柳墮新眉。[4] 새로 그린 버들잎 같던 눈썹 옅어지며
搖落使人悲。[5] 초췌해짐이 사람을 슬프게 하니
斷腸誰得知。[6] 애간장 끊임을 누가 알런지!

【주석】

1 行客(행객) : 나그네. 길손.
2 塞外(새외) : 변새 밖. 장성(長城) 이북 지역. 雁到遲(안도지) : 기러기가 전하는 편지(雁書)가 더디다.
3 芙蓉(부용) : 부용. 쌍관어로 남편의 얼굴이란 뜻을 지님. 凋(조) : 여위다. 嫩臉(눈검) : 가냘프고 부드러운 얼굴. 수줍어하는 얼굴.
4 墮(타) : 떨어지다. 여기서는 눈썹 색이 시든 버들처럼 옅어짐을 말함.
5 搖落(요락) : 나뭇잎이 흔들거리며 떨어지다. 시들다.
6 得知(득지) : 알게 되다. 알다.

【감상】

슬픈 가을 정서로 이별한 여인의 비애를 그렸다.

상편은 변경 밖으로 떠난 임이 돌아오지 않는 실의를 썼다. 첫 2구는 "추풍처절(秋風凄切)"로 이별한 마음이 상함을 썼다. 곧 "상리(傷離)"부터 "미귀(未歸)"까지는 여주인공이 변방으로 간 남편 생각에 잠들지 못하고 지내온 밤이 얼마나 많았던지를 회상하였다. 이어 쓴 2구는 새외(塞外)와 강남(江南)을 동일한 시간 속에 공간을 대비시킴으로써 그리운 정의 용량과 심도를 확대하였다. 모두가 "미귀시(未歸時)"에서 전개된 여주인공의 심리 활동으로 "새외(塞外)" 구는 멀리 간 남편이 지내는 변경을 상상했고, "강남(江南)" 구는 여인이 지내는 강남으로 와야 하는 편지가 오지 않는 실의를 드러냈다.

하편은 여주인공이 실의에 찬 모습을 형상하였다. 첫 2구는 상사의 수심 묘사로 고운 얼굴이 초췌해짐은 연꽃이 시든 것 같고, 눈썹에 잠긴 수심은 새순 돋은 버들잎이 엷어진 것 같다고 형상하였다. 이 모두는 떠난 남편이 돌아오지 않는 데서 기인한 것이다. 끝 2구는 이 사의 총괄로 전부 정어(情語)로 썼다. 초목이 시들어 떨어지는 가을은 원래 사람을 슬프게 하지만 남편을 그리워하는 데서 온 슬픔이 비할 데 없음은 여주인공의 모습이 낙엽같이 날로 쇠잔해 가기 때문이다. 말마다 침통하고, 글자마다 눈물이 방울 지니 슬픔을 달랠 길 없다.

진정작 ≪운소집≫ 권1에서 "'새외(塞外)' 10자는 <추성부 秋聲賦>보다 낫다(塞外十字, 抵多少 <秋聲賦>)"라고 평했고, 또 "비경 사 중 '차정수득지(此情誰得知)', '몽장군부지(夢長君不知)', '단장수득지(斷腸誰得知)'와 같이 '지(知)'로 압운된 3자는 모두 오묘하다.(飛卿詞, '此情誰得知', '夢長君不知', '斷腸誰得知', 三押'知'字, 皆妙.)"라고 평하였다.

1-51-51 온정균

<청평악 清平樂> 2수-1 上陽春晚

上陽春晚●¹ _{상 양 춘 만}	상양궁에 봄 저물어
宮女愁蛾淺●² _{궁 녀 수 아 천}	궁녀가 근심으로 눈썹 먹 옅어짐은
新歲淸平思同輦●³ _{신 세 청 평 사 동 련}	태평성세로 가는 새해에 황제와 수레 함께 타길 생각했어도
怎奈長安路遠●⁴ _{즘 나 장 안 로 원}	장안 길이 먼 것을 어찌지 못해서이다.
鳳帳鴛被徒燻。⁵ _{봉 장 원 피 도 훈}	봉황 수 휘장과 원앙 이불에 공연히 향 쪼임은
寂寞花鎖千門。⁶ _{적 막 화 쇄 천 문}	적막한 꽃 같은 궁녀들이 상양궁에 갇혀선데
競把黃金買賦,⁷ _{경 파 황 금 매 부}	황금을 다퉈 <부> 사들임은
爲妾將上明君。 _{위 첩 장 상 명 군}	영명한 임금께 받쳐 애첩 되려 해서네.

【주석】

1 上陽(상양) : 당대(唐代) 궁전 명칭인 상양궁으로 당 고종(高宗) 때 낙양에 세웠다. 현종 때에는 쫓겨 온 궁녀들이 여기서 지냈다. ≪신당서·지리지 新唐書·地理志≫에 "동도(東都)의 상양궁은 금원의 동쪽에 있어, 동으로는 황성의 서남쪽 모퉁이와 접하게 되자, 상원(上元 : 음력정월 보름날)에 중도에 방치했기에 고종의 막내 동생이 늘 거처하며 정무를 보았다.(東都上陽宮, 在禁苑之東, 東接皇城之西南隅, 上元中置, 高宗之季常居以聽政.)"라고 전한다.

2 愁蛾(수아) : 근심 띤 눈썹.

3 新歲(신세) : 새로운 일년. 淸平(청평) : 청정평치(淸淨平治)의 준 말. 同輦(동련) : 황제와 함께 수레를 타다. 연(輦)은 옛날 인력으로 메던 수레로, 후에는 황제가 타는 수레를 칭함.

4 怎奈(즘나) : 어찌할 도리가 없다. 방법이 없다. 長安路遠(장안로원) : 군왕과 궁녀들의 관계가 소원함을 비유함.

5 鳳帳(봉장) : 봉새를 수놓은 채색 비단. 徒(도) : 헛되게, 공연히.

6 鎖(쇄) : 자물쇠를 채우다. 봉인하다. 千門(천문) : 수많은 문. 곧 상양궁(上陽宮)을 지칭함.
7 競(경) : 다투다. 黃金買賦(황금매부) : 한 무제(武帝)의 총애를 잃은 진(陳) 황후는 무제의 총애를 다시 얻기 위해, 사마상여(司馬相如, B.C.179-B.C.118)에게 임금 마음을 움직일 부(賦)를 쓰게 하여, 그 부를 구매한 것을 말함. 上(상) : 상정(上呈)하다.

【감상】

실총(失寵)한 궁녀의 애원(哀怨)을 노래하였다. 봉건사회에서는 제왕의 황음(荒淫) 때문에 수천, 수만의 젊은 여인들이 황궁에 유폐되어 소중한 청춘과 인생을 허송하였다. 궁녀의 원망을 우의한 사는 직접적으로나 간접적으로 궁녀에 대한 동정과 통치자에 대한 불만을 풍자하였기에 사회적 의의를 지닌다.

상편은 늦봄에 궁녀가 눈썹에 근심 어린 표정을 지은 모습을 그려, 새해가 와도 궁녀들에게는 희망만 있는 게 아님을 일깨웠다. 곧 "장안로원(長安路遠)"을 써 은총이 소원해질 수 있다는 가정을 보였기 때문이다.

하편은 상양궁 안의 고독하고 적막한 환경을 써, 보이지 않는 원망을 드러낸 뒤, 한 무제 때 진황후(陳皇后)가 황금매부(黃金買賦)로 주상의 각성을 촉구해 은총을 되돌릴 수 있었음을 제기함으로써 궁녀들에게 희망의 메시지를 전했다. 특히 '경(競)' 자는 궁녀의 발버둥치는 모습을 형상한 글자이기에 한없는 눈물이 숨겨져 있음을 알 수 있다.

이 사는 작자 자신의 사도(仕途)에 대한 실의를 함축한 측면이 있기에 음미할수록 동정심을 갖게 된다.

1-52-52 온정균

<청평악 淸平樂> 2수-2 洛陽愁絕

洛陽愁絕•¹ ^{낙양수절} 낙양성에 수심이 극도로 일음은
楊柳花飄雪•² ^{양류화표설} 버들솜이 눈처럼 날려서는데
終日行人恣攀折•³ ^{종일행인자반절} 온종일 행인이 멋대로 버들을 꺾기에
橋下水流嗚咽•⁴ ^{교하수류오열} 다리 아래 물은 흐느끼듯 흐른다.

上馬爭勸離觴。⁵ ^{상마쟁권이상} 말에 오르니 이별주 다투어 권하기에
南浦鶯聲斷腸。⁶ ^{남포앵성단장} 남포에서 우는 꾀꼬리 소리로 애간장 끊이거늘
愁殺平原年少,⁷ ^{수살평원연소} 극도로 근심 어린 평원군 같은 젊은이라
迴首揮淚千行。⁸ ^{회수휘루천항} 고개 돌려 수없이 눈물 흘리네.

【주석】

1 洛陽(낙양) : 하남성 낙양시(洛陽市). 동한(東漢), 조위(曹魏), 서진(西晉), 북위(北魏)시기의 도성이었기에 낙양성(洛陽城)으로 칭함. 성안에 위왕제(魏王堤)가 있어 많은 버들이 무성히 심겨져 있다. 愁絕(수절) : 우수가 극도에 이르다.

2 楊柳花(양류화) : 유서(柳絮 : 버들솜).

3 恣攀折(자반절) : 멋대로 당겨 꺾다. 자(恣)는 멋대로, 마음대로.

4 嗚咽(오열) : 목메어 울다.

5 離觴(이상) : 이별할 때 마시는 술이나 술잔. 이배(離杯).

6 南浦(남포) : 남쪽의 물가. 넓게는 송별하는 장소. 강엄(江淹) <별부 別賦>는 "남포에서 임 보냄에 마음 상하니 그 임을 어찌하나!(送君南浦, 傷如之何!)"라고 읊었다.

7 愁殺(수살) : 수심이 극에 이름. 平原(평원) : 산동성(山東省) 평원현(平原縣)에 속함. 전국시기 조(趙) 무령왕(武靈王) 아들 승(勝)을 이곳에 평원군(平原君)으로 봉함. 조승(趙勝, ?-B.C.251)은 혜문왕(惠文王)의 동생으로 혜문왕과 효성왕(孝成王) 때 재상을 지내며 세

번 재상직에서 떠났다가 세 번 복위된 인물로 의(義), 현(賢), 덕(德), 예(禮)를 중시했으나 지자(智者)를 얻지 못해 결국 조나라를 패망케 한 죄를 받음.
8 揮淚千行(휘루천항) : 수많은 눈물을 뿌리다. 이별의 슬픔을 극도로 표현한 말.

【감상】

남자 주인공이 낙양을 떠나면서 밀려오는 우수를 노래하였다. 정수전(丁壽田)은 ≪당오대4대명가사 唐五代四大名家詞≫에서 남녀상열지사(男女相悅之事)를 노래한 사의 이별과는 달리 진정과 진경(眞景)을 표현해 비장한 중에 풍골(風骨)을 보였기에 작자 자신이 폄적(貶謫)될 때 지은 사가 아닌가 하는 의문을 보였다.

상편은 경물 묘사로 버들을 꺾어 이별하는 비애를 노래하였다. 첫 2구는 이별하는 장소에서 양류(楊柳)를 본 감회를 썼다. "양류화표설(楊柳花飄雪)" 구는 시절과 환경을 부각하여 버들솜이 눈송이처럼 분분히 날림을 강조해 이별의 서글픔을 형상하였다. 뒤 2구는 슬픔이 극도에 이른 이유를 보충해 썼다. 우선은 온종일 행인이 버들가지를 꺾으며 송별한 때문이고, 또 하나는 남주인공과 이별할 여인이 다리 아래로 흐르는 물처럼 흐느꼈기 때문이다.

하편은 석별할 때의 정경을 묘사하였다. "상마(上馬)"는 이별을, "쟁권이상(爭勸離觴)"은 이별할 여인이 눈물을 머금고 술잔을 다퉈 권함을 써, 정 깊음을 형상하였다. 둘째 구 중, "남포(南浦)"는 이별한 장소이며, "앵성단장(鶯聲斷腸)"은 당시 귀에 들려오는 앵무새 소리로 이별의 괴로움을 대변하였다. 끝 2구는 주인공이 차마 떠나가지 못하는 모습을 평원군으로 형상하여 상편 첫 구의 "수절(愁絶)"과 조응(照應)시켰다. 하편은 곧 주인공이 어찌해 눈물을 흘리지 않을 수 없는지를 순차적으로 술회하였다.

진정작의 ≪운소집≫ 권1은 "상편은 더 없이 풍골을 드러냈으나, 하편은 좀 못하다. 상편 위 3구는 버들을 말하다가 아래로 갑자기 '교하수류오열' 6자로 받음으로써 바로 버들을 꺾는 슬픔을 부각했기에 강물 또한 이 때문에 흐느꼈다. 이 같은 묘사에는 레이저 광이 절로 떨어지고 절로 합치함이 있었다.(上半闋最見風骨, 下半闋微遜. 上三句說楊柳, 下忽接'橋下水流嗚咽'六字, 正以襯出折柳之悲, 水亦爲此嗚咽. 如此著墨, 有一片神光, 自離自合.)"라고 평하였다.

유폐운(俞陛雲)은 ≪당오대양송사선석 唐五代兩宋詞選釋≫에서 "모두가 이별한 사람의 실제 상황 묘사이나 결구가 더욱 훌륭하다. 갈림길에서 차마 눈물을 흘리지 못했음은 아무래도 슬픔이 더해져 이별이 더욱 힘들어져서다. 이별 후 고개를 돌려도 보이는 사람이 없음을 알게 되자, 비로소 아픔으로 수많은 눈물을 뿌렸으니 사사로운 인정을 드러낸 출중한 말이다.(通是寫離人情事, 結句尤佳. 臨岐忍淚, 恐益其悲, 更難爲別. 至別後回頭, 料無人見, 始痛灑千行之淚, 洵情至語也.)"라고 평하였다.

1-53-53 온정균

<하방원 遐方怨> 2수-1 憑繡檻

憑繡檻, _{빙 수 함}	수놓인 난간에 기대어
解羅幃。[1] _{해 나 위}	비단 휘장 걷음은
未得君書, _{미 득 군 서}	임의 편지 아직 받지 못해선데
斷腸瀟湘春雁飛。[2] _{단장 소 상 춘 안 비}	애간장 끊이는 소·상강엔 봄 기러기 나르네.
不知征馬幾時歸。[3] _{부 지 정 마 기 시 귀}	임 태우고 떠난 말은 언제 돌아올지 모르거늘
海棠花謝也, _{해 당 화 사 야}	해당화 꽃 시들고
雨霏霏。[4] _{우 비 비}	비 부슬부슬 내리네.

【주석】

1. 羅幃(나위) : 비단 휘장.
2. 瀟湘(소상) : 두 강의 명칭. ≪산해경 山海經≫은 "소수(瀟水)는 수원이 구의산에서 나오고, 상수(湘水)는 수원이 해양산에서 나오는데, 영릉에서 합류하여 동정호에 이른다.(瀟水, 源出九嶷山, 湘水, 源出海陽山. 至零陵合流而於洞庭也.)"라고 기술하였다. 春雁(춘안) : 봄 기러기.
3. 征馬(정마) : 전마(戰馬). 출정한 임을 가리킴.
4. 霏霏(비비) : 눈, 비가 흩날리거나 연기나 풀 등이 매우 성한 모양.

【감상】

<하방원 遐方怨>은 당(唐) 교방곡명(敎坊曲名)으로 원방원(遠方怨)과 같은 뜻으로 쓰인 곡조이다.

이 사는 여자가 봄날 난간에 기대어 돌아오지 않는 임을 그리워하는 정을 썼다.

첫 2구 중의 "빙(憑)", "해(解)" 2개 동사는 여주인공이 그리움으로 마음이 편치 않음을 드러냈다. 다음 2구 중 "미득군서(未得君書)"는 난간에 기대어 휘장을 걷는 이유이다. "단장(斷腸)" 구는 역시 난간에 기댔을 때 보고 느낀 감회로, 소, 상(瀟, 湘)강에 봄 기러기는 때맞춰 돌아오는데, 그 사람은 새만도 못해서인지 돌아올 날을 기약하지 않았기에 원망하는 정이 생겼음을 썼다. 끝 3구는 경치로 정회를 마무리하였다. 임은 돌아올 기약이 없는데 해당화는 내린 비로 시들어가기에 정신이 몽롱해질 뿐이다. 세월은 흘러 여인의 아름다운 모습은 점점 사라져 가건만 임은 돌아오지 않으시니 서글픈 정을 주체할 길이 없다.

진정작의 ≪운소집≫ 권1은 "정취(情趣)와 흥취(興趣)가 완연하다.(神致宛然.)"라고 평하였다.

1-54-54 온정균

<하방원 遐方怨> 2수-2 花半拆

^{화 반 탁}
花半拆,¹   꽃 반쯤 열림은
^{우 초 청}
雨初晴。   비 그쳐 날 맑아져서고
^{미 권 주 렴}
未卷珠簾,²   주렴 걷지 않음은
^{몽 잔 추 창 문 효 앵}
夢殘惆悵聞曉鶯。 꿈 깨니 새벽 꾀꼬리 울음 서글프게 들려서네.
^{숙 장 미 천 분 산 횡}
宿妝眉淺粉山橫,³ 지난밤 눈썹화장 옅음은 산 모양 분 단장이 누워선데
^{약 환 난 경 리}
約鬟鸞鏡裏,⁴   난새 수놓인 거울 보며 쪽머리 올려 묶으니
^{수 라 경}
繡羅輕。⁵   수놓인 비단옷 가뿐해졌네.

【주석】

1 半拆(반탁) : (꽃송이가) 반쯤 벌어지다.
2 珠簾(주렴) : 옥을 사용하여 장식한 주렴.
3 宿妝(숙장) : 하룻밤 넘긴 화장. 眉淺(미천) : 그린 눈썹이 흐릿하다. 粉山(분산) : 분으로 단장한 산 모양 눈썹.
4 約鬟(약환) : (거울을 보고) 고리 모양으로 머리를 올려 묶음. 약(約)은 묶다. 환(鬟)은 고리 모양으로 올려 묶은 머리 형상.
5 繡羅(수라) : 꽃 수놓인 비단 의복.

【감상】

여인이 임 그림을 노래한 사로, 가락은 처완(悽惋)하다.

첫 4구는 창밖 초봄의 아름다운 경치를 묘사하였다. 가랑비 내리다가 날 막 개었기에 꽃봉오리 터뜨렸음을 썼고, 주렴 걷지 않았음은 여주인공이 아침 꾀꼬리 울음이 서글프게 들렸기 때문임을 썼다. 이로써 꿈 깬 후의 처량한 심경을 엿보게 하였다. 이어 쓴 구는 그리워하는 사람이 그녀 곁에 없는 실의를 묘사하였다. 무심히 화장했기에 밤 지난 화장기는 남아있고, 산 모양 눈썹이 가로로 누움은 눈물이 양 볼로 흘러내려서이니 이로써 여주인공이 극도의 애상에 빠진 모습을 살필 수 있다. 끝 2구는 여주인공이 거울 보며 머리 치장한 모습과 화장 후의 자태를 그렸다. 끝구 "수라경(繡羅輕)"은 비단옷이 가뿐해진 모습이니 심경의 변화가 생겼음을 알 수 있다.

송(宋) 호자(胡仔, 1110-1170)는 ≪초계어은총화 苕溪漁隱叢話≫후집 권17에서 "온정균은 말을 만드는 솜씨가 정교하다.(庭筠工于造語.)"라고 평하였다.

이빙약 <허정만기>는 "'몽잔' 구는 오묘하고, '숙장' 구는 오히려 지나치게 꾸몄다. '분산횡'은 이마 위의 분을 가리키나, 자구는 매우 서투르다.('夢殘'句妙, '宿妝'句, 又太彫矣. '粉山橫'意指額上粉, 而字句甚生硬.)"라고 평하였다.

당규장은 ≪사학논총·논사의 작법 詞學論叢·論詞之作法≫에서 "사 중에는 정감을 드러내는 말로 끝을 맺는 사가 있고, 경상을 묘사한 말로 끝을 맺는 사가 있다. 경상을 묘사한 말로 끝맺음이 함축을 보임은 정을 드러낸 말로 끝맺는 사보다 더욱 의미를 지녀서다. 당, 오대 사 중에서 온정균은 거의 경상으로 끝을 맺었고, 위장은 거의 정감으로 끝을 맺었다. (詞中有以情語結者, 有以景語結字. 景語含蓄, 較情語尤有意味. 唐五代詞中, 溫飛卿多用景結語, 魏端己多用情結語.)"라고 평하고는 이 사의 끝 3구를 그 예로 들었다.

1-55-55 온정균

<소충정 訴衷情>

^{앵어}
鶯語●¹　　　　　　앵무새 지저귀고

^{화무}
花舞●　　　　　　꽃 춤추는

^{춘주오}
春晝午●　　　　　봄날 한낮에

^{우비미}
雨霏微。²　　　　가랑비 자욱이 내리네.

^{금대침}
金帶枕●³　　　　금띠 두른 베개 놓였고

^{궁금}
宮錦●⁴　　　　　궁중의 비단이불 펴졌는데

^{봉황유}
鳳凰帷●⁵　　　　봉황 수 휘장 드리웠다.

^{유약접교비}
柳弱蝶交飛。⁶　　나비 짝지어 날아 유약(柔弱)한 버들가지

^{의의}
依依。⁷　　　　　흔들리는데

^{요양음신희}
遼陽音信稀。⁸　　요양 간 임 소식은 뜸해졌어도

^{몽중귀}
夢中歸。⁹　　　　꿈에는 돌아오시네.

【주석】

1 鶯語(앵어) : 앵무새가 울다. 앵무새가 우는 소리.
2 霏微(비미) : (안개나 가랑비가) 자욱한 모양.
3 金帶枕(금대침) : 금띠로 장식한 베개.
4 宮錦(궁면) : 황궁에서 사용하는 비단. 베개와 침대 위 이불과 요가 궁금(宮錦)으로 만들어져 매우 화려함을 비유함.
5 鳳皇帷(봉황유) : 봉황이 수놓인 휘장.
6 交飛(교비) : 짝지어 날다. 쌍비(雙飛).
7 依依(의의) : 버들이 흔들리는 모습.

8 遼陽(요양) : 요녕성 요하 동북쪽. 당시의 변방 요충지로 국경을 수비하던 곳.
9 夢中歸(몽중귀) : 꿈속에서 출정 나갔던 임이 돌아옴을 보다.

【감상】

멀리 출정 간 남편에 대한 그리움에서 촉발된 아내의 애원(哀怨)을 썼다.

첫 4구는 봄 낮, 꾀꼬리 울음, 꽃 날림, 비 내림이란 실외의 4가지 경상을 나란히 열거해 그리워하는 이가 옆에 없음을 암시했다. 다음 3구는 '금대침(金帶枕)', '궁금(宮錦)', '봉황휘(鳳凰帷)'라는 3가지 실내 치장품을 열거해 지난날의 행복했던 생활과 두 사람이 함께 나눴던 사랑에 대한 추억을 되살렸다. 다음 2구는 여주인공이 지난 봄날 버들가지가 연약하게 흔들거릴 때, 두 사람의 정이 하나 되었음을 나비가 짝지어 나는 모습으로 비유하였다. 이는 동시에 자신의 고독감을 드러내면서 멀리 있는 남편에 대한 그리움을 끌어낼 수 있었다. 끝 2구는 지금의 봄 경치가 옛 모습 같이 여전하건만 "요양(遼陽)" 가신 그 임은 소식조차 보내오지 않아 뜸해졌지만 꿈에서는 돌아옴을 술회하였다. 비록 그리운 정을 드러내는 직접적인 표현은 쓰지 않았지만 몽혼을 감도는 여주인공의 정을 언외(言外)로 느끼게 하였다.

진정작은 ≪별조집 別調集≫ 권1에서 "절주가 절박해질수록 가사는 더욱 굽어 돌기에 끝맺는 '몽중귀(夢中歸)' 3자는 처절하다.(節愈促, 詞愈婉, 結三字悽絶.)"라고 평하였다.

1-56-56 온정균

<사제향 思帝郷>

花花,[1]	무성한 꽃
滿枝紅似霞。	온 가지에 피어 노을처럼 붉은데
羅袖畫簾斷腸,[2]	비단 소매 드리운 단장한 주렴 속 여인은 애간장 끊겨
卓香車。[3]	향나무 수레를 우뚝 세웠네.
迴面共人閑語,	얼굴 돌려 사람들과 한가롭게 말함에
戰篦金鳳斜。[4]	금빛 봉황 수놓인 떨리는 참빗이 기울었음은
唯有阮郎春盡,[5]	오직 완랑 같은 임이 봄 다 가도록
不歸家。	집으로 돌아오지 않으셔서네.

【주석】

1 花花(화화) : 고운 꽃이 무성히 핀 모양.
2 羅袖(나수) : 비단옷 소매의 여인. 畫簾(화렴) : 꽃무늬 도안을 수놓은 수레의 주렴. 곧 주렴 속 여주인공을 말함.
3 卓(탁) : 우뚝 서다. 멈춰서다(停立). 香車(향거) : 향목(香木)으로 만든 수레.
4 戰篦(전비) : 떨리는 참빗. 머리칼 언저리에 비스듬히 꽂혀 흔들리고 있음을 형용한 말로 불편한 심기를 드러냄.
5 唯有(유유) : 오직. 阮郎(완랑) : 여인이 마음속으로 애모하는 남자. 남조 유송(劉宋) 시대 유의경(劉意慶)의 ≪유명록 幽明錄≫에서 유래된 말이다. 동한(東漢), 명제(明帝) 영평(永平)시기 절강, 섬현(剡縣)사람 유신(劉晨)과 완조(阮肇) 두 사람이 천태산(天臺山)에 약을 캐러 들어갔다가 돌아올 길을 잃었는데, 홀연히 시냇가에서 아리따운 두 여인을 만나게 되었지만 마치 전부터 알았던 것 같았다. 집으로 모셔가 결혼하고 몇 달을 지냈는데 산중의 절기는 4계가 모두 봄과 같아 초목은 무성하고 고운 꽃들이 온 땅에 가득하였다. 얼마 후 두 사람은 고향이 생각나, 돌아가기를 원했기에 여인들이 옛길을 알려주어 집에 도착하니,

그들의 7대손이 사는 세상이었다. 두 사람은 다시 여인의 집으로 돌아가려고 산길을 찾고 돌아다녔지만 돌아왔던 길을 찾을 수 없었다. 그래서 그 후에 "유, 완(劉, 阮)" 또는 "유랑(劉郎)", "완랑(阮郎)"이란 말로 오랫동안 돌아오지 않는 사랑하는 남자를 칭하게 되었다.

【감상】

꽃이 무성한 저녁, 여인에게 밀려오는 상사지정(相思之情)을 썼다.

첫 2구는 꽃으로 물든 봄 경치가 노을처럼 아름다움을 그렸다. 다음 2구는 부인이 수레의 단장한 주렴 안에서 행복했던 시절을 회상하며 상사의 정에 빠져 수레를 세우고 서글퍼하는 모습을 형상하였다.

다음 4구는 머리 단장한 여주인공의 모습을 그리면서 내심을 드러내는 기법을 썼다. 여주인공 자신의 고뇌를 남에게 드러내지 않으려고 고개를 돌려 한가로이 수다를 떠는데 머리에 꽂힌 금빛 봉황 수놓인 떨리는 참빗이 비스듬히 기운 모습을 형상하여 내심의 불편한 심경을 엿보게 하였다. 단아하고 우아한 치장이지만 그 속엔 복잡 미묘한 심사가 녹아있어서다. 끝 "유유(唯有)" 2구는 여주인공의 말로 진실된 속마음을 털어놓아 앞 2구절에서 말한 내면세계를 살피게 했을 뿐만 아니라, "단장(斷腸)"하는 까닭도 토로하였다. 상편 첫 2구에서 노을같이 만개한 꽃을 배경으로 그린 봄 경치 또한 "단장"의 원인이 되었기에 수미가 상응하는 효과를 거둘 수 있었다. 이런 기법이 온정균이 사의 맥락을 어어 가는 장법(章法)이기에 유의할 만하다.

1-57-57 온정균

<몽강남 夢江南> 2수-1 千萬恨

千萬恨,　　　　　　　수많은 한

恨極在天涯。[1]　　　　그 한은 하늘 끝에 있는 이에게서 다하네.

山月不知心裏事,[2]　　산에 뜬 달은 마음속 걱정을 알지 못하고

水風空落眼前花。　　물로 부는 바람이 공연히 눈앞의 꽃을 떨구니

搖曳碧雲斜。[3]　　　나풀거려 정처 없는데 푸른 구름 빗겼네.

【주석】

1 極(극) : 끝. 여기서는 원한의 종점. 天涯(천애) : 하늘 끝. 곧 하늘 끝에 있는 연인을 말함.
2 心裏事(심리사) : 마음속 걱정.
3 搖曳(요예) : 나풀거리다. 표동(飄動). 碧雲斜(벽운사) : 푸른 구름 빗기다. 곧 그리운 임을 만나지 못함을 비유함.

【감상】

떨어져 있는 남편을 사랑하는 만큼 한(恨)도 깊음을 썼다.

첫 2구는 절박한 말이다. 멀리 떠나 돌아오지 않는 사람에 대한 원망이 깊어 "한(恨)" 앞을 "천만(千萬)"으로 수식하여 그 한이 깊은 정도를 살피게 하였다. 뒤 3구는 눈앞의 경치로 이별의 한을 썼다. "산월(山月)", "수풍(水風)", "벽운(碧雲)"은 원래 객관적 사물이기에 "지(知)"와 "부지(不知)"라는 동사를 쓸 수는 없으나, 이렇게 써 자연 경관을 원망의 대상으로 삼았다. 산에 뜬 달이 사람 일을 모르고 고의로 몰래 사람의 걱정을 살피고, 물 위로 부는 바람은 여주인공의 원망도 모르고 눈앞의 꽃을 떨구어 물에 흘러가게 한다고 여겨 초췌해 가는 자신의 모습에 대한 애상을 우의하였다. 황혼녘에 유유히 떠가는 구름을 남편으로 비유하여 그녀의 멈출 수 없는 이별의 한을 더욱 사무치게 한다고 여겼다. 끝구 "요예벽운사(搖曳碧雲斜)"는 여주인공의 정처 없는 내심의 파동을 표현하면서, 힘든 상사의 고통이 일모(日暮) 속 빗긴 구름에서 기인했음을 암시했다. 곧 그리운 임과 만나지 못한 실의를 암유한 말이다. 수묵화 같은 담박한 경상이나 형상성이 선명하여 잔잔한 여운을 남긴다.

이 사는 정경(情景)을 그려 인물의 심리를 부각했기에 함축 속에 완곡한 정을 면면히 드러낼 수 있었다.

진정작은 ≪운소집≫ 권24에서 "감춰진 진상이 쉽게 드러나지 않고 감도니 정조와 운미(韻味)가 무궁하다.(低細深婉, 情韻無窮.)"라고 평하였다.

당규장은 ≪당송사간석≫에서 "이 사는 떠도는 고통을 서술함에 입을 열자 곧바로 사를 짓는 뜻을 말했나.(此首敍飄泊之苦, 開口卽說出作意.)"라고 평하였다. 따라서 당규장은 나그네의 우수를 썼다고 여긴 것이다.

1-58-58 온정균

<몽강남 夢江南> 2수-2 梳洗罷

^{소 세 파} 梳洗罷,	머리 빗질 마치고
^{독 의 망 강 루} 獨倚望江樓。	강 바라보는 망루에 홀로 기댔네.
^{과 진 천 범 개 불 시} 過盡千帆皆不是,	수많은 배 다 지나갔어도 모두가 아닌데
^{사 휘 맥 맥 수 유 유} 斜暉脉脉水悠悠。[1]	석양은 뉘엿뉘엿 강물은 아랑곳없이 흐르니
^{장 단 백 빈 주} 腸斷白蘋洲。[2]	애간장은 백빈 섬에서 끊이네.

【주석】

1 斜暉(사휘) : 저녁녘의 햇빛, 석양. 脉脉(맥맥) : 뉘엿뉘엿. 말없이 눈매나 행동으로 정을 드러내는 모습. 悠悠(유유) : 연속해 끊이지 않는 모습.

2 白蘋洲(백빈주) : 강 가운데 백빈초(白蘋草)가 무성히 자란 작은 섬. 蘋(빈) : 수초. 여름, 가을철에 작은 백화가 피기에 "백빈(白蘋)"이라 함.

【감상】

　배를 타고 멀리 간 남자가 돌아오기를 바라는 애절한 심경을 그렸다. 전체 사에 소묘법(素描法)을 써 한 폭의 완전한 예술적 화면을 출현시켰다.

　첫 2구는 "소세파(梳洗罷)", "독의(獨倚)"라는 2개의 연속적 동작을 써 그녀가 기다리는 사람이 돌아오기를 바라는 절박한 심경을 드러냈다. "독(獨)" 자로 외롭고 쓸쓸함을 나타냈으며, "강루(江樓)"로는 바라보는 지점을 설정하였다. 뒤 3구는 "강루" 앞에서부터 붓을 댔는데, 이는 "망(望)" 중의 경치이기도 하다. "강루" 앞 경물은 다양하나, 여주인공에게는 단지 "범(帆)", "사휘(斜暉)", "수(水)", "백빈주(白蘋洲)"만 보임은 그녀의 그리운 감정과 긴밀하게 연계된 때문이다. 떠나간 사람이 갈 때, 강 위에서 배를 탔기에 돌아올 때도 틀림없이 배를 타고 오리라고 믿었다. 그래서 그녀는 돌아오는 돛배를 세심하게 살폈다. "천범(千帆)"은 강루에서 바라보면서 센 돌아오는 배의 숫자로, 배를 식별하는 세세함, 바람 방향의 절실함, 끝없는 시선을 형상한 말이다. 따라서 "과진천범개불시(過盡千帆皆不是)"라는 이 7자에는 희망과 근심과 비애가 녹아있는데, 특히 "개불시(皆不是)"라는 극단의 부정에는 한없는 원망이 스며 있다. 끝 2구는 경물 속에 정을 드러냈기에 그 정을 짙게 하였다. "사휘맥맥수유유(斜暉脉脉水悠悠)"에서 구중대(句中對)로 쓴 "맥맥(脉脉)"과 "유유(悠悠)"는 기다리는 여자의 조바심 어린 심경과 돌아오지 않는 남자의 냉랭한 마음을 형상한 의태어이기에 강렬한 호소력을 보일 수 있었다.

　탕현조는 탕평 ≪화간집≫ 권1에서 "'아침마다 강변에서 바라보나, 배 잘못 알아봄이 몇 번 이었나!'와 동일한 오매불망이다.('朝朝江上望, 錯認幾人船.' 同一結想.)"라고 평하였다.(이 시구는 당(唐), 유채춘(劉采春)의 <나홍곡 囉嗊曲> 구절임)

　진정작은 ≪운소집≫ 권1에서 "결코 힘들이지 않았어도 넓고도 깊어, 나직이 감돎에 다함이 없으니 이 또한 인간 세상에 귀양 온 신선의 재주로다. 내 어찌 온정균에게 불복할 수 있으랴!(絶不着力而款款深深, 低徊不盡, 是亦謫仙才也. 吾安得不服古人!)"라고 평하였다.

　이빙약 <허장만기>는 "과진(過盡)" 2구를 들어 유영(柳永) 사 중의 "'고운임이 누대에 기대어 오래 바라보며 하늘 끝으로 돌아오는 배를 수없이 잘못 알아보리라고 생각한다.'라는 구절은 여기서 탈태해 나왔지만, 되려 구륵(勾勒)한 흔적을 드러내었다.('想佳人倚樓長望, 誤幾回天際識歸舟.' 從此化出, 却露勾勒痕迹矣.)"라고 평하였다.

1-59-59 온정균

<하전 河傳> 3수-1 江畔

江畔。 _{강 반}	강가에서
相喚。 _{상 환}	서로를 부름은
曉妝鮮。¹ _{효 장 선}	새벽 화장 곱게 하고
仙景箇女採蓮。² _{선 경 개 여 채 련}	선경에서 그 소녀가 연밥을 따선데
請君莫向那岸邊。 _{청 군 막 향 나 안 변}	(뱃사공이) 그녀에게 저쪽 물가
少年。 _{소 년}	젊은이에게 향하지 말기를 청함은
好花新滿船。 _{호 화 신 만 선}	고운 꽃을 배에 새로 가득 꽂은 때문이네.
紅袖搖曳逐風暖。³ _{홍 수 요 예 축 풍 난}	붉은 옷소매는 따스한 바람 좇아 나풀거리는데
垂玉腕。⁴ _{수 옥 완}	옥 같은 팔뚝 늘어트려 연밥을 따나
腸向柳絲斷。⁵ _{장 향 유 사 단}	애간장은 버들가지 느러진 곳을 향해 끊인다.
浦南歸。 _{포 남 귀}	남포로 돌아갔는지
浦北歸。 _{포 북 귀}	북포로 돌아갔는지
莫知。 _{막 지}	모르는데
晚來人已稀。⁶ _{만 래 인 이 희}	해질녘 인적은 뜸해졌네.

【주석】

1 江畔(강반) : 강가.
2 仙景(선경) : 아름답고 신기한 풍경. 個女(개녀) : 그 소녀. 採蓮(채련) : 연밥을 따다.
3 紅袖(홍수) : 붉은 소매. 搖曳(요예) : 흔들거리다, 하늘거리다.

4 玉腕(옥완) : 옥같이 고운 팔.
5 柳絲(유사) : 버들가지. 소년이 머문 곳을 비유함. 腸斷(장단) : 장이 끊임. 절박한 그리움.
6 晚來(만래) : 해질녘, 저녁 되자.

【감상】

<하전>은 원래 수(隋) 운하가 개통될 때 전창(傳唱)된 곡조로, 원보(原譜)가 실전되었으나 후인들이 이 사조의 명칭에 따라 지은 사가 매우 많다. 이 사도 온정균이 창신한 곡이다.

<하전>은 구의 변화가 무궁하다. 2, 3, 5, 6, 7자 구로 구성되어 음조는 변화한 데다가 구는 촉급하고 중탁(重濁)하기에 경세(輕細)한 악기는 번잡하게 연주하는 소리를 내게 된다. 그래서 이 사조를 들으면 비파 소리를 듣는 듯하다. 평측이 교차하며 운이 4번 바뀌어 억양은 닫치고 열림으로, 노여움도 조화롭게 절제되기에 막힘이 없다.

이 사는 연밥 따는 소녀가 물가의 젊은이를 흠모하는 정을 썼다.

상편 첫 4구는 새벽에 연밥 따는 강남 소녀를 묘사한바, 풍경이 아름다울 뿐 아니라, 여인은 더욱 아름답다. "강반, 상환(江畔, 相喚)" 4자는 강남에서 연밥 따는 소녀가 웃으며 서로 손짓하는 천진난만한 모습을 그렸다. 뒤 2구는 그 소녀가 곱게 화장하고 애교 섞인 웃음 띠고 새벽 강가의 연꽃과 어우러진 선경 속에서 연밥을 따고 있는 모습을 부각하여 주위의 시선을 집중시켰다. 끝 3구는 뱃사공이 이 소녀에게 건네는 해학적인 말로 저편 물가 젊은이의 구애를 받아들이지 말라는 권고이나, 실은 뱃사공이 다른 남자의 구애를 시기한 말이기도 하다.

하편은 강 저편 소년에 대한 치정을 썼다. 첫 3구는 상편을 긴밀히 이은 말로 여주인공은 선의로 한 뱃사공의 농담을 알아듣지 못함을 형상하였다. 그 소녀는 봄바람에 흔들리는 옷소매로 팔 늘어뜨려 연밥을 따나, 마음은 버들가지 느러진 연안의 소년에게 가 있기에 애간장 끊이도록 흠모하게 되었다. "장(腸)"은 여자를 형상했고, "유사(柳絲)"는 남자를 대유하였다. 특히 장단(腸斷) 중간에 쓴 "향유사(向柳絲)" 3자는 두 사람의 관계가 단절 속에 연계되기를 바라는 염원을 드러냈다. "유사(柳絲)"는 동음어 유사(留思 : 그리움을 남긴다)로 그녀의 바람을 담아냈기에 그 기법이 돋보인다. 끝 4구는 연밥 따는 소녀의 연모를 썼다. 바라볼 수는 있으나 다가갈 수 없는 실의를 직서(直敍)하였다. "포남귀(浦南歸), 포북귀(浦北歸)"는 소녀의 입에서 직접 나온 말로 사무치는 그리운 심경을 엿보게 하였다. 치정에 빠져 돌아갈 곳이 어딘지를 분간할 수 없는 데다가, 그 젊은이의 종적 또한 찾을 길이 없다.

1-60-60 온정균

<하전 河傳> 3수-2 湖上

湖上。^{호상}	경호(鏡湖) 가에서
閑望。^{한 망}	한가히 바라보니
雨蕭蕭。^{우 소 소}¹	비 쓸쓸히 내리는데
煙浦花橋路遙。^{연 포 화 교 노 요}²	안개 낀 물가의 곱게 장식한 다리 위 길은 아득하네.
謝娘翠蛾愁不銷。^{사 낭 취 아 수 불 소}³	부인의 아름다운 눈썹의 근심이
終朝。^{종 조}⁴	아침 다 가도록 가시지 않음은
夢魂迷晚潮。^{몽 혼 미 만 조}	꿈속 혼이 저녁 조수에 미혹되어서네.
蕩子天涯歸棹遠。^{탕 자 천 애 귀 도 원}⁵	하늘 끝에서 떠도는 남편의 돌아올 뱃길은 멀기만 한데
春已晚。^{춘 이 만}	봄 이미 저물었기에
鶯語空腸斷。^{앵 어 공 장 단}	꾀꼬리 소리에 공연히 장이 끊긴다.
若耶溪。^{약 야 계}⁶	약야 계곡
溪水西。^{계 수 서}	계곡 서쪽
柳堤。^{유 제}	버들 둑엔
不聞郎馬嘶。^{불 문 낭 마 시}	낭군의 말 우는 소리 들리지 않네.

【주석】

1 湖上(호상) : 호수 가. 곧 소흥(紹興)의 경호(鏡湖) 가. 蕭蕭(소소) : 소소(瀟瀟). 바람 불고 비 내리는 모습.
2 煙浦(연포) : 안개 자욱한 포구. 花橋(화교) : 아름답게 장식한 다리.

3 謝娘(사낭) : 부녀를 이른 말. 원래는 진(晉) 사도온(謝道蘊)을 말함. 그녀는 사안(謝安)의 질녀로 재명(才名)을 갖추었기에 왕희지의 차남 왕응지(王凝之, 334-399)의 처가 되었다. 손은(孫恩)이 회계(會稽)를 공격함에 강주자사(江州刺史), 회계내사(會稽內史)였던 왕응지가 피살되었으나 사도온은 난을 면하여 회계에서 과부로 지냈다. 후세에 사낭(謝娘)으로 부녀를 대칭 했다. 翠蛾(취아) : 가늘고 길게 굽은 미인 눈썹.
4 終朝(종조) : 해가 떠서 아침 밥을 먹을 때까지의 시간.
5 蕩子(탕자) : 집을 떠나 멀리 간 뒤, 돌아오지 않는 사내. 歸棹(귀도) : 귀향하는 배.
6 若耶溪(약야계) : 계곡 명. 지금의 절강(浙江), 소흥현(紹興縣) 남쪽에 있으며 서시(西施)가 옷을 빤 곳이라고 하여 완사계(浣紗溪)라고도 한다. 여기서 "약야계(若耶溪)"는 서시의 아름다움을 비유한 말.

【감상】

돌아 올 뜻이 없는 임을 그리는 여인의 정을 썼다.

상편은 호수 가에서 "한망(閑望)"하면서 차오르는 그리움을 술회하였다. 호상(湖上)은 한망하는 장소이니 바로 소흥(紹興) 경호(鏡湖) 가이다. 온정균은 유람차 이곳에 간적이 있었다. "망(望)" 자는 이 한편을 관통하는 동사로 그 앞에 쓴 "한(閑)" 자는 수(愁)를 대신한 자로 여주인공의 심경을 형상하였다. "우소소(雨蕭蕭)" 2구는 우중(雨中)에 바라본 경상으로 떠나간 임이 돌아올 기미가 보이지 않음을 연포(煙浦) 속의 "노요(路遙)"로 나타냈다. "노요"는 뒤 3구를 잇기 위한 핵심어로 하편(下片) 구성을 위한 복선이 되었다. 다음 "사낭(謝娘)" 3구는 망중(望中)할 때의 정감 묘사이다. 여주인공은 아침나절이 다 가도록 근심 어린 눈썹을 펴지 못했을 뿐만 아니라, 몽혼(夢魂)마저도 저녁 만조까지 기다리는 정을 떨치지 못하였다. "몽혼미만조(夢魂迷晚潮)"는 위 "한망(閑望)"이란 행위에서 거둬진 심경 묘사로 그리운 임이 배 타고 돌아오지 않는 데서 온 극도의 실의를 미화한 말이다.

하편은 기다리는 임이 돌아올 기약이 없는 데서 온 실의를 경(景)으로 그렸다. 첫 3구는 임이 돌아올 길이 멀기만 한 상황을 원근에 따라 형상하였다. 곧 탕자의 "귀도(歸棹)"는 보이지 않는데 앵무새 울음 속에 봄은 가며 다시 한 해를 허송해야 하니 애간장이 끊이지 않을 수 없음은 당연하다. 끝 3구는 여주인공이 이별한 장소를 써 그리운 정을 함축하였다. 이별한 장소와 경물은 옛 모습이나 그 임은 천리 멀리 떨어져 있어 말 울음소리조차 들리지 않는데 둑가의 버들만 실 같이 늘어져 있으니 이 같은 경상은 마치 그녀의 수심을 말하는 듯하다.

　당규장은 ≪당송사간석≫에서 "차례가 극명하고, 정취는 끝없이 감돌기에 백우재, 곧 진정작이 '바로 정묘(精妙)하여 비범(非凡)한 경지이다.'라고 한 말은 헛된 칭송이 아니다.(寫來層次極明, 情致極纏綿. 白雨齋謂 '直是化境' 非虛譽也.)"라고 평하였다.

1-61-61 온정균

<하전 河傳> 3수-3 同伴

^{동반}同伴。[1]	짝이
^{상환}相喚。	부르지만
^{행화희}杏花稀。	살구꽃 성겨져
^{몽리매수의위}夢裏每愁依違。[2]	꿈속에서 번번이 근심하며 주저했네.
^{선객일거연이비}仙客一去燕已飛。	학을 탄 임이 떠나자 제비도 날아가
^{불귀}不歸。	돌아오지 않았기에
^{누흔공만의}淚痕空滿衣。	눈물 자국만 공연히 옷 가득히 남겼네.
^{천제운조인청원}天際雲鳥引晴遠。[3]	하늘 끝으로 높게 나는 새는 정(情)을 멀리 끌어내는데
^{춘이만}春已晚。	봄 이미 저물었기에
^{연애도남원}煙靄渡南苑。[4]	운무는 남원을 건넜다.
^{설매향}雪梅香。[5]	매화 향기 풍겨
^{유대장}柳帶長。	버들가지 길어지니
^{소낭}小娘。	소녀는
^{전영인의상}轉令人意傷。	더욱 사람의 마음을 슬프게 하네.

【주석】

1 同伴(동반) : 짝, 동료.
2 依違(의위) : 주저하다. 仙客(선객) : 선인들이 학(鶴)을 타기에 붙여진 명칭. 은자(隱者)나 도사(道士)를 높여 부른 말. 곧 그리는 남자를 말함.

3 天際(천제) : 하늘 끝. 雲鳥(운조) : 구름과 새. 높이 나는 새. 引晴遠(인청원) : 감정을 먼 곳으로 끌어내다. '청(晴)'과 '정(情)'은 형성자(形聲字)로 쌍관어(雙關語)이다.
4 煙靄(연애) : 운무(雲霧). 南苑(남원) : 어원(御苑)으로 황궁 남쪽에 있는 원림(園林)을 말함.
5 雪梅(설매) : 매화. 매화가 눈같이 희기에 설매라고 칭한다.

【감상】

멀리 떠난 임을 그리는 여인의 수심을 썼다.

상편은 짝과 봄놀이하자는 약속을 지켜야 하는지를 꿈속에서 번번이 주저했음을 써, 그리워하는 이로 인한 상사의 고통이 예사롭지 않음을 나타냈다. 첫 4구는 짝 할 임이 멀리 나가 있어 그윽한 한이 생기기에 그 수심을 잊으려고 늘 잠들기를 청했을 뿐만 아니라, 동료와 봄놀이 갈 약속을 하고도 꿈속에서는 가야 할지 말아야 할지를 주저했음을 술회하였다. 곧 실외로 나가지 않으면 적막함을 견디기 어렵고, 나가면 살구꽃이 져 봄이 가는 경치로 마음이 상하기 때문이다. 이런 괴로움을 담은 첫 4구 13자는 주인공이 처한 환경과 심리 활동을 보는 듯이 대변하였다. 다음 3구는 여주인공의 독백이다. 남편이 학처럼 떠나가자 편지를 전할 제비도 돌아오지 않으니 서로 만날 기약은 부질없기에 눈물 흔적만 옷에 가득해지니 그 애처로움을 견디기 어렵다.

하편은 그리움이 원망으로 변했음을 썼다. 첫 3구는 경물로 그리움을 그렸다. 여주인공의 눈은 날고 있는 새를 좇아 하늘 끝에 이르는데, 운무는 자욱이 남원을 지나가니 멀리 떠난 임에 대한 그리움은 절실해지기 마련이다. 끝 4구는 경물로 상심하는 마음을 그렸다. "설매(雪梅)"가 향기를 풍기지 그리움은 더욱 깊어져 버들가지가 길어지는 모춘(暮春)을 기다리며 임이 돌아오길 바랐으나 그 남자에게서는 소식조차 없이 그 한은 시간이 흐를수록 층층이 깊어만 가니 그 상심을 어찌 말로 드러낼 수 있으랴!

이 사의 매 구는 단절된 듯해도 뜻은 끊이지 않고, 면면히 이어지며 곡진한 의경을 드러냈기에 여운이 깊고 길다.

진정작은 ≪백우재사화≫ 권7에서 "<하전>이란 곡조는 박자 맞추기가 가장 어렵다. 온정균이 그런 몽매함을 떨쳐냈으나 오대 이후로는 곧 전래가 끊인 음악이 되었다.(≪河傳≫一調, 最難合拍. 飛卿振其蒙, 五代而后, 便成絶響.)"라고 평하였다.

1-62-62 온정균

<번녀원 蕃女怨> 2수-1 萬枝香雪開已遍

^{만 지 향 설 개 이 편} 萬枝香雪開已遍•¹	수많은 가지에 눈 같은 꽃 두루 피었는데
^{세 우 쌍 연} 細雨雙燕•	보슬비 속에 제비 짝지어 난다.
^{전 선 쟁} 鈿蟬箏,	매미 날개 장식된 쟁을 타고서
^{금 작 선} 金雀扇•²	금빛 공작 수놓인 부채를 부치는 여인이
^{화 량 상 견} 畫梁相見•	단장한 들보를 바라봄은
^{안 문 소 식 불 귀 래} 雁門消息不歸來。³	안문관의 임 소식 돌아오지 않았지만
^{우 비 회} 又飛迴。	제비는 또 날아 돌아와서네.

【주석】

1 香雪(향설) : 봄날의 흰 꽃송이. 대체로 살구꽃, 배꽃 묘사에 쓰인다.
2 鈿蟬箏(전선쟁) : 금 조각으로 매미를 장식한 쟁. 金雀扇(금작선) : 금빛 공작 부채.
3 雁門(안문) : 안문관(雁門關). ≪산해경≫에는 "기러기 문이란, 기러기가 그 문에서 날아 나온 때문이다.(雁門, 雁飛出於其門.)"라고 하였다. 옛터가 산서성(山西省) 대현(代縣) 서북쪽 안문산(雁門山) 정상에 있다. 장성(長城)의 중요 관문의 하나이다.

【감상】

변방을 지키러 간 병사의 아낙이 남편을 만날 수 없는 데서 온 원(怨)을 "앵(鶯)"과 "안(雁)"을 빌려 우의하였다.

첫 2구는 경치 묘사로 살구꽃이 핀 날 가랑비 내리는 가운데 작년에 온 제비가 짝지어 낢을 본 감회를 형상하였다. 짝져 나는 제비를 보고는 변방에 가 있는 남편 생각이 났기에, 자신은 이런 호시절을 허송하고 있는 데서 온 서글픔을 견딜 수 없었다. 다음 3구는 서사로 밀려오는 우수를 감당키 어려움을 썼다. 여주인공이 적막한 곳에서 무료를 달래기 위해 전쟁(鈿箏)을 타고 금작선(金雀扇)을 부치며 이별의 우수를 쫓으려는데 다시 대들보로 돌아와 재잘대는 한 쌍의 제비를 본 감회는 감추고 드러내지 않았기 때문이다. 특히 "전선(鈿蟬)" 2구로는 여주인공이 지닌 청춘의 아름다움을 부각하면서 멀리 있는 남편에 대한 그리운 정을 잠시도 떨칠 수 없음을 암시하였다. 끝 2구는 서정(抒情)으로 안문(雁門)에서 변방을 지키는 남편에 대한 그리움을 "소식불귀래(消息不歸來)"로 직설하여 애원(哀怨)을 드러냈다. "우비회(又飛迴)"라는 술회는 이별한 시간이 이미 1년은 넘었음을 우의했기에 원이 깊어진 연유를 가늠케 한다.

진정작은 ≪사칙·별조집≫ 권1에서 "'우비회' 3자는 슬픔이 은근함이 특색이다.('又飛回' 三字, 凄婉特色.)"라고 평하였다.

1-63-63 온정균

<번녀원 蕃女怨> 2수-2 磧南沙上驚雁起

磧南沙上驚雁起•¹ 사막 남쪽 모래 위로 놀란 기러기 날아오르고
飛雪千里• 천 리 길엔 눈이 날리리!
玉連環,² 옥 잇달린 고리와
金鏃箭•³ 쇠 화살촉 화살 지님은
年年征戰• 매년 출정해 싸워서다.
畫樓離恨錦屛空。⁴ 단장한 누대에서 이별을 한 함은 비단 병풍 비어서고
杏花紅。 살구꽃 붉어져서네!

【주석】

1 磧(적) : 물속 모래톱. 곧 사막.
2 玉連環(옥련환) : 함께 잇달아 연결된 옥고리. 종군하는 남편에게 부인이 정표로 준 노리개로 서로 떨어질 수 없다는 뜻을 지님.
3 金鏃箭(금족전) : 쇠로 된 화살촉의 화살.
4 錦屛(금병) : 비단에 수놓은 병풍.

【감상】

역시 멀리 출정한 남편을 그리워한 부인의 원사(怨詞)이다.

첫 2구는 남편이 변방에서 고생하는 모습을 그렸다. 안문관 일대는 모두가 사막으로 기후가 매우 열악하여 천 리 길로 눈 날려, 한밤에도 변방의 기러기가 놀라 낢을 썼다. 다음 "옥련환(玉連環)" 3구는 출정한 남편이 늘 지녀야 하는 소지품과 전황(戰況)을 묘사했다. 부인이 이별하며 건넨 옥련환과 종군에 수반되는 금족전(金鏃箭)을 특기(特記)하여 전쟁의 재해는 해를 거듭해도 끊이지 않기에 고향에 돌아가기 어려움을 우의하였다. 끝 2구는 이 사의 주지(主旨)를 밝힌바, 끊임없는 전쟁이 천하의 무수한 부인들을 화루(畵樓)에서 금병(錦屛) 사이를 홀로 배회하면서 우수에 빠져들게 함을 썼다. 승전해 남편이 돌아오는 일 이외로는 이를 치유할 방도가 없음을 "연년정전(年年征戰)"이란 원망 어린 말로 함축하였다. 그런데 살구꽃은 붉어져 봄이 한창이니 그리움에서 생긴 한은 쌓여 혼을 녹인다. "금병공(錦屛空)", "행화홍(杏花紅)"은 실내, 외 경상 대비로 허전함과 그리움을 곡진(曲盡)하게 드러낼 수 있었다.

이 <번녀원> 2수는 변방의 모습과 정미(精美)한 소지품을 객관적으로 그려, 그것들 사이를 표면적으로 연계시킴으로써 독자가 자신의 상상으로 그 상관성을 조합시키는 함축 기법을 썼기에 성취가 돋보인다. 매 수의 끝 2구가 바로 그런 예이다.

유폐운(兪陛雲, 1868-1950)은 ≪당오대양송사선석 唐五代兩宋詞選釋≫에서 "당인들은 출정하는 이의 심경을 그리거나 남편을 그리워하는 시를 번번이 지었는데, 이 사의 뜻 또한 그러한 사람들과 같으나, 이 사가 우세를 독점한 곳은 절주가 슬프고도 급해, 박자 빠른 관악의 요현 소리를 듣는 듯힌 데 있다.(唐人每作征人, 思婦之詩, 此詞意亦猶人, 其擅勝處, 在節奏之哀以促, 如聞急管么絃.)"라고 평하였다.

1-64-64 온정균

<하엽배 荷葉杯> 3수-1 一點露珠凝冷

一點露珠凝冷●¹ (일점노주응랭)	이슬 한 방울이 차갑게 엉기며
波影●² (파영)	물결에 연꽃 그림자 비쳐
滿池塘。 (만지당)	연못에 가득하네.
綠莖紅豔兩相亂●³ (녹경홍염양상란)	푸른 연 줄기와 붉은 연꽃이 서로 엉겨
腸斷●⁴ (장단)	장은 끊이는데
水風涼。 (수풍량)	물 위로 부는 바람 서늘하네.

【주석】

1 凝冷(응랭) : 차갑게 엉기다.
2 波影(파영) : 물결에 비친 연꽃 그림자.
3 綠莖(녹경) : 녹색의 연 줄기. 紅豔(홍염) : 연꽃.
4 腸斷(장단) : 애가 끊이다. 몹시 슬프다.

【감상】

조사(組詞)로 구성된 <하엽배> 3수는 서정 주인공인 초녀(楚女)가 애모하는 정과 애수에 젖은 모습을 그렸다.

동틀 무렵 연꽃 핀 연못에서 초녀가 연인을 그리워하는 정을 썼다.

앞 3구는 물결 빛과 연꽃 그림자 속에 이슬이 진주처럼 방울방울 맺히고, 푸른 줄기와 붉은 꽃이 어지럽게 이어진 모습을 청아하고 수려하게 형상했기에 매우 우미하다.

뒤 3구는 사랑하는 정을 느끼면서 바로 헤어져야 하는 고통을 썼다. "녹경홍염양상란(綠莖紅豔兩相亂)"은 남녀가 서로 헤어져야 하는 고통을 형상한 모습이다. 이때 수풍(水風)이 싸늘하게 불어오니 바로 초녀의 쓸쓸한 심경을 대변하는 듯하다. 이런 묘사는 석별의 정을 완곡하게 드러내는 묘미를 다할 수 있었다.

이빙역의 <허장만기>는 "전체 사는 사실을 그린 곳이 많으나 '장이 끊인다.'라는 2자는 경치를 융화시켜 정으로 들여보냈기에 전 사를 신묘(神妙)하게 변화시켰다.(全詞實寫處多, 而以腸斷二字融景入情, 是以俱化空靈.)"라고 평하였다.

1-65-65 온정균

<하엽배 荷葉杯> 3수-2 鏡水夜來秋月

鏡水夜來秋月●¹ (경수야래추월)	거울 같은 호수에 밤이 와 가을 달빛
如雪● (여설)	눈처럼 차가운데
采蓮時。 (채련시)	연밥 딸 때이네.
小娘紅粉對寒浪●² (소낭홍분대한랑)	붉게 단장한 소녀 얼굴이 차가운 물결 마주하자
惆悵●³ (추창)	서글퍼짐은
正思惟。⁴ (정사유)	바로 그리워져서네.

【주석】

1 鏡水(경수) : 거울처럼 평온한 호수.
2 小娘(소낭) : 소녀. 紅粉(홍분) : 연지와 분 바른 얼굴. 寒浪(한랑) : 차가운 연못물.
3 惆悵(추창) : 서글퍼지다.
4 思惟(사유) : 생각하다. 그리워하다.

【감상】

달밤에 연꽃 핀 연못에서 연밥 따는 초녀(楚女)가 임 그리는 정을 썼다.

첫 3구는 물결은 잔잔한 거울 같고, 가을 달은 물에 비쳐 눈같이 차가운데, 이때가 바로 연밥을 따야 할 시기임을 강조하였다. 특히 "추월여설(秋月如雪)" 구는 경상으로 여주인공의 아름다움과 내심의 고뇌를 형상했음을 알 수 있다. 이런 때를 설정한 이유를 아래 구에서 찾을 수 있다. 아래 3구는 연꽃을 따는 소녀가 서늘한 물결을 마주하자 서글픔이 일어난다는 상황을 그렸다. 독자들은 이곳에서 광활한 상상을 펼치게 되니, 곧 연밥을 따는 일이 힘들어서가 아니고, 마음에 둔 연인에 대한 그리움에서 서글픔이 일었음을 알게 된다. 곧 그리워하는 정을 전할 수 없는 고심이 서글픔으로 다가왔으니 그 심경은 바로 "추월여설"같아 쓸쓸하고 차갑기만 하다.

1-66-66 온정균

<하엽배 荷葉杯> 3수-3 楚女欲歸南浦

楚女欲歸南浦●[1] 초 땅 여인이 남포로 돌아가려는데
朝雨●. 아침 비는
濕愁紅。[2] 시드는 연꽃을 적시네.
小舡搖漾入花裏●[3] 작은 배 흔들흔들 연꽃밭 속으로 들어가니
波起● 물결은
隔西風。[4] 가을바람 사이로 출렁이네.

【주석】

1 楚女(초녀) : 정 많고 아름다운 초 땅의 여자. 南浦(남포) : 송별하는 물가. 포(浦) : 물가. 강엄(江淹, 444-505) <별부 別賦> 중에는 "봄풀은 비취색이고 봄강에 푸른 물결 이는데, 남포에서 임 보냄에 마음 상하니 그녀를 어찌하나!(春草碧色, 春水綠波, 送君南浦, 傷如之何!)"라는 구절이 보임.
2 愁紅(수홍) : 풍우(風雨)를 겪으며 시들어가는 꽃. 홍(紅)은 연꽃을 말함.
3 小舡(소강) : 작은 배. 搖漾(요양) : 흔들거리는 모습.
4 隔西風(격서풍) : 가을바람을 사이로 하다.

【감상】

초녀(楚女)가 비 내리는 중에 임과 이별한 후, 배를 타고 연밥 따러 들어가며 느끼는 애수를 썼다. 이 애수는 전송하는 이의 애수인 동시에 소녀의 애수이기도 하다.

첫 3구는 초녀가 이별하고 돌아갈 때와 장소, 환경을 명확히 밝혔다. 특히 비에 젖어 시들어가는 연꽃을 써 석별의 분위기를 부각하였다. "조우(朝雨)", "습수홍(濕愁紅)"과 같은 쓸쓸한 분위기는 이별로 생긴 두 사람의 상한 마음을 형상적으로 그려낼 수 있었다.

끝 3구는 작은 배가 흔들리며 연꽃 사이로 들어가는 풍광을 그렸다. 초녀를 전송한 이는 멀리 사라져 음성조차 들리지 않고 그림자조차 살필 길 없음을 "파기격서풍(波起隔西風)"으로 형상하여 석별로 온 애수의 정이 한없음을 엿보게 하였다.

진정작은 ≪사칙·별조집≫ 권1에서 "단조(短調)인 소령(小令)이나, 운미(韻味)는 깊고 길다.(節短韻長.)"라고 평하였다.

2

황보송 皇甫松

12수

황보송(820?-900? 생졸 미상)은 송(松) 자를 숭(嵩)으로 쓰기도 한다. 그의 자(字)는 자기(子奇)이고 단란자(檀欒子)는 자호(自號)한 칭호이다. 목주(睦州) 신안(新安, 절강성 순안 淳安) 사람으로 중당(中唐) 고문가 황보식(皇甫湜, 777-835?)의 아들로 행실이 신중하였다. 혹자는 그가 우승유(牛僧孺, 780-848)의 생질이라고도 한다. 시사(詩詞)에 능했고 문(文)도 잘해 여러 번 진사시(進士試)를 쳤으나 급제하지 못해 끝내 벼슬길에 나가지 못했다. 당 소종(昭宗) 광화(光化) 3년(900)에 위장(韋莊)이 온정균, 황보송 등에게 진사급제를 추사(追賜)하기를 주청(奏請)하였기에 ≪화간집≫에서 그를 "황보선배(皇甫先輩)"로 칭하였다. 당인(唐人)은 진사를 선배(先輩)로 칭한 때문이다. 이 사적(事蹟)은 ≪당척언 唐摭言≫ 권10, ≪당시기사 唐詩紀事≫ 권53에 보인다. ≪당척언≫에 의하면 그의 집에는 진주(眞珠)라는 애희(愛姬)가 있어 때때로 소령(小令)을 지어 그녀에게 연주시켰음을 알 수 있다. ≪화간집≫에 그의 사 12수가 전하고, ≪전당시 全唐詩≫에 그의 시 13수, 사 18수가 전하는데 그중 중복된 시사(詩詞)가 6수이다. 왕국유집에 ≪단란자사 檀欒子詞≫가 전한다.

　원호문은 황보송이 "<죽지>, <채련>배조에 뛰어났으나 재주로 얻은 명성은 여러 사람보다 매우 뒤진다. <화간집>에 수록된 사 또한 짧은 노래인 소령일 뿐이다.(以竹枝采蓮排調擅場, 而才名遠遜諸人. 花間集所載, 亦只小令短歌耳.)"라고 평하였다.(≪역대시여 歷代詩餘≫ 권113 인용)

　진정작은 ≪백우제사화≫ 권7에서 "당인 황보송 사의 화려함은 온정균에 이르지는 못하나 글자의 배치가 한아하여 고시(古詩)에 남겨진 뜻이 여전히 남아있다. 당인의 사는 온정균을 제외하고 그를 넘어서는 이는 드물다. 오대(五代) 이후 이런 작품은 더더욱 다시 보이지 않는다.(唐人皇甫 子奇詞, 宏麗不及飛卿, 而措詞閑雅, 猶存古詩遺意. 唐詞于飛卿而外, 出其右者鮮矣. 五代以後, 更不復見此種筆墨.)"라고 호평하였다.

황보송皇甫松

　이빙약은 <허장만기 栩莊漫記>에서 "황보송 사는 많이 보이지 않으나, 그의 사는 수려(秀麗)하고 고상함이 품덕(品德)에 있었기에 떠오른 해 아래 부용이요 봄날의 버들로 거의 위장과 공교로움이 같다. 그의 사는 말은 쉬우나 뜻이 깊어 기탁이 진진한 곳에 이르면 더욱이 온정균이 능히 따라잡을 바가 아니며, 녹건의(鹿虔扆)가 거의 그에게 근접한다.(子奇詞不多見, 而秀雅在骨, 初日芙蓉春月柳, 庶幾與韋相同工. 至其詞淺意深, 饒有寄託處, 尤非溫尉所能企及. 鹿太保差近之耳.)"라고 평하였다.
　황보송은 시인의 시각에서 진정이 흐르는 사(詞)를 상시(嘗試)하려는 태도로 작사(作詞)하면서 몽롱한 미감을 반영하였기에 여성화된 입장에서 사를 쓴 온정균과 차별성을 보였다. 사가 형식과 내용 면에서 풍격을 형성해 가는 과도기에 그의 사는 함축을 보였기에 운치를 드러낼 수 있었다.

2-1-67 황보송

<천선자 天仙子> 2수-1 晴野鷺鷥飛一隻

晴野鷺鷥飛一隻●¹	맑게 갠 들에는 백로 한 마리 날고
水葒花發秋江碧●²	말여뀌 꽃 핀 속에 가을 강물 푸르다.
劉郎此日別天仙,³	유신(劉晨)은 이날 천태산 선녀와 이별하며
登綺席●⁴	연석(宴席)에 올랐다.
淚珠滴●	눈물은 방울져 떨어지는데
十二晚峰高歷歷●⁵	저물녘 12봉우리 높게 우뚝 솟았다.

【주석】

1 鷺鷥(노사) : 백로(白鷺). 유랑(劉郎)의 외로움을 비유함.
2 水葒(수홍) : 강변에 총생(叢生)하는 수초로 "홍초(葒草)"·"유룡(遊龍)"·"석룡(石龍)"이라고도 불린다. 줄기 가운데가 비어 있어 "공심채(空心菜)"라고도 부른다.
3 劉郎(유랑) : 유신(劉晨). 곧 작가 자신이나 사랑받는 선비를 두루 이른다. 유신은 천태산(天台山)의 신녀에게 이별을 고한 후, 인간 세상에 올랐다. 天仙(천선) : 천태산(天台山)의 신녀로 유신(劉晨)과 완조(阮肇)가 만난 여인이다.
4 綺席(기석) : 이별하기 위해 마련한 술자리. 곧 화려한 술자리로, 곧 선경(仙境)에서 인간 세상으로 돌아오는 술자리를 비유함.
5 十二峰(십이봉) : 무산(巫山)의 돌출된 12봉(十二峰). 명(明) 진요문(陳耀文)은 ≪천중기 天中記≫에서 무산 12봉의 명칭을 망하(望霞)·취병(翠屛)·조운(朝雲)·송만(松巒)·집선(集仙)·취학(聚鶴)·정단(淨壇)·상승(上升)·기운(起雲)·비봉(飛鳳)·등룡(登龍)·성천(聖泉)이라고 언급하였다. 예로부터 12봉 명칭은 서로 일치하지 않았다. 歷歷(역력) : 사물의 형상이 뚜렷함을 형용한 말.

【감상】

아래 사(詞)와 연결된 조사(組詞)로 주인공인 유랑(劉郞)이 천태산(天台山)에서 선녀와 이별하고 고향으로 돌아올 때 깊은 실의에 빠져 서글퍼하는 장면만을 절취해 노래하였다.

첫 2구는 주인공인 유랑이 천선(天仙)과 이별하고 돌아오면서 본 경치로 외로움 속에 슬프고도 처량한 심경을 그렸다. 다음 2구는 천태산에서 유랑이 선녀와 이별에 앞서 화려한 술자리에 오른 것을 써 문맥을 이었다. 끝 2구는 이별로 눈물 흘림을 묘사하였다. "십이만봉고역력(十二晚峰高歷歷)" 구는 천태산 선녀와 이별한 뒤, 뒤돌아보며 느끼는 심경 묘사로 실연에서 온 서글픔을 형상하였다. 이 구는 바로 경치로 정을 엮고, 정을 경치와 융화시켰기에 단절된 신세와 적막감을 무겁게 드러낼 수 있었다.

진정작은 ≪운소집 韻韶集≫ 권1에서 "'한 마리 나른다.'는 곧 오묘하다. 결구는 고원(高遠)한 풍류와 운치를 얻었으니 이는 또한 '노래 끝나자 사람은 보이지 않는데, 강가의 수많은 봉우리 푸르네.'에서 변환되어 나왔다.('飛一隻', 便妙. 結句得遠韻, 亦是從, '曲終不見人, 江上數峰靑.' 化出.)"라고 평하였다. "곡종불견인, 강상수봉청."은 당 전기(錢起, 722?-780) 시 <상령고슬 湘靈鼓瑟>의 시구이다.

2-2-68 황보송
<천선자 天仙子> 2수-2 躑躅花開紅照水

躑躅花開紅照水 •¹ ^{척촉화개홍조수}   철쭉꽃 피어 붉게 물에 비치는데
鷓鴣飛繞靑山嘴 •² ^{자고비요청산취}   자고새는 푸른 산 입구를 맴돈다.
行人經歲始歸來,³ ^{행인경세시귀래}   나그네는 몇 해 지나 겨우 돌아오는
千萬里 • ^{천만리}   천만리 길이다.
錯相倚 •⁴ ^{착상의}   유신(劉晨)같은 나그네에게 잘못 의지했음은
懊惱天仙應有以 •⁵ ^{오뇌천선응유이}   고뇌하는 선녀에겐 응당 이유가 있어서다.

【주석】

1 躑躅花(척촉화) : 두견화와 유사한 꽃으로 철쭉꽃을 말함. 4·5월에 깔때기 모양의 붉은 꽃을 피움. "홍척촉(紅躑躅)"·"산석류(山石榴)"·"영산홍(映山紅)" 등으로 불림. 躑躅(척촉)에는 배회하며 앞으로 나가지 못한다는 뜻이 있으니 척촉화는 곧 쌍관어에 속한다.
2 鷓鴣(자고) : 자고새. "제 곁을 떠나서는 안돼요.(行不得也哥哥.)"라는 소리로 운다고 함. 유랑의 선녀에 대한 그리움을 표현한 쌍관어이다. 靑山嘴(청산취) : 푸른 산 입구.
3 經歲(경세) : 한 해나 몇 해가 지나.
4 錯相倚(착상의) : 서로 의지함이 잘못되다. 천태산(天台山) 신녀가 인간 세상 유신(劉晨)에게 의지함이 잘못됨은 백발 되도록 해로할 수 없었기 때문이다. 상의(相倚)는 서로 의지하다.
5 懊惱(오뇌) : 마음속으로 후회하고 번뇌하다. 以(이) : 이유, 까닭.

【감상】

선녀와 인간이 서로 떨어져 지내는 데서 오는 고뇌를 묘사했는데, 그 원망은 앞의 사와 유사하다.

첫 2구는 유랑이 집으로 돌아가는 도중의 경치 묘사로 쌍관어인 "척촉화(躑躅花)", "자고(鷓鴣)" 등을 써 그 뜻을 함축하였다. 강남인 수향(水鄕)에서는 늘 보이는 경치이나 이런 경치를 묘사해 유랑이 선녀에 대한 끊이지 않는 면면한 그리움을 드러냈다. "자고비요청산취(鷓鴣飛繞靑山嘴)" 구는 유신(劉晨)과 완조(阮肇)가 속세로 돌아가게 된 아쉬운 정을 담았다. 다음 2구는 산을 넘고 물을 건너갈, 만 리 먼 고향길로 막 출발함을 썼다. 앞 사와 같은 구법이다. 끝 2구는 선녀가 만나 짝한 이가 인간 세상 사람이기에 응당 오뇌하리라는 추측을 써, 유랑 자신의 행위에 대해 회한(悔恨)을 보였으나, 선녀에 대한 그리움과 미안함이 모두 그 안에 함축되었다. 유신과 완조가 체험한 선경에 대한 그리움이나 고향에 돌아가서 겪을 고뇌를 술회함이 순리나, 도리어 천선(天仙)이 인간과의 관계로 번뇌함을 제기하였기에 신묘함을 보일 수 있었다.

진정작은 ≪운소집≫ 권1에서 "민감하게 깨달아 신속하게 대처함에 만족스럽지 않은 한 글자도 없다.(無一字不警快可喜.)"라고 평하였다.

2-3-69 황보송

<낭도사 浪淘沙> 2수-1 灘頭細草接疏林

灘頭細草接疏林。	물가의 가냘픈 풀은 성긴 숲으로 이어져
浪惡罾船半欲沉。[1]	물결 거세지니 어선은 반쯤 잠기려 하는데
宿鷺眠鷗飛舊浦,[2]	둥지 튼 백로와 기러기가 날던 옛 물가는
去年沙嘴是江心。[3]	지난해 모래사장이었으나 강 한복판 되었네.

【주석】

1 罾船(증선) : 어망을 장치한 어선. 罾(증) : 나무 막대나 대나무 장대로 지지대를 만든 어망.
2 宿鷺眠鷗(숙로면구) : 물가에 머물며 서식하는 물새. 鷺(로) : 흰 해오라기(白鷺). 황보송 <천선자 天仙子> 2수-1 주(注) 참조. 구(鷗)는 물새로, 머리가 크고, 부리는 납작하다. 사구(沙鷗)라고도 한다.
3 沙嘴(사취) : 강어귀 앞에 쌓인 모래사장. 백사장. 江心(강심) : 강의 중앙.

【감상】

<낭도사>는 출렁이는 강물과 흐르는 모래를 읊어 인생사의 감개를 술회하는 사패(詞牌)이다. 이 사는 자연 경물 변화를 그려 세사(世事)는 무상하다는 철리를 함축하였다.

앞 3구는 경치 묘사이나 결구와 연계를 이루면서 깊은 뜻을 함축하였다. 첫 구는 원경(遠景) 묘사로 사탄(沙灘)의 풀들이 연안의 숲과 서로 연접된 경상을 그려 새로 생긴 신탄(新灘)임을 암시하였다. 제2구는 사탄 변의 근경 묘사로 조수에 비가 내려 물결치니 고가 잡기 좋은 여건임을 제기했다. 사탄 변의 모습을 생동하게 그려내면서 다음 2구를 위한 복선을 깔았다. 제3구인 "숙로면구(宿鷺眠鷗)"는 경물 묘사에서 자주 등장하는 자연스러운 장면으로 이 사탄이 노구(鷺鷗)가 서식하던 "구포(舊浦)"임을 밝혔으며, 제4구에서는 "지난해 모래사장(去年沙嘴)"이었던 "구포"가 한 해가 지난 지금에는 강 가운데 신사(新沙)가 되었음을 부각하였다. 곧 끝구에서 상전벽해(桑田碧海)라는 현상을 실증하면서 인생여몽(人生如夢)이라는 철리를 일깨웠다.

탕현조는 탕평 ≪화간집≫ 권1에서 "상전벽해를 한 마디로 설파하였다. 젊은 얼굴은 백발로 변하고, 미소년이 쭈글쭈글한 노인으로 변했다는 탄식이 말을 이었다.(桑田滄海, 一語破盡. 紅顔變爲白髮, 美少年化爲鷄皮老翁, 感慨係之矣.)"라고 평하였다.

2-4-70 황보송

<낭도사 浪淘沙> 2수-2 蠻歌豆蔻北人愁

蠻歌豆蔻北人愁。[1]   남방 민요 "두구가"가 북방 사람을 근심케 함은
蒲雨杉風野艇秋。[2]   부들과 삼나무 숲에 비바람 치며 작은 배에 가을 와서인데
浪起鵁鶄眠不得,   물결 일어 해오라기 잠들지 못함은
寒沙細細入江流。[3]   차가운 모래가 은밀히 강으로 흘러들어서네.

【주석】

1 蠻歌(만가) : 남방 민가인 두구가(豆蔻歌)를 말함. 만(蠻)은 중국 남방 민족을 두루 칭함. 豆蔻(두구) : 다년생 상록(常綠) 초목으로 노란색 꽃을 피우고 씨는 향기롭다. 약용으로 쓰이며 영남(嶺南) 지방에서 자란다. 시사(詩詞)에서 아름다운 소녀로 비유된다. 北人(북인) : 북방 사람.

2 蒲(포) : 다년생 초목이다. 연못에서 자라며, 방석이나 부채를 만들 수 있다. 향포(香蒲)라고도 한다. 杉(삼) : 삼. 사철 내내 잎이 푸른 교목으로, 줄기는 높고 곧으며, 잎은 작고 가는 바늘 모양으로 열매는 둥글다. 蒲雨杉風(포우삼풍) : 부들과 삼나무 숲이 비바람에 휩싸이다. 野艇(야정) : 야선(野船). 촌락의 물길을 오가는 작은 배. 鵁鶄(교청) : 물새의 일종으로 "교정(交精)"으로도 쓴다. 머리와 목은 모두 적갈색이고, 몸의 윗부분은 대체로 흰색인데 중국 남부에서 서식한다. "적두로(赤頭鷺)"·"교치(茭雞)"라고도 부른다.

3 細細(세세) : 은밀히, 경미하게.

【감상】

처한 환경이 다르면 즐거움이나 쓸쓸함도 서로 다르게 느껴짐을 비유적으로 말했다.

앞 2구는 추야(秋夜)에 강변의 비 내리는 경치를 그렸다. 비가 사탄(沙灘)을 때리며 내리니 더욱 다급하게 느껴진다. 바람이 삼나무 끝으로 불어오니 나무는 격렬하게 흔들린다. 이런 경상 속에 추야 연안에 정박한 작은 배 안의 "북인(北人)"은 잠들기가 쉽지 않다. 더욱이 바람 타고 들려오는 만가(蠻歌)는 주인공의 향수를 일으킨다. 뒤 2구 중의 교청난면(鵁鶄難眠)은 세찬 파도가 연안에 부딪혀 출렁거리며 모래를 씻어 내고 있기에 해오라기가 잠들지 못함을 썼다. "한사입강(寒沙入江)" 구는 이런 상황에 처한 "북인"이 밤 내내 잠들 수 없음을 형상한 말이다. 이로써 북인이 수심에 빠진 까닭을 직접 말하지 않았어도 수심을 자연히 드러낼 수 있었다. 끝구는 가는 모래가 은밀히 흐르며 사물(事物)을 변화시킨 데서 오는 고뇌를 읊었는데 이는 또한 인생 여정이 끝없이 바뀌어 가는 데서 온 깊은 탄식이기도 하다.

이빙약은 <허장만기>에서 "이 사 역시 참언 받아 조롱됨을 두려워하는 뜻이 있어, 기탁이 아득히 깊으니 대체로 풍자하려는 뜻을 담았다.(此首亦有受讒畏譏之意, 寄托遙深, 庶幾風人之旨.)"라고 평하였다.

2-5-71 황보송

<양류지 楊柳枝> 2수-1 春入行宮映翠微

春入行宮映翠微。[1] 봄이 행궁으로 들어와 청산을 비추는데
玄宗侍女舞煙絲。[2] 현종의 시녀 같은 안개 속 버들은 춤추듯 하늘거리네.
如今柳向空城綠, 지금 버들은 빈 성을 향해 푸르건만
玉笛何人更把吹。[3] 누가 옥피리를 다시 잡고 불지!

【주석】

1 行宮(행궁) : 황제가 출행할 때 묵는 장소. 翠微(취미) : 청산(靑山)을 지칭한 말.
2 玄宗(현종) : 당(唐) 현종(玄宗, 685-762) 이융기(李隆基). 당 현종이 가무와 여색에 빠져 지낸 때문에 안사의 난이 일어 결국 당나라가 패망하는 빌미가 되었다. 玄宗侍女(현종시녀) : 당 현종 때의 이원제자(梨園弟子)인 악공과 기녀. 舞煙絲(무연사) : 궁녀들의 춤추는 가늘고도 부드러운 허리가 마치 연무 속에 실처럼 하늘거리는 버들가지 같음을 형용한 말.
3 更把吹(갱파취) : 다시 잡고 불다.

【감상】

<양류지> 2수는 흥망성쇠란 역사적인 교훈을 버들의 자태로 그렸다.

이 사는 이원(梨園)의 노래와 춤을 읊어 당 현종의 행락을 풍자하였다.

앞 2구는 당 현종이 행궁에서 가무를 즐겼던 경상을 묘사했다. "무연사(舞煙絲)" 3자는 꽃 피고 버들 빛이 좋은 절기에 이원제자들의 춤추는 허리는 날씬하고 아름다워 마치 안개 낀 버들가지가 유연하게 나부끼는 모습과 같음을 형상하였다. 이 2구는 버들과 연관된 친근한 정의 묘사로 과거를 회상한 말이다. 끝 2구는 버들은 여전한데, 행궁은 모두 공허해져 결코 옛 모습과 같을 수 없음을 부각했으니 바로 눈앞에 보이는 지금의 경상이다. "공성(空城)" 2자는 배회하면서 개탄하는 정을 담았기에 함축을 보일 수 있었다. 날로 쇠미해 가는 당 왕조를 형상하여 지난날의 성당(盛唐) 기상을 다시 찾을 수 없다고 탄식함은 바로 당 현종의 실정에 대한 풍유(諷諭)이다.

2-6-72 황보송

<양류지 楊柳枝> 2수-2 瀾熳春歸水國時

瀾熳春歸水國時。[1]　　눈부신 봄이 수향(水鄕) 오나라로 돌아올 때
吳王宮殿柳絲垂。[2]　　오왕 궁전인 관왜궁 버들은 실처럼 드리웠네.
黃鶯長叫空閨畔,　　　꾀꼬리가 빈 규방 곁에서 길게 울지만
西子無因更得知。[3]　　서시는 더욱 알 까닭 없네.

【주석】

1 난만(瀾熳) : 색채가 농후하고 선명한 모습. 온갖 꽃이 만발하여 울긋불긋한 모양. 水國(수국) : 수향(水鄕), 수곽(水廓). 물가 마을로 곧 오(吳)나라를 말함.

2 吳王宮(오왕궁) : 춘추 시기 오왕 부차(夫差, B.C.528-B.C.473)가 서시(西施)를 위해 지은 궁. 곧 관왜궁(館娃宮)으로 옛터가 강소성(江蘇省) 오현(吳縣) 서남부 영암사(靈岩寺) 일대에 있다.

3 西子(서자) : 서시(西施), 성은 시(施)로 별명은 이광(夷光). 춘추 말기 월나라 저라(苧羅 : 지금의 절강성, 제기諸暨)의 미녀. ≪오월춘추·구천음모외전 吳越春秋·勾踐陰謀外傳≫에 따르면, 월나라 왕(越王) 구천(勾踐, ?-B.C.464)이 회계에서 오왕에게 패하자(B.C.499) 월나라는 미녀를 선발해 범려(范蠡)를 통해 그녀를 오왕 부차(夫差)에게 헌상케 하니 오왕은 그녀에게 미혹되어 정사를 돌보지 못하게 됨으로 오나라는 패망하였다(B.C.473). 오나라가 망하자 서시는 범려를 따라 오호(五湖)를 떠돌며 돌아가지 않았다고 한다. 일설에는 오나라가 망한 뒤에 월나라는 서시를 호수에 빠트려 죽게 했다고 한다. 得知(득지) : 알다.

【감상】

춘추 시기 오·월 양국이 남방의 패주(霸主)를 다투면서 일어난 역사 사실을 빌려 나라가 흥망 한 연유를 살피게 한 동시에 서시의 처지에 깊은 동정을 보냈다.

첫 2구는 강과 호수가 많은 강남 지방에 봄이 오니 경치가 아름답기 그지없는데 오왕 부차가 서시를 위해 지어주었던 관왜궁에 지금도 버들이 무수히 드리워져 옛 모습과 다름이 없음을 연상케 하였다. 끝 2구는 월나라 미인 서시가 오나라로 들어가게 된 명운(命運)은 말하지 않고, 지금의 경상을 묘사하면서 서시에 깊은 동정을 보였다. 이러한 동정은 서시가 관왜궁 밖 버들가지에서 우는 꾀꼬리 울음을 다시 들을 수 없다는 술회로 나타낸 바, 강렬한 비량감(悲凉感)을 전한다. 이런 감개 속에는 오왕의 실정에 대한 풍자와 쇠퇴하는 만당의 국운에 대한 우려도 담겨 있다.

2-7-73 황보송

<적득신 摘得新> 2수-1 酌一卮

酌一卮。^{작일치}[1]	한 잔 술 마셨으니
須教玉笛吹。^{수교옥적취}	옥피리 꼭 불게 해야지!
錦筵紅蠟燭,^{금연홍납촉}[2]	화려한 술자리에 붉은 초 비추니
莫來遲。^{막래지}	더디게 불지 말게.
繁紅一夜經風雨,^{번홍일야경풍우}[3]	무성한 붉은 꽃이 하룻밤 비바람을 겪고 나니
是空枝。^{시공지}	바로 빈 가지 되었네.

【주석】

1 酌一卮(작일치) : 한 잔 술을 마시다. 酌(작) 마시다. 卮(치) : 술잔.

2 錦筵(금연) : 화려한 자리. 술자리. 紅蠟(홍납) : 붉은 초. 燭(촉) : 비추다.

3 繁紅(번홍) : 나무에 가득한 붉은 꽃.

【감상】

<적득신 摘得新>은 당(唐) 교방 곡명인바, 사조로 쓰였다. 당 궁정 제도 중에는 궁중에서 새로 맺은 과일 열매를 따 던져주는 유희가 있었고, 백관에게 앵도(櫻桃)를 내려 신선함을 감상케 한 의식도 있었다. 이 사조는 이런 배경에서 지어졌다. 시작하는 3자를 따, 사패명으로 삼았다.

때에 맞추어 즐겨야 한다는 급시행락(及時行樂)을 주장한바, 이런 정서는 만당(晚唐)이 보였던 시대의 명암을 동시에 반영하였기에 비량한 정조를 떨칠 수 없었다.

옥피리 소리가 동반된 술자리는 쉽게 얻을 수 없음을 말한 뒤, 화려한 술자리에 붉은 초가 비침을 환기시켜 때에 맞춰 옥피리 불 것을 역설하였다. 곧 좋은 술벗, 좋은 안주와 피리 소리가 어우러진 좋은 밤은 실로 접하기 어려운 기회임을 "막래지(莫來遲)"란 3자로 함축하였다. 이 3자는 바로 이 사의 주지(主旨)이다. 끝구는 가지에 가득한 붉은 꽃도 한밤의 비바람을 겪으면 다 져, 빈 가지가 되어 허무한 꼴이 되니, 다시 올 수 없는 절호의 기회를 만나면 여한이 없도록 즐기기를 권유하였다. "막래지"라는 권고에는 깊은 애상이 숨겨져 있음을 알 수 있다.

황주이(況周頤, 1859-1926)는 ≪찬앵무사화 餐櫻廡詞話≫에서 "사는 함축이라는 표달방식을 좋다고 여기나 또한, 다 말함이 무방한 것도 있다. 황보송 <적득신>의 '무성한 붉은 꽃이 하룻밤에 비바람 겪고 나니, 바로 빈 가지 되었네!'라는 말은 담박하나 침통함이 극에 달하였다.(詞以含蓄爲佳, 亦有不妨說盡者. 皇甫子奇 <摘得新>云, '繁紅一夜經風雨, 是空枝.' 語淡而沈痛欲絶.)"라고 평하였다.

이빙약의 <허장만기>는 "말은 쉽고 뜻이 깊으면 솔직하게 말함이 흠이 되지 않음은 격조가 높아서이다.(語淺意深而不病其直者, 格高故也.)"라고 평하였다.

2-8-74 황보송

<적득신 摘得新> 2수-2 摘得新

^{적 득 신}
摘得新。　　　　　싱그러운 열매 땀은

^{지 지 엽 엽 춘}
枝枝葉葉春。　　　가지마다 잎마다 봄빛이어서네.

^{관 현 겸 미 주}
管絃兼美酒,[1]　　　관현악 소리에 좋은 술도 겸비하니

^{최 관 인}
最關人。　　　　　감흥 일으키기 제격이지만

^{평 생 도 득 기 십 도}
平生都得幾十度,[2]　평생에서 모두 몇 십번이나

^{전 향 인}
展香茵。　　　　　향그런 요를 펼칠지!

【주석】

1 管絃(관현) : 관현악기로 음악 소리를 대신함. 兼(겸) : 겸하다. 關人(관인) : 감동시키다. 감흥을 일으키다.
2 茵(인) : 깔개, 방석, 요.

【감상】

이 사도 앞의 사와 같은 내용으로 일생에서 기뻐할 날은 많지 않기에 모름지기 기회가 왔을 때, 놓치지 말고 즐길 것을 강조하였다. 하지만 "지지엽엽춘, 관현겸미주(枝枝葉葉春, 管絃兼美酒)"라는 호조건을 설정해 급시행락(及時行樂)이란 당위성을 설득력 있게 강조했기에 앞 사와 차이를 보일 수 있었다. 특히 "지지엽엽춘(枝枝葉葉春)" 구는 생기발랄함을 형상해 생명의식을 시간과 공간 속에 환기하였기에 감화력을 극대화할 수 있었다.

이와 유사한 권고는 ≪시경·당풍·실솔 詩經·唐風·蟋蟀≫ 중의 "지금 우리 못 즐기면 세월은 덧없이 지나가리! 다만 지나치게 즐기지 말고, 언제나 걱정도 해야지!(今我不樂, 日月其慆. 無已大康, 職思其憂.)"라는 구절에서도 살필 수 있다.

2-9-75 황보송

<몽강남 夢江南> 2수-1 蘭燼落

난 신 락 蘭燼落,¹	난초 꽃술 같은 초에서 불똥 떨어지니
병 상 암 홍 초 屛上暗紅蕉。²	병풍 위 붉은색 칸나 그림 어두워졌네.
한 몽 강 남 매 숙 일 閑夢江南梅熟日,³	강남 매실 익는 날을 한가히 꿈꿨는데
야 선 취 적 우 소 소 夜船吹笛雨蕭蕭。⁴	쓸쓸히 비 내리는 밤 배에서 피리 불었고
인 어 역 변 교 人語驛邊橋。	역참 곁 다리에서는 사람들 소곤거렸지.

【주석】

1 蘭燼落(난신락) : 난초 꽃술 같은 불똥이 떨어지다. 燼(신) : 초가 타서 연소하고 난 후의 잔재. 깜부기불.
2 紅蕉(홍초) : 붉은색 미인초(美人蕉). 파초과에 속하는 칸나.
3 閑夢(한몽) : 한가함에서 꾸는 꿈. 梅熟日(매숙일) : 초여름 매실이 누렇게 익을 때.
4 蕭蕭(소소) : 소소(瀟瀟)와 같이 쓰임. 비바람 소리.

【감상】

강남에 대한 그리움을 썼다.

첫 2구는 초가 타고 재만 남는 깊은 밤, 실내가 어두워지는 때를 시점으로 병풍에 그려진 칸나 그림 또한 흐릿하게 보임을 강조하였다. 끝 3구는 이런 환경 속에 주인공은 꿈속으로 들어간 몽경(夢境)을 썼다. 강남은 매실 누렇게 여무는 때로, 밤 배에서 피리 부는데, 비는 쓸쓸히 내리고 다리 가에서는 사람의 소곤거리는 말소리가 들렸음을 부각하였다. 꿈속이 눈앞의 사실처럼 생동하게 묘사되어 운치가 넘치니 그림을 보는 듯하다. 이는 작자 황보송의 어릴 때 고향이 강남이었기에 가능한 추론이다.

전 사는 색채가 청아하고 수려한 데다, 시적인 낭만과 회화 분위기가 충만하기에 한아(閑雅)한 정취를 보일 수 있었다.

탕현조는 탕평 ≪화간집≫ 권1에서 "좋은 시절은 거의 한가한 때 맞게 되니, 비바람 세차더라도 어찌 걱정하랴!(好景多在閑時, 風雨瀟瀟何害!)"라고 평하였다.

유대걸(劉大傑, 1904-1977)은 ≪중국문학발전사≫ 권16장에서 "의경이 비교적 높고, 출현한 경계와 단어 구사가 더욱 빼어남은, 마지막 2구가 말은 다했어도 뜻이 고원해서다.(意境較高, 設境遣詞尤勝, 最後二句, 言盡意遠.)"라고 평하였다.

2-10-76 황보송

<몽강남 夢江南> 2수-2 樓上寢

樓上寢,[1] 누대 위에 누우니
殘月下簾旌。[2] 새벽달은 발 위쪽 장식물 곁으로 지네.
夢見秣陵惆悵事,[3] 꿈속에서 서글펐던 금릉 일 보였으니
桃花柳絮滿江城。[4] 복사꽃과 버들개지는 강성에 가득했고
雙髻坐吹笙。[5] 양쪽으로 머리 올린 여인은 앉아 생황 불었지!

【주석】

1 寢(침) : 눕다. 자다.
2 殘月(잔월) : 새벽달. 簾旌(염정) : 주렴 상단의 장식. "정(旌)"은 본래 깃발의 일종이지만, 여기서는 주렴 상단의 장식품을 뜻함.
3 秣陵(말릉) : 동오(東吳) 시기 건업(建業)의 칭호. 지금의 남경시(南京市)를 이름.
4 江城(강성) : 장강(長江) 가의 성(城). 곧 금릉(金陵)인 남경을 말함.
5 笙(생) : 몇 개의 대나무 관을 고리 형태로 연이어 놓고 불어서 각기 다른 음계를 내는 일종의 관악기. 생가(笙歌)는 연주하다, 노래하다는 뜻임. 雙髻(쌍계) : 양쪽으로 틀어 올린 머리.

【감상】

　이 사 또한 꿈속에서 본 광경을 그려 강남의 지난 일을 추억하였다.

　첫 2구는 주인공이 누대에 일찍 누웠으나, 새벽달이 서쪽으로 기울 때까지 잠들지 못했음을 썼다. "하염정(下簾旌)" 3자는 잠들지 못한 상황 묘사로 생각이 많았기에 꿈꾸게 되었음을 암시했다. "몽견(夢見)" 이하 3구는 모두 꿈속의 서글픈 모습이다. 곧 강성(江城)인 금릉은 복숭아꽃이 만발하고, 버들개지가 분분히 날리는데, 그가 그리워하는 여인은 홀로 꽃과 버드나무 아래에 앉아 생황을 불고 있다. 아름다운 경치와 강남을 그리는 정이 절실히 녹아 있으나 실현할 수 없는 애수가 숨겨져 있다.

　진정작 ≪사칙·대아집 詞則·大雅集≫ 권2는 "꿈결과 그림의 의경이 완곡하고도 처량하니 역시 온정균 부류이다.(夢境, 畵境, 婉轉凄淸, 亦飛卿之流亞也.)"라고 평하였다.

　당규장은 ≪당송사간석≫에서 "이 2수는 순전히 부(賦) 체제로 상세히 펼쳐 썼으나 매우 수려하고 청량하다.(這兩首 純以賦體鋪敍, 一往俊爽.)"라고 평하였다.

2-11-77 황보송

<채련자 採蓮子> 2수-1 菡萏香蓮十頃陂

菡萏香蓮十頃陂。舉棹[1]　　연꽃이 향그런 연 자란 10경 연못에 피었는데 (노 저으세!)

小姑貪戲采蓮遲。年少　　손아래 시누이는 놀기를 탐내니 연밥 땀이 더디네. (젊으니!)

晚來弄水船頭濕, 舉棹　　저녁 되며 물놀이 한 뱃머리가 축축해지니 (노 저으세!)

更脫紅裙裹鴨兒。年少[2]　　붉은 치마 더 벗어 오리를 감싸네. (젊으니!)

【주석】

1 菡萏(함담) : 연꽃. ≪시경·진풍·택피 詩經·陳風·澤陂≫에서 정현(鄭玄) 전(箋)에 "피지 않은 연을 '함담'이라 하고, 이미 꽃 핀 것은 '부거'라 한다.(未開曰菡萏, 已開曰芙蕖.)"라고 썼고, 주희는 '함담'을 '부거'라고 주(注)했다. 陂(피) : 연못. 단옥재는 ≪설문해자≫에서 "'피(陂)'가 '지(池)'로 풀이됨은, '피'는 못의 둑을 말하고, '지'는 못 안에 저장된 물을 말해서다.(陂得訓池者, 陂言其外之障, 池言其中所蓄之水.)"라고 주하였다. 舉棹(거도) : 노를 저으세. 여기의 "거도"와 아래의 "거도"·"연소"는 모두 실제적인 뜻 없이 연 따며 부르는 노래 중의 "화성(和聲)"으로, 사람들이 일하며 노래할 때 박자를 맞추며 내는 "에야!" 같은 합창 소리이다. 유영제(劉永濟)의 ≪당오대양송사간석≫은 "이 2수 중 '거도'·'연소'는 모두 화성(和聲)이다. 연밥 딸 때 여자 동료가 매우 많아 한 사람이 첫 1구를 노래하면 나머지 사람이 일제히 '거도'라고 노래로 화답한다."라고 설명하였다.

2 更脫(갱탈) : 더 벗다. 裹(과) : 싸다. 鴨兒(압아) : 뱃사공이 키우는 작은 오리.

【감상】

연밥 따는 젊은 여자의 소녀 끼를 부각하여 생기발랄한 모습을 엿보게 하였다.

첫 2구는 연꽃이 연못에 가득히 피어, 향기가 멀리까지 풍기는데, 연밥 따는 여자들은 노는 데만 열중하여 연밥을 따는 것조차도 잊은 장면을 그렸다. 끝 2구는 클로즈업된 장면을 "탐희(貪戲)"라는 말로 함축함으로써 천진난만(天眞爛漫)함을 보는 듯이 그려낼 수 있었다. 특히 봉건 예교에서 벗어난 야성을 자연스럽게 드러냈기에 생동감이 넘친다.

탕현조는 탕평 ≪화간집≫ 권1에서 "인정 속의 말은 살뜰히 보살핌이 정교하고 섬세하기에 마주해 얼굴을 보는 것이나 다름없다.(人情中語, 體貼工致, 不減睹面見之.)"라고 평하였다.

이빙약의 <허장만기>는 "'붉은 치마 더 벗어 오리를 감싸네.'라는 구는 소녀의 천진난만한 자태를 철철 넘치듯이 그렸다.('更脫紅裙裹鴨兒', 寫女兒憨態可掬.)"라고 평하였다.

2-12-78 황보송

<채련자 採蓮子> 2수-2 船動湖光灩灩秋

船動湖光灩灩秋。擧棹¹ 　　배 움직이니 호수 빛은 넘실거리는 가을빛인데 (노 저으세!)

貪看年少信船流。年少² 　　넋 잃고 임을 보는 소녀는 배 흐르는 대로 내맡겼네. (젊으니!)

無端隔水抛蓮子, 擧棹³ 　　까닭 없이 강을 사이로 연밥을 던지고는 (노 저으세!)

遙被人知半日羞。年少⁴ 　　사람들에게 멀리 알려질까 봐 반나절 내내 수줍어하네. (젊으니!)

【주석】

1 灩灩(염염) : 호수가 넘실거리며 반짝이다.
2 貪看(탐간) : 넋을 잃고 보다. 信(신) : 맡기다.
3 無端(무단) : 이유 없이. 蓮子(연자) : 해음(諧音)이 "연자(憐子)"이기에 "그대를 사랑해!", "사랑하는 사람"이라는 뜻을 지닌다. 원뜻은 연꽃 열매. 연밥.
4 半日(반일) : 반나절. 비교적 긴 시간.

【감상】

　연밥 따는 여인의 대담한 구애와 그 구애로 인해 수줍어하는 모습을 그렸다.

　제1구는 물결 빛이 출렁거리는 호수 위에서 연밥 따는 한 무리의 아가씨들 모습을 그렸다. 제2구는 "신(信)"자와 "탐(貪)"자로 소녀의 귀여움을 드러내면서 연밥 따는 여자의 사모하는 정을 은근하게 감추었다. 제3구의 "포연자(抛蓮子)"는 동작 묘사로 이 중 "연자(蓮子)"는 "연자(憐子)"와 해음(諧音)인 "그대를 사랑해"라는 뜻을 빌려 연을 캐는 여인의 소년에 대한 애모의 정을 엿보게 하였다. 끝구는 전환 구로 사랑을 고백함이 멀리까지 알려질까 하여 안절부절하면서 수줍어하는 모습을 직설적으로 형용했기에 생동감을 더한다.

　황주이(況周頤, 1859-1926)는 ≪찬앵무사화≫에서 "젊은 규수의 천진한 마음가짐을 보통사람이 상상할 수 없게 써냈으니, 필치의 오묘함이 어떻게 이럴 수 있으랴!(寫出閨娃稚憨情態, 匪夷所思, 是何筆妙乃爾!)"라고 평하였다.

3
위장 韋莊
48수

위장(836?-910)은 자는 단기(端己), 경조(京兆) 두릉(杜陵 : 섬서성 서안시 부근)사람이다. 위응물(韋應物, 737-792)의 4세 손(孫)으로 빈한하게 지냈으나 학업에 근면하여 일찍부터 시(詩)로 명성을 얻었다. 소광(疏廣)한 성격에 대수롭지 않은 예절에 구애됨이 없었고 검소한 성품을 지녔다. 광명(光名) 원년(880) 진사시에 응시하려고 장안(長安)에 들어가 황소(黃巢)의 난을 목격하고 중화(中和) 3년(883)에 낙양에서 <진부음 秦婦吟>을 지어 당시 사람들에게 "진부음수재(秦婦吟秀才)"라는 칭송을 받았다. 여러 번 과거에 응시했으나 급제하지 못하고 강남을 유랑하면서 전란 속에서 대부분의 생을 보냈다. 소종(昭宗) 경복(景福) 2년(893) 장안으로 가 응시해 다음 해인 59세 진사에 급제하여 교서랑(校書郞)을 지냈다. 건영(乾寧) 4년(897) 이순(李詢)이 불러 판관(判官)을 하다가 사신으로 촉(蜀)으로 들어갔다. 광화(光化) 3년(900) 좌보궐(左補闕)로 등용되었다. 12월에 이하(李賀), 온정균, 황보송(皇甫松), 육구몽(陸龜蒙)을 진사급제(進士及第)로 추사(追賜)해 주길 주청하였다. 천복(天復) 원년(901)에 촉(蜀)에 들어가 왕건(王建)에 의탁해 장서기(掌書記)를 하였다. 천우(天祐) 4년(907) 왕건이 칭제(稱帝)하자, 72세에 이부시랑겸평장사(吏部侍郞兼平章事)로 개국제도, 호령(號令), 형정예악(刑政禮樂)을 제정하는 공로를 보였다. 촉, 무성(武成) 3년(910) 75세로 성도(成都), 화림방(花林坊)에서 죽어 백사장(白沙場)에 장사지냈다고 하며 문정(文靖)이란 시호를 받았다.
    평생 사적은 ≪촉도올 蜀檮杌≫ 권 상(上), ≪당시기사 唐詩紀事≫ 권68, ≪당재자전 唐才子傳≫ 권10, ≪십국춘추 十國春秋≫ 권40, 하승도(夏承燾) ≪위단기연보 韋端己年譜≫ 등에 보인다. 위장 사는 ≪화간집≫에 48수, ≪존전집 尊前集≫ 5수, ≪유편초당시여 類編草堂詩餘≫ 1수가 실려 모두 54수가 전한다.
    위장의 사는 비록 남녀가 서로 그리워하는 내용이 주류이지만, 풍격은 온정균과 매우 다르다. 그는 분명한 언어와 아름답고 섬세한 필치로 이별의 수심과 석별의 정을 쓰면서도 자신의

위장 韋莊

진심을 표현하는 데 능숙하였기에 감동을 보일 수 있었다. 화간파(花間派)는 온정균에게서 시작되었지만, 위장에 이르러서야 사단이 번창하게 되었다. 그의 참신하고 심오하며, 향기롭고 즐거운 사풍은 당시의 크고 작은 사인들을 계발시켰으므로 촉(蜀) 사를 흥성시킨 선구자가 되었다. 이것이 바로 위장을 온정균과 함께 논하면서도 온정균보다 더 높이 평가하는 부분이다.

주제(周濟, 1781-1839)는 ≪개존재논사잡저 介存齋論詞雜著≫에서 "사에는 우열의 구별이 있고, 경중의 구별이 있으니 온정균은 어휘의 선택이 종이를 누르는 듯 의미가 깊고, 위장은 울림이 열려 구름으로 들어가듯이 힘이 있기에 두 사람이 잘할 수 있는 재간을 다 발휘했다고 이를 만하다.(詞有高下之別, 有輕重之別. 飛卿下語鎭紙, 端已揭響入雲. 可謂極兩者之能事.)"라고 평하였다.

진정작은 ≪백우재사화≫에서 "위장의 사는 굽은 듯하나 올곧으며, 활달한 듯하나 침울하기에 사중에서 제일로 빼어난 경지를 이루었다.(韋端已詞, 似紆而直, 似達而鬱, 最爲詞中勝境)"라고 평했고, 황주이(況周頤, 1859-1926)도 ≪혜풍사화 蕙風詞話≫에서 "더욱이 세밀하고 복잡함을 운용하여 성기고 긴요함으로 융화시킬 수 있었고, 담담함에 농밀함을 붙일 수 있었기에 화간의 여러 재덕을 겸비한 이들 중에 그에 필적할 만한 이는 거의 드물다.(尤能運密入疏, 寓濃於淡, 花間群賢, 殆鮮其匹.)"라고 평하였다.

하승도(夏承燾, 1900-1986)는 <논위장사 論韋莊詞>에서 위장 사의 "최대 특징은 당시의 문인 사를 민간문학 작품의 서정이란 길 위로 되돌려 놓은 것이다."라고 평하였다.

위장은 시가의 제재(題材)와 시의(詩意)를 사에 이입하고 시법(詩法)으로 사를 지음으로써 사를 음악에서 분리하여 개인의 정감을 묘사하는 장르로 발전시킨 공로를 보였다. 곧 위장은 개성과 문예 재능을 지닌 사인이었기에 곧 영공(伶工)의 사에서 문인 사로 그 방향을 전환시킬 수 있었다.

3-1-79 위장

<완계사 浣溪沙> 5수-1 清曉妝成寒食天

淸曉妝成寒食天。¹   한식날 이른 아침 화장 끝내니

柳毬斜嫋間花鈿。²   유구 장식이 꽃비녀 사이에서 비스듬히 하늘거리는데

卷簾直出畫堂前。   발 걷고 곧장 화려한 대청 앞으로 나갔네.

指點牡丹初綻朶,³   꽃봉오리 갓 터뜨린 모란을 가리켜 보이고는

日高猶自憑朱欄。⁴   해 높게 떴어도 여전히 붉은 난간에 스스로 기대어

含嚬不語恨春殘。⁵   눈썹 찌푸린 채 말없이 봄이 스러져 감을 한하네.

【주석】

1 淸曉(청효) : 이른 아침. 寒食(한식) : 절기 명칭으로 청명절 하루 혹은 이틀 전날. ≪형초세시기 荊楚歲時記≫에서 "동지가 지난 105일째 날에는 거센 바람이 불고 큰비가 내리는데, 한식이라 한다. 3일간 불을 금하고 물엿이 들어간 보리죽을 쑨다.(去冬節一百五日, 卽有疾風甚雨, 謂之寒食, 禁火三日, 造餳大麥粥.)"라 하였다.

2 柳毬(유구) : 버들가지를 구부려 공 모양으로 만든 머리 장식품. 한식에는 버들을 몸에 지녀서 건강 장수를 기원하는 풍속이 있었다. 일설에는 버들솜이 바람 따라 둥글게 뭉쳐진 형체라 한다. 間(간) : 서로 떨어지다. 花鈿(화전) : 금붙이와 진주를 사용해 꽃 모양으로 만든 머리 장식. 전(鈿)은 금, 은, 옥 등을 끼워 넣은(鑲嵌) 기물을 말한다. 비녀 유형의 장식물.

3 指點(지점) : 손가락으로 가리켜 보이다. 初綻(초탄) : 처음 터지다.

4 朱欄(주란) : 붉은 난간.

5 含嚬(함빈) : 수심을 머금다. 빈(嚬)은 얼굴을 찡그리다. 春殘(춘잔) : 봄이 다 가려 하다.

【감상】

소녀가 한식날 버들가지 장식물을 머리에 올리고 상춘(賞春)하면서 봄이 감을 아쉬워하는 동시에 자신의 처지를 슬퍼하였다.

상편은 첫 구에서 한식 아침에 화장을 끝낸 모습을 써서 새벽이란 시각과 여자라는 신분을 밝혔다. 제2구는 여주인공의 유연하고 아름다운 정태(情態)와 외모를 어렴풋이 살피게 하면서 한식날을 기다렸던 심경을 그렸다. 끝구는 한참 무르익어가는 봄을 기대 속에 맞이하려는 마음을 엿보게 하였다.

하편은 염려한 자태로 모란이 막 피어남을 손으로 가리켜 알리고는 봄이 감을 아쉬워하는 정을 썼다. 첫 구는 기다리던 모란이 막 핀 것을 가리켜 보이면서 봄을 즐기는 기쁨을 드러냈다. 중간 구는 그녀가 봄을 즐기는 정을 "유자빙주란(猶自憑朱欄)"이란 말로 곡진하게 표현하였다. 끝구는 "한춘잔(恨春殘)"으로 "함빈불어(含矉不語)"한 이유를 살피게 하면서 봄이 감을 아쉬워하는 정을 쏟아 냈다. 끝구의 "춘잔(春殘)"은 첫 구인 "한식천(寒食天)"에 호응하면서 전 사의 전개를 "춘잔"에 집중시켰기에 "함빈(含矉)"이란 전모를 선명히 드러낼 수 있었다.

3-2-80 위장

<완계사 浣溪沙> 5수-2 欲上鞦韆四體慵

欲上鞦韆四體慵。[1] 그네에 오르자 사지가 나른하여
擬教人送又心忪。[2] 남에게 밀게 하려니 마음 또 겁나는데
畫堂簾幕月明風。 단장한 집의 발과 휘장에 달 밝고 바람 부네.

此夜有情誰不極,[3] 이 밤 연모하는 정이 누가 절실치 않으랴만
隔牆梨雪又玲瓏。[4] 담장을 사이해 배꽃 또 영롱해지니
玉容憔悴惹微紅。[5] 옥 같은 얼굴은 수척해져 옅은 홍조 띠었네.

【주석】

1 鞦韆(추천) : 그네. ≪고금예술도 古今藝術圖≫의 의하면, 추천은 본래 산융(山戎) 민족의 놀이로, 제(齊) 환공(桓公)이 북벌한 후, 중국에 전해지기 시작했다고 한다. 초(楚)에서는 "시구(施鉤)"라고 칭했다. 四體(사체) : 사지(四肢). 두 팔과 두 다리. 慵(용) : 나른하여 힘이 없다.
2 擬(의) : ~하려 하다. 送(송) : 밀어 보내다. 忪(종) : 두려워하다.
3 有情(유정) : 연모의 정을 지니다. 誰不極(수불극) : 누군들 마음이 절실하지 않을까! 극(極)은 마음이 절박하다.
4 梨雪(이설) : 설화 같은 배꽃. 玲瓏(영롱) : 깨끗하고 맑은 모양.
5 憔悴(초췌) : 모습이 수척해지고 정신이 쇠약해짐. 惹(야) : 끌어내다. 띠다.

【감상】

춘정(春情)에 사로잡혀 그네를 타는 여인이 늦봄에 느끼는 우수를 썼다.

상편의 첫 2구는 여주인공이 그네를 타고 싶지만 권태롭게 느껴 남에게 밀게 하고 싶어도, 감히 그렇게 할 수 없는 불편한 심정을 썼다. 제3구는 그네와 여주인공이 있는 장소와 때를 썼으니, 바로 화당(畫堂) 앞이란 장소에 "발과 휘장으로 달 밝고 바람 부는(簾幕月明風)" 때임을 강조하면서 하편을 열었다.

하편은 여주인공이 이런 환경에서 지닌 감개를 털어놓으면서 흰 눈꽃 같은 배꽃이 영롱하게 비치는 밤에 느끼는 탄식을 썼다. 첫 구는 이렇게 좋은 밤 아름다운 경치를 대하니 누구라도 절실한 마음이 생기지 않을 수 없음을 역설하였다. 다음 구는 이 같은 의경을 "격장이설(隔牆梨雪)"이란 경상으로 연계시켜 "우영롱(又玲瓏)"이라는 정경을 출현시킴으로써 여주인공의 그리움이 고조에 이름을 형상할 수 있었다. 이는 곧 "차야유정(此夜有情)"이란 주지(主旨)에 부연된 경상이기도 하다. 끝구는 여주인공의 얼굴은 초췌해진 데다 홍조를 띰을 그려 이 봄밤에 우수를 피할 수 없었음을 공감케 하였다.

3-3-81 위장

<완계사 浣溪沙> 5수-3 惆悵夢餘山月斜

<small>추창몽여산월사</small>
惆悵夢餘山月斜。¹　　꿈 깨어 슬퍼짐은 산에 뜬 달 빗겼고

<small>고등조벽배창사</small>
孤燈照壁背窓紗。²　　외로운 등은 벽을 비추며 창에 처진 면사를 등져선데

<small>소루고각사낭가</small>
小樓高閣謝娘家。³　　작은 누대 있는 크고 높은 누각이 그 여인 집이네.

<small>암상옥용하소사</small>
暗想玉容何所似,⁴　　옥 같은 얼굴이 무엇과 같은지를 마음속으로 생각해 보니

<small>일지춘설동매화</small>
一枝春雪凍梅花。　　봄눈에 언 매화 한 가지가

<small>만신향무족조하</small>
滿身香霧簇朝霞。⁵　　온몸에 향기로운 안개 안고 아침노을 모은 것 같네.

【주석】

1　惆悵(추창) : 슬퍼하다. 夢餘(몽여) : 꿈 깬 후.
2　窓紗(창사) : 창문에 치는 얇은 망사나 면사(綿絲).
3　謝娘家(사낭가) : 여인이 사는 주택이나 거실. 사낭(謝娘)은 사추낭(謝秋娘)으로, 만당 시기 태위(太尉) 이덕유(李德裕)의 애첩임. 태위가 화옥(華屋)을 지어 그녀를 살게 하였기에 후에 여인이 사는 집을 사낭가(謝娘家) 또는 사가(謝家)라고 칭하게 됨. 온정균 사 <경루자 更漏子> 6수-1, 주 참고.
4　暗想(암상) : 마음속으로 생각하다.
5　簇(족) : 무리를 이루다. 하나로 모으다. 朝霞(조하) : 해 뜰 때 노을.

【감상】

한 청년이 사랑하는 여인에 대한 그리움을 썼다.

상편은 꿈 깬 뒤 사모하는 여인의 내실과 거처하는 주위 환경을 묘사하였다. "추창몽여(惆悵夢餘)" 4자로 시작한바, 그리움으로 인해 꿈을 꾸었고 꿈에서 깬 후로는 달이 빗겨 또 서글퍼지는 심리 변화를 묘사하였다. "산월(山月)" 이하는 꿈에서 깬 후의 실내, 실외의 환경이다. 곧 밤은 자정을 넘은 때로 사랑하는 여인은 이미 잠들었기에 볼 수 없음을 아쉬워한 모습이다. 주위 환경 묘사로 꿈에서 깬 후의 실의를 그리듯이 형상하였다. "소루(小樓)" 구는 꿈속에서 본 경치이면서 미인이 사는 곳이기도 하다.

하편은 사랑하는 여인의 얼굴 모습을 생동감 넘치게 형상하였다. 첫 구는 상편 "소루(小樓)" 구의 뜻을 보충하면서 하편을 열었는데, 꿈에서 깬 후, 또 그 여인을 상상함을 썼다. 1구로 자문(自問)하고 다음 2구로 자답(自答)함으로써 핍진함을 끌어낼 수 있었다. 자답한 끝 2구는 그 여인의 얼굴 묘사로 구체적으로 상세하게 그리지는 않았으나 형상성이 참신하면서 생동감을 전하기에 사론가(詞論家)들의 칭송을 받아왔다.

탕현조는 탕평 ≪화간집≫ 권1에서 "'암상' 구로 물었기에, 아래 2구를 더더욱 매우 빠른 속도로 형용해 나타냈다.('暗想'句, 問起, 越見下二句形容快絶.)"라고 평하였다.

3-4-82 위장

<완계사 浣溪沙> 5수-4 綠樹藏鶯鶯正啼

綠樹藏鶯鶯正啼。 _{녹 수 장 앵 앵 정 제}	푸른 나무 꾀꼬리 숨기니 꾀꼬리 때마침 울고
柳絲斜拂白銅堤。[1] _{유 사 사 불 백 동 제}	버들가지 백동제를 비껴 쓸고 있는데
弄珠江上草萋萋。[2] _{농 주 강 상 초 처 처}	부녀들 봄놀이하는 강가는 풀 무성하네.
日暮飮歸何處客,[3] _{일 모 음 귀 하 처 객}	해는 져 연회 끝내고 돌아갈 곳 모르는 길손은
繡鞍驄馬一聲嘶。[4] _{수 안 총 마 일 성 시}	수놓인 안장 얹은 청백색 말이 외마디로 우는 중에
滿身蘭麝醉如泥。[5] _{만 신 난 사 취 여 니}	온몸에 난초와 사향 내음 풍기며 니처럼 취했네!

【주석】

1 白銅堤(백동제) : 양양(襄陽) 경내에 있는 한수(漢水)의 제명(堤名). 원래 악부 곡명으로 <백동제 白銅堤> 혹은 <양양답동제 襄陽踏銅蹄>라고 썼음은 제(堤)가 제(蹄)와 동음이기에 차용한 때문이다.
2 弄珠(농주) : 봄놀이하는 부녀. 장형(張衡)의 <남도부 南都賦> 중 "놀기 좋아하는 여인들이 한수(漢水)의 늪지 굽이에서 구슬 굴리기 놀이 하네.(游女弄珠于漢皐之曲.)"라고 읊었는데 여기서 농주(弄珠)는 춘유(春游)하는 부녀를 이른 말이다. 草萋萋(초처처) : 봄풀이 무성함을 형용함.
3 飮歸客(음귀객) : 연회를 끝내고 돌아가는 길손.
4 驄馬(총마) : 청백색의 말. 嘶(시) : 말이 울다.
5 蘭麝(난사) : 난초와 사향. 泥(니) : 남해에 사는 뼈 없는 벌레로 물이 없으면 흐느적거려 취한 듯이 보임.

【감상】

봄놀이하고 저녁에 말 타고 돌아가는 길손이 술에 흠뻑 취한 모습을 본 여인이 그 형상을 묘사하면서 자신의 그리움을 우의하였다.

상편은 봄놀이하는 여주인공이 처한 환경을 그렸다. 백동제로 불리는 강물 가 언덕에 버들가지가 비스듬히 비치고 노란 꾀꼬리가 우는 청아하고 수려한 광경을 쓴 뒤, 부녀들이 구슬 놀이하는 강가에 봄풀이 무성함을 묘사하였다. "장앵앵(藏鶯鶯)", "유사사불(柳絲斜拂)" 같은 표현은 상사의 정을 감춘 경상(景象)이다. 특히 "초처처(草萋萋)"는 무성히 자란 풀을 따라 멀리 간 그리운 임을 그리는 정을 우의하였다.

하편은 해가 저물 때 연회를 끝낸 한 취객이 니처럼 흠뻑 취해 말을 불러 돌아가는 모습을 그렸다. 끝구 "만신난사취여니(滿身蘭麝醉如泥)"는 귀객(歸客)의 술 취한 형상인 동시에 여주인공 자신이 그리워하는 임이 자신을 그리워해 술에 취해 지낼 것을 상상한 모습이기도 하다.

탕현조는 탕평 ≪화간집≫ 권1에서 "(끝구에) 술을 흠뻑 마신 호방한 정은 진정 나의 스승이다.((末句)痛飮眞吾師.)"라고 평하였다.

3-5-83 위장

<완계사 浣溪沙> 5수-5 夜夜相思更漏殘

夜夜相思更漏殘。[1] 밤마다 그리움으로 새벽이 오기에
傷心明月憑欄幹。 밝은 달에 마음 상해 난간에 기대어
想君思我錦衾寒。 내 비단이불 싸늘함을 생각할 그녀를 떠올리네.

咫尺畫堂深似海,[2] 지척 거리 화려한 집은 깊은 바다 같이 멀어
憶來唯把舊書看。[3] 그리움으로 옛 편지만 오직 볼 뿐이니
幾時攜手入長安。 어느 때 손 잡고 장안으로 들어갈지!

【주석】

1 更漏殘(경루잔) : 물시계 소리가 줄어들며 날이 샘을 비유함.
2 咫尺(지척) : 거리가 매우 짧음을 형용함. 咫(지)는 주제(周制)에 따르면 1 지(咫)는 8촌(寸)으로 지금의 6촌(寸) 2분(分) 2리(厘)와 같다. 척(尺)은 10촌 되는 길이. 촌은 엄지 한 폭 정도의 길이임.
3 舊書(구서) : 지난날 서신.

【감상】

작자가 촉주(蜀主) 왕건(王建)에게 빼앗긴 총희(寵姬)를 그리는 정을 썼다.

상편은 달 밝은 밤에 나를 그리워할 여인을 떠올림을 썼다. 첫 2구는 상대방이 오랫동안 주인공을 그리워하여 잠도 못 이루며 난간에 기대어 멀리 바라볼 모습을 밀도 있게 그렸다. "상심(傷心)" 구는 명월(明月)이 감정을 연계시킨 매개체가 되었기에 제3구에서 두보(杜甫) <월야 月夜> 시의 "오늘 밤 부주에 뜬 달, 규방에서 오직 홀로 바라보리.(今夜鄜州月, 閨中只獨看.)"와 유사한 발상을 끌어내게 되었다. 곧 자신이 얼마나 상대방을 그리워하는지를 말하지 않고 상대가 자신을 얼마나 그리워하는지를 상상해 씀으로써 그리운 정도가 지극함을 엿보게 한 것이다.

하편은 지척 거리에서 지내는 여인과 함께하지 못하는 애달픔을 말하듯이 썼다. 주인공과 여인은 서로 가까이 있지만 자유롭게 왕래하지 못하기에 두 사람의 정이 서로 통하기 어려움을 말한 것이다. "지척(咫尺)"과 "심사해(深似海)"는 대조적인 표현이나 다음 "억래(憶來)" 2구로 새로운 기대를 보였다. 지금은 소식을 전하고 받을 수도 없어 옛 서신을 보는 것만으로도 위로를 받지만 유일한 소망은 "휴수입장안(攜手入長安)"이다. 비록 기약은 없다 해도 그런 바람은 영원히 존재할 수 있기에 상사의 고통을 치유할 방도가 되었다.

탕현조는 탕평 ≪화간집≫ 권1에서 "'상군', '억래' 2구는 모두 뜻 중의 뜻이요, 말 밖의 말이기에, 물속에 소금이 녹아 있어야, 달고 쓴맛을 스스로 알게 된다.('想君', '憶來' 二句, 皆意中意, 言外言也。水中着鹽, 甘苦自知.)"라고 평하였다.

이빙약은 <허정만기>에서 "'내 비단이불 싸늘함을 생각할 그녀를 떠올리네.' 구는 자기의 뜻으로 남의 미음을 추측했고, 남을 대신해 자신을 생각했기에 말이 담박할수록 정은 더욱 깊어진다.('想君思我錦衾寒' 句由己推人, 代人念己, 語彌淡而情彌深矣.)"라고 평하였다.

3-6-84 위장

<보살만 菩薩蠻> 5수-1 紅樓別夜堪惆悵

紅樓別夜堪惆悵•¹	붉은 누각에서 이별하던 밤 슬픔을 견디려고
香燈半卷流蘇帳•²	향그런 등불 아래 레스 장식 휘장 반쯤 걷었다.
殘月出門時。³	새벽달 보며 문을 나설 때
美人和淚辭。	미인은 눈물로 이별했네.
琵琶金翠羽•⁴	물총새 깃으로 장식한 비파는
弦上黃鶯語•⁵	현 위에서 꾀꼬리 소리로 울렸다.
勸我早歸家。⁶	내게 일찍 집에 돌아오라 권하는
綠窓人似花。	푸른 창가의 여인은 꽃처럼 고왔네.

【주석】

1 紅樓(홍루) : 여자가 사는 화려한 주택. 別夜(별야) : 이별하던 밤. 堪(감) : 견디다.
2 流蘇帳(유소장) : 채색되고 꽃이 수놓여 장식된 휘장.
3 殘月(잔월) : 새벽달, 새벽녘까지 남아 있는 희미한 달.
4 金翠羽(금취우) : 금빛 물총새 깃털.
5 鶯語(앵어) : 꾀꼬리 울음 소리. 귀를 즐겁게 하는 소리를 형용함.
6 綠窓(녹창) : 녹색 비단 드리운 창. 여자의 거실.

【감상】

　　탕현조는 탕평 ≪화간집≫ 권1에서 "사는 <보살만>에 의거해 썼으나, 말은 <강남농>, <몽강남> 등에 가까우니 또한 작자가 보인 '변풍' 같은 격식이다.(詞本菩薩蠻, 而語近江南弄, 夢江南等, 亦作者之變風也.)"라고 평하였다.

　　작자는 45세에 장안에 과거에 응시하러 갔으나 마침 황소(黃巢)의 반란군이 장안을 공격하였기에, 요행으로 전화(戰火)에서 빠져나와 낙양을 거쳐 장기간의 유랑 생활을 시작하였다. 49세부터 58세 장안으로 돌아갈 때까지 근 10년간을 중원과 강남을 오가며 여러 성(省)을 편력(遍歷)하였다. <보살만> 중에서 여러 사는 이 기간의 소회와 유랑의 감회를 썼다. 이 사는 그 당시 아내와 이별할 때의 정황을 묘사하였다.

　　상편은 이른 새벽 이별할 때를 그렸다. 첫 구는 "홍루(紅樓)"와 "야(夜)"로 시간과 장소를 밝히면서 이별하는 심정을 그대로 서술하였다. 다음 구는 홍루 내부의 경물 묘사로 밤에 가장 많이 등장되는 "등(燈)"과 "장(帳)"을 써, 이별의 분위기를 처량하게 묘사하였다. 특히 "반권유소(半卷流蘇)"로 이별할 때 두 사람은 밤 내내 잠을 이루지 못한 모습을 함축하였다. 곧 "반권" 중의 "반" 자로 잠 못 듦을 형상하였다. 제3, 4구는 시간의 진전에 따라 이별이 바로 눈앞에 다가왔음을 썼다. "잔월(殘月)" 구는 이별하는 한순간인 새벽 풍경 묘사이며, "미인(美人)" 구는 이별하는 한순간의 인물 표정이다. 달은 이별하는 문 위로 지려 하고, 아내는 눈물을 머금고 송별하니 부부의 금실은 비할 데 없이 좋기만 하다. 정이 깊을수록 이별의 괴로움은 커, 더욱 견디기 힘들기 마련이니 이 부부의 고통의 정도를 상상할 만하다.

　　하편은 이별할 때의 아내 모습을 회상하며 아내 곁으로 돌아가고 싶은 소망을 그렸다. 첫 구는 아내 모습에 대한 기억이다. 아내가 비파를 뜯는 순간의 소리와 정을 형상하여 기억으로 남겼다. 끝 2구는 자신이 아내를 그리워함을 쓰지 않고, 이별할 때 아내의 눈물과 당부를 잊지 않았음을 강조해 썼기에 정취의 깊이를 더할 수 있었다.

　　진정작은 ≪운소집≫ 권1에서 "정감과 말의 처절함이 유영 사의 시원(始源)이 되었다.(情詞悽絶, 柳耆卿之祖.)"라고 평하였다.

　　당규장의 ≪당송사간석 唐宋詞簡釋≫은 "지난 일은 뚜렷하여 생각하면 침통해져 돌아가고 싶은 마음 또한 더욱 절박해졌다.(前事歷歷, 思之慘痛, 而欲歸之心, 亦愈迫切.)"라고 평했다.

3-7-85 위장

<보살만 菩薩蠻> 5수-2 人人盡說江南好

人人盡說江南好●	사람마다 강남이 좋다고 말을 하나
遊人只合江南老●[1]	나그네는 본래 강남에서 늙어야 했다.
春水碧於天。[2]	봄 강은 하늘보다 푸른데
畫船聽雨眠。	단장한 배에서 빗소리 들으며 잠을 잤네.
爐邊人似月●[3]	목로주점 가의 여인은 달같이 어여쁘니
皓腕凝雙雪●[4]	흰 팔은 눈이 엉긴 듯하다.
未老莫還鄕。	늙기 전엔 고향으로 돌아가지 말아야 함은
還鄕須斷腸。	고향에 돌아가면 마침내 애가 끊어져서네.

【주석】

1 只合(지합) : 본래 ~해야 했다.
2 碧於天(벽어천) : 푸른 하늘보다 더욱 맑고 푸르다.
3 爐(로) : 주점 안에 술 단지를 거는 화로. 爐邊人(노변인) : 술 파는 여인. ≪사기·사마상여전 史記·司馬相如傳≫에는 "주점을 사들여 술을 팖에 문군에게 술 데우는 화로를 맡게 하였다.(買酒舍沽酒, 乃令文君當爐.)"라는 구가 보인다. 탁문군(卓文君)은 서한(西漢) 임공인(臨邛人), 탁왕손(卓王孫)의 딸로 학문적 수양을 쌓았다. 사마상여가 탁씨의 집에서 지낼 때, 탁문군은 막 과부가 되었을 때라, 상여가 금(琴)을 켜서 마음을 떠보았기에 문군은 밤에 상여와 도망쳤다. 상여는 이미 거마를 모두 팔아버린 상황이라 술집을 열었을 때, 탁문군이 술을 팔았다는 <사마상여전>의 기록을 참조할 만하다.
4 皓腕(호완) : 새하얀 팔뚝. 雙雪(쌍설) : 양팔이 눈과 같이 희다.

【감상】

　　진정작의 ≪백우재사화≫, 오매(吳梅, 1884-1939)의 ≪사학통론≫은 강남을 촉(蜀)으로 보고 작자가 촉에 머물면서 군왕을 그리워한 사로, 당시 중원은 상란(喪亂)이 끊이지 않아 돌아가려 해도 돌아갈 수 없었기에 그가 말한 단장의 고통은 당연하리라는 견해를 보였다.

　　이 사는 위장이 촉에 들어가 강남 풍경을 접하면서 생긴 미묘한 심사를 술회하였다.

　　상편은 백묘(白描) 수법으로 강남의 봄 경치를 묘사했기에 시원시원하며 아름답다. 첫 2구는 제1층으로 "강남호(江南好)"를 제기해 강남을 찬미하면서 동시에 은연중에 우울한 슬픔을 담아냈다. "지합(只合)" 2자는 복잡한 감정이 감춰진 곳으로 무한한 슬픔을 담고 있다. 사람들은 모두 강남이 좋다고 말하지만, 유람객은 강남에 오래도록 머물 수밖에 없는 처지였으니 실은 기꺼이 원해서가 아님을 언외로 드러냈다. 다음 2구는 "강남호"에 대한 구체적인 묘사로 수향(水鄕) 강남의 풍광의 아름다움을 생기 넘치게 그렸다. 동시에 하편 첫 2구와 함께 제2층을 이룬다.

　　하편 첫 2구도 "강남호"의 부연이다. 앞에서는 강남 풍물의 아름다움을 썼고 여기에서는 여인의 아름다움을 썼다. "인사월(人似月)", "응쌍설(凝雙雪)"은 강남 미인을 전형한 묘사이다. 끝 2구는 제3층으로 억지로 유쾌한 말을 쓴 것은 고향에 대한 향수가 강렬해서다. 고향이 전란으로 뿔뿔이 흩어져 파괴됨을 목격하고 상심하였으나 끝내 말하지는 않았다. 서글픈 눈물이 흐르는 중에 마음을 은밀히 굽혀 말하기란 쉽지 않다. 전체 사는 층이 바뀌는 곳에서 깊은 뜻을 함축했기에 높은 성취를 거둘 수 있었다.

　　담헌은 ≪사변 詞辨≫ 권1에서 "억지로 웃는 얼굴로 즐겁고 유쾌한 말을 썼음은 장이 끊일까 염려해선데, 장 또한 끊이었다.(强顔作歡快語, 怕腸斷, 腸亦斷矣.)"라고 평하였다.

　　진정작의 ≪백우재사화≫ 권1은 "위장의 <보살만> 중 '늙기 전엔 고향에 돌아가지 말아야 함은, 고향에 돌아가면 마침내 애가 끊이져서네.', 또 '한 맺혀 석양빛 바라보며, 그대를 그리워하건만, 그대는 모르시리!'와 <귀국요> 중의 '이별 후 그리움 알았기에, 눈물방울을 멀리 부치기 어려웠네.', 또 <응천장>의 '밤마다 푸른 깁창으로 비바람 쳐, 애간장 끊임을 그대는 아시는지?' 등은 모두가 촉에 머문 뒤에 군왕을 그리워한 말이다. 이때 중원은 정세가 혼란하여 돌아가고 싶으나 그럴 수 없었다. 위장은 인품이 높지 못했지만, 그의 정은 또한 슬퍼할 만하다.(端己<菩薩蠻>, '未老莫還鄉, 還鄉順斷腸', 又 '凝恨對斜暉, 憶君君不知', <歸國謠>云, '別后知相憶, 淚珠難遠寄', <應天長>云, '夜夜綠窓風雨, 斷腸君信否', 皆留蜀後思君之辭. 時中原鼎沸, 欲歸不得, 端己人品未爲高, 然其情亦可哀矣!)"라고 평하였다.

3-8-86 위장

<보살만 菩薩蠻> 5수-3 如今却憶江南樂

如今却憶江南樂●	지금 바로 강남의 즐거움 회상하니
當時年少春衫薄●[1]	당시 나이는 젊어 봄옷은 얇았다.
騎馬倚斜橋。	말 타고 비스듬히 놓인 다리에 기대니
滿樓紅袖招。[2]	기루 가득한 붉은 옷소매 여인들이 손짓했지!
翠屛金屈曲●[3]	비취 병풍은 금빛 연결 고리로 장식했는데
醉入花叢宿●[4]	술 취하자 기원(妓院)으로 들어가 잠을 잤다.
此度見花枝。[5]	이번엔 어여쁜 미인 만났기에
白頭誓不歸。	흰머리 되도록 돌아가지 않는다고 맹세했지!

【주석】

1 春衫(춘삼) : 봄옷.
2 紅袖(홍수) : 소녀를 대신 가리킴. 청루(靑樓)의 기녀 무리를 이름.
3 翠屛(취병) : 비취로 장식된 병풍. 屈曲(굴곡) : 환뉴(環鈕). 병풍을 접히게 하는 연결 고리.
4 花叢(화총) : 기원(妓院). 풍류를 즐기는 곳의 화려함을 비유함.
5 此度(차도) : 이번. 花枝(화지) : 총애하는 여인을 비유함.

【감상】

　이 사 또한 사인이 풍류를 즐겼던 젊은 시절에 대한 추억으로, 강남에서 유랑할 때의 "강남락(江南樂)"을 묘사하였다. 그 즐거움을 주인공이 받은 은정(恩情)에 치중해 추억하면서 "백두서불귀(白頭誓不歸)"라는 연유를 실증하듯 묘사하였다. 춘삼기마(春衫騎馬), 홍수상초(紅袖相招), 화총취숙(花叢醉宿), 취병굴국(翠屛屈曲) 등은 모두가 강남에서의 즐거웠던 추억으로 이중 홍수상초는 은근한 연정(戀情)을 드러내었다. 이렇게 즐거움을 역설적으로 묘사한 것은 중원이 황소의 난으로 귀향이 불가함을 은유적으로 드러내기 위함이었으니, 언외로 드러낸 진의가 완곡함을 알 수 있다. 전란이 끊일 기미가 없기에 강남에서 지낼 결의를 "백두서불귀(白頭誓不歸)"로 토로한바, 고국에 대한 깊은 충정이 기탁됨을 알 수 있다.

　진정작 ≪운소집≫ 권1은 "탁월한 재능과 범속함을 초월한 풍모를 지닌 자신을 대단하게 여겨 즐겼기에 단호한 말이야말로 바로 비통한 말이다.(風流自賞, 決絶語正是悽楚語.)"라고 평하였다.

　이빙약은 <허장만기>에서 "위장의 이 2수는 절로 빼어난 사로 그 오묘함은 연꽃이 물에서 나온 것 같아 자연스럽고 아름답다. 생각으로는 위장이 일찍이 2번 강남에 이르렀기에 이 사는 아마도 중화(中和 : 당, 희종僖宗 연호 881-885)시기 낙양에 있을 때 지었을 것이기에 촉에 들어간 것과는 무관하다. 장혜언의 ≪사선≫은 부회하길 좋아하였기에 그의 말은 근거가 부족하다.(端己此二首自是佳詞, 其妙處如芙蓉出水, 自然秀艶. 按韋曾二度至江南, 此或在中和時作, 與入蜀後無關, 張氏≪詞選≫好爲附會, 其言不足據也.)"라고 평하였다. 곧 그대로의 느낌을 썼을 뿐, 우국충정을 기탁하지 않았다고 평한 것이다.

　당규장은 ≪당송사간석≫에서 "말은 비록 단호했어도, 뜻은 실로 슬펐다.(語雖決絶, 而意實傷痛.)"라고 평하였다.

3-9-87 위장

<보살만 菩薩蠻> 5수-4 勸君今夜須沉醉

勸君今夜須沉醉●	그대에게 오늘 밤 꼭 흠뻑 취하길 권하니
樽前莫話明朝事●[1]	술잔 앞에서 내일 아침 일 말하지 마시라!
珍重主人心。[2]	주인 마음을 소중히 여겨
酒深情亦深。	술 가득 따름은 정 또한 깊어져서네.
須愁春漏短●[3]	모름지기 봄밤이 짧음을 슬퍼하시고
莫訴金杯滿●[4]	금 술잔 가득 채움은 하소연하지 마시라!
遇酒且呵呵。[5]	술잔을 마주해 허허거리며 웃은 것은
人生能幾何。	사람이 얼마나 살 수 있을까 해서라네.

【주석】

1 樽前(준전) : 술잔 앞, 주연에서.
2 珍重(진중) : 소중히 하다.
3 須愁(수수) : 모름지기 슬퍼하다. 春漏(춘루) : 봄밤의 물시계. 매우 좋은 시간을 뜻함.
4 莫訴(막소) : 하소연하지 말라.
5 遇酒(우주) : 술잔을 마주치다. 인연을 상징한 표현. 呵呵(가가) : 허허하는 웃음소리. 의태어.

【감상】

주인이 권주하는 이유를 설명하면서 작자 자신의 말 못 할 고통을 표현하였다.

상편은 권주하면 심취하려는 자태로 대작함이 도리임을 일깨웠다. 첫 2구는 주인의 객에 대한 권주사로 오늘 밤 마시는 술이 심취하지 않고는 마시길 멈출 수 없음을 "수취(須醉)", "막화(莫話)"로 강조했다. 이는 인생이 꿈같아, 때에 맞춰 즐겁게 놀아야 한다는 급시행락(及時行樂) 관념을 드러낸 것일 수도 있고, 아니면 극도의 비애에서 온 것일 수도 있다. 작자 위장의 처지로 보면 아마도 후자에서 온 것으로 보인다. 다음 2구는 객이 타향에서 만난 주인에게 보내는 권주사로 정겨움이 녹아있다. 곧 술을 가득 채워 따름은 주인에게 보내는 정이 깊음을 강조해 한 말이다.

하편은 객이 자위(自慰)하는 권주사로 근심이 배어있다. 첫 2구는 "춘루단(春漏短)"에 "수수(須愁)"를, "금배만(金杯滿)"에 "막소(莫笑)"를 연계시켜 "금배만"이라는 당위성을 끌어내었다. 곧 취하지 않고는 봄밤을 보낼 수 없음을 말함으로써 사향(思鄕)의 고통이 끝없이 밀려옴을 엿보게 하였다. 끝 2구는 억지로 즐겁게 웃어야 한다는 필연을 언급함으로써 고통의 정도를 살피게 하였다. 특히 "가가(呵呵)" 2자는 말하기 쉬운 의태어로 억지로 웃어야 하는 공허감을 수반했기에 위장 사가 쉬운 말로 직설하면서도 깊게 감도는 맛을 전한다는 특징을 드러낼 수 있었다.

이빙약은 <허장만기>에서 "위장은 몸소 난리를 겪어 마음 상함이 많았기에, 이 사의 뜻은 실로 침통하다.(端己身經亂, 富於感傷, 此詞意實沈痛.)"라고 평하였다.

3-10-88 위장

<보살만 菩薩蠻> 5수-5 洛陽城裏春光好

洛陽城裏春光好●¹ 　　낙양성 안의 봄빛은 좋으련만
洛陽才子他鄉老●² 　　낙양의 재주꾼 타향에서 늙어간다.
柳暗魏王堤。³ 　　　　버들 우거져 위왕둑 어두워지면
此時心轉迷。 　　　　이때 마음 더욱 혼미해졌지.

桃花春水淥●⁴ 　　　　복사꽃 피고 봄 강물 맑으니
水上鴛鴦浴● 　　　　강변의 원앙은 목욕한다.
凝恨對殘暉。⁵ 　　　　석양을 마주해 한 맺힘은
憶君君不知。 　　　　그대 생각해선데 그대는 모르시어서지!

【주석】

1 洛陽(낙양) : 한대(漢代) 동도(東都)의 명칭. 지금의 하남성(河南省) 낙양현(洛陽縣) 구역.
2 洛陽才子(낙양재자) : 서한(西漢), 가의(賈誼, B.C.200-B.C.168)는 18세 때 문재(文才)가 뛰어난 데다 낙양인 있었기에 낙양재자라고 불렀다. 여기서는 작자 자신을 말함.
3 魏王堤(위왕제) : 낙양현 남쪽 위왕(魏王) 이름을 딴 못가에 있으며, 그 지방의 명승고적(名勝古蹟)이다. 당(唐) 태종(太宗)은 이 못을 위왕(魏王) 태(泰)에게 주었기에 그 이름을 위왕지(魏王池)라고 하였다. 못가에 제방과 낙수(洛水)가 서로 막혀 있어 "위왕제(魏王堤)"라고도 이름하였다. 제방 근처에 버들이 많다.
4 淥(록) : 물이 맑아지다.
5 殘暉(잔휘) : 석양(夕陽).

【감상】

　이 사는 입촉(入蜀)한 만년에 두 번에 걸쳐 낙양에 머물던 봄날의 가장 인상 깊었던 위왕제의 버들을 회상하며 사랑했던 여자가 작자 자신을 그리워할 것을 상상해 쓴 사로 보인다.

　상편은 낙양에 대한 그리움이 절실함을 썼다. 첫 2구는 특히 낙양을 두 번 반복해 씀으로써 낙양에 대한 그리움이 절실함을 드러냈다. "낙양재자(洛陽才子)"는 원래 전한(前漢)의 가의를 지칭했는데 여기서는 <진부음>을 지어 "진부음수재(秦婦吟秀才)"라는 미칭을 얻었던 작자 자신을 이른 표현으로 득의했던 모습을 부각했다. 다음 2구는 첫 구 중 "춘광호(春光好)"란 경상을 구체적으로 묘사한 표현이다. 위왕제는 낙양의 명승으로 버들이 많이 우거진 것으로 유명하다. "차시심전미(此時心轉迷)" 5자는 타향에서 지내는 낙양재자가 당시 낙양의 봄을 회상할 때, 처량하고 서글펐던 감회를 쓴 기억으로 "낙양재자타향로(洛陽才子他鄉老)"를 이어 쓴 술회이다. 곧 "타향로"는 바로 자신의 신세에 대한 망연(茫然)한 감회를 함축한 표현이다. 이 구에 장혜언은 ≪사변 詞辨≫에서 "검객 항장의 칼춤은 원망하면서도 노여워하지 않는 의로움을 보였다.(項莊舞劍, 怨而不怒之義.)"라고 평하였다.

　하편은 현재 작자의 눈앞에 보이는 촉지(蜀地)의 춘경(春景)과 그 당시의 감회를 썼다. 첫 2구는 복숭아꽃 비치는 강물은 맑은데 원앙이 짝지어 목욕하는 것으로 자신의 외로움을 부각하였다. 끝 2구는 떠돌며 유랑했던 자신의 신세와 현재의 외로움을 그리움으로 우의하였다. 황소의 난 속에 정처 없이 떠돌며 불우했던 지난날을 회상했기에 한이 깊다. 하물며 노을진 석양을 대하니 그 상념은 더욱 깊은 회한을 불러와 정신을 가눌 길이 없다. 따라서 임에 대한 그리움은 더욱 절실해지게 마련이다. "억군(憶君)"의 군은 함의가 이중적이나 사랑했던 여인으로 보는 것이 좋을 듯하다. 특히 이때의 이 심정을 '그녀가 알까?'라고 써 깊은 여운을 남겼다.

　진정작우 ≪사칙·대아집 詞則·大雅集≫ 권1에서 "이 중에는 말 못 할 사정이 있다.(中有難言之隱.)"라고 평하였다.

　오매의 ≪사학통론≫은 "위장 <보살만> 4편은 고국을 걱정하며 잊지 않는 마음을 제일로 음미할 만하다.(端己 <菩薩蠻> 四章, 惓惓故國之思, 最耐尋味.)"라고 평하였다.

　이빙약은 <허장만기>에서 "이 사는 말의 뜻으로 살펴보면 낙양에서 객거(客居)할 때 쓴 것 같다. 앞의 여러 수와 연계된 곳도 없으며, 또한 입촉(入蜀)한 후의 말년 사로 미루어 판단할 길도 없다.(此首以詞意按之, 似是客洛陽時作. 與前諸首無可聯繫處, 亦無從推斷爲入蜀暮年之詞也.)"라고 평하였다. 이 평은 경(景)으로 정(情)을 드러내는 사체(詞體)의 모호성에서 기인한 것이나 앞의 4수와 의경이 다른 데서 그 차별성을 살펴야 할 것이다.

3-11-89 위장

<귀국요 歸國謠> 3수-1 春欲暮

春欲暮^{춘욕모}•	봄이 가려 하니
滿地落花紅帶雨^{만지낙화홍대우}•[1]	땅 가득히 떨어진 꽃은 붉은 빗방울 띠었다.
惆悵玉籠鸚鵡^{추창옥농앵무}•[2]	옥 장식 조롱(鳥籠) 속 앵무새를 슬퍼함은
單棲無伴侶^{단서무반려}•	홀로 깃 쳐 짝이 없어서다.
南望去程何許^{남망거정하허}•[3]	남쪽으로 간 길이 어딘지
問花花不語^{문화화불어}•	꽃에게 물으나 꽃은 말이 없다.
早晚得同歸去^{조만득동귀거}•[4]	언제 함께 돌아가게 될까?
恨無雙翠羽^{한무쌍취우}•[5]	물총새 두 날개 없음이 한스럽다.

【주석】

1 紅帶雨(홍대우) : 떨어지는 꽃잎이 뒤섞인 빗방울.
2 鸚鵡(앵무) : 앵무새. 보고 즐기는 새로, 혀의 육질이 부드럽고 발성 기관이 특별하여 사람의 말을 모방할 수 있다. 單棲(단서) : 혼자 살다, 독거하다.
3 去程(거정) : 간 길. 南望(남망) : 향남(向南). 망(望)은 향(向)과 같음. 何許(하허) : 어디, 어떠한.
4 早晚(조만) : 언제. 어느 날.
5 雙翠羽(쌍취우) : 물총새의 두 날개.

【감상】

　모춘(暮春)에 온종일 외롭게 지내며 남편을 그리워하는 심경을 썼으나 실은 남녀의 정을 빌려 고국에 대한 그리움을 기탁(寄託)하였다.

　상편의 "춘욕모(春欲暮)"는 절기를 썼고, "만지(滿地)" 구는 늦봄의 색채를 더하면서 비 내림을 부각하여 여주인공이 감회에 잠긴 모습을 그렸다. 다음 2구는 여주인공이 무료에서 온 쓸쓸함을 홀로 깃든 앵무새에게 보내는 동정으로 표현하였다. 이는 멀리 간 남편에 대한 그리움을 드러내면서 자신에 대한 동정도 엿보게 했기에 곡진함을 보일 수 있었다.

　하편은 멀리 있는 남편에 대한 그리운 심정을 그렸다. "남망(南望)" 2구는 간 길을 물으나 대답이 없어 꽃을 원망하기에는 억지스럽지만 도리어 정겨움을 보였다. "조만(早晚)" 2구는 쌍 날개가 없어 함께할 수 없는 한을 말했기에 그 정은 진실하고 뜻은 애절하다.

　구양수(歐陽脩, 1007-1072) <접련화 蝶戀花> 중 "눈물 어린 눈으로 꽃에게 물으나 꽃은 말이 없네.(淚眼問花花不語.)"라는 구는 이 사의 하편 "문화화불어(問花花不語)" 구에 "누안(淚眼)"이란 2자를 첨가함으로써 명구로 칭송될 수 있었다.

　<귀국요> 3편 모두는 매구(每句)에 측성자를 압운함으로써 불편한 심경을 토로하는 운율감을 반영할 수 있었다.

3-12-90 위장

<귀국요 歸國謠> 3수-2 金翡翠

金翡翠•[1]	금빛 물총새야!
爲我南飛傳我意•	나를 위해 남쪽으로 날아가 내 뜻을 전해 다오!
罨畫橋邊春水•[2]	채색 그림 같은 다리 가로 봄 강물 흐르기에
幾年花下醉•	꽃 아래서 취한 게 몇 해였나!
別後只知相愧•[3]	이별 후에야 못 돌아간 부끄러움 겨우 알았지만
淚珠難遠寄•	눈물을 멀리 부치기 어려웠다.
羅幕繡帷鴛被•	비단 장막, 수놓인 휘장, 원앙 이불 속의
舊歡如夢裏•	옛 환락은 꿈과 같았다.

【주석】

1 金翡翠(금비취) : 금빛 물총새(翡翠). 명대(明代) 이시진(李時珍) ≪본초강목 本草綱目≫은 "혹은 앞부분 몸체를 비(翡)라 하며 몸의 뒷부분을 취(翠)라고도 하고, 혹은 수컷을 비(翡)라고 함은 적색이 많아서이고, 암컷을 취(翠)라고 함은 청색이 많아서이다."라고 풀이했다.

2 罨畫(엄화) : 채색이 선명한 회화.

3 相愧(상괴) : 서로 부끄러워하다. '상(相)'은 자신 쪽에 편중된 표현으로, 자괴감(自愧感)을 느낀다는 말이다.

【감상】

여자가 멀리 간 남편에 대한 그리움을 빌려 고국 당(唐)에 대한 그리움을 기탁하였다.

상편은 남쪽 강남땅에 대한 그리움을 썼다. 앞 2구는 남쪽으로 날아가는 물총새와의 대화로 지극한 그리움을 끌어냈다. "엄화(罨畫)" 2구는 남쪽의 정겨운 경물을 그려 강남을 그리워하는 정을 드러냈다. 채색 그림 그려진 다리 가에 봄 강물은 여전히 흐르리라는 상상 속에, 일찍이 꽃 핀 풍경에 취해 정신없이 지냈던 지난 세월에 대한 아름다웠던 추억을 회상하였다. 이로써 지금의 고통도 동시에 우의할 수 있었다.

하편은 상대에 대한 추억에서 생긴 고통과 상사의 정을 솔직담백하게 말했지만, 그 정은 도리어 진지하고도 뜨겁다. 앞 2구는 이별 전에는 차마 느끼지 못했던 통한의 심정을 깨달아 이를 전하고 싶었으나 눈물이 구슬 같이 쏟아져 소식을 전하기 어려웠음을 그대로 술회하였다. 말을 쉽게 쏟아 냈으나 정은 깊고 간절하다. 특히 "지상괴(知相愧)"는 그 당시는 몰랐던 마음을 지금에야 깨닫고 후회함을 보인 표현으로 진정성을 전한다. 끝 2구는 함께 공유했던 정물(情物)들을 눈앞에서 선히 보이듯이 펼침으로써 그리운 정을 더욱 부각할 수 있었다. 하지만 옛 즐거움이 꿈속에서 재현되었기에 새로운 근심으로 다가오지 않을 수 없었다.

진정작 ≪운소집≫ 권1에서 "'이별 후에야 못 돌아간 부끄러움 겨우 알았지만'이란 구에는 진실로 이 같은 정이 담겨 있다.('別後只知相愧', 眞有此情.)"라고 평하였다.

3-13-91 위장

<귀국요 歸國謠> 3수-3 春欲晚

_{춘욕만}
春欲晚●　　　　　봄 저물려는데

_{희접유봉화난만}
戲蝶遊蜂花爛熳●¹　　벌 나비 희롱하며 놀고 꽃은 눈부시게 곱다.

_{일락사가지관}
日落謝家池館●²　　그 여인 집으로 해는 지는데

_{유사금루단}
柳絲金縷斷●³　　　버들가지는 금실이 잘린 듯 가지런하다.

_{수각녹환풍란}
睡覺綠鬟風亂●⁴　　잠에서 깨니 푸른빛 귀밑머리 어지러움은

_{화병운우산}
畫屛雲雨散●⁵　　　채색 병풍 가에서 나눈 사랑이 끝나서다.

_{한의박산장탄}
閑倚博山長歎●⁶　　박산향로에 한가히 기대어 길게 탄식하니

_{누류첨호완}
淚流沾皓腕●　　　　눈물은 흘러 흰 팔뚝 적신다.

【주석】

1 爛熳(난만) : 색채가 선명하고 아름다운 모습.
2 謝家池館(사가지관) : 사추낭(謝秋娘)의 집. 곧 여자의 거처. 후에는 귀족의 집이나 기루(妓樓)를 지칭하였다. 온정균 <경루자 更漏子> 6수-1 주 참조.
3 金縷(금루) : 버들가지가 금빛 띠고 가늘고 부드럽게 나부낌을 형용함.
4 風亂(풍란) : 바람 불어 어지럽게 날리다.
5 雲雨(운우) : 남녀의 합환(合歡). 송옥(宋玉) <고당부서 高唐賦序>에서 "회왕(懷王)이 그래서 그녀를 총애했습니다. (신녀가) 떠나며 말하길 '저는 무산(巫山) 남쪽, 높은 구릉의 험지에서 지내는데, 아침에는 아침 구름 되고 저녁에는 내리는 비가 되어 아침 저녁으로 양대 아래에 있지요.'라고 했습니다.(王因而幸之. 去而辭曰 : '妾在巫山之陽, 高丘之阻, 旦爲朝雲, 暮爲行雨, 朝朝暮暮, 陽臺之下.')"라고 기록했기에 후세에 "운우"로 남녀의 합환(合歡)을 비유하게 되었다. 散(산) : 끝나다.
6 博山(박산) : 향로(香爐) 명칭. 송(宋) 여대림(呂大臨)은 ≪고고도 考古圖≫에서 박산향로

는 향로가 바다 가운데 있는 선산(仙山)인 박산을 닮은 데서 유래했다고 풀이했다.

【감상】

한 여자가 멀리 떨어져 있는 임을 그리워하는 정을 썼다.

상편은 이별을 썼다. "춘욕만(春欲晚)"은 이별한 시간이고, "희접(戲蝶)" 구는 "춘욕만(春欲晚)"이란 시점에서 보인 경상 묘사로 견디기 힘든 이별의 고통을 역으로 드러냈다. "일락사가지관(日落謝家池館)"은 이별한 한이 생긴 지점이고 "유사(柳絲)" 구는 송별할 때 버들가지가 금빛으로 가지런히 드리운 모습이다.

하편은 꿈을 깬 뒤 이별의 서글픔을 썼다. 첫 2구는 여주인공이 꿈을 깬 후의 귀밑머리 형상을 그려 절망을 드러낸바, 행복했던 시절은 지나가 이미 서글픈 처지로 바뀜을 부각하였다. 끝 2구는 멀리 간 사람을 그리워하는 정도가 예사롭지 않음을 형상하였다. 경(景)의 묘사가 아름다울수록 그리워하는 정은 더욱 애절해짐을 살피게 하였다.

탕현조는 탕평 ≪화간집≫ 권1에서 "'수각' 구는 얼마나 아름다운 광경인가!('睡覺' 句, 好光景.)"라고 평하였다.

이빙약 <허장만기>는 "'유사금루단' 구의 단(斷) 자는 글자 운용이 매우 저열하다.('柳絲金縷斷', 斷字極劣.)"라고 평하였다.

3-14-92 위장

<응천장 應天長> 2수-1 綠槐陰裏黃鶯語

綠槐陰裏黃鶯語●	녹색 홰나무 그늘 속에 꾀꼬리 지저귀는데
深院無人春晝午●¹	깊은 뜰엔 사람 없는 봄날 정오다.
畫簾垂,	채색 발 드리우니
金鳳舞●²	발 위에 수놓인 금빛 봉황 춤추는데
寂寞繡屛香一炷●³	수놓인 병풍 가의 한 가닥 향 연기 적막하다.
碧天雲,	푸른 하늘의 구름이
無定處●⁴	정처 없듯이
空有夢魂來去●⁵	꿈속의 혼은 공연히 오간다.
夜夜綠窓風雨●⁶	밤마다 푸른 창으로 비바람 쳐
斷腸君信否●⁷	애간장 끊임을 그대는 믿으시는가!

【주석】

1 春晝午(춘주오) : 봄철 한낮 정오 때.
2 金鳳舞(금봉무) : 채색 발 위에 그려진 금빛 봉황에 바람 불어 움직이니, 마치 춤추는 듯함을 형용함.
3 一炷香(일주향) : 타고 있는 한 가닥의 향.
4 碧天雲(벽천운) : 푸른 하늘에 떠도는 구름. 곧 그리워하는 이를 비유함.
5 空有(공유) : 공연히. 사람은 돌아오지 않고, 꿈에서나 만나러 옴을 이 글자로 표현했다. '내거(來去)'는 '래(來)' 자의 뜻만 취했다.
6 綠窓(녹창) : 화려한 창. 여인이 거처하는 방.
7 信(신) : 믿다.

【감상】

외로운 여인이 나그네로 지내는 임을 그리워하는 정을 썼다.

상편은 여자가 거처하는 환경이 평온하고 적막함을 썼다. 첫 "녹괴(綠槐)" 2구는 실외의 경치로 경계가 극히 평온하다. "녹괴음리(綠槐陰裏)"와 같은 정경(靜景) 속에 "황앵어(黃鶯語)"라는 동경(動景)을 그렸기 때문이다. 다음 "화렴(畫簾)" 3구는 실내 묘사로 거처가 그윽하고 아름다우나 정적이 감돌고 있다. 채색 발이 쳐있어 바람은 발 위에 수놓인 금빛 봉황을 춤추는 듯이 흔드는데, 병풍 가에서 조용히 타고 있는 향을 조명함으로써 홀로 지내는 외로움을 부각하였다.

하편은 야경을 그려 사무치는 그리움을 절실하게 묘사하였다. "벽천운(碧天雲)" 3구에서 "벽천운"은 바로 보이는 야경이며, "무정처(無定處)"는 구름이 떠도는 모습으로 곧 그리워하는 임이 돌아올 기미가 보이지 않음을 형상한 말이다. "공유몽혼내거(空有夢魂來去)" 구는 그리움이 떠날 수 없음을 우의하였다. 다음 "야야(夜夜)" 구는 비바람이 창을 흔드는 깊은 밤에 꿈에서 깬 전형적인 환경을 그려, 구름처럼 떠도는 사내에 대한 그리움이 여전함을 살피게 하였다. 끝구는 애절한 외침을 드러내기 위해 극단의 고민을 직설하였다.

진정작의 ≪운소집≫ 권1은 "위장의 <보살만> 중의 '지는 석양 마주하니 한이 엉기네.', '그대를 그리워하나 그대는 모르 시리!'는 오묘하지 않음이 없으나, '애간장 끊임을 그대는 믿으시는가!'에는 미치지 못한다.(端己<菩薩蠻>, '凝恨對斜暉', '憶君君不知', 未嘗不妙, 然不及, '斷腸君信否'.)"라고 평하였다.

3-15-93 위장

<응천장 應天長> 2수-2 別來半歲音書絕

別來半歲音書絕●	헤어져 반년 동안 소식 끊였기에
一寸離腸千萬結●[1]	이별한 애간장은 온갖 수심 맺혔다.
難相見,	만나기 어려운 데도
易相別●	쉽게 헤어졌기에
又是玉樓花似雪●[2]	옥루에 핀 꽃도, 또 눈같이 희었다.
暗相思,	남몰래 그리면서도
無處說●	말할 곳 없었기에
惆悵夜來煙月●[3]	밤 되면 운무 속에 뜬 달로 서글퍼졌다.
想得此時情切●[4]	생각했다! 이때 정 간절해져
淚沾紅袖黦●[5]	눈물이 붉은 소매를 황흑색으로 적셨음을!

【주석】

1 一寸(일촌) : 길이의 단위로 한 자. '일(一)'·'천(千)'·'만(萬)'은 모두 허수로 '일'은 짧음을 '천', '만'은 많음을 말한다.
2 花似雪(화사설) : 배꽃의 희기가 눈과 같다. 남조(南朝) 범운(范雲, 451-503)의 <별시 別詩>에 "지난번 이별할 때는 눈이 꽃 같았는데 이번에 만났을 때는 꽃이 눈 같았네.(昔去雪如花, 今來花似雪.)"라는 구절이 보인다.
3 煙月(연월) : 운무 속에 뜬 달.
4 情切(정절) : 정이 간절해지다.
5 淚沾(누첨) : 눈물이 흘러 적시다. 黦(울) : 황흑색(黃黑色).

【감상】

이별 후의 그리움을 썼다. 오세창(吳世昌, 1908-1986)은 ≪사림신화 詞林新話≫에서 <응천장> 2수는 위장이 그의 총희가 왕건에게 탈취된 후, 총희의 심경을 상상해 쓴 사로 보았다.

상편은 이별할 때의 감회를 회상하였다. "별래(別來)" 구는 이별한 지 반년간 전혀 소식이 없어, 더욱 그리워졌음을 썼다. "일촌(一寸)" 구는 그리움으로 인해 고통이 격렬해지는 모습을 그렸다. 수없는 고통으로 묶여 있음을 한 치의 애간장이 천만 개로 묶인 모습으로 형상하여 고통의 정도를 절감케 하였다. "난상견, 이상별(難相見, 易相別)" 구는 이상은(李商隱, 812-858)의 "만나는 기회가 오기 어렵다지만 이별할 때 되면 또 헤어지기 어렵네.(相見時難別亦難.)"라는 시구를 떠올리게 한다. 이 시구는 은근한 정이 감도나, 위장이 쓴 이 구의 정조는 급하기만 하다. "우시(又是)" 구는 이별할 때 버들솜이 또 분분히 날림을 마치 흰 눈이 휘날리는 듯하다고 묘사했기에 서러움과 그리움을 동시에 형상한 효과를 거둘 수 있었다.

하편은 이별 후의 감회를 썼다. "암상사, 무처설.(暗相思, 無處說.)"은 직설적이나 완곡함을 보였다. "무처설(無處說)"에는 그리움은 호소해 말할 수 없는 부분도 있고, 말하려 해도 이해해주는 이가 없기에 말로 다 표현해낼 수 없다는 뜻이 담긴 데다가, 번뇌 같이 표현할 수 없는 심경도 포괄되어 있다. 다음의 "추창(惆悵)" 3구는 현실에서 회상으로, 다시 회상에서 현실로 돌아오는 처량하고 고통스러운 경과를 추적하였기에 고통의 정도를 심도 있게 드러낼 수 있다.

진실한 정을 곧장 토로함으로써, 조금도 감추지 않는 작법을 썼다. 사용한 말은 쉽고 직설적이나, 정이 진실하기에 사무치는 고통을 전할 수 있었다. 측성운으로 압운해야 하는 사조라서 이 같은 정감을 더욱 선명하게 드러낼 수 있었다.

진정작 ≪운소집≫ 권24는 "압운이 모름지기 이와 같아야 함은, 붓 가는 대로 꾸밈없이 썼지만 아무 흔적도 없어서다.(押韻須如此, 信筆直書, 方無痕跡.)"라고 평하였다.

3-16-94 위장

<하엽배 荷葉杯> 2수-1 絕代佳人難得

絕代佳人難得。¹	절세미인 만나기 어려움은
傾國。	경국지색을
花下見無期。²	꽃 아래서 만날 기약 없어졌네.
一雙愁黛遠山眉。³	수심 찬 두 눈썹이 원산미라서
不忍更思惟。⁴	차마 더욱 그리워하지 못하겠네!
閑掩翠屛金鳳。	금 봉황 수놓인 비취색 병풍을 한가롭게 가렸던
殘夢。⁵	어수선했던 꿈을 깨니
羅幕畫堂空。	비단 장막 드리운 단장한 방은 공허했네.
碧天無路信難通。	푸른 하늘은 길이 없어 소식 전하기 어렵기에
惆悵舊房櫳。⁶	옛 창의 격자를 보아도 서글퍼졌네.

【주석】

1 絶代佳人(절대가인) : 당대의 유일무이한 절세미인. 당시 꽃 아래에서 만났던 여인을 말함.
2 傾國(경국) : 절세미녀를 보기 위해, 성이 한쪽으로 기울도록 모여 옴을 비유한 말로 여인의 용모가 매우 빼어남을 이름. ≪고시원 古詩源≫에 이연년(李延年, ?-B.C.90)의 "북방에 미인 있으니, 세상에서 견줄 수 없게 홀로 빼어났네. 한번 돌아보면 성이 기울고, 다시 돌아보면 나라가 기우네. 성이 기울고 나라가 기움을 차라리 모를지라도 미인은 다시 얻기 어렵네.(北方有佳人, 絕世而獨立. 一顧傾人城, 再顧傾人國. 寧不知傾城與傾國, 佳人難再得.)"라는 시가 전한다.
3 黛眉(대미) : 눈썹을 그리다. 까맣게 칠한 눈썹.
4 不忍(불인) : 차마 ~못하다. 思惟(사유) : 그리워하다.

5 殘夢(잔몽) : 어수선했던 꿈.
6 房櫳(방롱) : 창의 격자(格子). 넓게는 집을 말함.

【감상】

경국지색인 애첩을 지극히 그리는 정을 썼다.

상편은 경국지색 절세가인(絶世佳人)인 애첩을 꽃 아래에서 다시 만날 수 없음을 회상하였다. 첫 3구는 가인이 떠난 뒤로, 지난날 꽃 아래에서 만나자고 한 약속을 다시 지킬 수 없음을 썼다. 고통스러운 정을 말 속에 숨겨서 표현하였다. 다음 2구는 깊게 잠긴 가인의 눈썹 모습이 애처로웠기에 더욱 그리워할 수 없음을 썼다. "불인(不忍)" 구는 그리워하면 오히려 괴로움이 커지기에 차마 그리워할 수도 없는 처지임을 부각하였다.

하편은 실내에서 함께했던 그리움을 썼다. "한엄(閑掩)" 3구는 상편을 이어, 그리웠던 사랑을 꿈에서는 이뤘으나, 꿈에서 깨어나니 사랑한 여인이 곁에 없기에 큰 방이 공허함을 토로하였다. 끝 2구는 그리운 정을 전하고 싶어도 전할 방도가 없는 실의를 예전에 함께 지냈던 방의 격자창만 보아도 애상이 깊어지는 상황으로 비유하였다.

진정작은 ≪사칙·별조집 詞則·別調集≫에서 "'차마 더욱 그리워하지 못하겠네!(不忍更思維)' 5자는 슬픔이 다하려 하니, 애첩이 어떤 심사라 해도 애를 끊지 않을 수 있으리오!('不忍更思維'五字, 凄然欲絶. 姬獨何心, 能不斷腸乎!)"라고 평하였다.

3-17-95 위장

<하엽배 荷葉杯> 2수-2 記得那年花下

記得那年花下。	기억하네! 그해 꽃 아래
深夜。	깊은 밤에
初識謝娘時。	그 여인 처음 알게 된 때
水堂西面畵簾垂。[1]	서쪽으로 향한 못 가 집에서 채색 발 드리우고
攜手暗相期。[2]	손 잡고 만날 날 몰래 정했음을!
惆悵曉鶯殘月。	지는 달 아래서 새벽 꾀꼬리 울음 서글퍼하며
相別。	서로 이별하고는
從此隔音塵。[3]	그때부터 소식 끊었지!
如今俱是異鄕人。[4]	지금은 모두 타향 사람 되었으니
相見更無因。[5]	더욱이 서로 만날 기회 없네.

【주석】

1 水堂(수당) : 못가에 임한 집.
2 相期(상기) : 서로 만날 기일을 정하다.
3 隔音塵(격음진) : 소식을 끊다.
4 異鄕(이향) : 타향.
5 因(인) : 연유. 여기서는 '기회(機會)'로 쓰임.

【감상】

총희(寵姬)에 대한 그리움을 썼다.

첫 구 "기득(記得)"부터 하편 "상별(相別)"까지는 당년 일을 회상했고 "종차(從此)"로 시작하는 끝 3구로는 이별 후 만날 수 없는 한을 술회하였다.

상편은 총희를 처음 만났을 때 아름다웠던 정경(情景)을 차례대로 회상하였다. "기득(記得)" 2자는 그 구와 아래 4구를 목적어로 삼으면서 회상한 바를 썼다. "심야(深夜)"는 서로 만난 시간이고 "수당서면(水堂西面)"과 연결된 "화하(花下)"는 만난 장소이다. 다음 2구는 실내의 정사 묘사이다. "화렴수(畵簾垂)" 구는 인적이 조용한 깊은 밤에, 물가에 임한 집, 단장한 발이 드리워진 곳에서 나눈 기약을 회상하였다. "휴수(携手)" 구는 두 사람의 마음이 하나 되어 후일을 기약했음을 회상하였다.

하편은 지금의 고통을 썼다. "효앵잔월(曉鶯殘月)"은 이별했던 처량한 환경 묘사이며 "종차(從此)" 이하는 이별 후 상황으로 소식이 두절됨을 밝혔다. 곧 두 사람은 자신들의 의지와는 무관하게 각각 다른 곳에서 타향 사람처럼 되었기에 그 슬픔이 더욱 커짐을 탄식하지 않을 수 없었다.

남송, 양식(楊湜)의 ≪고금사화 古今詞話≫의 기재에 따르면, 위장에게는 총애하는 첩이 있었지만 촉(蜀)왕 왕건(王建)에 빼앗기자, <하엽배 荷葉杯>, <소중산 小重山> 등과 같은 사를 짓게 되었고, 이런 사가 궁중으로 흘러 들어가자 애첩이 그것을 보고 굶어 죽었다고 한다. 하지만 하승도(夏承燾, 1900-1986)는 ≪위단기년보 韋端己年譜≫에서 위장이 촉에 머문 때는 72세였기에 양식의 기록을 따를 수 없다는 견해를 보였으나, 위장이 입촉(入蜀)해 왕건을 받든 시기를 66세였던 901년으로 보면 하승도설을 수용하는 데는 무리가 따른다.

3-18-96 위장

<청평악 淸平樂> 4수-1 春愁南陌

春愁南陌•¹ (춘수남맥)	남쪽 길에 봄 근심 어림은
故國音書隔•² (고국음서격)	고향 소식 끊여서다.
細雨霏霏梨花白•³ (세우비비이화백)	가랑비 부슬부슬 내리고 배꽃은 흰데
燕拂畫簾金額•⁴ (연불화렴금액)	제비는 채색 발의 금빛 염액(簾額)을 스치며 난다.
盡日相望王孫。⁵ (진일상망왕손)	온종일 고향 바라보는 왕손 같은 길손은
塵滿衣上淚痕。 (진만의상누흔)	먼지 가득한 옷 위로 눈물 흔적 남겼네.
誰向橋邊吹笛, (수향교변취적)	누가 다리 가를 향해 피리 불었나?
駐馬西望銷魂。⁶ (주마서망소혼)	가는 말 멈추고 서쪽을 바라보니 넋 나갔네.

【주석】

1. 南陌(남맥) : 남쪽으로 향한 길.
2. 故國(고국) : 고향. 장안(長安)을 말함.
3. 霏霏(비비) : 눈, 비, 안개, 구름 등이 조밀한 모양.
4. 金額(금액) : 금빛 채색으로 장식한 염액(簾額). 염액은 발의 상단(上端).
5. 盡日(진일) : 온종일. 王孫(왕손) : 왕후(王侯)의 자손을 칭했으나 후에는 귀족자제에 대한 존칭으로 쓰임. 여기서는 고향을 그리는 나그네. 곧 작자 자신을 말함.
6. 駐馬(주마) : 가는 말을 멈추게 하다. 銷魂(소혼) : 넋을 잃다.

【감상】

촉(蜀) 땅에서 고국을 그리는 정을 썼다.

상편은 촉지(蜀地)에서 느끼는 우수를 그렸다. 가랑비 부슬부슬 내리고, 배꽃 만개한 속에 제비가 주렴의 금빛 상단을 스치고 지나감을 묘사해 봄이 한창 아름다움을 부각하였다. 제2구 "고국음서격(故國音書隔)"은 "춘수(春愁)"에 잠기게 된 직접적인 연유이고, 제3, 4구에서 묘사한 아름다운 봄 경치는 춘수를 불러온 간접적인 요인임을 알 수 있다.

하편은 고국이면서 고향인 장안(長安)을 그리는 정을 썼다. 밖에서 떠돌아다니는 왕손(王孫) 같은 작자 자신이 고향으로 돌아가고 싶어 온종일 멀리 바라봄을 썼다. 제2구 "진만의상루흔(塵滿衣上淚痕)"은 제1구 "진일상망(盡日相望)"이란 행위로 생긴 모습이기에 더욱 처량하다. 이 2구는 나그네의 곤궁했던 형상으로 곧 작자 자신의 모습이다. 끝 2구는 옛날 고향 정원을 노닐던 때의 회상으로, 들려오는 피리 소리가 고향을 그리는 정을 불러 와, "소혼(銷魂)"하게 되었음을 술회하였다. 이 "소혼"은 곧 첫 구 "춘수(春愁)"에서 기인한 귀결이기에 무한한 애상에 잠기게 한다.

이빙약의 <허장만기>는 "하편은 필법이 매우 정교하고 아름답다.(下半闋, 筆極靈婉.)"라고 평하였다.

3-19-97 위장

<창평악 清平樂> 4수-2 野花芳草

野花芳草● (야화방초) 들꽃 피고 향그런 풀 자란
寂寞關山道●¹ (적막관산도) 험준한 요새 길은 적막하다.
柳吐金絲鶯語早●² (유토금사앵어조) 버들이 금빛 가지 토해 놓아 꾀꼬리 새벽부터 지저귀니
惆悵香閨暗老●³ (추창향규암로) 안방 여인이 남몰래 늙어감이 서글프다.

羅帶悔結同心。⁴ (나대회결동심) 비단 띠로 한마음 맺었음을 후회함은
獨憑朱欄思深。 (독빙주란사심) 붉은 난간에 홀로 기댔지만 그리움만 깊어져서네.
夢覺半床斜月, (몽각반상사월) 꿈 깨니 침상 반쪽에 달빛 비꼈는데
小窓風觸鳴琴。⁵ (소창풍촉명금) 작은 창에 바람 닿으니 금을 울리네.

【주석】

1 關山(관산) : 높고 험준한 장소. 관새(關塞)와 산악.
2 柳吐金絲(유토금사) : 버들이 금빛 가지에 싹을 돋우다.
3 暗老(암로) : 세월이 흘러 알지 못하는 사이에 사람이 늙다.
4 羅帶(나대) : 비단 띠. 온정균 <경루자 更漏子> 6수-4 주 참조.
5 風觸鳴琴(풍촉명금) : 바람이 닿자 금(琴)을 울리다.

【감상】

변경에 나간 임을 그리워하는 여인이 사랑에 따르는 고통으로 인해 사랑한 것을 후회하려는 정을 썼다.

상편은 실외의 경물 묘사로 임 그리는 정을 말한 후, 외롭게 홀로 늙어감을 슬퍼하였다. 첫 2구 중 "야화방초(野花芳草)"로는 광활하게 펼쳐진 길을 쓸쓸히 그린 뒤, "적막관산도(寂寞關山道)"로 임이 아득한 요새 길로 떠났음을 상기하였다. 다음 구인 "유엽금사앵어조(柳葉金絲鶯語早)"로는 봄 경치를 대변하는 금실 버들가지와 끊임없이 울어대는 꾀꼬리 소리를 그려 "향규암로(香閨暗老)"라는 고독과 실의에 찬 모습을 드러내면서 앞서 쓴 "적막관산도(寂寞關山道)"와 은근한 연계를 맺었다. 이로써 "암로(暗老)"하게 된 연유가 "관산도"로 간 임 생각에서 기인함을 엿보게 하였다.

하편은 여주인공이 동심결(同心結)이란 행위를 후회함과 동시에 밀려오는 그리움을 떨칠 수 없는 데서 온 고뇌를 그렸다. 첫 구는 외로움이 불러온 후회를 언급했고 다음 구는 후회에 수반되는 그리움을 "독빙주란(獨憑朱欄)"으로 형상하여 후회가 치유의 방식이 될 수 없음을 술회하였다. 끝 2구는 경상 묘사로 후회의 정과 그리운 정을 동시에 그렸다. 곧 "반상사월(半床斜月)"은 아름다웠던 한때가 지났음을 아쉬워한 형상이며 "풍촉명금(風觸鳴琴)"은 바람이 금을 울리듯이 다가오는 그리움을 피할 수 없음을 그린 묘사이다.

전 사는 별다른 수식 없이 정감의 흐름에 중점을 두면서 느낀 대로 묘사했으나 정감은 진솔하고 은근한 특성을 보일 수 있었다. 이런 작법이 바로 위장 사의 특징인 것이다.

진정작은 ≪운소집≫ 권24에서 "붓을 든 시작이 차갑기에 지극히 고요하고 지극히 외롭다.(起筆冷, 淸絶孤絶.)"리고 평하였다.

3-20-98 위장

<청평악 清平樂> 4수-3 何處遊女

何處遊女_{하처유녀}●¹　　어디서 노니는 여인인지?

蜀國多雲雨_{촉국다운우}●.²　　촉나라에는 사랑 나누는 여인 많기도 하다.

雲解有情花解語_{운해유정화해어}●³　　정을 머금은 여인이 애모하는 정을 앎이 말 알아듣는 꽃 같은데

窣地繡羅金縷_{솔지수라금루}●⁴　　수놓인 비단치마의 금실 띠는 땅을 스친다.

妝成不整金鈿_{장성불정금전}。⁵　　단장했으나 금빛 비녀 가지런하지 않음은

含羞待月鞦韆_{함수대월추천}。　　수줍음 머금고 달뜨기 기다려 그네를 타서인데

住在綠槐陰裏_{주재녹괴음리},⁶　　녹색 홰나무 우거진 속에서 살지만

門臨春水橋邊_{문림춘수교변}。　　대문은 봄 강물 흐르는 다리 가에 임했네.

【주석】

1 遊女(유녀) : 교외(郊外)에서 노니는 여인. ≪시경·주남·한광 詩經·周南·漢廣≫에서는 "한수에 노니는 여인 있으나, 얻을 수 없어라.(漢有遊女, 不可求思.)"라고 썼다.

2 운우(雲雨) : 남녀의 합환(合歡). 위장 <귀국요> 주3-3 주 참조.

3 雲解有情(운해유정) : 구름 같이 정을 머금은 여인이 남녀가 서로 애모하는 정을 알다. 花解語(화해어) : 해어화(解語花 : 말을 알아 들을 수 있는 꽃)에서 온 말로, 꽃이 말을 알아듣다. 곧 말을 잘 알아듣는 미녀를 비유함.

4 窣地(솔지) : 불지(拂地). 땅에 끌려 쏠리다. 솔(窣)은 느릿느릿 걷는 모양.

5 金鈿(금전) : 머리에 꽂는 장식품. 비녀.

6 綠槐(녹괴) : 녹색 홰나무.

【감상】

촉(蜀)의 유녀(游女)가 아름답고도 다정다감함을 그림처럼 그렸다.

상편의 첫 2구는 촉 여인은 미인인 데다 정이 많아 연애 행각을 자주 보임을 밝혔다. 다음 2구는 촉 여인의 다정함을 생동감 넘치게 그렸다. "운해유정화해어(雲解有情花解語)" 구는 애정을 막 알게 된 촉 미녀의 다정함을 구름과 꽃으로 형상한 말이다. 끝구는 촉 여인의 풍정(風情)을 엿보게 한 구로 그 다정함이 마치 치마가 땅을 쓸 듯 정이 넘쳐 흐름을 느끼도록 묘사하였다.

하편 첫 2구는 촉 여인의 풍정을 구체적으로 그렸다. "장성(妝成)" 구는 소탈한 성격을, "함수(含羞)" 구는 구애를 바라는 은밀한 기대를 감추었다. 끝 2구는 촉 여인이 사는 곳을 보는 듯이 그려 풍정을 일으키게 하였다. 마치 독자가 그 경상 안으로 들어가, 그 속에 있는 듯한 착각에 빠지듯이 그렸다. 언어는 청아하고 수려하며, 수사는 부드럽고 아름답기에 촉 여인의 다정함을 실감할 만하다.

이빙약은 <허장만기>에서 "끝 2구는 경치 묘사가 그림 같다.(末二句寫景如畫.)"라고 평하였다.

3-21-99 위장

<청평악 清平樂> 4수-4 鶯啼殘月

鶯啼殘月　　　　　꾀꼬리 울며 새벽달 지는데
繡閣香燈滅,[1]　　　단장한 누각에는 향유 태우는 등 꺼졌다.
門外馬嘶郎欲別　　문 밖에 말 울어 서방님과 이별하려니
正是落花時節.[2]　　바로 꽃 지는 시절이다.

妝成不畵蛾眉。　　단장 마쳤으나 눈썹 그리지 않고
含愁獨倚金扉。[3]　수심 머금은 채 금빛 사립문에 홀로 기댔으나
去路香塵莫掃,　　　떠날 길 위의 향그런 먼지 쓸지 말아야 함은
掃卽郎去歸遲。　　쓸면 서방님 가셔서 돌아옴이 더뎌질까 해서이네.

【주석】

1　香燈(향등) : 향유를 태우는 등. 규방에 두는 등의 미칭으로 쓰인다.
2　落花時節(낙화시절) : 늦봄을 말한다.
3　金扉(금비) : 화려하게 장식한 사립문이다.

【감상】

남편이 멀리 떠남을 배웅하면서 빨리 돌아오기를 바라는 마음을 정경(情景)으로 그렸다. 상편은 송별하는 경상을 묘사하였다. "앵제잔월(鶯啼殘月)"과 "낙화시절(落花時節)"은 이별을 암시한 경상으로 미경(美景) 속에 별정(別情)을 융화시켰기에 석별의 슬픔을 배가시킬 수 있었다. 특히 "수각향등멸(繡閣香燈滅)" 구의 "향등멸"은 이별을 앞두고 두 사람이 함께한 밤에 잠들지 못했음을 형상했을 뿐만 아니라, 차마 헤어지지 못하는 장면을 역으로 연출시킬 수 있었다.

하편은 남편에 대한 연정과 충절 묘사로 이별할 때의 정태(情態)를 형상하였다. "불화아미(不畵蛾眉)", "향진막소(香塵莫掃)"는 송별하는 여자가 보인 심경 묘사이다. "불화아미"는 "여자는 자신을 기쁘게 해 주는 이를 위해 꾸민다.(女爲悅己者容.)"는 말처럼 자기를 기쁘게 해 줄 남편이 떠나가니, 용모를 꾸밀 필요가 없음을 토로했고 "향진막소"는 여자가 시녀에게 분부한 말로, 까닭이 없는 데서 까닭을 찾아 그 이치를 설명함으로써 치정의 정도가 깊음을 살피게 하였다.

탕현조는 탕평 ≪화간집≫ 권1에서 "정이 때를 만났기에, 그녀의 아픔을 배로 느끼었다.(情與時會, 倍覺其慘.)"라고 평하였다.

3-22-100 위장

<망원행 望遠行>

欲別無言倚畫屛。 이별하려고 말없이 그림 장식 병풍에 기대어
含恨暗傷情。[1] 한을 머금으니 남몰래 슬퍼지는데
謝家庭樹錦雞鳴。[2] 여인 집 정원 나무에서 수탉이 우니
殘月落邊城。[3] 변경 가까운 도성으로 새벽달 지네.

人欲別, 사람과 헤어지려니
馬頻嘶。[4] 말은 자주 울어
綠槐千里長堤。 녹색 홰나무 자란 천 리 긴 둑길로 울려갔네.
出門芳草路萋萋。 문을 나서면 향그런 풀 길에 무성해졌기에
雲雨別來易東西。[5] 사랑의 정 나누고는 동서로 쉽게 이별했네.
不忍別君後, 견딜 수 없네! 임과 이별하고
却入舊香閨。[6] 옛 규방으로 되돌아 들어감을.

【주석】

1 傷情(상정) : 상심하다.
2 錦雞(금계) : 모양이 꿩과 같은 관상용 수탉. 혹은 산계(山雞)인 꿩.
3 殘月(잔월) : 새벽달. 邊城(변성) : 변경(邊境)에 가까운 도시. 문화가 교차하는 특수한 성시(城市)나 성진(城鎭)으로 특별한 문화 특색을 보임.
4 馬頻嘶(마빈시) : 말이 자주 울다.
5 雲雨別來(운우별래) : 운우지정(雲雨之情)을 나누고 이별한 이래로.
6 却入(각입) : 되돌아 들어가다. 香閨(향규) : 규방의 미칭.

【감상】

여자가 이른 아침에 임을 전송할 때 슬퍼지는 정(情)을 썼다.

상편은 여자가 임과 이별할 때의 정감과 경상을 그렸다. 말없이 병풍에 기댐은 한(恨)과 상심이 커져서이다. "잔월(殘月)", "명계(鳴鷄)"는 이별할 때를 알린 말로 처량한 분위기를 고조시켰다. "잔월낙변성(殘月落邊城)" 구가 이별 후, 임이 돌아오시기가 쉽지 않음을 함축할 수 있었음은 "변성"이란 용어 때문이다.

하편은 먼저 이별할 때의 경상을 묘사하고 이별 후의 정경을 그렸다. 첫 3구는 사람은 떠나려는데 말이 울어 녹색 홰나무(綠槐) 우거진 길로 그 소리가 울림을 써 이별한 정이 점점 가슴 깊게 스며듦을 형상하였다. 다음 2구는 문을 나서면 향기로운 풀이 무성해 이별한 정이 면면히 이어짐을 부각하면서 이별은 쉬우나 재회는 어려움을 엿보게 하였다. 끝 2구는 이별 후 텅빈 방으로 홀로 되돌아와야 하는 고통을 견디기가 어려움을 직설하였다. 곧 사랑하는 정이 깊을수록 그 고통은 더욱 커졌기 때문이다.

전체 사는 쉬운 말로 썼지만, 뜻은 깊고 드러낸 정감 또한 진실하여 긴 여운을 남길 수 있었다.

3-23-101 위장

<알금문 謁金門> 2수-1 春漏促

春漏促●¹	봄밤의 물시계 소리 급한데
金爐暗挑殘燭●²	초 심지 재 되니 몰래 꺼져가는 심지 돋는다.
一夜簾前風撼竹●³	밤 내내 발 앞에서 바람이 대나무 흔들기에
夢魂相斷續●⁴	꿈속의 혼은 그 소리 따라 끊였다가 이어진다.
有個嬌嬈如玉●⁵	옥 같이 고운 한 미녀는
夜夜繡屛孤宿●	밤마다 수놓은 병풍치고 외롭게 잠을 잔다.
閑抱琵琶尋舊曲●⁶	한가롭게 비파 안고 지난날 함께 듣던 곡조를 찾는데
遠山眉黛綠●⁷	원산미로 칠한 눈썹 녹색이다.

【주석】

1 春漏促(춘루촉) : 봄밤 물시계의 물 떨어지는 소리가 급하다.
2 金燼(금신) : 촛불이 타고 남은 재.
3 撼(감) : 흔들다.
4 斷續(단속) : 때때로 끊이었다 이어졌다 한다.
5 有個(유개) : 어떤. 구체성이 없는 인물이나 사물의 존재를 강조함. 嬌嬈(교요) : 아름답고 고움을 형용한다. 미녀.
6 閑抱(한포) : 한가롭게 끌어안다. 尋舊曲(심구곡) : 지난날 사랑하던 이와 함께 감상하던 곡조를 찾다.
7 遠山眉(원산미) : 눈썹 먹을 먼 산색처럼 푸르게 그리다. ≪서경잡기 西京雜記≫는 "문군은 매우 아리따웠으니, 눈썹 색은 먼 산을 바라보는 것 같은 몽롱한 푸른색이었고, 얼굴가는 늘 부용꽃 같았다.(文君姣好, 眉色如望遠山, 臉際常若芙蓉.)"라고 기록하였다.

【감상】

봄밤에 잠들지 못하는 여자의 고독과 원망을 그렸다.

상편은 봄밤에 잠들지 못하는 여주인공의 고독을 썼다. 첫 2구는 춘야에 여주인공이 실면(失眠)한 모습을 묘사했다. 실외에서 실내로 옮겨간 뒤 물시계 소리가 급하게 들려옴을 써 밤이 깊고도 고요함을 엿보게 하였다. "촉(促)" 자는 여주인공의 불안과 초조를 형상하였다. "금신(金燼)" 구는 긴 밤에 잠들 수 없음을 선명하게 그렸다. 촛불이 어두워져 심지를 돋우나, 돋우면 다시 어두워져 이를 반복함은 그녀의 정서가 불안해서이다. 다음 2구는 다시 실외에서 실내로 전해지는 소리에서 촉발된 형상으로 여주인공의 잠들기 어려운 상황을 부각하였다. 발 앞의 바람이 대나무로 불어 그 소리가 끊어졌다 이어졌다는 형용은 몽혼(夢魂)으로 묘사된 임을 좇는 정이 잠시도 떠날 수 없음을 형상한 표현이다.

하편은 여주인공의 잠드는 모습과 무료를 그렸다. 첫 2구는 상편에서 그린 환경을 배경으로 그 여인의 외로움을 부각하였다. "교요(嬌嬈)"는 대유법으로, 여자의 미모를 그린 전형이다. 아름다운 여인이 잠듦을 "야야수병고숙(夜夜繡屛孤宿)"으로 형상해 외로움을 부각하였다. 여기의 "고(孤)"는 상편에서 보인 복잡한 심사가 응결된 표현으로 그녀의 타고난 "미(美)"와 그녀가 처한 "고(孤)"가 서로 모순을 보여 원(怨)이 생겼음을 살피게 하였다. 끝 2구는 그리움에서 온 무료를 "심구곡(尋舊曲)"과 "원산미(遠山眉)"로 그렸다. "한포비파심구곡(閑抱琵琶尋舊曲)" 구는 상편의 "금신암도잔촉(金燼暗挑殘燭)"이란 행위의 지속으로 바로 "고숙(孤宿)"에서 진전된 동작이다. 옛날에는 신나는 연주를 할 수 있었으나, 현재는 무료하여 옛날에 켜던 비파를 끌어안을 뿐이다. "심구곡(尋舊曲)"은 또한 과거의 즐거웠던 시절에 대한 회상으로 옛 기억을 떠올려 눈앞의 고독과 처량함에서 벗어나려는 의도를 보였다. 그러나 그 기억은 고독을 더욱 가중시킬 뿐이다. 끝구 "원산미대록(遠山眉黛綠)"은 여주인공의 근심 어린 눈 화장 모습으로 원망을 곧바로 드러내지 않은 여유를 보였기에 은은한 영상을 전할 수 있었다.

3-24-102 위장

<알금문 謁金門> 2수-2 空相憶

空相憶● 　　　　　공연히 그립지만
無計得傳消息●[1]　　소식 전할 길이 없다.
天上嫦娥人不識●[2]　천상의 항아는 사람을 알아보지 못하려니
寄書何處覓●[3]　　　편지 부치나 어디서 찾을까?

新睡覺來無力●[4]　　막 든 잠에서 깨어나니 힘이 없어
不忍把伊書跡●[5]　　그 여인의 편지도 차마 쥐지 못했다.
滿院落花春寂寂●　　진 꽃 뜨락에 가득해져 봄 쓸쓸한데
斷腸芳草碧●　　　　애간장을 끊음은 향그런 풀 쪽빛 되어서다.

【주석】

1 無計(무계) : ~할 도리가 없다.
2 天上嫦娥(천상항아) : 달에 산다는 항아. 항아는 후예(后羿)의 처로 남편의 불사약을 훔쳐 먹고 월궁(月宮)으로 달아나 선녀가 되었다 함. 곧 애희(愛姬)를 지칭함.
3 寄書(기서) : 편지를 부치다.
4 新睡覺(신수각) : 막 든 잠에서 깨다.
5 把伊書跡(파이서적) : 그녀의 편지를 손에 쥐다. 把(파) : 쥐다. 伊(이) : 그녀. 마음속 여자. 서적(書跡)은 붓글씨 흔적이나, 여기서는 편지를 말함.

【감상】

　남자가 한 여인을 그리워하는 정을 썼다. 아마도 위장이 촉의 재상으로 있을 때, 그의 총희가 촉왕 왕건(王建)에게 탈취되어 그녀를 그리워하는 심경을 그려낸 사로 보인다.

　상편은 곧장 마음을 털어놓았다. 평범해 보이는 "상억(相憶)" 2자 앞에 "공(空)" 자를 써, 평범하지 않음을 드러냈다. 곧 남자의 여자에 대한 그리움은 이미 오래된 일일 뿐만 아니라, 어쩔 도리 없음을 보였다. 제2구 "소식 전할 길이 없다.(無計得傳消息.)"는 앞에 쓴 "공(空)" 자로 인해 깊은 실의를 드러낼 수 있었다. 제3구 "천상항아인불식(天上嫦娥人不識)"은 다시 한 층을 이루어 사랑하는 사람을 바라볼 수는 있으나 가까이 다가갈 수 없음을 나타냈기에 더욱 처량함을 보였다. "항아(嫦娥)"는 바로 그 여인을 지칭한 말로 달 속의 항아는 지상의 필자 자신을 알아볼 수 있을까를 의심한 때문이다. 제4구 "기서(寄書)" 구는 항아가 사람을 알지 보지 못해 서신을 찾을 방도가 없기에 이를 탄식함을 썼다. 첫 구의 "공(空)" 자는 바로 이 같은 고통과 실의를 표현하기 위한 포석이었기에 이 자의 운용이 절묘함을 알 수 있다.

　하편은 첫 2구로 상편 첫 구에 쓴 "공상억(空相憶)"이란 정황을 부연하였다. 마음을 의지할 곳이 없어 막 잠들었으나 깨고 나니 힘은 없어 그녀의 서신을 차마 볼 수도 없었다. 이는 그리움이 깊음을 나타낸 말이다. 끝 2구는 경치로 정을 그리고 정을 경치로 융화시킴으로써 그리운 정이 끝없이 지속됨을 나타내었다. 봄 경치는 다해 쓸쓸해지고 향기로운 풀은 푸르러지며 봄은 떠나가, 지난 일을 되돌릴 수 없기에 애간장만 끊인다고 직설하였다.

　하승도는 ≪당송사인연보≫에서 이 사는 "죽은 여인을 애도한 작품(悼亡姬之作)"이 아닐까 하는 의심을 보였다.

3-25-103 위장

<강성자 江城子> 2수-1 恩重嬌多情易傷

恩重嬌多情易傷。 _{은 중 교 다 정 이 상}	은혜가 커 애교 많이 부렸기에 정은 쉽게 상했지만
漏更長。 _{누 갱 장}	물시계 소리 길어지자
解鴛鴦。¹ _{해 원 앙}	원앙 수놓인 치마끈 풀었음은
朱唇未動, _{주 순 미 동}	붉은 입술 아직 움직이지 않았어도
先覺口脂香。² _{선 각 구 지 향}	입술연지 향기를 먼저 느낀 때문이니
緩揭繡衾抽皓腕, _{완 게 수 금 추 호 완}	수놓은 이불 천천히 펼치고 흰 팔뚝 뻗어
移鳳枕,³ _{이 봉 침}	봉황 수놓인 베개를 옮기고는
枕潘郞。⁴ _{침 반 랑}	멋진 임을 베개로 베었네.

【주석】

1 解鴛鴦(해원앙) : 원앙이 수놓인 치마끈을 풀다.
2 口脂(구지) : 입술연지. 입술에 바른 연지.
3 鳳枕(봉침) : 봉황 도안을 수놓은 베개.
4 潘郞(반랑) : 반악(潘岳, 247-300)을 말한다. 반악은 자(字)가 안인(安仁)으로, 어려서 재능이 많아 고향에서 기동(奇童)으로 불리며, 수재(秀才)로 천거되었다. 그는 용모가 빼어나, 어려서 금(琴)을 끼고 낙양 길로 나서면, 부녀자들이 둘러싸며 그에게 과일을 던져주었기에 수레를 가득 채워 돌아갔다고 한다. 후에 "반랑"이란 말로 나이가 어린 준수한 미남자를 지칭하게 되었다.

【감상】

남녀의 즐거운 만남에서 촉발되는 사랑의 행각을 행한 그대로 그렸다. ≪화간집≫ 중에서 교태를 드러낸 요염한 작품이다. 전 사가 여자의 입술 모습부터 행위의 경과에 이르기까지 감정이 진전됨을 자연스럽게 그려냈기에 유창함 속에 생동감을 보일 수 있었다.

첫 "은중(恩重)" 구에 황주이(況周頤)는 "정을 느낀 이 중에서도 몸소 극도로 체험하지 않은 이라면 말해 낼 수 없다.(非于情中極有閱歷者不能道.)"라고 평하였다.(이빙약 ≪화간집평주 花間集評注≫에서 인용)

따라서 "은중교다(恩重嬌多)"는 남녀의 진전되는 사랑을 인과로 개괄한 최초의 용어가 되었기에 참신함을 보일 수 있었다.

3-26-104 위장

<강성자 江城子> 2수-2 髻鬟狼藉黛眉長

髻鬟狼藉黛眉長。[1]	둥글게 묶은 머리 어지럽고 칠한 눈썹 깊은
出蘭房。[2]	안방을 나와
別檀郎。[3]	임과 이별해선데
角聲嗚咽,[4]	뿔나팔 흐느끼고
星斗漸微茫。[5]	별은 점점 희미해가네.
露冷月殘人未起,	이슬 차가워지며 달 저무나 임은 일어나지 않았지만
留不住,[6]	머물 수 없기에
淚千行。[7]	눈물은 셀 수 없이 흐르네.

【주석】

1 髻鬟(계환) : 머리를 둥글게 굽혀 정수리에서 묶은 머리형. 狼藉(낭자) : 낭자(狼籍)라고도 쓰며, 어지럽게 흩어져 정돈되지 않은 모양. 黛眉(대미) : 청흑색 안료(顏料)로 그린 눈썹.
2 蘭房(난방) : 귀족의 고아한 거실. 향규(香閨)와 같은 뜻으로 부녀가 거처하는 방.
3 檀郎(단랑) : 사랑하는 사람에 대한 미칭. 반악의 어릴 적 이름이 단노(檀奴)로, 부녀자가 단노를 좋아하였기에 부녀자가 좋아하는 사람을 '단랑'이라 부름. 단(檀)에는 '향기롭다'는 뜻이 있다.
4 角聲(각성) : 군영(軍營)에서 시각을 알리는 뿔나팔 소리.
5 微茫(미망) : 성기고 모호하다.
6 留不住(유부주) : 머물지 못하다.
7 淚千行(누천항) : 셀 수 없이 많은 줄을 이루며 흐르는 눈물. 천항(千行)의 천은 구체적인 수가 아니고 셀 수 없이 많음을 형용한 말임.

【감상】

남녀의 즐거운 만남 뒤의 이별을 썼다.

시작하는 3구는 매우 평범하나, "낭자(狼藉)", "대미장(黛眉長)"으로 여주인공의 수심을 형상하였다. 뒤 2구는 이별하는 경상 묘사로 뿔나팔 소리 흐느끼고 별 어슴푸레하게 비치니, 그 경치는 청신하면서도 아름답다. 끝 3구는 새벽의 이별하는 광경 묘사로 이별을 만류하지 못해 흘린 수많은 눈물이 한 편의 사로 승화됨을 보였다. 구절구절에 눈물 흔적이 묻어난다.

묘사는 매끄럽고 형상은 선명하여 감화력을 보일 수 있었다.

이빙약은 <허장만기>에서 "재상인 위장의 <강성자> 2수는 묘사가 곱고 아름다우며, 실상황이 그림 같기에 아마도 강남에서 유랑할 때 지었을 것이다.(韋相 <江城子>二首, 描寫頑艶, 情事如繪, 其殆作於江南客遊時乎.)"라고 평하였다.

3-27-105 위장

<하전 河傳> 3수-1 何處

何_하處_처●	어느 곳
煙_연雨_우●	안개비 속에서
隋_수堤_제春_춘暮_모●[1]	수양제가 쌓은 둑의 봄 저물었나!
柳_유色_색蔥_총籠_롱。[2]	버들 빛 푸르게 무성해져
畫_화橈_요金_금縷_루,[3]	채색 노에 금빛 술 드리웠고
翠_취旗_기高_고颭_점香_향風_풍。[4]	비취색 깃발은 향그런 바람에 높게 나부꼈기에
水_수光_광融_융。	물빛과 어우러졌으리!
青_청娥_아殿_전脚_각春_춘妝_장媚_미●[5]	닻줄 끄는 아리따운 소녀의 봄단장 요염했음은
輕_경雲_운裏_리●[6]	얇게 짠 천 옷을 입어
綽_작約_약司_사花_화妓_기●[7]	꽃 관리하는 소녀같이 곱고 맵시 있어서였다.
江_강都_도宮_궁闕_궐,[8]	강도 행궁 곁
清_청淮_회月_월映_영迷_미樓_루。[9]	맑은 회수에 뜬 달이 미루를 비추니
古_고今_금愁_수。	옛과 지금이 근심스러워지네.

【주석】

1 隋堤(수제) : 수(隋) 양제(煬帝, 569-618)가 운하를 축조하며 물길을 따라 세운 둑.
2 蔥籠(총롱) : 초목이 무성하고 푸른 모양.
3 畫橈(화요) : 꽃 그림이 그려진 채색된 노. 金縷(금루) : 노 위에 드리워진 금실 술.
4 颭(점) : 바람 불어 사물이 움직이는 형상.
5 靑娥(청아) : 여자의 아름다운 눈썹. 아리따운 소녀. 殿脚(전각) : 전각녀(殿脚女). 수양제가

강을 유람할 때 용주(龍舟)를 끌어 올리는 여자. 당(唐) 한악(韓偓) ≪개하기 開河記≫에 따르면, 수나라 대업(大業) 연간에 변하(汴河)를 열고 대량(大梁)에서 관구(灌口)까지 둑을 쌓았는데, 용선(龍船)이 지나가면 백리까지 향이 났다고 한다. 또한 수양제는 큰 배를 만들도록 명하고, 회수(淮水) 이남 지방을 두루 유람함에 오월(吳越) 지방의 15~6세인 민간 여자 500명을 취해 배를 끌게 했기에 이들을 전각녀(殿脚女)라고 불렀다고 한다. 春妝媚(춘장미) : 봄 단장을 요염하게 하다.

6 輕雲(경운) : 박사(薄紗). 얇게 짠 천.
7 綽約(작약) : 맵시 있고 아름다운 모습. ≪장자·소요유 莊子·逍遙游≫에서는 고야산(姑射山)의 신선은 "피부는 빙설 같고, 맵시 있고 아름다운 모습은 처녀 같았다.(肌膚若氷雪, 綽約若處子.)"라고 썼다. 司花妓(사화기) : 수나라에서 모든 꽃을 관리하는 여관명(女官名)으로 사화녀(司花女)로도 호칭함. ≪수유록 隋遺錄≫에 의하면 낙양 숭산(崇山)의 오중(塢中)에서 채취한 이름 없었던 꽃을 합체영련화(合蒂迎輦花)로 명하고 이 꽃을 어거(御車) 관장자였던 원보아(袁寶兒)에게 황제의 명으로 지니게 하고 사화녀라고 부른 데서 유래된 명칭임.
8 江都(강도) : 지금의 강소성 양주시(揚州市) 일대. 宮闕(궁궐) : 고대 황궁의 관문 위 양쪽에 있는 누대를 궐(闕)이라 불렀으므로, 후에 제왕이 거처하는 궁전을 궁궐이라 칭하였다. 강도궁궐(江都宮闕) : 수양제의 행궁.
9 清淮(청회) : 청강(清江)과 회성(淮城)이 합친 명칭으로 강소성 회안시(淮安市)를 말함. 迷樓(미루) : 수양제가 세운 누각 명으로 옛터가 지금의 강소성 양주시에 남아 있다. 당(唐), 한악(韓渥, 844-923)의 ≪미루기 迷樓記≫에 의하면, 천 개의 방과 만개의 문이 있으며, 위아래는 금과 벽옥으로 장식하였다고 한다. 잘못 들어가는 이는 종일토록 나올 수 없었다. 황제가 이를 크게 기뻐하며 좌우를 둘러보고 진인과 선인을 이 가운데에서 놀게 하니 절로 미혹되었기에 '미루'라고 할 만했다는 기록이 전한다.

【감상】

작자가 중화(中和, 881-885) 연간에 강남을 떠돌며 관직을 구할 때, 강도(江都)를 지나다가 수양제를 떠올리면서 자신의 감개를 술회한 듯하다. 객관적인 묘사 중에 망해가는 당나라를 풍자하는 뜻을 은연중 내포하고 있다.

상편은 수양제가 늦봄에 안개비 자욱하게 내리는 속에 유람한 모습을 상상해 썼다. 첫 3구는 수제에 봄이 가듯이 수양제의 치세 기간이 짧았음을 아쉬워함을 처미(淒迷)한 경상으로 그렸다. 다음 4구는 장식된 노에 금빛 술 드리우고 바람에 깃발 펄럭이며, 호화롭게 운하를 유행(遊幸)했음을 회상하였다.

하편은 수양제가 강도(江都)인 양주로 출행했을 때, 배를 끌던 소녀들의 아름다움을 써 수양제의 호색함을 풍자했고, 청회(淸淮)에 "미루(迷樓)"가 비친 경상을 그려 지나친 사치 속의 번화함을 다뤘던 당시의 실정(失政)과 지금 만당의 쇠락을 대비시켜 무한한 감개를 끌어내었다. 끝구 "고금수(古今愁)" 3자는 전 사를 개괄한 말로 과거의 실정을 풍자하면서 암담한 현세(現世)를 구제할 정책이 수립되길 바라는 뜻을 기탁하였다. 이 3자는 동시에 첫 3구와 조응하면서 창량(蒼凉)한 경계를 출현시킬 수 있었다. 진정작의 평과 같이, 이 사는 ≪화간집≫에서 화간 사풍과는 다른 골기(骨氣)를 보였기에 주목할 만하다.

탕현조는 탕평 ≪화간집≫ 권1에서 "'맑은 회수에 뜬 달이 미루를 비추면서'라는 구는 한때의 감개이지만 장구한 세월에 걸친 눈물이다.('淸淮月映' 句, 感慨一時, 涕淚千古.')"라고 평하였다.

진정작은 ≪운소집≫ 권1에서 "≪완화집≫ 중, 이 사는 가장 골기가 있기에 창망(蒼茫)하고도 처량하다.(≪浣花集≫中, 此詞最有骨, 蒼凉.)"라고 평하였다.

이빙약의 <허장만기>는 "전 사가 '하처(何處)'로 일으켰지만, 중간 단락의 문채(文彩)는 부려(富麗)함을 다하고는 '고금수(古今愁)' 3자로 끝을 맺어 실체를 허상으로 바꾸고, 흥성함으로 쇠퇴한 모습을 비췄기에 필치는 표일함과 신묘함을 다하였다.(全詞以 '何處' 領起, 中段詞藻 極其富麗, 而以 '古今愁' 三字結之, 化實爲空, 以盛映衰, 筆極宕動空靈.)"라고 평하였다.

3-28-106 위장

<하전 河傳> 3수-2 春晚

春晚● _{춘 만}	봄 저물어
風暖● _{풍 난}	바람 따스해지니
錦城花滿●¹ _{금 성 화 만}	금성엔 꽃 가득해져
狂殺遊人。² _{광 살 유 인}	놀이꾼을 미친 듯 기쁘게 하여
玉鞭金勒, _{옥 편 금 륵}	옥 채찍 들고 금 재갈 물린 말 타고
尋勝馳驟輕塵。³ _{심 승 치 취 경 진}	빼어난 경치 찾아 말 빨리 몰아 가볍게 먼지 날리면서
惜良晨。 _{석 양 신}	싱그러운 새벽이 지나감을 아쉬워하네.
翠娥爭勸臨邛酒●⁴ _{취 아 쟁 권 임 공 주}	술 파는 여인은 임공 술을 다투어 권하니
纖纖手● _{섬 섬 수}	섬섬옥수는
拂面垂絲柳● _{불 면 수 사 류}	얼굴 스치며 드리운 버들가지 같았다.
歸時煙裏, _{귀 시 연 리}	안개 속에 돌아올 때
鍾鼓正是黃昏。⁵ _{종 고 정 시 황 혼}	북 울린 시각은 마침 황혼이라서
暗銷魂。⁶ _{암 소 혼}	남몰래 넋이 나갔네.

【주석】

1 錦城(금성) : 금관성(錦官城). 사천(四川) 성도(成都)시 남쪽에 위치하며 비단을 짜서 얻게 된 명칭이다.
2 狂殺遊人(광살유인) : 봄 경치가 놀러 나온 이를 미친 듯이 기쁘게 한다는 뜻임.
3 尋勝(심승) : 아름다운 경치를 찾다. 심방(尋芳). 馳驟輕塵(치취경진) : 말이 빠르게 뛰어 미세한 먼지가 일다. 驟(취) : 말이 빨리 달리다.

4 翠娥(취아) : 미녀. 곧 술을 파는 여인을 말함. 臨邛(임공) : 고대의 현(縣) 이름. 지금의 사천 공협(邛峽). 한(漢) 사마상여(司馬相如)와 탁문군(卓文君)이 일찍이 이곳에서 술을 팔았다. 위장의 <보살만> 5수-2 (人人盡說江南好) 주 참조.
5 鍾鼓(종고) : 종과 북. 쳐서 시각을 알렸던 고대의 기물.
6 暗銷魂(암소혼) : 모르게 넋이 나가다.

【감상】

늦은 봄 금성(錦城) 경치의 아름다움을 "놀이꾼을 미친 듯 기쁘게 한다(狂殺遊人)"로써, 답청(踏靑)하는 즐거움이 예사롭지 않음을 표명하였다.

상편은 귀족 남자인 유람객이 말 타고 흥이 다하도록 노는 모습을 묘사했다. 첫 3구는 금성의 늦은 봄바람과 따사한 햇살로 온 성이 꽃을 피운 번화한 광경을 그렸다. 다음 4구는 놀이꾼의 열정 어린 모습을 형상하였다. 옥 채찍은 승경(勝景)을 찾아 달림을 함축했다. 금 재갈 물리고 먼지를 일으키며 말을 모는 모습은 전 사를 생동하는 영상으로 바꿔놓았다. "석양신(惜良晨)"은 "광살유인(狂殺遊人)"이란 즐거움이 준 구체적인 감회로 앞 구절을 받아 하편을 잇댔다.

하편은 번화한 경상 속의 안온하고 즐거운 장면 묘사로 특이한 의경을 출현시켰다. 첫 3구는 미녀가 술을 권하는데 그 손이 술집 앞 버드나무 가지가 얼굴을 스치듯이 곱고 가늠을 형상하였다. 끝 2구는 하루를 마음껏 즐기고 승리한 듯 돌아오는데, 해질녘 저녁을 알리는 종이 울리며, 저녁 안개 자욱해지니 고조되었던 심경이 쓸쓸하고 처량해짐을 묘사함으로써 까닭 없는 서글픔이 절로 일어남을 엿보게 하였다. 곧 흥진비래(興盡悲來)와 같은 경지라고 할 만하다.

이빙약 편 ≪화간집평주 花間集評注≫는 황주이(況周頤)의 "'귀시연리' 3구는 더욱이 경치를 융화시켜 정으로 들여보낸 절묘함을 다하였다.('歸時烟裏' 三句, 尤極融景入情之妙.)"라는 평을 인용하였다.

3-29-107 위장

<하전 河傳> 3수-3 錦浦

錦浦•¹	금강 가의
春女•²	임 그리는 여인의
繡衣金縷•	수놓은 옷은 금실로 짜였는데
霧薄雲輕。³	운무같이 엷고 구름같이 가벼웠네.
花深柳暗,	꽃 무성하고 버들 우거진
時節正是淸明。	시절은 바로 청명으로
雨初晴。	비 막 개었네.
玉鞭魂斷煙霞路•⁴	수레에 오른 여인이 안개와 채운 낀 길에 넋이 끊임은
鶯鶯語•	꾀꼬리 울어
一望巫山雨•⁵	무산에 비 내림을 바라보아서다.
香塵隱映,⁶	향그런 먼지가 어울려 돋보임은
遙見翠檻紅樓。⁷	비취색 난간 걸린 붉은 누대가 아득히 보여선데
黛眉愁。⁸	그린 눈썹 근심 어렸네.

【주석】

1 錦浦(금포) : 금강(錦江) 연안.
2 春女(춘녀) : 남자를 그리워하는 여인.
3 霧薄雲輕(무박운경) : 운무같이 엷고 구름같이 가벼운 비단. 곧 얇은 비단옷.
4 玉鞭(옥편) : 옥 채찍. 곧 수레에 오르거나 말에 탄 사람을 말함. 煙霞(연하) : 안개와 채운(彩雲). 곧 산수(山水)가 빼어난 경치를 비유함.

5 巫山雨(무산우) : 무산운우(巫山雲雨). 남녀의 합환을 비유한다. 위장의 사 <청평악> 4수-3 (何處遊女) 주 참조.
6 香塵隱映(향진은영) : 향그런 흙먼지가 어울려 돋보이다.
7 翠檻紅樓(취함홍루) : 비취색 난간과 붉은색 누각. 귀족이 사는 누대를 비유함.
8 黛眉(대미) : (그린) 눈썹. 눈썹을 그리다.

【감상】

파촉(巴蜀) 땅에 봄빛 찬란한 청명절 오자, 비단옷 입은 미인이 느낀 춘정(春情)을 그렸다.

상편은 장소, 시절, 경치를 묘사하며 봄을 타는 여인의 비단옷이 아름다움을 형상하였다. 특히 "화심유암(花深柳暗)" 구로 비가 막 갠 청명절의 아름다운 봄 경치를 그려 춘정에 젖어드는 여인의 심사를 엿보게 하였다.

하편은 뜻의 전개가 모호하나 대체로 임 그리는 여인이 보고 느낀 감회를 측면에서 묘사한 듯하다. "옥편혼단연하로(玉鞭魂斷煙霞路)" 중 "옥편"의 주체가 누구인지에 따라 문맥이 달라질 수 있지만 여기서는 옥 채찍 들고 수레에 오른 미인으로 보았다. 그녀는 "연하로(煙霞路)", "앵앵어(鶯鶯語)", "무산우(巫山雨)"로 연결되는 정경(情景)으로 인해 깊은 수심에 빠지게 됨을 "혼단(魂斷)"으로 형상하였다. 첫 3구는 미인이 "연하로(煙霞路)"에서 본 남자 모습에 마음이 상했음을 썼다. 끝 3구는 그녀가 향그런 먼지가 이는 가운데 멀리 떨어져 있는 "취함홍루(翠檻紅樓)"를 바라보며, 적막하고 고독하게 지낼 남자를 떠올리자 자신도 모르게 눈썹꼬리가 올라가 시름에 빠졌음을 드러내었다.

3-30-108 위장

<천선자 天仙子> 5수-1 悵望前回夢裏期

^{창 망 전 회 몽 리 기}
悵望前回夢裏期。¹   지난번 꿈속의 만남을 슬퍼하며 허공 바라보았음은

^{간 화 불 어 고 심 사}
看花不語苦尋思。²   꽃 보아도 말 없었던 꿈속 모습을 애써 궁리해선데

^{노 도 화 리 소 요 지}
露桃花裏小腰肢。³   복숭아꽃 속에서 작은 허리였는데다가

^{미 안 세}
眉眼細,⁴   눈썹은 가늘었고

^{빈 운 수}
鬢雲垂。   구름 같이 치렁거리는 귀밑머리를 늘어뜨렸기에

^{유 유 다 정 송 옥 지}
唯有多情宋玉知。⁵   오직 다정한 송옥만 알아보아서였지요!

【주석】

1 悵望(창망) : 슬퍼하며 바라보다. 夢裏期(몽리기) : 꿈속의 만남.
2 苦尋思(고심사) : 애써 이리저리 궁리하다.
3 露桃(노도) : 도수(桃樹), 도화(桃花). 腰肢(요지) : 허리.
4 眉眼(미안) : 안미(眼眉)와 같음. 눈썹.
5 宋玉(송옥, B.C.298?-B.C.222?) : 전국 시기 초나라 사부가(辭賦家)로 굴원의 제자라고 전하는데 경양왕(頃襄王)을 섬겼다. 그의 작품 중에는 여인의 미모를 묘사한 부가 많으니, <고당부 高唐賦>, <신녀부 神女賦>, <등도자호색부 登徒子好色賦> 등이 있다.

【감상】

한 여자가 복숭아꽃 숲에서 꽃 감상하며 임 그리는 모습을 꿈을 빌려 형상하였다.

첫 구의 7자는 현재, 과거와 미래를 썼다. "창망(悵望)"은 현재의 서글픈 정서이다. "전회(前回)"는 과거로 남자와의 즐거운 사랑을 형상하였다. "몽리기(夢裏期)"는 현재의 희망으로, 지금의 즐거운 만남은 불가능할지라도 꿈속에서 한번 만남이 가능함을 위안으로 여겼다. 언사는 간절하나, 애정은 매우 깊다. "간화(看花)"는 슬피 바라봄에서 한 걸음 더 나아간 묘사로, 표면적으로는 꽃을 보는 것이지만, 실은 임을 그리워하는 모습이다. "노도(露桃)" 3구는 여인 자신의 형상이다. 끝구는 자신을 제일 잘 알아보고 인정해 줄 수 있는 남자는 오직 송옥뿐임을 말함으로써 애정이 깊은 남자만이 자신의 깊은 사랑을 엿볼 수 있음을 암시했다. 수식 없이 실상만을 그렸으나 정취는 깊다.

3-31-109 위장

<천선자 天仙子> 5수-2 深夜歸來長酩酊

深夜歸來長酩酊• 깊은 밤에 돌아옴은 늘 크게 취해선데
扶入流蘇猶未醒•² 부축받아 휘장 안에 들어가서도 여전히 술 깨지 않았기에
醺醺酒氣麝蘭和。³ 거나한 취기는 사향과 난초 향에 어우러졌지!
驚睡覺, 잠자다 놀라 깨어
笑呵呵。 하하거리며 웃는 일이
長道人生能幾何。 긴 인생길에서 몇 번일지!

【주석】

1 長酩酊(장명정) : 항상 크게 취하다. 酩酊(명정)은 곤드레만드레 취하다.
2 流蘇(유소) : 휘장의 위쪽에서 아래로 늘어뜨린 채색 술. 침상에 쳐진 휘장.
3 醺醺(훈훈) : 술 취한 이의 취기. 麝蘭(사란) : 사향과 난초 향.

【감상】

　귀공자의 취태(醉態) 묘사이지만 작자인 위장 자신의 화상이기도 하다.

　"술 마주하면 노래해야지, 사람이 얼마나 산다고!(對酒當歌, 人生幾何!)"라는 강개한 인생관을 드러냈지만, 당시 사회가 문인들에게 남긴 정신적 상처를 심도 있게 표현한 면을 평가할 만하다. 그런 중에 해우(解憂)와 술의 필연적 상관성을 은연중 드러낸 묘미를 보였다. 술 취해 잠자다가 놀라 깨어 하하거리며 웃었던 일이 한 번이라도 있었는지를 상기해 볼 만하다. 만일 있었다면 진실하고 절실하게 살아가는 사람이 아닐까!

3-32-110 위장

<천선자 天仙子> 5수-3 蟾彩霜華夜不分

蟾彩霜華夜不分。[1]　　달빛과 서리꽃이 구별되지 않는 밤에

天外鴻聲枕上聞。　　하늘 저편 기러기 소리가 베개 곁으로 들려오니

繡衾香冷懶重薰。　　수놓은 이불 향기 싸늘해져도 다시 훈향 하기 싫어지네.

人寂寂,　　인적 고요해지고

葉紛紛。　　낙엽 어지럽게 날리니

才睡依前夢見君。[2]　　잠들어야 이전처럼 꿈에서 임을 뵙지!

【주석】

1　蟾彩(섬채) : 달빛. 달 속에 두꺼비가 있다는 전설에 따라 섬(蟾)으로 달을 대칭(代稱)함. 霜華(상화) : 서리꽃. 서리와 이슬이 응결되어 눈꽃 같은 모양을 보임.
2　依前(의전) : 이전처럼.

【감상】

　싸늘한 가을밤에 여인이 비단 금침으로 홀로 밤을 지내며 느끼는 적막하고 싸늘한 감회를 썼다. 전 사는 꿈을 깬 후, 보고 듣고 생각한 것을 그대로 썼기에, 묘사된 경상이 실경(實景)일 뿐 아니라, 드러낸 정감 또한 진정임을 알 수 있다.

　첫 2구는 남편을 그리워하는 여인이 느끼고 들은 것을 썼다. 달빛은 밝고 서리꽃 희며 밤하늘과 대지는 혼연일색(渾然一色)인데, 머나먼 곳에서 기러기 소리가 들려오니 외로움은 배가 된다. 경계가 맑고 쓸쓸하게 다가오니 여주인공이 잠들 수 없음을 실감할 수 있다. 제3구는 '랭(冷)' 1자와 '라(懶)' 1자로 여주인공의 고독한 심정을 드러냈다. 그 뒤에 "인적적(人寂寂)", "엽분분(葉紛紛)"으로 대구를 이뤄, 정(靜)에서 동(動)으로 옮겨감으로써 사람을 그리워하는 분위기를 고조시킬 수 있었다. 끝구는 잠이 들면 바로 꿈을 꿔, 꿈속에서 그리운 임을 보게 되리라는 기대를 보였기에 절실한 그리움을 실감할 수 있다. 이는 또한 고국에 대한 그리움을 암시한 말이기도 하다.

　진정작은 ≪사칙·별조집≫ 권1에서 "위장 사는 때때로 옛 임금을 그리는 마음을 드러냈기에 독자는 말속에 숨은 뜻을 알아야 한다.(端己詞時露故君之思, 讀者當會意於言外.)"라고 평하였다.

　이빙약은 <허장만기>에서 "청신하고도 은근하다(淸婉)"라고 평하였다.

3-33-111 위장

<천선자 天仙子> 5수-4 夢覺雲屛依舊空

夢覺雲屛依舊空。[1] 꿈 깨니 운모 병풍 여전히 허전함은
杜鵑聲咽隔簾櫳。[2] 두견새가 발 내린 창 사이로 목메어 울고
玉郞薄倖去無踪。[3] 옥 같은 임은 무정하게 가서는 소식 없어선데
一日日,[4] 날마다
恨重重。 한이 거듭되니
淚界蓮腮兩線紅。[5] 눈물이 연꽃 같은 뺨 사이로 흘러 붉은 두 선 그리네.

【주석】

1 雲屛(운병) : 운모(雲母)로 가장자리를 두른 그림 병풍.
2 聲咽(성열) : 목메어 울다.
3 玉郞(옥랑) : 남자의 미칭(美稱). 薄倖(박행) : 정의를 저버리고, 무정하다.
4 一日日(일일일) : 그날그날. 날마다.
5 淚界(누계) : 눈물이 흘러 선을 긋다. 계(界) : 사이하다. 청, 이조원(李調元) ≪우촌사화 雨村詞話≫에서는 "사에서 '계(界)' 자 사용은 위장 <천산자> 중 '누계연시양선홍(淚界蓮腮兩線紅)'에서 시작되었으니, 송기(宋祁)는 <접련화>에서 이를 본 따 '눈물이 연지로 떨어지니 이마의 누런 칠이 선 그으며 지워져 옅어졌네.(淚落胭脂, 界破蜂黃淺.)'라고 써 명구가 되었다."라고 하였다. 蓮腮(연시) : 연꽃같이 고운 뺨.

【감상】

이 사는 앞 사의 끝구 "몽견군(夢見君)"을 이어 쓴바, 버림받은 여자의 한을 썼다.

옛일을 꿈꿔 비할 데 없이 기뻤거늘 꿈에서 깬 후, 병풍이 여전함은 임 소식이 없어서이니 모두가 공허할 뿐이다. "두견(杜鵑)" 구는 말과 뜻이 서로 상반됨을 보였다. 꿈에서 깬 후 주렴 밖 두견새 소리의 처량함으로 슬픔을 드러낸데다가, 역으로 두견새 소리를 다정하게 받아 옥랑(玉郞)의 박정함을 형상한 때문이다. 특히 떠나고 난 뒤로 소식이 없음을 강조해 사람이 사물만 못하다는 서글픔을 보였다. 끝구는 "계(界)" 자를 써 두 줄기로 흐르는 눈물을 보는 듯이 그려낼 수 있었다.

황주이는 ≪찬앵무사화 餐櫻廡詞話≫에서 "위장 사는 조밀함을 운용해 성기게 들여보냈고 옅은 곳에 짙음을 붙여냈다. <천선자>(섬채상화), (몽각운병) 2수와 <완계사>, <알금문>, <청평악> 같은 여러 사는 단지 아름다운 구절만으로 뛰어남을 보이지는 않았다.(韋詞運密入疏, 寓濃於淡, 如<天仙子> '蟾彩霜華', '夢覺雲屛' 二首及<浣溪沙>, <謁金門>, <淸平樂>諸詞, 非徒以麗句擅長也.)"라고 평하였다.

3-34-112 위장

<천선자 天仙子> 5수-5 金似衣裳玉似身

金似衣裳玉似身。[1]	옷은 금같이 빛나고 몸체는 옥처럼 흰데
眼如秋水鬢如雲。[2]	추파 전하는 듯한 눈매에 구름 같은 귀밑머리하고
霞裙月帔一群群。[3]	노을 색 치마에 달 수놓인 어깨걸이 걸친 무수한 선녀들이
來洞口,	산 굴 어귀로 와서
望煙分。	연기 나눠 피어오름을 바라봄은
劉阮不歸春日曛。[4]	유신과 완조 같은 이들 돌아오지 않아선데 봄날은 황혼 드네.

【주석】

1 金似衣裳玉似身(금사의상옥사신) : 의상사금신사옥(衣裳似金身似玉)으로 써야 할 말을 순서를 바꿔 강조해 쓴 표현임. 곧 선녀의 옷과 몸매를 비유한 표현임.
2 眼如秋水(안여추수) : 안파명철(眼波明澈). 물기를 머금은 듯 빛나는 눈길이 맑고 깨끗하다.
3 霞裙月帔(하군월피) : 운하(雲霞)를 수놓은 치마에 명월(明月)을 수놓은 어깨걸이. 옛날 부귀한 여인의 복장을 말함. 이 말로 선녀나 미녀를 비유함. 群群(군군) : 수없이 많은 모양.
4 劉阮(유완) : 유신(劉晨), 완조(阮肇) 두 사람. 곧 그리워하는 사람을 말함. 온정균 <사제향 思帝鄕> 주 참조. 曛(훈) : 황혼. 어둑어둑해지다. 땅거미 지다.

【감상】

　이 사는 사제(詞題)대로 천선(天仙)인 여주인공이 유랑(劉郎)같은 호남(好男)을 기다림을 썼다.

　앞부분은 일반 사람과는 달리 꾸며 선계를 동경케 하는 천선(天仙)을 형상했고, 뒷부분은 이 선녀들이 종일토록 동굴 입구에서 유랑 같은 이들이 돌아오기를 기다리나, 오지 않는 데서 온 실의를 썼다. "망연분(望煙分)" 중, "연분"은 사랑하는 사람과 끝내는 함께할 수 없는 신세를 우의(寓意) 하였다. 끝구 "유완불귀춘일훈(劉阮不歸春日曛)" 중, '훈(曛)' 자는 형상감을 드러낸 연자(煉字)로 "망연분"에 호응하면서 생동감을 더하게 하였다.

　당규장은 ≪사학논총·온위사지비교 詞學論叢·溫韋詞之比較≫에서 <천선자> 중의 '금사의상옥사신, 안여추수빈여운'이라는 연은 모두 앞 부분에 한 글자를 비워 놓아 존경을 표한 인물로 썼으니 세속을 벗어 난 산뜻한 자태는 온정균이 묘사에서 진귀하게 여긴 온화하고 점잖은 자태와는 각기 서로 다르다.("<天仙子> '金似衣裳玉似身, 眼如秋水鬢如雲', 皆提空寫人, 瀟灑出塵之態, 與飛卿所寫矜貴雍容之態, 各不相同.")라고 평하였다.

3-35-113 위장

<희천앵 喜遷鶯> 2수-1 人洶洶

^{인 흉 흉}人洶洶,¹	사람 소리 떠들썩해지며
^{고 동 동}鼓鼕鼕。²	북은 둥둥 울리는데
^{금 수 오 경 풍}襟袖五更風。³	옷깃과 소매에 새벽바람 스치네.
^{대 라 천 상 월 몽 롱}大羅天上月朦朧,⁴	조정 위로 뜬 달 희미해지며 날 밝자
^{기 마 상 허 공}騎馬上虛空。	말 타고 하늘로 올랐네.
^{향 만 의}香滿衣,	향기는 옷에 가득하고
^{운 만 로}雲滿路●⁵	구름같이 모인 수레는 길을 채웠는데
^{난 봉 요 신 비 무}鸞鳳繞身飛舞●⁶	몸을 두른 난새, 봉황 수놓인 옷은 춤추듯 날린다.
^{예 정 강 절 일 군 군}霓旌絳節一群群。⁷	무지개 깃발 드리운 황제 의장이 무리를 이뤄
^{인 현 옥 화 군}引見玉華君。⁸	황제를 알현하네.

【주석】

1 洶洶(흉흉) : 소리가 떠들썩해 시끄러운 모습.
2 鼕鼕(동동) : 북을 두드릴 때 나는 둥둥 소리.
3 五更風(오경풍) : 날 밝아지면서 부는 바람. 오경은 조정 조회를 기다리는 때임.
4 大羅天(대라천) : '대라(大羅)'라고도 하며 도교에서 칭하는 가장 높은 층의 하늘. 곧 조정(朝廷)을 비유함. 月朦朧(월몽롱) : 달빛이 희미하게 맑다.
5 雲滿路(운만로) : 거마(車馬)가 많은 모습을 비유함.
6 鸞鳳(난봉) 구 : 난새와 봉황의 무늬가 수놓인 저고리를 입고 바람맞아 춤추기 시작함을 형용함.
7 霓旌絳節(예정강절) : 황제의 의장(儀仗). 색을 칠한 깃발의 한 줄 한 줄이 무지개 같고, 붉

은색 의장의 마디마디가 노을빛을 보임을 형언한 말. 예(霓)는 대지 가운데 무지개와 동시에 나타나는 일종의 채색 띠이다. 정(旌)은 깃발의 일종으로 장대 꼭대기를 5색 깃털로 장식하였다. 강(絳)은 암홍색이다. 절(節)은 의장의 일종이다. 당 개원 연간 시기 학자인 장수절(張守節)의 ≪사기정의 史記正義≫는 "모절은 소의 긴 털을 엮어 만듦에 대나무 마디를 본떴다.(旄節者, 編旄爲之, 以像竹節.)"라고 풀이하였다. 一群群(일군군) : 의장이 무리를 이룸을 형용한 말.

8 引見(인견) : 알현하다. 접견하다. 玉華君(옥화군) : 도가의 천제로 황제를 말함.

【감상】

<희천앵>은 비천한 이가 고귀하게 승급됨을 기뻐한다는 뜻으로 대개가 과거 급제의 기쁨을 노래한 사조이다.

이 사도 사제(詞題)와 부합하게 과거시험을 본 후, 방에 붙는 날의 성황과 급제한 이가 받는 특별한 대우와 위풍을 그렸다.

상편은 급제자들이 떠들썩한 가운데 오경인 새벽에 황제를 뵈려고 입조(入朝)하려는 모습을 생동하게 그렸다. "기마상허공(騎馬上虛空)"은 장원급제한 이가 입조하는 모습을 과장한 묘사이다.

하편은 입조할 때 화려한 복식을 입은 신하들과 수많은 수레가 모여 옴을 쓴 후, 장엄한 의장 속에 황제를 알현하는 위용을 보는 듯이 그렸다. 성황을 이룬 모습과 득의양양한 자태를 실상 그대로 기술하여 급제한 기쁨을 엿보게 하였다.

위장이 <희천앵>을 쓴 뒤로 촉 사인들이 즐겨 쓰는 사패(詞牌)가 되었다.

3-36-114 위장

<희천앵 喜遷鶯> 2수-2 街鼓動

街鼓動,¹ _{가 고 동}	새벽을 알리는 북소리 울리며
禁城開。² _{금 성 개}	황성 문 열리니
天上探人回。³ _{천 상 탐 인 회}	조정에서 천자 알현한 이들이 돌아오네.
鳳銜金榜出雲來。⁴ _{봉 함 금 방 출 운 래}	봉황이 과거 급제자 명단 물고 구름에서 나오니
平地一聲雷。⁵ _{평 지 일 성 뢰}	별안간 한차례 우레 같은 소리 울리네.
鶯已遷, _{앵 이 천}	꾀꼬리 옮겨 날아 존귀해졌고
龍已化●⁶ _{용 이 화}	물고기 용문에 올라 용으로 변했기에
一夜滿城車馬● _{일 야 만 성 거 마}	밤 내내 도성(都城)은 수레와 말로 가득하다.
家家樓上簇神仙。⁷ _{가 가 누 상 족 신 선}	집집마다 누대 위에 선녀 같은 여인들 모여
爭看鶴沖天。⁸ _{쟁 간 학 충 천}	과거에 급제한 이들 다투어 바라보네.

【주석】

1 街鼓(가고) : 경성(京城) 길가에 설치해 밤의 통금과 해제를 알리는 북.
2 禁城(금성) : 황성(皇城). 고대에 황제와 관련된 장소는 늘 금(禁) 자를 붙였다. 금중(禁中 : 황제의 거처)·금성(禁省 : 금중과 같은 뜻)·금원(禁苑 : 천자의 사냥터)·금군(禁軍 : 수도와 천자를 보위하는 군대)·금달(禁闥 : 천자가 거처하는 곳의 대문) 등이 그 예이다.
3 天上探人(천상탐인) : 조정에 들어가 황제를 알현한 급제자(及第者). 천상(天上)은 조정을 이름.
4 鳳銜金榜(봉함금방) : 봉황이 과거급제자 명단을 물고 오색구름 속에서 나타남은 천자가 과거 급제자 명단을 내림을 비유한 표현이다. 金榜(금방) : 과거(科擧)의 최고 등급인 전시(殿試)에 합격자 명단을 게시한 방.

5 平地(평지) : 평백무고(平白無故), 돌연히.
6 鶯遷龍化(앵천용화) : 꾀꼬리 옮겨 날아 존귀해지고 물고기가 용으로 변하다. 곧 과거급제를 비유한 말. ≪詩經·小雅·伐木≫에서 "쩡쩡 나무 베니, 짹짹 새가 울며, 깊은 골짜기에서 나와, 높은 나무로 옮겨가네.(伐木丁丁, 鳥鳴嚶嚶, 出自幽谷, 遷於喬木.)"라고 읊었다. 이 시구 중에는 "앵(鶯)" 자는 없으나, ≪금경 禽經≫에는 "앵명앵앵(鶯鳴嚶嚶)"이라고 썼다. 이후로 비천했다가 고귀하게 되는 것을 "앵천(鶯遷)"이라고 일컫게 되었다. "용화" 역시 과거급제를 비유한 말. ≪삼진기 三秦記≫에는 용문(龍門 : 산서성, 하진현 河津縣 서북쪽과 섬서성 한성 韓城 동쪽 황하 기슭에 있음) 아래 모인 물고기 중에 용문에 오른 것은 용이 되고, 오르지 못한 것은 이마를 돌벽에 부딪쳐 볼때기가 부어오른다는 말이 전함.
7 簇(족) : 모이다. 神仙(신선) : 미녀.
8 鶴冲天(학충천) : "나는 학이 곧장 높은 하늘로 오르다(飛鶴直上雲天)"는 뜻으로, 과거급제를 비유함.

【감상】

전시(殿試)에 급제한 진사(進士)들이 황제를 알현하고 새벽녘에 득의양양하게 돌아옴을 형상하였다. 급제자 명단이 내려지자 돌연히 우레 같은 소리 내어 이를 축하하니, 이 형상은 비천한 신분에서 고귀한 신분으로 상승하여 선망의 대상이 되었음을 부각한 표현이다. 뭇 미녀들이 부러움 속에 다투어 바라봄을 돌출시켜 경모의 정을 드러냄으로써 신분이 갑자기 상승한 형상을 위풍당당하게 그릴 수 있었다. 특히 급제자들의 득의한 모습을 선망하는 시각에서 부러워하는 듯이 그린 솜씨가 돋보인다.

하승도 연보에 따르면 위장은 소종(昭宗) 건녕(乾寧) 원년 894년 59세로 진사에 급제하였다. 이 <희천앵> 2수는 이 해 춘방(春榜)에 올랐을 때 쓰였을 것이다.

3-37-115 위장

<사제향 思帝鄉> 2수-1 雲髻墜

雲髻墜,[1]	구름 같이 높게 쪽진머리 떨어짐은
鳳釵垂。	봉황 무늬 비녀가 드리워져선데
髻墜釵垂無力,	쪽진머리 떨어지고 비녀가 힘없이 드리워졌음은
枕函欹。[2]	함 모양 베개에 기대서네.
翡翠屛深月落,	비취 병풍 짙어짐은 달 지고
漏依依。[3]	물시계 소리 느릿해져서지만
說盡人間天上,[4]	인간 세상과 하늘에서 함께한다고 다 말했음을
兩心知。	두 사람 마음은 알고 있네.

【주석】

1 雲髻(운계) : 구름처럼 높게 올려 쪽진 여인의 머리.
2 枕函(침함) : 안에 물건을 담을 수 있게 만든 베개. 欹(기) : 기울이다.
3 漏依依(누의의) : 물시계 소리 느릿하여 곧 멈추려 함을 나타냈다.
4 說盡(설진) : 남김없이 다 말하다. 人間天上(인간천상) : 천상과 지상에서 두 사람이 늘 한 몸으로 살기를 바라는 뜻. 백거이 <장한가 長恨歌> 중의 "하늘에선 비익조 되길 바랐고, 땅에서는 연리지 되길 원했네.(在天願作比翼鳥, 在地願爲連理枝.)"라는 구절에서 유래함.

【감상】

한 미녀의 두발(頭髮) 모습을 그려 그 여인이 그리운 연인을 만나지 못하는 실의를 형상하였다.

첫 4구는 여주인공의 쪽진머리가 떨어져, 비녀 축 처진 채로 무력하게 베개에 기댄 모습을 그렸다. 다음 "비취(翡翠)" 2구는 물시계 소리 느릿느릿하고, 달은 져 병풍이 어두워질 때까지도 그녀가 뒤척이며 잠들지 못하는 모습을 부각하였다. 끝 2구는 잠 못 든 이유를 밝혔다. 두 사람은 죽어도 한마음 되기를 약속했기에 그 정으로 인해 날 새도록 잠들 수 없었다.

3-38-116 위장

<사제향 思帝鄉> 2수-2 春日遊

春日遊。 봄날 놀이하니
杏花吹滿頭。 살구꽃이 머리 가득히 불려오네.
陌上誰家年少,[1] 길 가 사람은 어느 집 소년인지
足風流。[2] 풍채 당당하고 멋지네!
妾擬將身嫁與,[3] 소녀는 소년에게 시집가
一生休。[4] 한평생 마치고 싶으니
縱被無情棄, 설사 무정히 버림받는다 해도
不能羞。 부끄러울 수 없다네!

【주석】

1 陌上(맥상) : 길 가. 陌(맥) : 논밭 사이의 동서로 난 길로, 길을 두루 가리킨다. 年少(연소) : 소년.
2 足風流(족풍류) : 풍채가 당당하고 멋스럽다.
3 妾(첩) : 예전에 여자가 자신을 낮추어 일컫던 말. 소녀, 소첩.
4 一生休(일생휴) : 한평생을 끝내다. 휴(休)는 마치다.

【감상】

봄놀이하는 한 소녀가 풍류가 넘치는 소년에게 마음을 빼앗긴 모습을 그렸다.

시작을 "행화취만두(杏花吹滿頭)"라고 써, 소녀가 아름다운 봄날 풍류를 즐기는 모습을 살피게 하였다. 다음은 풍경에서 인물로 옮겨감을 썼다. 곧 풍류 넘치는 젊은이를 등장시켜 소녀의 마음을 사로잡게 하였다. 끝 단락은 그녀의 맹세를 쓴바, "무정기, 불능수(無情棄, 不能羞)"는 첫눈에 반한 사랑에 무서울 것이 없다는 확신을 보였다. 소녀의 일방적인 사랑이지만 천진난만하면서도 대담한 구애는 생동감을 수반하기에 깊은 인상을 남길 수 있었다. 요즈음도 이런 대담한 사랑 표현으로 구애함이 당연한 것은 사랑 표현 방식에 변모가 있을 수 없어서다. 전 사가 말하듯이 자연스럽게 쓰였기에 민가의 풍격이 반영되었음을 알 수 있다.

청(淸) 사인(詞人) 하상(賀裳)은 ≪추수헌사전 皺水軒詞筌≫에서 "단호한 말이 절묘하다.(決絶語而妙.)"라고 평하였다.

이빙약은 <허장만기>에서 "우미하고 명쾌함이 북조 악부의 '어머니가 딸을 시집보내지 않으니, 어찌 손자를 안을 수 있으랴?'와 같은 여러 작품을 읽는 것 같다.(爽儁如讀北朝樂府'阿婆不嫁女, 那得孫儿抱'諸作.)"라고 평하였다.

하승도는 <서로 다른 풍격의 온, 위의 사 不同風格的溫, 韋詞>에서 "문인 사 중에서 애정 묘사가 극히 돌출된 한 수"라고 평하였다.

3-39-117 위장

<소충정 訴衷情> 2수-1 燭爐香殘簾半卷

燭爐香殘簾半卷,[1] (촉신향잔염반권)	초는 재 되고 향은 다 타가는데 주렴 반쯤 걷혔음은
夢初驚。[2] (몽초경)	악몽에 놀라 막 깨어 본 모습으로
花欲謝● (화욕사)	꽃 지려는
深夜● (심야)	깊은 밤은
月朧明。 (월롱명)	달빛 어슴푸레했네.
何處按歌聲。[3] (하처안가성)	어디선가 박자 맞춰 부르는 노랫소리
輕輕。[4] (경경)	조용하건만
舞衣塵暗生。 (무의진암생)	춤추는 옷에 먼지 몰래 생겼음은
負春情。 (부춘정)	임 그리는 정을 등져서네.

【주석】

1 燭爐香殘(촉신향잔) : 초는 재 되고 향은 다 타 가다. 곧 밤이 깊음을 뜻함.
2 夢驚(몽경) : 악몽을 꾸어 놀라 깨다.
3 按歌聲(안가성) : 박자 맞춰 연주하며 노래하다. '안(按)'은 따르다.
4 輕輕(경경) : 부드럽다. 조용하다.

【감상】

심야에 꿈속에서 깬 무녀(舞女)의 원정(怨情)을 그렸다.

무녀가 지내는 외롭고 쓸쓸한 환경에서 붓을 들어 그녀의 심정을 세심하게 그렸다. 사의(詞意)는 매우 명확하나 표현은 곡절함을 보였다. 작자는 일반적 순서에 따라 쓰지 않고, 먼저 초와 향이 이미 타서 재가 된 깊은 밤을 묘사한바, 곧 꿈에서 놀라 깨어 주렴을 반쯤 걷어 올린 이후의 모습으로 불안한 심경을 드러냈다.

하편은 "월롱명(月朧明)"이란 깊은 밤의 정경을 그렸다. 이따금씩 노랫소리가 들려옴은 주렴을 반쯤 걷은 동작에서 이어진 경상이다. 또한 "경경(輕輕)" 구 뒤로는 끊이지 않는 한을 직접 드러냈는데, 이는 올곧은 정감 묘사이나 실은 안타까운 정을 감돌게 그린 것이다. 특히 제1구를 제외하고는 매 구에 압운하면서 중간에 측운인 "사(謝)", "야(夜)"를 써 환운하였다. 사패의 특성을 살려 정감의 변화를 구함으로써 무녀의 원정(怨情)을 곡진하게 드러낼 수 있었다.

이빙약은 <허장만기>에서 "음절이 매우 조화롭고 부드럽다.(音節極諧婉.)"라고 평하였다.

3-40-118 위장

<소충정 訴衷情> 2수-2 碧沼紅芳煙雨靜

|碧沼紅芳煙雨靜,[1] | 푸른 연못의 붉은 연꽃에 안개비 고요히 내려
倚蘭橈。[2] | 목란 배에 기댔는데
垂玉佩● | 옥패를 늘어트려
交帶●[3] | 허리띠를 맺기에
裊纖腰。[4] | 유연하고 가냘픈 허리 드러났네.

鴛夢隔星橋。[5] | 원앙 꿈이 오작교를 사이해
迢迢。 | 아득히 멀어지며
越羅香暗銷。[6] | 월 땅에서 짠 비단옷 향기 몰래 사라졌기에
墜花翹。[7] | 새 꼬리 모양 머리 장식을 떨어뜨리네.

【주석】

1 碧沼(벽소) : 푸른 연못. 소(沼)는 연못이고, 방(芳)은 꽃.
2 蘭橈(란요) : 목란으로 만든 노. 곧 화려한 배를 말함.
3 交帶(교대) : 허리띠를 매다.
4 裊纖腰(요섬요) : 부드럽고 가냘픈 허리. 裊(뇨) : 가늘고 유연하다.
5 鴛夢(원몽) : 원앙 꿈으로 부처(夫妻)가 서로 만남을 비유한 몽경. 星橋(성교) : 은하수의 오작교. 곧 꿈속에서도 서로 떨어져 있음을 비유함.
6 越羅(월라) : 월(越) 땅에서 나는 비단으로 만든 옷으로 최상품으로 칭송하였다.
7 花翹(화교) : 새 꼬리 모양의 장신구. 곧 화승(花勝)같이 머리에 매는 장식품.

【감상】

한 여자의 연인에 대한 그리움을 썼다.

첫 2구는 봄날 분위기를 과장되게 묘사하면서 "의난요(倚蘭橈)"로 다음 구를 위한 복선을 깔았다. "푸른 연못의 붉은 연꽃에 안개비 고요히 내려(碧沼紅芳煙雨靜)"는 바로 그녀에게 그리움을 일으킨 외부 환경이다. 다음 3구는 여주인공의 복식과 매무새를 그려 그녀의 심경을 엿보게 하였다. 곧 옥패를 늘어트려 비단 허리띠를 가냘픈 허리에 매어 단정하게 매무새를 낸 모습으로 연인을 그리는 심경과 원정(怨情)을 동시에 드러낼 수 있었다.

하편은 원앙몽(鴛鴦夢)이 아득히 멀어져 그 꿈을 이룰 수 없는 데서 온 실의를 그렸다. 첫 2구는 그리움이 실의로 바뀌게 된 전환 구로, 바로 다음 구의 비단옷 향기 사라지자 새 꼬리 모양 머리 장식을 떨어뜨린다는 무기력한 모습을 보이게 되었다.

탕현조는 탕평 ≪화간집≫ 권1에서 "이 사가 성도에서 지어졌음은 촉의 기녀에게 지금도 화교라는 장식이 있어 '교화아(翹花兒)'라는 이름으로 불려서이다.(此詞在成都作, 蜀之伎女至今有花翹之飾, 名曰, '翹花兒' 云.)"라고 설명하였다.

진정작은 ≪운소집≫ 권1에서 "'원앙 꿈이 오작교를 사이해'라는 5자에는 세속을 초탈한 선기(仙氣)도 있고 또한 요괴한 사기(邪氣)도 있다.('鴛夢隔星橋' 五字, 有仙氣, 亦有鬼氣.)"라고 평하였다.

3-41-119 위장

<상행배 上行杯> 2수-1 芳草灞陵春岸

芳草灞陵春岸•¹　　　향그런 풀 자란 파릉의 봄 언덕에
柳煙深,²　　　　　　버들 감싼 안개는 짙은데
滿樓弦管•³　　　　　누대를 가득 채운 관현악의
一曲離聲腸寸斷•　　이별 가락 한 곡조에 장은 마디로 끊인다.

今日送君千萬•⁴　　　오늘 천만리 밖으로 그대를 보냄에
紅縷玉盤金鏤盞•⁵　　붉은빛 고운 음식을 옥쟁반에 차려 금무늬 술잔으로
須勸•　　　　　　　권해야 하니
珍重意,　　　　　　송별의 뜻 소중히 여기시어
莫辭滿•　　　　　　술 가득 따름을 사양치 마시라!

【주석】

1 灞陵(파릉) : 패릉(霸陵)으로도 쓴다. 섬서성(陝西省) 장안(長安) 동쪽 교외에 있다. 한(漢) 문제(文帝)의 능묘로, 부근에 패교(霸橋)가 있어 한대(漢代), 당대(唐代)인들은 먼 길 떠나는 손님을 늘 이곳에서 버들가지 꺾어 주며 배웅하였다.

2 柳煙(유연) : 버들가지를 짙게 감싼 안개.

3 弦管(현관) : 현악기와 관악기.

4 千萬(천만) : 갈 길이 아득함을 천리만리 밖으로 형용하였다. 한편, 정과 뜻이 깊어 천 번 당부하고 만 번 부탁한다고 풀이하기도 한다.

5 紅縷(홍루) : 옥쟁반에 담긴 요리의 색이 붉고 실처럼 가늚을 형용함. 金樓盞(금루잔) : 금무늬 잔. 盞(잔) : 작은 잔. ≪방언 方言≫은 "잔은 배(杯)로, 함곡관(函谷關) 동쪽과 조, 위 지역 사이에서는 간혹 잔이라고 한다.(盞, 杯也, 自關而東, 趙, 魏之間或曰盞.)"라고 풀이하였다.

【감상】

　파릉 연안 술집에서 송별하면서 밀려오는 별정(別情)을 썼다.

　상편은 이별하는 장소의 주위 환경을 그려 별정을 술회하였다. 첫 2구는 경치로 정을 드러냈다. 시간은 봄날이며 지점은 파릉 연안 술집이다. "방초(芳草)", "유연(柳烟)"은 아득하고 흐릿한 광경으로 사람의 근심을 가장 잘 일으킬 수 있다. 이런 환경에서 이별하면 이별의 정은 처량해지고 슬픔은 더욱 애절해지기 마련이다. 다음 2구는 관현악 연주에 애간장이 마디마디 끊일 것 같은 느낌을 썼다.

　하편은 별정을 그렸다. 이별에 임하여 말없이 술을 권한다. 보내는 이의 눈물과 떠나가는 이의 장이 끊어질 듯한 괴로움이 함께 녹아있기에 한 폭의 감명 깊은 이별도(離別圖)가 되었다.

　진정작 ≪운소집 雲韶集≫ 권1에서 이 사는 왕유 <위성곡(渭城曲)> 중의 "'그대에게 다시 한잔 술 다 드시길 권함은 서쪽으로 양관을 나가면 친구가 없어서이네!'와 같이 매우 처량하고도 아름답다.('勸君更盡一杯酒, 西出陽關無故人!', 同此凄艷.)"라고 평하였다.

3-42-120 위장

<상행배 上行杯> 2수-2 白馬玉鞭金轡

白馬玉鞭金轡●¹ (백마옥편금비)	백마에 옥 채찍 들고 금 재갈에 고삐 쥔
少年郞, (소년랑)	젊은 낭군이
離別容易● (이별용이)	쉽게 이별함은
迢遞去程千萬里●² (초체거정천만리)	갈 길이 아득한 천만리여서이다.
惆悵異鄕雲水● (추창이향운수)	구름과 물처럼 타향을 떠돌 일 슬퍼하여
滿酌一杯勸和淚●³ (만작일배권화루)	한 잔 술 가득히 따라 눈물로 권하오니
須愧● (수괴)	부끄러우시겠지만
珍重意, (진중의)	송별의 뜻 소중히 여기시어
莫辭醉● (막사취)	술 취함을 사양치 마세요!

【주석】

1 玉鞭金轡(옥편금비) : 채찍·재갈·고삐·말안장이 정교하고 아름다움을 형용함.
  轡(비) : 짐승을 모는 데 쓰는 재갈과 고삐.
2 迢遞(초체) : 길이 아득히 멂을 형용함. 去程(거정) : 갈 길.
3 勸和淚(권화루) : 눈물 머금고 술을 권하다. 압운을 위해 '화루(和淚)'를 뒤에 두었으니, 곧 '화루권(和淚勸)'을 뜻한다.

【감상】

 이 사도 앞의 사와 같이 송별의 정을 썼다. 미소년이 이별에 임하자 가인(佳人)이 눈물로 술잔을 권하며 송별하니 정의(情誼)는 깊고 깊기에 서글픈 정은 한이 없다.

 앞 사는 파릉(灞陵)에 있는 파교(灞橋) 가에서 술을 권하는 송별을 썼으나, 이 사는 말을 타고 송별연을 펼침을 묘사하였다. 앞의 사는 쌍방의 감정이 진지함을 드러냈지만, 이 사는 여자의 진심이 토로됨을 그렸다. 끝에는 앞의 사와 같이 "진중의(珍重意)"를 썼다. 앞 사는 헤어지기 서운한 정을 표현한 데 반해, 이 사는 권계(勸誡)의 말로 멀리 간 후에도 그녀를 잊지 말기를 당부하였다. 앞 사는 존귀함과 부귀함을 부각한 송별이고, 뒤의 사는 남녀의 소박한 정을 부각한 송별이기에 뒤의 사가 더욱 진지함을 드러낼 수 있었다.

3-43-121 위장

<여관자 女冠子> 2수-1 四月十七

四月十七● <small>사 월 십 칠</small>	4월 17일
正是去年今日● <small>정 시 거 년 금 일</small>	바로 작년 오늘
別君時。 <small>별 군 시</small>	임과 이별할 때
忍淚佯低面,[1] <small>인 루 양 저 면</small>	눈물 참고 얼굴 숙여
含羞半斂眉。[2] <small>함 수 반 렴 미</small>	부끄러움 머금은 체하고 눈썹 반쯤 찌푸렸지.
不知魂已斷, <small>부 지 혼 이 단</small>	혼 이미 끊인 줄도 모르고
空有夢相隨。 <small>공 유 몽 상 수</small>	부질없이 꿈은 서로를 좇았으니
除却天邊月, <small>제 각 천 변 월</small>	하늘에 뜬 달이 아니고는
沒人知。 <small>몰 인 지</small>	아는 이 없으리!

【주석】

1 佯(양) : ~체하다.
2 斂眉(염미) : 두 눈썹을 찌푸리다. 斂(렴) : 거두다.

【감상】

　남자가 연인과의 이별할 때를 추억하며 이별 후의 그리움을 썼다.

　상편은 지난해 오늘 연인과 이별할 때를 추억했다. "사월십칠(四月十七)"이란 날짜를 명확히 밝혀 씀으로써 오래도록 잊을 수 없음을 천명했으니 그 정은 진실하다. "인루(忍淚)"로 시작되는 2구는 이별할 때의 모습으로 그 형상은 그린 듯 선명하다.

　하편은 이별 후 그리움으로 괴로워하는 형상을 그렸다. "부지(不知)" 2구는 자연스럽게 호응하며 순조롭게 이어졌으나, 혼은 끊겨 꿈에서 맴돌았고, 마음속의 그리움은 꿈에서 이뤄졌으니 그 애절함은 말로 형용할 수 없다. 끝 2구는 마음속 깊은 곳에 숨겨진 그리움을 집약해 토로한 말로 상사의 정의 깊이를 엿보게 하였다.

　함축은 완곡하며 술회 또한 말하는 것 같이 자연스러우니 문인사가 민간문학의 소박한 특성을 구김없이 발휘한 예라고 하겠다.

　탕현조 탕평 《화간집》 권1은 "정서를 그대로 썼지만 원망하면서도 노여워하지 않음은 <소 騷>, <아 雅>의 뜻을 좇아서이다. 불만스럽게도 사패가 지닌 뜻과 조금 멀어졌지만, 이는 요즈음 사학가(私學家)의 말이다.(直書情緖, 怨而不怒, <騷>, <雅>之遺也. 嫌與題義稍遠, 類今日之博士家言.)"라고 평하였다.

　진정작 《사칙·한정집 詞則·閒情集》 권1은 "정이 갈수록 깊어짐은, 힘들이지 않고 감정을 자제(自制)해서다.(一往情深, 不著力而自勝.)"라고 평하였다.

3-44-122 위장

<여관자 女冠子> 2수-2 昨夜夜半

昨夜夜半● ^{작 야 야 반}	어젯밤 한밤중에
枕上分明夢見● ^{침 상 분 명 몽 현}	베갯머리에서 선명히 꿈에 보였으니
語多時。 ^{어 다 시}	말 많이 할 때
依舊桃花面,[1] ^{의 구 도 화 면}	복숭아꽃 같은 얼굴은 여전했건만
頻低柳葉眉。[2] ^{빈 저 유 엽 미}	버들 같은 눈썹 보인 얼굴을 자주 숙였지!
半羞還半喜, ^{반 수 환 반 희}	반은 수줍은 듯 또 반은 기쁜 듯
欲去又依依。 ^{욕 거 우 의 의}	가려다가 다시 머뭇머뭇
覺來知是夢, ^{각 래 지 시 몽}	깨어나 이것이 꿈인 줄 알고는
不勝悲。! ^{불 승 비}	슬픔 이기지 못했지!

【주석】

1 依舊(의구) : 여전하다. 桃花面(도화면) : 복숭아꽃 같이 고운 얼굴. 사모하는 미인. 맹계(孟棨)의 ≪본사시·정감 本事詩·情感≫ 기록에 따르면, 당(唐) 시인 최호(崔護, 772-846)가 일찍이 청명절에 홀로 장안성 남쪽을 노닐다가 한 집 앞을 지나면서, 복숭아나무에 홀로 기대어 오랫동안 서 있는 여인을 보고는 사모하는 마음이 깊어지게 되었다. 다음 해 청명절에 최호가 다시 그 집을 찾았으나 문만 굳게 잠겨 있고 복숭아꽃만 만개했기에, 왼쪽 문짝에 "작년 오늘 이 문 안의 사람 얼굴은 복숭아꽃과 서로 붉게 비쳤지! 사람 얼굴 어디로 갔는지 모르지만, 복숭아꽃 여전히 봄바람에 웃고 있네.(去年今日此門中, 人面桃花相映紅. 人面不知何處去, 桃花依舊笑春風."라는 시를 남겼다. 시제(詩題)는 <도성 남쪽 집에 쓰다 題都城南莊>로 그 후 "도화면(桃花面)"은 사모하는 미인을 대칭(代稱)하는 말이 되었다.
2 柳葉眉(유엽미) : 버들잎처럼 그린 가는 눈썹.

【감상】

이 사는 앞의 사와 같이 한 조(組)를 이룬 연장사(聯章詞)로, 연인에 대한 그리움이 꿈이 된바, 그 꿈을 깨니 슬픔을 이길 수 없음을 썼다. 앞 사는 이별 당시의 감회를 썼고, 이 사는 그리움으로 꿈을 꾸었으나 그것이 꿈인 줄을 알자 슬픔을 이기지 못하는 당혹감을 그렸다.

상편은 그리움에서 꿈을 꾸게 되어 꿈속에서 그 연인과 같이 말하면서 그녀의 "도화면(桃花面)"과 "유엽미(柳葉眉)"를 생생하게 보았음을 부각하였다.

하편은 그녀의 "반수반희(半羞半喜)"한 모습으로 두 사람이 서로 아쉬워하며 헤어지지 못했음을 형상하였다. 첫 2구는 남녀의 만남에서 여인이 보일 수 있는 최상의 모습을 그렸다. 끝에서는 이 형상이 허황한 꿈인 줄을 깨닫고 슬픔을 이기지 못했음을 직설하였다. 맥락이 분명한 중에 말은 쉽고 짧게 썼지만, 뜻은 깊고 정은 무궁함을 보였다.

유영제(劉永濟, 1887-1966)의 ≪당오대양송사간석≫은 "이 2수(앞 1수 포함)는 총애하던 첩을 회상한 사이다. 앞 수는 이별에 임했을 때의 상황을 회상했고, 뒤 수는 바로 꿈속에서 서로 만났을 때의 회상이다. '4월 17일'을 명확히 말한 것은, 첩을 빼앗긴 날을 잊을 수 없어서다.(此二首,(包括后一首)乃追念其寵姬之詞. 前首是回憶臨別時情事, 後首則夢中相見之情事也. 明言'四月十七'者, 姬人被奪之日, 不能忘也.)"라고 평하였다.

당규장(唐圭璋, 1901-1990)은 ≪당송사간석≫에서 "끝에 쓴 1구는 지난 일을 들춰내어 몽경임을 명확히 밝혔기에 엄숙하고도 침통하다. 위장 사의 끝맺는 구는 거의가 마음껏 발휘해 철저하게 표현하기에 온정균 사가 함축이 뛰어난 것과는 다르다.(著末一句翻騰, 將夢境點明, 凝重而沈痛. 韋詞結句多暢發盡致, 與溫詞之多含蓄者不同.)"라고 평하였다.

3-45-123 위장

<경루자 更漏子>

鍾鼓寒,	종과 북소리 차갑고
樓閣暝.¹	누각 어두운데
月照古桐金井.²	달은 고목 오동나무 가의 금빛 단장 우물을 비춘다.
深院閉,	고요한 정원은 닫혀
小庭空。	작은 뜰 쓸쓸하고
落花香露紅。³	떨어진 꽃 위의 이슬은 붉네.
煙柳重.	연무 낀 버들은 겹쳤고
春霧薄.	봄 안개 옅은데
燈背水窗高閣.⁴	등불은 연못 향해 창을 낸 높은 누각을 등졌다.
閑倚戶,	한가롭게 문에 기대어
暗沾衣。	남몰래 눈물로 옷 적시며
待郞郞不歸。	임 기다리나 임은 오시지 않네.

【주석】

1 暝(명) : 빛이 어둡다.
2 古桐(고동) : 고목이 된 오동나무. 金井(금정) : 화려한 우물 난간.
3 香露(향로) : 화초 위의 이슬.
4 水窗(수창) : 연못으로 임한 창. 高閣(고각) : 높고 큰 누각.

【감상】

여자가 밤늦게까지 임을 기다리는 정경을 그렸다.

상편은 작은 뜰과 누각의 밤 풍경을 썼다. 누각은 어둡고 종과 북소리는 차가운데 정원 문은 굳게 닫혀있어 작은 뜰은 쓸쓸하다. 달은 오동나무 가의 금 단장 우물을 비추고 떨어진 꽃 위로 내린 이슬은 붉게 방울졌다. 이는 바로 여주인공 자신의 모습을 경치로 그린 형상이기에 애처롭다. 곧 한 폭의 처량한 춘야도(春夜圖)라고 할 만하다.

하편은 상편을 이어 시간에 따라 변해가는 저녁 무렵의 경상을 그린 뒤, 돌아오지 않는 임을 기다리는 데서 온 실의를 썼다. "등배수창고각(燈背水窓高閣)" 구는 끝구 "대랑낭불귀(待郞郞不歸)"란 실의를 끌어내기 위한 복선이기에 구성이 치밀함을 보일 수 있었다. 또한 '의(倚)' 자는 '등배(燈背)' 구와 연계를 맺으며 긴 시간 동안 임을 기다리며 잠들지 못함을 그렸기에 형상성이 선명하다. 상, 하편은 각기 측성운과 평성운을 교차시켜 환운함으로써 미세한 정감의 변화를 엿보게 하였다.

진정작은 ≪운소집≫ 권1에서 "'떨어진 꽃 위의 이슬은 붉네.(落花香露紅.)' 5자는 매우 슬프면서도 매우 빼어났다. 끝맺는 말은 가련할 만큼 애처롭다.(落花五字, 凄絶秀絶. 結筆楚楚可憐.)"라고 평하였다.

3-46-124 위장

<주천자 酒泉子>

月落星沉。¹ 달 지고 별 사라지자
樓上美人春睡● 누대 위의 미인은 봄잠이 들었다.
綠雲傾,² 윤기 흐르는 검은 머리 기울었는데
金枕膩●³ 금장식 베개는 반들거리고
畫屛深。 그림 그려진 병풍은 그윽하네.

子規啼破相思夢●⁴ 두견새 울어 임 그리는 꿈을 깨니
曙色東方才動●⁵ 새벽빛은 동쪽에서 막 바뀌었다.
柳煙輕, 버들에 낀 안개 옅어지고
花露重● 꽃에 내린 이슬 무거워지니
思難任。⁶ 그리움 견디기 어렵네.

【주석】

1 月落星沉(월락성침) : 달 지고 별 흐릿해지다. 곧 날이 밝아지기 전의 모습이다.
2 綠雲(녹운) : 여인의 윤기 나는 검은 머리.
3 金枕膩(금침이) : 금빛 베개가 반들거리다.
4 子規(자규) : 두견새. 相思夢(상사몽) : 사모하는 이를 그리는 꿈.
5 色動(색동) : 빛이 변화하다.
6 難任(난임) : 감당하기 힘들다.

【감상】

봄밤에 달 지고, 별빛 어두워지자 미인이 누대에서 봄 잠이 든 모습과 새벽잠을 깬 뒤의 실의를 그렸다.

상편은 깊어가는 봄밤에 누대에서 잠든 미인을 묘사하였다. 윤기 흐르는 머리 모양, 화려한 베개, 그윽한 병풍을 그려 수심 어린 여주인공의 모습을 엿보게 하였다.

하편은 두견새 울어 잠을 깬 새벽 이후의 실의를 정경(情景)을 융화시켜 그렸다. "유연경(柳煙輕)"으로는 이별이 쉬웠음을 회상하고 "화노중(花露重)"으로는 미모가 손상되어가는 자신의 모습을 형상했기에 "'사난임(思難任)"이란 결어를 자연스럽게 쓸 수 있었다.

이 사는 그리움에 빠진 여인의 모습을 유창하고 수려하게 형상했기에, 온정균 사의 농염한 특성과는 차이를 보였다.

탕현조는 탕평 ≪화간집≫ 권2에서 "심술궂은 두견새는 여전히 한밤중에 피를 토해 울어야 했다.(不作美的子規, 故當夜半啼血.)"라고 평하였다.

3-47-125 위장

<목란화 木蘭花>

獨上小樓春欲暮●　　홀로 작은 누대 오르니 봄이 가려 하기에
愁望玉關芳草路●[1]　향기로운 풀 자란 옥문관 길을 수심으로 바라본다.
消息斷,　　　　　　소식은 끊이고
不逢人,　　　　　　임 만나지 못해
却斂細眉歸繡戶●[2]　가느다란 눈썹 다시 찌푸리고 안방으로 돌아왔다.

坐看落花空歎息●[3]　지는 꽃 한순간 바라보니 공연히 탄식하게 되고
羅袂濕斑紅淚滴●[4]　비단 옷소매에 붉은 눈물 방울져 축축히 얼룩 짐은
千山萬水不曾行,　　수많은 산과 강을 일찍이 가본 적이 없어선데
魂夢欲敎何處覓●[5]　꿈속의 혼을 어디서 찾게 하려나?

【주석】

1 玉關(옥관) : 옥문관(玉門關). 멀리 떠나간 이가 있는 아득히 먼 곳.
2 繡戶(수호) : 화려하게 단장한 문. 부녀의 방을 말함.
3 坐看(좌간) : 한순간 조용히 지켜보다.
4 袂(몌) : 옷소매. 濕斑(습반) : 축축히 젖은 자국. 紅淚滴(홍루적) : 알알이 맺힌 연지 눈물. 연지 바른 얼굴 위로 흐르는 방울진 눈물.
5 魂夢(혼몽) : 몽혼(夢魂). 꿈속을 떠도는 영혼. 覓(멱) : 찾다.

【감상】

멀리 떠난 임에 대한 그리움을 쓴 규원사(閨怨詞)이다.

상편은 봄이 가는 한나절 작은 누각에서 멀리 바라보다가 실의에 차 안방으로 돌아왔음을 썼다. "독(獨)"자는 그녀가 누각에 오른 것이 멀리 떠난 사람을 그리워한 데서 기인했음을 암시하였다. 제2구는 바라보는 지점이 "옥관(玉關)"으로, 이는 원정 간 사람이 멀리 갔음을 우의했고, "방초로(芳草路)"는 상상과 실상을 함께 그린 묘사로 향기로운 풀은 무성한데, 왕손(王孫) 같은 임은 돌아오지 않는다는 실의를 형상하였다. "소식(消息)" 3구는 "수망(愁望)" 후의 행동으로, 어찌할 방도가 없는 실망감을 표현했다.

하편은 헤어진 후, 빈 안방에서 탄식함을 썼다. 낙화를 바라보며 자신의 명운(命運)을 회상하니, 눈물이 줄줄 흘러 비단옷 소매로 젖어 든다. 끝 2구는 여주인공의 특수한 심리 묘사로 이제껏 쓴 적이 없던 새 뜻을 진입시켰기에 새로운 경계를 보일 수 있었다. 곧 자신은 가본 적이 없는 길을 "부증행(不曾行)"이란 3자로 표현했기에, 슬픔 속에 고통을 극도로 드러낼 수 있었다. 이 구의 의경은 남조(南朝) 심약(沈約 441-513)의 시 <별범안성 別范安成> "꿈속이라 길을 알지 못했으니 어떻게 상사의 고통을 위로하랴!(夢中不識路, 何以慰相思!)"라는 구절에서 연유한 듯하다.

이 사는 시간 안배와 결구 구성에서 순서와 층차를 선명히 하였다. 해 뜬 대낮부터 밤에 잠들기까지의 행태와 심리를 엿보듯 그려 그리움이 원(怨)으로 변모된 경과를 살피게 하였다.

이빙약은 <허장만기>에서 "'천산', '혼몽', 두 말은 감정을 흔들고 기분을 선회시키니 소리는 슬프고 정은 괴롭다.('千山', '魂夢', 二語, 盪氣迴腸, 聲哀情苦)"라고 평하였다.

3-48-126 위장

<소중산 小重山>

一閉昭陽春又春。¹　　소양궁에 갇히자 봄은 가고 또 봄이 왔네.
夜寒宮漏永,²　　차가운 밤 궁중 물시계 소리 길어진 새벽
夢君恩。　　임의 은총 꿈꾸었네.
臥思陳事暗消魂。³　　누워서 옛일 생각하니 남몰래 혼백은 녹아
羅衣濕,　　비단옷 축축해졌고
紅袂有啼痕。⁴　　붉은 옷소매에는 눈물 흔적 남겼네.

歌吹隔重闥。⁵　　노래와 음악 소리 궁문에서 그치자
繞庭芳草綠,　　뜰을 감도는 향그런 풀 푸르러져
倚長門。⁶　　장문궁에 기댔네!
萬般惆悵向誰論。　　수만 가지 슬픔을 누구에게 말하리오!
顒情立,⁷　　우러르는 정으로 서 있으니
宮殿欲黃昏。　　궁전으로 황혼이 들려 하네.

【주석】

1 昭陽(소양) : 본래는 한대(漢代)의 궁전 명이나, 여기선 왕건(王建) 궁을 말함. 春又春(춘우춘) : 봄은 가고 또 봄이 오다.
2 宮漏(궁루) : 구리로 된 궁중 물시계. 永(영) : 느릿느릿하다.
3 陳事(진사) : 지난 일.
4 紅袂(홍메) : 붉은 옷소매.
5 歌吹(가취) : 가창탄취(歌唱彈吹). 곧 노랫소리와 음악 소리. 隔(격) : 차단하다. 重闥(중

혼) : 궁문(宮門). 혼(閽)은 본래 궁문을 여닫는 일을 관리하는 문지기를 의미하나 후에 궁문이란 뜻으로 인신됨.
6 長門(장문) : 한대(漢代)의 궁전 명인 장문궁으로 한 무제(武帝, B.C.156-B.C.87)의 후비인 진황후(陳皇后)가 질투로 인해 총애를 잃은 후 물러나 은거한 궁이다. 사마상여(司馬相如, B.C.179-B.C.118)의 <장문부 長門賦>는 진황후가 총애를 잃은 후의 고통을 묘사하였다.
7 顒情(옹정) : 우러르는 정. 공경하는 정.

【감상】

진황후가 실총한 후, 장문궁에 유거(幽居)한 고사를 빌려 위장이 그의 총희(寵姬)의 처지를 빗대어 그리운 정을 기탁한 궁원사(宮怨詞)로 보는 견해를 참조할 만하다.

상편은 총희가 깊은 궁에 들어가자 세상과의 단절이 갈수록 심해졌기에 자유와 행복을 갈망함을 썼다. "몽군은(夢君恩)" 이하는 과거 애정에 대한 그리움으로 절절함이 배어 있다.

하편은 다시 층을 바꾸어, 중문(重門)을 사이로 가무환락(歌舞歡樂)이 그쳤음을 써 처량하고 고통스러움을 드러내면서 뜰을 감도는 푸른 풀로 그리움을 연상케 하였다. 경(景)에 정(情)을 붙여 인물의 심리 활동을 드러낸 것이다. 그리운 정에 엉긴 총희는 정신을 가눌 길이 없는데, 궁전이 창망(蒼茫)한 황혼에 갇히니 이때의 괴로운 심경을 실로 말해내기 어렵다. 따라서 끝 3구는 함축 속에 끝없는 애상을 드러낼 수 있었다.

탕현조는 탕평 ≪화간집≫ 권2에서 "'홍몌' 구는 이제껏 지은 '옛 눈물 자국을 새로 닦는다.'라는 구보다 말이 더욱 출중하고 심원하다. '궁전으로 황혼이 들려 하네' 구는 어찌나 처량한지! 궁녀의 원망을 읊조린 궁사 중에서 오묘한 구이다.('紅袂' 句, 向作 '新搵舊啼痕', 語更超遠. '宮殿欲黃昏', 何等凄切. 宮詞中妙句也.)"라고 평하였다.

4 ─ 설소온 薛昭蘊

19수

설소온薛昭蘊

　　설소온(생졸 미상)은 자(字)가 징주(澄州)로 당(唐)의 직신(直臣)인 설존성(薛存誠)의 후예 설보손(薛保遜)의 아들로 하동(河東 : 산서성, 영제永濟 부근)사람이다. 왕국유는 그를 설소위(薛昭緯)로 써 온(蘊)을 위(緯)의 오자(誤字)로 보고 당 건녕(乾寧) 중, 예부시랑을 지낸 설소위로 보았다. 하지만 유평백(兪平伯, 1900-1990)은 ≪당송사선석 唐宋詞選釋≫에서 "≪화간집≫에서 설소온을 위장과 우교 사이에 열거했으므로 응당 전촉(前蜀) 사인일 것이다.(≪花間集≫列昭蘊於韋莊, 牛嶠間, 當爲前蜀時人.)"라고 하였다. ≪화간집≫은 설소온을 설시랑(薛侍郎)으로 칭했기에 촉에 출사하여 시랑을 지낸 것으로 보아야 할 것이다. 손광헌(孫光憲)은 ≪북몽쇄언 北夢鎖言≫에서 그는 "재주를 믿고 남을 깔보았고(恃才傲物)", "아침마다 조정에 들어가며 곁에 사람이 없는 듯 오만하였고(每入朝省, 旁若無人)", "<완계사>를 노래하기 좋아하였다(好唱 <浣溪沙> 詞)"라고 기술하였다. 그의 사 풍격은 질박하기에 <완계사>를 대표작으로 삼을 만하다.

　　전하는 사는 19수로 그 내용은 규정, 궁원(宮怨), 우정, 별리, 여도사의 심사(心事), 문인의 등제(登第)에 따른 신분 상승 등이며, 소수의 염정사가 전한다. 그의 사는 청아하고 수려한 중에 완곡한 풍격을 보였기에 위장 사에 가깝다.

　　설사(薛詞)는 온정균 사처럼 대언(代言) 방식으로 쓰지 않고, 사인 자신의 생활과 정감을 직접 표현했기에 청야(淸野)한 사풍 속에 개성을 드러내는 특성을 보였다.

　　이빙약의 <허장만기>는 "설소온 사의 고아함은 위장에 가까우며 청담한 가운데 기려한 아름다움과 정교한 고움은 또한 족히 남들을 뛰어넘을 수 있으니 심원함은 모문석 위에 있다.(薛昭蘊詞雅近韋相, 淸綺精艶, 亦足出人頭地, 遠在毛文錫上.)"라고 평하였다.

　　당규장은 ≪사학논총·당송양대촉사 詞學論叢·唐宋兩代蜀詞≫에서 "≪화간집≫은 그의 사 19수를 채록했는데 대체로 청아함이 빼어나 세속을 벗어났기에 우아함이 위장에 가깝다.(≪花間集≫采其詞 19首, 大抵淸超拔俗, 雅近韋相.)"라고 평하였다.

4-1-127 설소온

<완계사 浣溪沙> 8수-1 紅蓼渡頭秋正雨

<small>홍 료 도 두 추 정 우</small>
紅蓼渡頭秋正雨,[1]   붉은 어귀 자란 나루엔 가을비 때마침 내리고

<small>인 사 구 적 자 성 항</small>
印沙鷗跡自成行。   모래에 찍힌 갈매기 발자국은 절로 줄 이뤘는데

<small>정 환 표 수 야 풍 향</small>
整鬟飄袖野風香。   단정히 쪽진 여인의 나부끼는 소매에선 들 바람 향기 내네.

<small>불 어 함 빈 심 포 리</small>
不語含顰深浦裏,[2]   깊은 포구 안에서 말없이 찡그렸기에

<small>기 회 수 살 도 선 랑</small>
幾回愁煞棹船郎。[3]   뱃사공을 매우 근심케 함이 몇 번이었는지?

<small>연 귀 범 진 수 망 망</small>
燕歸帆盡水茫茫。[4]   제비 돌아오고 배 사라진 곳엔 강물만 아득하네.

【주석】

1 蓼(료) : 어귀. 한해살이풀로, 대개 물속에 살며, 맛은 쓰다. 약(藥)으로 쓴다.
2 含顰(함빈) : 미간을 찌푸리다.
3 愁煞(수살) : 매우 근심스럽다. 살(煞)은 자못, 대단하리는 뜻으로, 정도가 심함을 말한다.
   棹船郎(도선랑) : 뱃사공.
4 帆盡(범진) : 배가 이미 멀리 가버려 돛 그림자가 보이지 않다. 범(帆)으로 배를 대신함.

【감상】

젊은 부인이 가을비 내리는 속에 깊은 포구 나루에서 임이 돌아오길 고대하면서 느끼는 비애를 그렸다.

상편은 가을비 내리는 나루의 모습이다. 물가로는 붉은색 어귀가 자라고 모래사장 위에는 갈매기 발자국이 줄을 이뤘기에 적막하고도 창량(蒼凉)한 분위기를 조성할 수 있었다. 제3구 "단정히 쪽진 여인의 나부끼는 소매에선 들바람 향기 내네(整鬟飄袖野風香)"는 독자들에게 많은 상상을 발휘케 한다. 여주인공은 왜 나루에서 쪽머리 단정히 하고 옷소매에 들바람 향기를 나부끼게 하는가이다. 곧 "여자는 자기를 기쁘게 해 주는 이를 위해 화장한다.(女爲悅己者容.)"는 성어로 그녀의 심경을 헤아려 볼 만하다.

하편은 과편(過片)에 "불어함빈(不語含顰)"을 써 그 여인이 실의와 서글픈 표정을 짓게 된 연유를 추적하였다. "불어함빈"은 "정환표수야풍향(整鬟飄袖野風香)"을 잇댄 여주인공의 심리 변화를 그린 모습으로, 그렇게 된 원인이 무엇인가에 관심을 갖게 하였다. 다음 구는 여주인공의 이런 표정이 오히려 배 사공을 끝없는 수심에 빠지게 한 면을 부각하여 그녀의 수심의 정도를 엿보게 하였다. 뱃사공의 심리에 일어난 변화를 그려 여주인공이 돌아오는 배를 더 기다리지도 못하고 그렇다고 돌아가지도 못하면서 괴로워하는 모습을 엿보게 한 기법이 돋보인다. 끝구는 나루 주변과 물 위의 경관을 묘사했다. 그녀는 임이 탄 배가 돌아오기만을 말없이 기다리며 바라볼 뿐으로, 제비는 다 돌아왔지만 배는 사라지고 질펀히 흐르는 물결만 아득함을 그렸다. 특히 "연귀(燕歸)", "범진(帆盡)", "수망망(水茫茫)"이란 수면 위의 세 장면을 연계시켜 임을 그리워한 데서 온 치정의 고통을 형상하는 솜씨를 보였다.

4-2-128 설소온

<완계사 浣溪沙> 8수-2 鈿匣菱花錦帶垂

_{전 갑 능 화 금 대 수}
鈿匣菱花錦帶垂。¹   상감한 거울함의 능화 장식 거울에 비단 띠 드리우고

_{정 림 난 함 사 두 시}
靜臨蘭檻卸頭時。²   목란 난간에 조용히 이르러 머리 장식 거둘 때

_{약 환 저 이 산 귀 기}
約鬟低珥算歸期。³   목 뒤 트레머리 귀고리 아래로 낮추고 오실 날 헤아리네.

_{무 원 초 청 상 저 활}
茂苑草靑湘渚闊,⁴   무원 땅 풀 푸르고 상수 물가 드넓은데

_{몽 여 공 유 누 의 의}
夢餘空有漏依依。⁵   꿈 깬 뒤로 희미한 물시계 소리만 공연히 들려오니

_{이 년 종 일 손 방 비}
二年終日損芳菲。⁶   두 해가 하루 같아 고운 모습 초췌해졌네.

【주석】

1 鈿匣(전갑) : 상감한 작은 상자. 곧 거울 함. 菱花(능화) : 능화경(菱花鏡).
2 蘭檻(난함) : 목란 나무로 만든 난간. 卸頭(사두) : 머리 장식을 제거하다.
3 約鬟低珥(약환저이) : 목 뒤로 두른 머리를 귀고리 아래에 닿게 하다. 珥(이) : 진주와 옥으로 만든 귀고리. 歸期(귀기) : 돌아온다는 날자.
4 茂苑(무원) : 장주(長洲) 무원(茂苑)은 강소성 오현(吳縣) 태호(太湖) 북쪽에 있다. 湘渚(상저) : 상강(湘江) 가운데 있는 모래섬.
5 夢餘(몽여) : 꿈꾼 뒤. 依依(의의) : 희미하다.
6 芳菲(방비) : 향화방초(香花芳草). 곧 여인의 향기 나는 피부.

【감상】

한 여자가 머리 단장을 거두면서 임이 돌아오기를 바라는 염원을 썼다.

상편은 여주인공이 잠들기 전에 장식 거울로 다가가 화장을 지우면서, 남몰래 임이 돌아올 날을 헤아림을 썼다. 화장을 거두는 모습에 정성스러움과 무기력함이 동시에 배어 있다.

하편 3구는 3층을 이뤘다. 첫 층 중, "무원(茂苑)" 구는 꿈의 경계로 "무원"은 여주인공이 있는 곳이고 "상저(湘渚)"는 그리는 임이 있는 장소로 "청(靑)", "활(闊)"을 써 두 사람이 함께하기 힘든 처지를 우의하였다. 제2층인 "몽여(夢餘)" 구는 꿈 깬 뒤의 서글픔을 묘사한 바, 물시계 소리로 인해 원(怨)이 더해짐을 형상하였다. 제3층인 "이년(二年)" 구는 임과의 이별이 오래되어 2년을 하루 같이 애타게 그리워했기에, 꽃다운 용모가 초췌해짐을 그렸다.

이 사는 상사의 고통을 층층이 드러내어 애정의 깊이를 엿보게 하였다.

4-3-129 설소온

<완계사 浣溪沙> 8수-3 粉上依稀有淚痕

粉上依稀有淚痕。[1]　　　분 바른 얼굴에 희미하게 눈물 흔적 남음은
郡庭花落欲黃昏。[2]　　　군청 법정에 꽃 지며 황혼 들려 해선데
遠情深恨與誰論。[3]　　　깊은 정과 그윽한 한을 누구에게 말하나!

記得去年寒食日，　　　　기억하네! 지난해 한식날
延秋門外卓金輪。[4]　　　연추문 밖에서 수레 세우니
日斜人散暗消魂。[5]　　　날은 저물어 사람들 흩어지자 남몰래 넋 나갔음을!

【주석】

1 依稀(의희) : 희미하다.
2 郡庭(군정) : 군청(郡廳)의 법정(法庭). 黃昏(황혼) : 오후 7시~9시.
3 遠情(원정) : 심정(深情). 論(론) : 말하다.
4 延秋門(연추문) : 당대(唐代) 궁궐 문 명칭. ≪장안지 長安志≫에 의하면 금원(禁苑) 중에 궁궐이 24곳에 있고, 서쪽에 문이 2개 있어, 남쪽 문을 '연추문(延秋門)', 북쪽 문을 '원무문(元武門)'이라 하였다고 한다. 卓(탁) : 정(停). 세우다. 金輪(금륜) : 정교하며 아름다운 수레.
5 人散(인산) : 사람들이 흩어지다. 곧 자신의 이별을 비유함.

【감상】

여인이 사랑하는 남자를 떠나보낸 뒤의 그리움을 그렸다.

상편은 남자와 이별한 뒤의 그리움을 썼다. 첫 2구는 여자가 이별을 상심해 눈물을 흘린 장소가 이별을 앞둔 이가 지냈던 군청 법정으로 그곳의 꽃은 지며 석양이 들기에 서글픈 정이 더욱 고조됨을 읊었다. 곧 뒤에 써야 할 말을 먼저 쓰는 도서법(倒敍法)을 운용하였다. 제3구는 앞 2구에서 생긴 정감이 바로 "원정심한(遠情深恨)"임을 토로하고 이 같은 한을 하나하나 설명할 대상인 그리운 임이 곁에 없는 한을 직설하여 호소력을 높였다.

하편은 작년 한식날 이별했던 정경을 회상하였다. 곧 서로 헤어진 날이 한식날이며, 연추문(延秋門)은 헤어진 장소이다. 끝구는 즐거운 만남 뒤에 온 이별의 고통 묘사로 특히 "일사인산(日斜人散)" 구는 해저물녘의 쓸쓸한 경치를 그려 상심(傷心)한 정도를 헤아리게 하였다.

진정작 ≪운소집≫ 권1은 "'날 저물어 사람들 흩어지니'라는 이 같은 장면을 마주한 이로 넋이 나가지 않을 이가 누굴까?('日斜人散', 對此者誰不銷魂?)"라고 평하였다.

4-4-130 설소온

<완계사 浣溪沙> 8수-4 握手河橋柳似金

握手河橋柳似金。[1]
_{악 수 하 교 유 사 금}
손 잡던 강가 다리의 버들은 금빛 같은데

蜂鬚輕惹百花心。[2]
_{봉 수 경 야 백 화 심}
벌 수염이 온갖 꽃술 살그머니 건드리기에

蕙風蘭思寄淸琴。[3]
_{혜 풍 난 사 기 청 금}
향그런 바람에 한마음 될 생각을 맑은 거문고에 부쳤네.

意滿便同春水滿,
_{의 만 편 동 춘 수 만}
뜻 충만함은 바로 가득한 봄 강물 같았고

情深還似酒杯深。
_{정 심 환 사 주 배 심}
정 깊음은 술잔같이 깊었지만

楚煙湘月兩沉沉。[4]
_{초 연 상 월 양 침 침}
초 땅의 안개와 상수에 뜬 달같이 둘로 나뉘어 소식 없네.

【주석】

1. 握手(악수) : 이별, 재회를 말함. 여기서는 재회를 말함.
2. 花心(화심) : 꽃술. 惹心(야심) : 마음을 흔들다.
3. 蕙風(혜풍) : 향풍(香風). 蘭思(난사) : 두 사람이 서로 함께하려는 마음. ≪역·계사 상 易·繫辭 上≫ 중, 주 "두 사람이 마음을 같이 하면 그 날카로움이 쇠도 끊고, 마음을 같이 한 말은 그 냄새가 난초같이 향기롭다.(二人同心, 其利斷金 : 同心之言, 其臭如蘭.)"라는 구절 참조. 寄淸琴(기청금) : 맑고 은은한 정을 거문고 소리에 부치다.
4. 楚煙湘月(초연상월) : 보낸 사람과 멀리 간 사람이 지내는 두 곳의 광경을 대비한 묘사로 이별 후 재회하기 힘든 정황을 비유함. 초(楚)는 호북성 일대를, 상(湘)은 호남성 일대를 지칭함. 沉沉(침침) : (소식이) 묘연하다.

【감상】

여인이 이별 후, 상사의 그리움을 회상하였다.

상편은 당초에 이별하던 정경을 그렸다. 강가 다리로 버들 드리워졌는데, 벌 수염이 모든 꽃을 쉽게 건드리듯이 두 사람의 만남은 쉬웠고 서로의 이별은 빨랐음을 흥(興)으로 일으켰다. "혜풍(蕙風)" 구는 두 사람이 한마음 되려는 바람을 거문고에 부쳤음을 회상함으로써 그 여인의 고결한 품격을 엿보게 하였다.

하편은 전별(餞別)하는 자리에서의 감흥과 이별 후의 허전한 심경을 그렸다. 봄 강물이 가득한 모습으로 마음이 흡족한 감흥을 형상했고, 술잔의 깊이로 정이 진실했음을 비유한바, 표현한 말이 자연스럽고 부드러워 형상성을 더할 수 있었다. 끝구는 경치로 정(情)을 투영하였다. 곧 두 사람이 이별 후 모습을 초(楚) 땅의 안개와 상수(湘水)에 뜬 달로 대비시켜 서로가 함께할 수 없는 서글픈 처지를 비유하였다.

유폐운(兪陛雲, 1868-1950)은 ≪당오대양송사선석≫에서 "다시 만남을 적은 '봉수' 구는 비유가 정미하면서 부드럽다. 하편의 '강물 가득했고, 술잔 깊었다.'는 글을 짓는 재능이 통쾌함 속에 자연스러움을 보였다. 결구 '초 땅의 안개, 상수에 뜬 달'은 감아 도는 필법으로 끝을 맺은바, 함축을 다했을 뿐 아니라, 또한 아래 사 <완계사>(강관청추남객선 江館清秋纜客船)으로 초강에서 송별하려는 뜻도 끌어내었다.(紀重逢, '蜂鬚' 句, 取譬微婉; 下闋 '水滿杯深' 詞筆亦筆酣墨飽; 結句 '楚煙湘月'以蕩漾之筆作結, 非特語極含蓄, 且引起下首楚江送別之意.)"라고 평하였다.

이빙약은 <허장만기>에서 "'벌의 수염이 온갖 꽃술을 살그머니 건드리기에'는 미묘하고도 회려함을 다 했는데, 누구도 말해내지 못했다. 사에 써야 합당할 뿐임은 시에 쓰면 섬약함에 빠지게 되어서이다.('蜂鬚輕惹百花心' 巧麗極矣, 未經人道語. 然只合入詞, 入詩則流於纖矣.)"라고 평하였다.

4-5-131 설소온

<완계사 浣溪沙> 8수-5 簾下三間出寺牆

^{염 하 삼 간 출 사 장} 簾下三間出寺牆。¹	세 칸 방의 발 내리고 절 담장 나오니
^{만 가 수 양 녹 음 장} 滿街垂楊綠陰長。	거리 가득한 수양버들의 녹색 그림자 긴데
^{눈 홍 경 취 간 농 장} 嫩紅輕翠間濃妝。²	옅은 붉은색 치마에 옅은 녹색 옷은 진한 화장을 훼방했네.
^{별 지 견 시 유 가 가} 瞥地見時猶可可,³	흘낏 보았을 땐 개의치 않았지만
^{각 래 한 처 암 사 량} 却來閑處暗思量。⁴	한적한 곳으로 돌아오니 몰래 그리워지거늘
^{여 금 정 사 격 선 향} 如今情事隔仙鄉。⁵	지금 정황으로는 그녀 있는 곳 막혀 있네.

【주석】

1 三間(삼간) : 간(間)은 기둥을 사이한 공간으로 곧 세 칸 방을 말함. 寺牆(사장) : 절의 담.
2 嫩紅輕翠(눈홍경취) : 연한 붉은빛 치마에 옅은 녹색 웃옷을 비유함. 녹의홍상(綠衣紅裳). 間(간) : 불화를 일으키다. 이간시키다. 濃妝(농장) : 짙게 화장하다. 짙게 단장한 여인.
3 瞥地(별지) : 눈으로 한 번 훑어보다. 猶可可(유가가) : 개의치 않다. 가가(可可) : 애쓰지 않는다.
4 却來(각래) : 돌아오다.
5 情事(정사) : 정황. 현상. 仙鄉(선향) : 상대방이 있는 거처. 서로 떨어져 만날 인연이 없기에 마치 선경(仙境)과 인간(人間)이 서로 떨어져 있는 것 같다고 비유하였다.

【감상】

봄날 한 남자가 절을 나와 꽃 사이에 서 있는 미인 비구니(혹은 여관女冠)를 본 후, 뒤늦게 그녀를 그리워하는 정을 썼다.

상편은 남자가 절에서 나와 거리에서 무수히 많은 여인 중에 한 비구니를 보았는데 옅게 단장한 그녀의 모습이 미인임을 암시하였다. "만가수양녹음장(滿街垂楊綠陰長)" 구는 여인이 구름같이 많음을, "눈홍경취간농장(嫩紅輕翠間濃妝)" 구는 그 비구니가 곱고 아름다움을 형상한 표현이다.

하편은 미녀 비구니의 아름다움을 썼다. 여전히 사람의 주목을 끌게 하지 않으려는 뜻으로 첫 구를 열었으나, 점차 기억이 떠올라, 생각하면 할수록 흠모하는 정(情)이 일어남을 고백하였다. 후회해도 이미 소용없음은 그 미녀 비구니가 어디로 갔는지 몰라서인데, 마치 선경(仙境)에서 떨어져 있는 듯이 술회함으로써 그리운 정이 절실함을 엿게 하였다.

탕현조는 탕평 ≪화간집≫ 권2에서 "힐끗 봄은 아직은 기회를 쉽게 놓칠 수 있어 심사숙고할 만했기에 손해보았다고 단언하기는 어렵다.(瞥見都易錯過, 耐得思量, 定不折本.)"라고 평하였다.

이빙약은 <허장만기>에서 "'옅은 붉은색 치마에 옅은 녹색 옷은 진한 화장을 훼방했네.'라는 구는 채색이 요사스럽게 아름다워 한 폭의 그림 같다.('嫩紅輕翠間濃妝', 設色艷冶, 如一幅畫.)"라고 평하였다. 곧 녹의홍상(綠衣紅裳)의 조화를 칭송한 말이다.

4-6-132 설소온

<완계사 浣溪沙> 8수-6 江館清秋纜客船

江館清秋纜客船。[1] 　맑은 가을날 강가 객사에 여객선을 맨은

故人相送夜開筵。　친구 송별로 밤 연회 열어선데

麝煙蘭焰簇花鈿。[2] 　사향 연기, 난초 등빛 아래로 머리 단장한 여인들 모였네.

正是斷魂迷楚雨,[3] 　끊인 혼은 바로 상사의 고통으로 혼미해지고

不堪離恨咽湘弦。[4] 　견딜 수 없는 한은 상슬(湘瑟)을 오열케 하는데

月高霜白水連天。　달 높고 서리 흰 속에 강물은 하늘로 이어졌네.

【주석】

1 江館(강관) 구 : 청량한 가을날 강변 객사에 여객선을 맨 것은 송별할 친구를 위한 때문임은 말했다. 纜(람) : 닻줄을 매다. 客船(객선) : 여객을 태울 배.
2 麝煙(사연) 구 : 사향(麝香)은 연기 뿜고, 난등(蘭燈)은 불꽃을 발하는데, 꽃비녀 꽂은 여인들 빽빽이 모여 즐겁게 노래한다. 簇(족) : 모이다. 花鈿(화전) : 보배로 단장한 꽃 모양 머리장식. 곧 머리를 단장한 여인을 비유함.
3 楚雨(초우) : 초산(楚山)의 비. 상사(相思)의 고통으로 나는 눈물을 비유함.
4 不堪(불감) : 감당하지 못하다. 湘弦(상현) : 상슬(湘瑟). 상비(湘妃)가 탔던 슬(瑟)이나, 일반적인 슬(瑟)을 이른 말.

【감상】

강관(江館)에서 밤 연회를 열어 전별하려는 경상과 석별의 정을 묘사하였다.

상편은 전별하는 장소와 전별하는 이들의 모습을 그렸다. 첫 구는 사를 짓는 취지를 밝혔다. 장소는 "강관(江館)", 시간은 "청추(淸秋)", "남객선(攬客船)"은 정박한 배가 출발을 기다림을 암시했으니, 이별이 경각에 달렸음을 강조한 말이다. 다음 2구는 사람들이 주연을 열어 전별하는 모습을 그렸다. 밝은 불꽃 비치는데, 사향 연기 피어오르고, 곱게 머리 단장한 여인들이 무리를 이뤘음을 부각하여 연회의 성대함을 강조하였다.

하편은 떠나가는 나그네의 심경과 주변 경색을 그렸다. 첫 2구는 떠나가는 나그네의 감회를 썼다. 초우(楚雨)로 무산신녀의 애정 고사를 연계시켜 혼이 망연(茫然)해짐을 비유했다. 현악기 소리가 처량함은 이별의 한(恨)을 견딜 수 없어서다. 끝구는 무한한 서글픔을 그렸다. 달 밝고, 서리 희며, 물과 하늘이 일색(一色)을 이룬 모습은 처량하고 맑은 경계로, 정을 융화시켜 경치로 드러냈기에 이별의 슬픔을 느끼듯이 형상할 수 있었다.

이 사는 유영(柳永)의 기려사(羈旅詞) 창작에 일정한 영향을 미쳤을 것이다.

이빙약은 <허장만기>에서 "끝맺자마자 슬픔이 다하지 않는 뜻을 보였음은 정을 융화시켜 경치로 그려냄이 능숙해서라고 이를 수 있다.(一結便有悒悵不盡之意, 可謂善于融情入景.)"라고 평하였다.

4-7-133 설소온

<완계사 浣溪沙> 8수-7 傾國傾城恨有餘

傾國傾城恨有餘。　　경국지색 서시는 한이 남아
幾多紅淚泣姑蘇。[1]　　고소에서 얼마나 많은 눈물을 흘리면서
倚風凝睇雪肌膚。[2]　　바람에 의지해 희고 고운 피부를 응시했을지!

吳主山河空落日,[3]　　오왕의 산하는 공연히 지는 해 같은 형국 되었고
越王宮殿半平蕪。[4]　　월왕 궁전 반은 초목 자란 넓은 평원으로 변했는데
藕花菱蔓滿重湖。[5]　　연꽃과 마름 넝쿨은 태호(太湖)에 가득하네.

【주석】

1 紅淚泣(홍루읍) : 여자가 눈물을 흘리다. 홍루(紅淚)는 여자의 눈물. 姑蘇(고소) : 오(吳)의 누대 이름으로, 옛터는 지금의 강소성 소주(蘇州)에 있다. ≪오월춘추 吳越春秋≫에 의하면, 월(越)나라가 오(吳)나라에 서시(西施)를 바쳐 군사를 물리도록 청하였다. 오왕(吳王)은 서시를 얻자 고소대(姑蘇臺)를 지어 그 위에서 연회를 즐겼다.

2 凝睇(응제) : 응시하다. 雪肌膚(설기부) : 피부가 희고 보드라워 윤기를 내다. ≪장자·소요유 莊子·逍遙游≫에는 "피부가 얼음과 눈같이 희다.(肌膚若冰雪.)"라는 구가 보인다.

3 吳主(오주) : 오왕인 부차(夫差). 落日(낙일) : 지는 해. 망국(亡國)을 비유한다. 오주(吳主) 구는 오왕의 강산은 이미 다시 볼 수 없는데 다만 석양만이 서쪽으로 기운다는 뜻을 담았다.

4 "越王(월왕)" 구 : 월(越)왕 구천(句踐)의 궁전도 대부분이 잡초로 가려졌다는 뜻이다. 平蕪(평무) : 초목이 무성히 자란 넓은 평원.

5 菱蔓(능만) : 마름 넝쿨. 重湖(중호) : 서로 이어진 호수. 태호(太湖)를 말함.

【감상】

회고사(懷古詞)로, 역사 제재를 통해 만당 왕조에 대한 깊은 우려를 담았다.

상편은 옛날을 술회하였다. "경국(傾國)" 구는 서시(西施)를 화친으로 오(吳)나라에 보낸 사실을 제기해 여한이 끝없음을 형상하였다. "기다(幾多)" 2구는 불운한 처지의 서시가 얼마나 많은 향수의 피눈물을 흘렸는지를 상상케 하면서, 동시에 오왕이 육욕에 빠져 야기된 화를 에둘러 함축하였다.

하편은 지금의 정국(政局)을 슬퍼하였다. 오나라 강산에 암담하게 지는 석양볕에 망국의 한을 이입한 뒤, 월왕(越王) 궁전과 잡초 무성한 평원을 대비시켜 역사가 남긴 교훈을 일깨웠다. 끝구는 그 앞 구를 부연한바, 태호의 연꽃과 마름 넝쿨 모습을 그려, 벽해(碧海)가 상전(桑田)으로 변한 사실을 인증하면서 쇠퇴해가는 당(唐)왕조에 대한 탄식을 곁들였다. 염정(艷情)을 망국의 한으로 승화시킨 솜씨가 돋보인다.

이빙약은 <허정만기>에서 "패주(覇主)의 웅대한 책략과 미인의 풍류는 세상이 변하고 시간이 흐름에 따라 모두 지난 일이 되었다. 하편 3구는 무한히 아득하고 처량한 탄식을 다 써냈다. 이러한 견실한 작법은 온정균 무리가 따라잡을 바가 아니다.(伯主雄圖, 美人韻事, 世異時移, 都成陳迹. 三句書盡無限蒼涼感喟. 此種深厚之筆, 非飛卿輩所企及者.)"라고 평하였다.

4-8-134 설소온

<완계사 浣溪沙> 8수-8 越女淘金春水上

越女淘金春水上,¹ 월나라 미인이 봄 강가에서 금을 이니
步搖雲鬢佩鳴璫。² 귀밑머리의 보요 장식 흔들리고 옥패는 당옥을 울리는데
渚風江草又淸香。³ 강가 풀로 물가 섬의 바람 불어 또 맑은 향기 내네.

不爲遠山凝翠黛,⁴ 푸른빛 눈썹 찡그림은 먼 산 보기 위함이 아니기에
只應含恨向斜陽。 석양을 향해 한을 머금을 수밖에 없음은
碧桃花謝憶劉郎。⁵ 벽도화꽃 시들어 임 그리워져서네.

【주석】

1 越女(월여) : 강소(江蘇)·절강(浙江) 일대의 서시(西施) 같은 미녀.
2 步搖(보요) : 여자의 머리나 화관에 꽂아 걸을 때 흔들리게 하는 머리 장식품. 佩鳴璫(패명당) : 옥패(玉佩)가 당옥(璫玉)을 울리다.
3 "渚風(저풍)" 구 : 봄바람이 향초의 맑은 향을 강가 섬으로 불어오다. 渚(저) : 물 가운데 있는 모래 섬.
4 凝翠黛(응취대) : 푸른빛이 엉긴 눈썹.
5 碧桃花(벽도화) : 도화(桃花)의 변종으로 꽃잎이 분홍(粉紅)빛을 띰. 당(唐), 왕환(王渙, 859-901) <추창시 惆悵詩>에 "의기양양하게 다시 왔으나 길 찾지 못했음은, 무릉계곡에 복숭아꽃 져서네.(晨肇重來路已迷, 碧桃花謝武陵溪.)"라는 구절이 전한다. 劉郎(유랑) : 본래는 유신(劉晨)을 말하나 여기서는 '사랑하는 남자'를 대칭함.

【감상】

금을 이는 여인이 사랑하는 남자를 연모하는 정을 썼다.

상편은 금을 이는 여인의 외모 형상과 풍모를 그렸다. 첫 구는 여주인공이 봄 강가에서 도금(淘金)함을 썼으며, 다음 구는 그 여인 형상의 아름다움을 그렸다. 제3구는 사금 이는 여인의 풍모를 측면에서 돋보이게 묘사해 연정을 일으키게 하였다.

하편은 벽도화 시들도록 임을 볼 수 없는 한을 썼다. 첫 2구는 "불위(不爲)"와 "지응(只應)"을 호응시킨 뒤에, 결미(結尾)에서 해 기울고, 봄이 가며 남은 꽃이 지는 때를 강조해 사랑하는 남자가 돌아오지 않음을 부각하였다. 따라서 여주인공이 "함한(含恨)", "응취(凝翠)"한 이유를 살피게 하였다. 음조가 청아하고, 정을 머금은 형상은 위완(委婉)하다.

진정작의 ≪사칙·한정집 詞則·閒情集≫ 권1은 "<완계사> 여러 수는 완곡하고도 중후하며 절실한 데다, 음조 또한 조용하고 우아하여 칭송할 만하다.(<浣溪沙>數闋, 委婉沉至, 音調亦閒雅可歌.)"라고 평하였다.

4-9-135 설소온

<희천앵 喜遷鶯> 3수-1 殘蟾落

殘蟾落,[1] 曉鍾鳴。 羽化覺身輕。[2] 乍無春睡有餘酲,[3] 杏苑雪初晴。[4]	새벽달 지고 새벽종 울려 신선 되듯 날아올라 몸 가벼워짐을 느끼는데 마침 봄 잠을 자지 않아 술기운 남았지만 행원에 내리는 눈은 막 개었네.
紫陌長,[5] 襟袖冷● 不是人間風景● 回看塵土似前生。[6] 休羨谷中鶯。[7]	궁궐 안의 큰길은 길어 옷깃과 소매가 서늘해지니 인간 세상 풍경이 아니로다. 지난 일 돌아보니 전생의 인연인 듯하니 비천한 이가 존귀해짐을 부러워 마시게.

【주석】

1 殘蟾(잔섬) : 잔월(殘月). 달 속에 두꺼비가 산다고 여겨 달을 섬(蟾)으로 부름. 그래서 월궁(月宮)을 섬궁(蟾宮), 월광(月光)을 섬광(蟾光)으로 칭한다.

2 羽化(우화) : 수도(修道)로 신선이 되어 몸이 하늘로 날아오름을 말함. ≪남사·저백옥전 南史·褚伯玉傳≫에서는 "높은 뜻을 이루길 늘 생각했기에 그는 득도하여 신선이 되었다.(常思遂其高志, 成其羽化.)"라고 하였다.

3 乍(사) : 마침, 갑자기. 餘酲(여정) : 깨지 않은 술기운. 酲(정) : 술 취해 깨지 않음.

4 杏苑(행원) : 행원(杏園)으로, 장안(長安)의 동남쪽 곡강(曲江) 가에 있다. ≪유성남기 游城南記≫에는 "행원은 자은사(慈恩寺) 남쪽과 서로 잇닿아 있으며, 당대(唐代)에 새로 진사에 급제한 이들은 거의 여기서 연회를 즐겼다. 부용원과 함께 진(秦) 의춘하원(宜春下苑)땅

이다.(杏園與慈恩寺南相值, 唐新進士多游宴于此, 與芙蓉園, 皆爲秦宜春下苑之地.)"라고 기술하였다. 의춘원(宜春苑)은 곧 의춘하원(宜春下苑) 땅으로 진(秦)나라 때의 의춘궁(宜春宮) 동쪽에 있었다. 후에는 이곳이 곡강지(曲江池)가 되었다.

5 紫陌(자맥) : 궁궐 안의 큰길.
6 塵土(진토) : 세속 일, 진사(塵事). 지난 일을 말함. 前生(전생) : 이 세상에 나오기 전에 태어났던 세상.
7 谷中鶯(곡중앵) : 비천한 사람이 존귀해지거나, 가난한 사람이 부유해짐을 비유한 말. ≪시경·소아·벌목 詩經·小雅·伐木≫에서는 "땅땅 소리 내며 나무하니, 지지배배 새가 울며, 깊은 계곡에서 나와, 높은 나무로 옮겨가네.(伐木丁丁, 鳥鳴嚶嚶. 出自幽谷, 遷于喬木.)"라고 하였다. 후세인들은 "조천(鳥遷)", "앵천(鶯遷)"으로 비천한 사람이 존귀해지거나, 가난한 사람이 부유해짐을 비유하였다.

【감상】

과거급제의 지난(至難)함과 급제로 득의(得意)함을 순차적으로 솔직하게 술회하였다.
상편은 과거에 급제한 기쁨에 흥분되어 온 밤을 지새운 채로, 새 진사 연회에 참가하게 되는 조바심을 썼다. 급제가 지난함을 우화등선(羽化登仙)으로 비유한 묘사가 참신하게 다가온다.
하편은 급제하여 궁중을 거닐 때의 심경과 신분 상승이 준 감회를 썼다. 첫 3구는 급제한 후, 급제자는 더 이상 인간 세상에 있는 이가 아닌 것 같다는 심경을 보였다. 끝 2구는 과거에 급제하기 전후 모습을 비교해 그 기쁨을 설파하였다. 급제하고 보니, 세속을 떠나 다른 세상에 있는 것 같음을 계곡의 꾀꼬리가 가지 높은 나무로 옮겨간 것으로 비유하였다. 끝구 "휴선곡중앵(休羨谷中鶯)"은 특히 만당오대(晚唐五代) 시기 진사시를 준비하던 선비들이 열렬히 추구하던 보편가치를 천명한 말이기에 선망 속에서도 비애감을 느끼게 한다.
만당오대 사 중에는 과거에 급제해 공명과 이록(利祿)이 주는 기쁨을 경쾌한 어조로 묘사한 작품이 많지 않다.

4-10-136 설소온

<희천앵 喜遷鶯> 3수-2 金門曉

金門曉,¹   금마문(金馬門)에 날 밝으며
玉京春。²   도성에 봄이 오자
駿馬驟輕塵。³   준마가 먼지 날리며 달리니
樺煙深處白衫新。⁴   과거시험장에서 평상복 산뜻했던 이들이
認得化龍身。⁵   급제한 몸 되었음을 알겠네.

九陌喧,⁶   장안의 큰길이 시끄러움은
千戶啓●⁷   수많은 집들이 문을 열어선데
滿袖桂香風細●⁸   소매 가득한 계수나무 향기는 바람에 미세하게 퍼진다.
杏園歡宴曲江濱。⁹   급제를 알리는 즐거운 연회가 곡강변에서 열리니
自此占芳辰。   이로부터 호시절 차지하네.

【주석】

1 金門(금문) : 금마문(金馬門). 한(漢) 환관(宦官) 관서의 문 이름으로 그 문 곁에 금마(金馬)가 있어 금마문으로 불렸으나 후에는 관서(官署)를 대칭(代稱)함.
2 玉京(옥경) : 도가에서 천제(天帝)가 계신 곳을 이른 말로 도성(都城), 황도(皇都)를 뜻함.
3 驟(취) : 질주하다. 輕塵(경진) : 날리는 먼지.
4 樺煙(화연) : 화촉(樺燭)의 연기, 자작나무 연기. 자작나무껍질이 두껍고 가벼우며 부드러워 밀납을 말아 초를 만들 수 있기에 자작나무인 화(樺)를 화촉(樺燭)이라고 한다. 樺煙深處(화연심처) : 조정의 과거 시험장을 비유함. 白衫(백삼) : 평상복. 흰 홑옷.
5 化龍身(화용신) : '물고기가 용문(龍門)에 올랐다는 뜻으로, 과거급제를 비유함.
6 九陌(구맥) : 도성의 큰길. ≪삼보황도 三輔黃圖≫는 "한나라 장안성(長安城)에는 8개의

대로(大路)와 9개의 작은 길이 있었다.(漢長安城中有八街九陌.)"라고 하였다.
7 千戶(천호) : 천 가구의 집. 수많은 사람.
8 滿袖桂香(만수계향) : 과거에 급제함을 비유함. 과거에 급제함을 절계(折桂)라고 한 것은 달에 계수(桂樹)가 있어서다. 계수는 달에서만 생장하기에 각고의 노력과 남다른 재능이 있는 사람만이 그 가지를 꺾어 인간 세상에 가져올 수 있다. 그래서 절계로 성공, 존엄, 존귀를 상징하자, 월궁절계(月宮折桂), 섬궁절계(蟾宮折桂)로 과거급제를 비유하게 되었다.
9 杏園(행원) : 행원(杏苑). 앞의 사, 주석 4 참조. 曲江(곡강) : 장안 동남쪽에 있다. 한대(漢代)에 놀고 즐기던 장소로, 한 무제(武帝)가 진(秦) 의춘원(宜春苑)의 옛터를 뚫어 넓히면서, 그 물줄기가 굽어 꺾임이 넓은 구릉을 낀 강과 닮았기에, '곡강'이라 불렀다. 수(隋)나라 때에 부용원(芙蓉園)으로 고쳐 불렀으며, 당(唐)나라 때에 다시 뚫어 통하게 되자 주위가 7리(里)에 달하였다. 남쪽으로는 자운루(紫雲樓)·부용원(芙蓉苑)이 있었고, 서쪽으로는 자은사(慈恩寺)·행원(杏園)이 있었으며, 북쪽으로는 놀고 즐기는 곳이 있었다고 한다. 占芳辰(점방신) : 호시절을 차지하다.

【감상】

과거에 급제한 진사들의 득의한 모습을 핍진하게 그렸다.

상편은 새벽 되며 관서에 춘방(春榜)이 붙자 화촉 속에 과거장에서 평상복을 산뜻하게 입었던 이들이 급제한 신분이 되었기에 그 처지가 급변했음을 묘사하였다.

하편은 새벽을 지나 대낮이 되자 황성의 금마문에서부터 사통팔달한 큰 길가의 집에 이르기까지 수많은 사람이 새로 급제한 진사들이 말 탄 채로, 달 속에 있다는 계수나무 가지를 잡고 거리를 지나가는 모습을 부러움 속에 바라봄을 그렸다. 끝 2구는 곡강 가에 있는 행원(杏園)에서 연회를 즐기면서 득의양양할 호시절을 맞은 기세를 형용하였다.

당시 문사들이 과거시험에 급제하기를 바라는 열망을 사회적인 측면에서 그렸다. 문인들은 급제만 하면 신분이 갑자기 높게 상승하였기에 그간의 고생을 모두 잊어버릴 정도임을 형상함으로써 희열의 정도를 실감케 하였다. 과거급제가 신분 상승의 유일한 관문이었기에 급제자의 득의한 모습과 솔직한 심사를 꾸밈없이 묘사한 면은 화간 사풍과 차별되는 면모이다.

4-11-137 설소온

<희천앵 喜遷鶯> 3수-3 清明節

清明節,	청명절은
雨晴天。	비 개인 날로
得意正當年。	급제로 득의했던 바로 그 해에
馬驕泥軟錦連乾,[1]	말이 교만했음은 진흙 부드럽고 비단 연건 장식 때문이었으니
香袖半籠鞭。	향그런 소매는 채찍을 반쯤 감쌌지.

花色融, 꽃 색깔 조화로운데
人競賞• 사람들이 다퉈 감상함은
盡是繡鞍朱鞅•[2] 수놓은 안장 얹고 붉은 진주 장식 멍에로 온통 치장해선데
日斜無計更留連。[3] 날 저물어 오래도록 더 머물 방도 없었으니
歸路草和煙。 돌아오는 길에는 풀과 안개 자욱했지.

【주석】

1 連乾(연건) : '연전(連錢)'이라고도 하며, 장니 위에 매다는 엽전을 꿴 것처럼 풀잎을 꿴 장식품. ≪진서·왕제전 晉書·王濟傳≫은 "일찍이 한 필 말을 탐에, 연건 장식을 단 장니를 부착했다.(嘗乘一馬, 著連乾鄣泥.)"라고 썼다.

2 盡是(진시) : 온통. 繡鞍朱鞅(수안주앙) : 수놓인 말안장과 붉은 진주 장식 멍에. 鞅(앙) : 말의 목에 씌우는 가슴걸이 가죽 끈. 멍에의 한 종류.

3 留連(유련) : 헤어지기 섭섭해 계속 머물다. 유련망반(留連忘返).

【감상】

이 사 또한, 과거 급제자의 의기양양한 모습을 그렸다. 청명절을 지정해 그 날의 감회를 술회했기에 묘사 방식이 앞의 2수와 차이를 보인다. 급제한 해의 청명절이라 그 날의 감회를 더욱 잊기 어려웠을 것이다.

상편은 과거에 급제한 이들이 청명절 비가 갠 후에 화려하게 장식한 말을 타고 답청(踏靑)하며 보인 득의한 모습을 생동하게 그렸다. "마교(馬驕)" 2구는 급제자들이 풍도(風度)를 보이면서 자족(自足)하는 형상이다.

하편은 인산인해로 성황을 이룬 청명절에 귀족 자제들이 급제한 이들을 부러움 속에 바라보는 형상을 그렸다. 해가 질 때까지 다투어 구경함을 써 선망하는 마음을 드러냈을 뿐 아니라, 더 이상 머물 수 없어 돌아갈 때, 길가의 모습을 "귀로초화연(歸路草和煙)"이라고 묘사해 탈속함을 드러냈다. 그래서 탕현조는 탕평 ≪화간집≫ 권2에서 "이 사는 유독 가식이 없기에, 진부한 기운이 모두 사라졌음을 느끼게 된다.(此首獨脫套, 覺腐氣俱消.)"라고 평하였다.

설소온 자신은 과거에 급제하지 못해 급제자를 부러워하는 처지에서 이 3수를 지었기에 급제한 기쁨을 직접 쓴 위장 <희천앵>과의 차이를 살펴볼 만하다.

4-12-138 설소온

<소중산 小重山> 2수-1 春到長門春草靑

春到長門春草靑。[1]	장문궁에 봄 오니 봄풀 푸른데
玉階華露滴,[2]	옥 계단으로 꽃에 맺힌 이슬 떨어지고
月朧明。	달빛은 어슴푸레하네.
東風吹斷紫簫聲。[3]	봄바람 불어 자색 퉁소 부는 소리 그쳤는데
宮漏促,[4]	궁중 물시계 소리는 재촉하듯 급해지고
簾外曉啼鶯。	발 밖에는 새벽 앵무새 우네.
愁極夢難成。	수심이 극도에 이르니 꿈도 꾸기 어렵거늘
紅妝流宿淚,[5]	붉게 단장한 얼굴에 밤 지난 눈물이 흐름은
不勝情。	그리운 정을 이기질 못해서네.
手捼裙帶繞階行。[6]	손으로 치마 띠 배배꼬며 계단을 에둘러 걸음은
思君切,	임 생각 절실해져선데
羅幌暗塵生。	비단 휘장엔 슬며시 먼지 일었네.

【주석】

1 長門(장문) : 한(漢) 궁전인 장문궁(長門宮). 한 무제의 진황후(陳皇后)가 실총하자 장문궁에 유폐되어 지내다가 사마상여가 지은 <장문부>를 황금으로 사 총애를 회복한 곳. 여기서는 여주인공의 처소를 말함. 온정균 <청평악 淸平樂> 2수-1 (上陽春晚) 주 참조.
2 華露(화로) : 꽃잎에 맺힌 이슬.
3 吹斷(취단) : (바람) 불어 ~그치다.
4 宮漏促(궁루촉) : 궁중 물시계 소리 급하다. 깊은 밤을 비유함.

5 宿淚(숙루) : 하룻밤 지난 눈물. 묵은 눈물.
6 挼(뇌) : 손으로 비비다. 주물다.

【감상】

진황후(陳皇后)가 한 무제의 총애를 잃어 유폐된 장문궁(長門宮) 고사를 차용해 궁녀의 춘원(春怨)을 그렸다.

상편은 봄철의 새벽 묘사이다. 닫힌 문엔 풀 푸르고, 옥 계단은 이슬이 무거운데, 달은 밝고 바람 살랑거리는 속에, 물시계 소리 급하게 들려온다. 새벽 되며 꾀꼬리 우니, 소리와 색깔이 어우러져 맑고도 처량한 기운이 전해진다. 상편 모두는 여주인공이 본 바, 들은 바, 느낀 바를 썼다.

하편은 "장문(長門)"의 인물 묘사로 여주인공의 근심스러운 얼굴을 그렸다. 멋지게 화장했으나 눈물이 흐르고, 비단 휘장에는 먼지가 일었음을 부각하였다. 이 같은 상황에 이른 것은 황제의 은총이 사라져 오랫동안 오시지 않아서다. "수극몽난성(愁極夢難成)"은 깊은 수심으로 잠들지 못하는 고통을 형상한 말이다.

이빙약은 <허장만기>에서 "새로운 뜻은 없으나, 붓이 되돌아 흐르는 꺾임이 자유자재하다.(無新意, 筆却流折自如.)"라고 평하였다.

4-13-139 설소온

<소중산 小重山> 2수-2 秋到長門秋草黃

秋到長門秋草黃。	장문궁에 가을이 와 가을 풀 누레지니
畫梁雙燕去,	채색 들보의 짝진 제비는 떠나
出宮牆。	궁궐 담을 나가네.
玉簫無復理霓裳。[1]	옥퉁소는 <예상우의곡>을 다시 연주하지 않는데
金蟬墜,[2]	금 매미 장식이 얼굴에서 떨어짐은
鸞鏡掩休妝。[3]	난새 장식 거울 덮어 고운 화장 멈춰서네.
憶昔在昭陽。[4]	옛일 회상하네! 소양궁에서
舞衣紅緩帶,	춤추는 옷은 붉었고 느슨한 허리띠엔
繡鴛鴦。	원앙 수놓였음을
至今猶惹御爐香。[5]	지금도 여전히 왕궁 향로에 향 일겠지만
魂夢斷,	혼을 좇는 꿈은 깨었기에
愁聽漏更長。[6]	물시계 길게 떨어지는 소리를 근심스레 듣네.

【주석】

1 玉簫(옥소) : 퉁소(洞簫). 옛사람들은 정교하고 아름다운 사물에 자주 '옥(玉)'이란 수식어를 썼다. '옥적(玉笛)'·'옥용(玉容)'·'옥루(玉樓)'·'옥식(玉食)' 등이 그 예이다. 理(리) : 연주하다. 霓裳(예상) : <예상우의곡 霓裳羽衣曲>의 준말로 무곡에 속하는 옛 악곡 이름이다. 지금은 이 곡이 산일(散逸)되었다.
2 金蟬(금선) : 고대에 부녀가 얼굴에 붙였던 금색 매미 장식.
3 掩(엄) : 멈추다, 덮다, 닫다. 休妝(휴장) : 화장을 멈추다.

4 昭陽(소양) : 한 대(漢代) 궁전 이름. ≪삼보황도 三輔黃圖≫에 기재에 따르면 한(漢) 무제(武帝)의 후궁(後宮) 여덟 구역에는 소양전(昭陽殿)이 있었다. 한(漢) 성제(成帝) 때에 황후 조비연(趙飛燕)과 그 여동생 소의(昭儀)가 일찍이 소양사(昭陽舍)에서 지냈기에 소양전이라 하였다.
5 惹香(야향) : 향기를 일게 하다. 남자가 여자를 건드림을 비유함.
6 漏更(누경) : 경루(更漏). 밤 시각을 알리는 물시계. 경(更)은 고대 시간을 재는 단위로, 하룻밤을 5경으로 나누었다.

【감상】

궁녀가 가을을 원망하는 정을 그렸다.

상편은 진(陳)황후가 유폐되었던 장문궁에 가을이 오니 풀은 누렇게 변하고 제비가 떠남을 써 궁녀의 무료함을 살피게 하였다. "화량(畵梁)" 구는 자신을 원망하고 새를 부러워한 묘사로, 사람이 사물만 못함을 비유했다. 은총 속에 춤추던 <예상우의곡>이 지금은 옥 통소로 불리지 않기에 금 매미 장식이 얼굴에서 떨어짐을 강조하여 화장에 무관심한 상황이 되었음을 역설하였다. 이는 궁녀 생활에 대한 믿음을 잃은 술회로 서글픈 심경을 드러낸 것이다.

하편은 먼저 소양궁(昭陽宮)에서 총애를 받던 후궁을 추억한 뒤, 현재로는 꿈은 끊겨 차마 지난날을 돌이킬 수 없는 회한을 썼다. 끝 단락은 아름다웠던 지난날을 회상하면서 긴 밤을 지새우기 힘든 고통을 그렸다. 이 사는 유폐된 진황후에 대한 무한한 동정을 썼지만, 실은 실총(失寵)한 궁녀의 원망을 은연중에 토로하였다.

4-14-140 설소온

<이별난 離別難>

寶馬曉鞲雕鞍。[1]   새벽녘 천리마에 조각 장식 안장을 얹으니
羅帷乍別情難。[2]   비단 휘장에서 갑자기 이별할 정이 힘겨워짐은
那堪春景媚●[3]   봄 풍경 아름다워
送君千萬里●   임을 어찌 천만리 멀리 보낼 수 있을까 해서다.
半妝珠翠落,[4]   허둥대며 반쪽만 화장하니 진주와 비취 장식 떨어졌고
露華寒。[5]   쓸쓸한 달빛 차가워졌네.
紅蠟燭●[6]   붉은 초 비췄기에
靑絲曲●[7]   청춘곡은
偏能勾引淚闌干。[8]   이리저리 눈물을 제법 흘리게 할 수 있었네.

良夜促●   좋은 밤 짧았고
香塵綠●[9]   향은 타 푸른 재 되어
魂欲迷。[10]   넋은 미혹되려 했기에
檀眉半斂愁低。[11]   자홍색 칠한 눈썹 반쯤 거둬들여 수심 낮추었네.
未別心先咽●[12]   헤어지지 않았어도 마음 먼저 흐느낌은
欲語情難說●   말하려 해도 정을 말하기 어려워서다!
出芳草,   싱그런 풀섶을 나와
路東西。   동서로 뻗은 길로 들어서니
搖袖立●   흔들리는 옷소매가 세워짐은

春風急● 봄바람이 세차선데
櫻花楊柳雨淒淒。¹³ 벚꽃과 버들에 쓸쓸히 비 내리네.

【주석】

1 寶馬(보마) : 천리마. 鞲(구) : 안장·고삐 등을 말 위에 얹다. 雕鞍(조안) : 무늬를 조각한 말안장.

2 羅帷(나유) : 규중 누각에 쳐진 비단 휘장. 乍別(사별) : 갑작스런 이별.

3 那堪(나감) : 즘능(怎能)과 같은 뜻으로 어찌 할 수 있으랴?

4 半妝(반장) : 반면장(半面妝). ≪남사·후비전 南史·後妃傳≫에 따르면 "양(梁) 원제(元帝)의 서비(徐妃)는 원제가 애꾸눈이라서 제왕이 이르게 됨을 알 때마다 반쪽 얼굴만 꼭 화장하고 기다렸기에 제왕이 보고는 격노하고 떠났다.(梁元帝徐妃以元帝眇一目, 每知帝將至, 必爲半面妝以俟, 帝見則大怒而去.)"라고 하였다. 곧 송별 후 돌아와 남은 화장을 지운 것을 비유함.

5 露華(노화) : 쓸쓸한 달빛.

6 紅蠟燭(홍랍촉) : 붉은 초가 환히 비추다.

7 靑絲曲(청사곡) : 청사(靑絲)는 검은색 두발로 청춘을 비유했기에 청춘곡을 뜻함.

8 偏能(편능) : 제법 ~할 수 있다. 파능(頗能)과 같음. 勾引(구인) : 일으키다. 淚闌干(누난간) : 이리저리 눈물을 흘리다.

9 香塵綠(향진록) : 향의 재가 타 초록빛이 되다.

10 迷(미) : 미혹되어 혼란스러워지다.

11 檀眉(단미) : 향그런 눈썹. 단(檀)은 안색(顔色)의 일종으로 옅게 붉은빛을 띠기에 눈썹 색을 형용한 말이다. 단(檀)은 자홍색.

12 咽(열) : 흐느끼다.

13 櫻花(앵화) : 꽃 이름. 황주이의 ≪혜풍사화 蕙風詞話≫는 "중국의 벚꽃은 무성하지 않으나 열매를 맺지만, 일본 벚꽃은 무성하나 열매를 맺지 않는다.(中國櫻花, 不繁而實. 日本櫻花, 繁而不實.)"라고 구분하였다. 설소온(薛昭蘊)이 이 사에서 "앵화양류우처처(櫻花楊柳雨淒淒)"라고 썼기에 "앵화"란 명칭이 사 작품에 처음 등장하게 되었다.

【감상】

여인이 임을 전송하는 서글픈 정을 썼다. ≪화간집≫에서 편폭이 제일 긴 사에 속한다.

상편은 정든 임이 "보마(寶馬)"에 말 행장을 챙겨 멀리 떠나려 하는 데서 생긴 별정을 그렸다. 첫 구는 전 사의 전개와 긴밀한 관계를 맺는다. 다음 "나유(羅帷)" 구는 이별의 정을 씀에 두 사람 감정은 깊고 진지함을 묘사했다. "나감(那堪)" 4구는 한층 깊게 들어가 봄 경치가 아름다운 때에 멀리 떠나가는 임을 전송함이 참기 어려운 고통임을 부각하였다. 몸단장할 생각이 없고, 쓸쓸한 달빛이 차갑게 느껴짐은 전송자의 심경이 무거운 때문이다. "홍랍(紅蠟)" 3구는 작별 인사를 나누던 장면 묘사로, 이별곡이 다하기도 전에 붉은 초 역시 눈물을 흘리지 않을 수 없음을 투영하였다.

하편은 먼저 써야 할 이별할 밤의 고통을 회상해 쓴 후, 송별할 때의 경상을 그렸다. "양야(良夜)" 4구는 함께 했던 지난밤은 짧았고 떠나가는 시간은 빨라져, 꿈속의 혼령도 희미해졌기에, 근심 어린 눈썹을 아래로 깐 모습을 그렸다. 다음의 "미별심선열, 욕어정난설.(未別心先咽, 欲語情難說.)" 2구는 한순간에 이별하게 된 참담한 심경을 진솔하게 형용한 말이기에 심금을 울리는 명구가 되었다. 그 뒤는 송별할 때의 정경이다. "출방초, 노동서(出芳草, 路東西)"는 떠나가는 사람의 모습이고, "요수립(搖袖立)"은 보내는 이의 심경 묘사이다. "춘풍급(春風急)"은 서서 이별하기 힘든 심경을 경상으로 그렸다. "미별심선열(未別心先咽)"에서 보인 별정의 전개 방식은 유영(柳永) <우림령 雨霖鈴>의 포서 방식과 유사하기에 그 상관성을 살펴볼 만하다.

<이별난 離別難>은 원래 당(唐), 교방곡명으로 후에 사조(詞調)의 명칭이 되었다. 이 사는 설소온이 창제한 바, 쌍조 87자로 6회에 걸쳐 환운하였다. 환운(換韻)이 빈번한 데다 운박(韻拍)이 짧고 급하기에 변화하는 중에 스스로 조리를 보일 수 있었다. 송사(宋詞) 중에 결코 많이 쓰인 사조는 아니다. 이 사는 ≪화간집≫ 중에서 편폭이 가장 길기에 자연스러운 변환을 보여야 했는데 정조의 전개가 단조로움을 피하지 못하였다. 하지만 정경 묘사가 유창하고, 층차가 정연하며, 정감 전개가 진실하고도 절실한 묘미를 보일 수 있었다. 이 같은 창제 방식은 유영의 만사(慢詞) 창작에 어느 정도 영향을 미쳤을 것이다.

탕현조(湯顯祖)는 탕평 ≪화간집≫ 권2에서 "마음을 흐느끼게 하는 이별이 더 참담해짐은 말하기 어려운 정이 더욱 급박해져서다. '평생에 눈물 흘림이 없었음은 이별하는 사이에

눈물을 뿌리지 않아서이니', 할 말이 있음이 좋음은 당연하리라!(咽心之別愈慘, 難說之情 轉迫. '平生無淚落, 不灑別離間.' 應是好有話.)"라고 평하였다.

4-15-141 설소온
<상견환 相見歡>

羅襦繡袂香紅。[1] 짧은 비단 저고리의 수놓인 옷소매는 향기롭고 붉은데
畫堂中。 단장한 집 안에는
細草平沙蕃馬,[2] 가늘게 풀 자란 넓은 모래톱에 날랜 말 그려진
小屛風。 작은 병풍 있네.

卷羅幕● 비단 휘장 걷고
憑妝閣●[3] 여인 거실에 의지하니
思無窮。 그리움 끝없는데
暮雨輕煙, 저녁 비 내리고 옅은 안개 자욱해지기에
魂斷隔簾櫳。[4] 발 드린 창 사이로 혼이 끊이네.

【주석】

1 襦(유) : 짧은 저고리. 香紅(향홍) : 향은 냄새, 홍은 색을 나타낸다. 즉 비단 저고리의 수놓은 소매가 향기롭고 붉은빛으로 곱다는 뜻이다.
2 蕃馬(번마) : 오랑캐 땅의 말. 세초(細草)·평사(平沙)·번마(番馬)는 모두 병풍에 그려진 경물이다.
3 妝閣(장각) : 여자의 거실.
4 簾櫳(염롱) : 발을 친 창.

【감상】

한 미녀가 임을 그리워하는 모습을 썼다.

상편은 여주인공이 입은 옷과 실내 모습을 그렸다. 첫 2구 중 "나유(羅襦)"는 인물을 형용했고, "화당중(畫堂中)"은 실내의 병풍과 병풍 위의 화면을 묘사했다. 그 여인은 '화당'에서 홀로 지내는데, 병풍에는 "세초(細草)"·"평사(平沙)"·"번마(番馬)"가 그려져 있다. 따라서 이런 화면으로 먼 곳으로 떠난 임을 그리는 정이 지극함을 살필 수 있다.

하편은 발 걷고 자신의 거실에 의지한 감회를 썼다. 첫 3구는 여주인공이 주렴을 걷고 거실에 의지하자 그리움이 밀려옴을 썼다. 이어서 그리움이 무궁해져 혼이 끊임을 썼지만, 그 이유는 밝히지 않았다. 하지만 "빙장각(憑妝閣)"이라는 행위로 보면 아마도 먼 곳에 계신 임을 그리워하는 데서 생긴 수심임을 짐작할 수 있다.

4-16-142 설소온

<취공자 醉公子>

慢綰青絲髮。[1] (만관청사발)
푸른 실 같은 머리카락을 멋대로 감아 묶고

光砑吳綾襪。[2] (광아오릉말)
오 지방 비단 버선을 돌로 갈아 빛을 냈다.

床上小熏籠。[3] (상상소훈롱)
침상 위 훈향 하는 작은 대바구니는

韶州新退紅。[4] (소주신퇴홍)
소주의 싱그러운 분홍색 염료로 채색했네.

叵耐無端處。[5] (파내무단처)
남과의 까닭 없는 내왕을 용인할 수 없었음은

捻得從頭汙。[6] (년득종두오)
처음부터 부정하게 비꼬여선데

惱得眼慵開。[7] (뇌득안용개)
노여워하며 눈 게슴츠레 뜨고

問人閑事來。[8] (문인한사래)
사람들에게 시시콜콜한 일 묻네.

【주석】

1 慢綰(만관) : 멋대로 얽어매다. 青絲髮(청사발) : 푸른 실 같은 머리카락.
2 光砑(광아) : 아광(砑光). 돌덩이로 다른 물건을 갈고 닦아 광을 내다. 아광은 동사로 당대(唐代) 구어 임. ≪옥편 玉篇≫은 "오늘날 천과 종이를 돌로 갈아 반들반들 윤을 낸 것을 속칭 '아광포', '아광지'라고 한다.(今之布匹及紙, 用石碾砑光滑者, 俗名砑光布, 砑光紙.)"라고 풀이했다.
3 熏籠(훈롱) : 향로를 덮는 작은 대바구니.
4 韶州(소주) : 지금의 광동성 곡강(曲江) 일대로, 이 지역에서 나는 붉은 염료는 유명하여 '소홍(韶紅)'이라고 불렸다. 退紅(퇴홍) : 분홍색.
5 叵耐(파내) : 용인할 수 없다. 참을 수 없다. 파(叵)는 '~할 수 없다'는 뜻이다. 내(耐)는 내(奈 : 견디다)와 통한다. 無端(무단) : 까닭 없다. 處(처) : 남과 지내다. 내왕하다.
6 捻(념) : 비틀다. 비꼬다. 從頭汙(종두오) : 처음부터 부정하다.
7 惱(뇌) : 노여워하다. 괴로워하다. 慵(용) : 피곤하다.

8　閑事(한사) : 시시콜콜한 일.

【감상】

사패(詞牌)로 보면 아마도 귀공자가 무슨 일인가에 화가 나서, 술에 취해 무료하게 지내는 생활을 묘사한 듯하다. 하지만 묘사 방식으로 보면 여자가 주인공인 듯한 면도 보인다.

상편은 귀공자의 멋진 두발 모습과 빛을 발하는 버선을 묘사한 뒤, 침상 위의 정교한 향로용 대바구니를 묘사함으로써 여성화된 모습을 엿보게 하였다.

하편은 귀공자가 그의 주위 사람과의 관계가 뜻과 같지 않아 노여움이 생김을 술회한 뒤, 무료한 생활을 그려 당시 귀공자들의 사회생활의 면모를 살피게 하였다. 노여움의 단서가 애매함은 "무단처(無端處)"에서 "처" 자의 주체가 모호해선데, 노여움을 그린 "노여워하며 눈 게슴츠레 뜨고, 사람들에게 시시콜콜한 일 묻네.(惱得眼憪開, 問人閑事來.)"와 같은 행태는 형상성이 매우 선명하다. 이 같은 형상은 ≪홍루몽≫의 주인공 가보옥(賈寶玉)과 매우 유사함을 알 수 있다.

탕현조는 탕평 ≪화간집≫ 권2에서 "옛날 서왕모는 뭇 신선들에게 잔치를 베풂에 갈아 빛을 낸 모자를 썼고, 화무(花舞)용 비녀를 꽂았다. '광아(光砑)' 2자는 이것에 의거하였다.(昔西王母宴群仙, 戴砑光帽, 簪花舞, '光砑'二字本此.)"라고 평하였다.

4-17-143 설소온

<여관자 女冠子> 2수-1 求仙去也

求仙去也。	신선 찾아 떠남에
翠鈿金篦盡舍。¹	비취 비녀와 금색 참빗 모두 버리고
入嵒巒。²	험준한 산으로 들어갔네.
霧卷黃羅帔,³	안개가 말린 듯한 노란 비단 숄 걸치고
雲雕白玉冠。	구름 수놓인 백옥 관 썼네.
野煙溪洞冷,	들의 안개는 시냇가 동굴을 싸늘히 하고
林月石橋寒。	숲에 뜬 달은 돌다리를 차갑게 하는데
靜夜松風下,	고요한 밤, 솔바람 아래서
禮天壇。³	천단에 경배하네.

【주석】

1 翠鈿金篦(취전금비) : 취전(翠鈿)은 비취 비녀. 금비(金篦)는 금빛 나는 참빗. 盡舍(진사) : 전부 버리다.
2 嵒巒(암만) : 이어진 험준한 산.
3 霧卷(무권) 2구 : 황색 비단으로 짠 숄은 안개가 날려 말린 듯하고, 백옥 모자는 마치 구름으로 장식된 것 같다는 형용으로 옷차림과 운무를 함께 묘사하였다. 帔(피) : 여자가 어깨에 걸치는 장식용 수건. 배자, 숄.
4 禮天壇(예천단) : 제단에 올라 하늘에 경배하는 도가의 예식. 天壇(천단) : 봉건시대 제왕이 하늘에 제사 지내던 높은 누대.

【감상】

여도사가 신선이 되려고 구도하는 모습을 썼다. 묘사가 핍진하여 선기(仙氣)가 엄습하는 듯하다.

상편은 세속을 버리고 선계로 진입하려는 형상을 그렸다. 첫 3구는 여도사가 인간이 익힌 음식과 귀중한 장식품을 다 "버리고(盡舍)", 신선을 구하러 "험준한 산에 들어감(入岊巒)"을 썼다. 이어서 그녀가 신선을 찾을 때의 신비하게 치장한 복장과 천단에 경배하는 경건한 심상을 묘사함으로써 인간 세상과 색다른 선기(仙氣)를 느끼게 하였다.

하편은 도관 주위 청량한 환경을 묘사해 선계의 숙연한 분위기를 느끼게 하였다. 선계로 진입하는 모습을 "들의 안개는 시냇가 동굴을 싸늘히 하고, 숲에 뜬 달은 돌다리를 차갑게 한다.(野煙溪洞冷, 林月石橋寒.)"라고 그려 청량감과 신선감을 드러냈다. 이 사를 구성한 매 글자, 매 구절이 금빛 가지로 수를 놓은 듯하기에 탈속한 경계를 보일 수 있었다.

진정작은 ≪운소집≫ 권1에서 "'야연' 구 10자가 자못 중당 5언 율시 같음은 사용한 말에 신선의 기운이 있어서다.('野煙'十字, 頗似中唐五律, 語有仙氣.)"라고 평하였다.

4-18-144 설소온

<여관자 女冠子> 2수-2 雲羅霧縠

雲羅霧縠•¹ （운라무곡）　　구름무늬 놓인 비단 바탕에 안개 낀 모양의 깁 도복 입었는데

新授明威法籙•² （신수명위법록）　　선을 표창하고 악을 벌하는 부적을 새로 주심에

降眞函。³ （강진함）　　비문함(秘文函)을 내리시니

髻綰青絲髮,⁴ （계관청사발）　　푸른 명주실 같은 머리를 쪽져 올렸고

冠抽碧玉簪。⁵ （관추벽옥잠）　　관모(冠帽)에서는 벽옥 비녀를 뽑았네.

往來雲過五,⁶ （왕래운과오）　　오 색 구름을 넘어 왕래함에

去住島經三。⁷ （거주도경삼）　　삼신산(三神山)을 떠났다 머물다 하지만

正遇劉郎使,⁸ （정우유랑사）　　마침 유랑의 심부름꾼 만났기에

啓瑤緘。⁹ （계요함）　　곱디고운 서찰 봉함(封緘)을 여네.

【주석】

1 雲羅霧縠(운라무곡) : 화미(華美)한 견직품. 곧 도복(道服). 縠(곡) : 주름 있는 깁.
2 明威(명위) : 옥황상제가 선량함을 표창하고, 사악함을 징벌하려는 취지. 명외(明畏). ≪상서·고도모 尙書·皐陶謨≫에는 "하늘이 선량함을 표창하고 사악함을 징벌하니 우리 백성들도 선량함을 표창하고 사악함을 징벌한다.(天明畏, 自我民明畏.)"라고 하였다. 法籙(법록) : 도교의 술서(術書)로 귀신을 쫓아내고 액을 누르는 부적(符籍). 籙(록) : 부적. 도교의 비문(秘文).
3 降眞函(강진함) : 법록(法籙)을 담은 상자를 내리다.
4 髻綰(계관) : 쪽머리를 틀어 올리다. 綰(관) : 돌돌 말아 묶다. 青絲髮(청사발) : 푸른 명주실 같은 머리털.
5 抽簪(추잠) : 비녀를 뽑아내다. 관직을 버리고 은거하다.

6 雲過五(운과오) : 과오운(過五雲)으로 곧 5색 구름 위를 지나가다. ≪운급칠첨 雲笈七籤≫에는 "원주(元洲 : 넓은 바다 가운데 있다는 선경)에는 하늘 다한 곳에 있다는 궁이 5색 구름 가운데 있다.(元洲有絶空之宮, 在五雲之中.)"라고 하였다.

7 去住(거주) : 떠났다가 머물다가 한다. 거류(去留). 삼도(三島)는 선인들이 사는 장소로 "삼신산"이라고도 불린다. ≪사기·진시황본기 史記·秦始皇本紀≫에는 "제나라 사람인 서시 등이 글을 올려, '바다 가운데에 봉래·방장·영주라고 이름한 삼신산이 있어, 선인들이 그곳에서 살았다.'고 아뢰었다.(齊人徐市等上書, 言 '海中有三神山, 名曰蓬萊, 方丈, 瀛洲, 仙人居之.')"라고 기술하였다. 島經三(도경삼) : 경삼도(經三島)로 세 섬을 지나다.

8 劉郎使(유랑사) : 유신(劉晨)이 보낸 심부름꾼. 온정균 <사제향 思帝鄕> 주 참조.

9 啓瑤緘(계요함) : 정교하고 아름다운 편지의 봉함을 뜻다. 緘(함) : 봉하다. 여기서는 편지의 봉한 곳을 말하며 '계(啓)'의 목적어로 쓰였다.

【감상】

여도사가 수련을 거쳐 도교의 정화(精華)를 얻어 신선이 된 뒤, 산수(山水)를 운유(雲遊)하며 고명한 신선들을 방문하다가 뜻하지 않게 출가 전의 사랑하던 임의 사자를 만나 서신을 받게 됨을 썼다.

상편은 그녀가 학선(學仙)하여 신선이 된 후의 형상을 묘사했다. 외모상, 그녀는 몸에 구름무늬 속에 안개 낀 모양의 비단 도복(道服)을 걸치고 부적을 받아 신선이 되었음을, 높게 쪽머리를 올린 모습과, 두건에서 옥비녀를 빼낸 행위로 형상하였다. 그녀는 명위(明威)를 다스리는 법록(法錄)을 받았기에 선적(仙籍)에 올려졌음을 분명히 밝혔다.

하편은 먼저 그녀가 신선이 되어 신선들의 거처를 왕래함을 쓴 뒤, 출가(出家) 전에 사랑하던 임의 사자를 만나 연애편지를 받게 됨을 써, 그녀가 신선을 구한 것이 거짓임을 은유하였다. 곧 여관(女冠)이 된 이유가 실연에서 온 것임을 암시하면서 인간 세상에서 나눈 사랑을 결코 잊을 수 없었던 당시 세태를 엿보게 하였다.

4-19-145 설소온

<알금문 謁金門>

春滿院● 봄기운 정원에 가득한데

疊損羅衣金線●[1] 비단옷 금빛 줄은 겹쳐 구겨졌다.

睡覺水晶簾未卷● 잠 깨고도 수정렴 걷지 않음은

簷前雙語燕● 처마 앞의 짝진 제비가 지저귀어서다.

斜掩金鋪一扇●[2] 쇠 문고리 달린 문을 비스듬히 닫으니

滿地落花千片● 떨어진 꽃은 수없이 조각나 땅에 가득하다.

早是相思腸欲斷●[3] 이미 그리움으로 애간장 끊이려 함은

忍交頻夢見●[4] 모질게도 꿈속에서 자주 보여서다.

【주석】

1 疊損(첩손) 구 : 비단옷 벗지 않고 잠든 탓에 금빛 줄이 구겨져 망가지다.
2 金鋪(금포) : 문 위의 구슬을 물고 있는 문고리 장식. 포수(鋪首)라고도 하며 문고리에 용이나 뱀 등의 형상을 조각하였다. ≪한서·양웅 漢書·揚雄傳≫에 "옥 장식 문을 밀치니, 문고리 장식은 드날려 소리내네.(排玉戶而颺金鋪兮.)"라는 구가 보인다. 一扇(일선) : 문(門)을 세는 단위.
3 早是(조시) : 이미, 벌써.
4 忍交(인교) : 인교(忍敎)와 같음. 차마 ~하게 하다.

【감상】

봄이 가려 할 때, 여인의 상사지정(相思之情)을 썼다. 사의 맥락을 "잠이 깸(睡覺)"을 쓴 전(前) 6구와 "꿈속에서 본(夢見)" 심경을 그린 끝 2구로 살필 수 있다.

상편은 잠 깬 상황과 행위를 경어(景語)로 묘사한바, 상사의 애달픔을 말했다. 여주인공은 심사가 편치 않아 낮잠 자며 비단옷을 벗지 않았기에 자고 일어나니 그 옷이 주름져 있음을 의도적으로 그렸다. 이때 그녀가 뜰 가득한 봄빛을 느끼게 된 까닭은 처마 앞에서 재잘거리고 있는 제비 한 쌍이 그녀의 아름다운 꿈을 깨운 때문일 것이다. 한 쌍 제비의 재잘거림과 봄빛의 미려함이 여주인공을 외롭게 느끼게 한 원인이 되었다.

하편은 잠 깬 후, 상사로 온 외로움과 꿈에서 겪은 실의를 연계시켜 외로운 심사를 부각하였다. 그녀가 일어나 문을 닫을 때, 문밖에는 떨어진 꽃이 땅에 가득하다. 문을 닫음은 온종일 기다렸으나 돌아오지 않았음을 암시했고, 떨어진 꽃이 땅에 가득하다는 봄이 가며 자신의 모습이 떨어진 꽃처럼 젊음이 갔음을 에둘러 쓴 표현이다. 이런 모습은 자신도 모르게 꿈속의 일을 떠올리게 하여 견디기 어려운 슬픔에 빠지게 하였다. 끝 2구는 바로 상사의 그리움 때문에 마음이 상하게 됨을 실토한 말이다. 꿈에서도 그리운 정을 자주 직설함으로써 원망스러운 정을 언외(言外)로 드러낼 수 있었다. 특히 끝의 "인교(忍交)" 구는 골수를 파고드는 정어(情語)로 기격(氣格)이 침착(沈着)하면서도 소박한 특성을 보였다. 또한 측성운 만으로 압운하였기에 답답한 중에 연연하는 심사를 그려낼 수 있었다.

진정작은 ≪사칙·한정집≫ 권1에서 "정신 자태가 진지해졌기에 이것을 옛것을 바꾸어 창신했다고 이른다.(意態便濃, 斯謂飜陳出新.)"라고 평하였다.

5 — 우교 牛嶠

32수

우교(848-920?)는 자(字)가 송경(松卿), 연봉(延峰)으로 농서(隴西) 적도(狄都 : 감숙 甘肅, 임조 臨洮) 사람이다. 당 재상 우승유(牛僧孺, 780-848)의 먼 후손이다. 황소(黃巢)가 난을 일으켜 장안에 진격한 건부(乾符) 5년(878)은 그가 진사에 급제한 해로 희종조(僖宗朝)에서 습유(拾遺), 보궐(補闕), 상서랑(尙書郞)을 지냈다. 광계(光啓) 2년(886) 양왕(襄王) 이온(李熅)의 난을 피해 오월(吳越)땅을 유랑하다가 파촉(巴蜀)에 거처를 정했다. 소종(昭宗) 대순(大順) 2년(891) 이후로 사천절도사(四川節度使) 왕건(王建, 847-918)이 불러들여 판관(判官)을 했다. 전촉(前蜀)으로 개국하자 비서감(秘書監)을 지냈고 급사중(給事中)으로 성도(成都)에서 죽었다. ≪군재독서지 郡齋讀書志≫는 그가 "박학하고 재주가 있어 시가로 저명하다."라고 평하였다. 우교 스스로 이하(李賀)의 장가(長歌)를 절모(竊慕)하며 그를 본받았다고 하였다. 특히 소사(小詞)를 잘 지은바, 감정이 진실함을 보였다. 그래서 황주이는 "우교 사에는 대체로 내심의 진정이 담겨 있다.(松卿詞蓋有內心者.)"라고 평하였다. 그의 사적은 ≪당시기사 唐詩紀事≫ 권71, ≪당재자전 唐才子傳≫ 권9, ≪십국춘추 十國春秋≫ 권44 본전에 보인다. 그에게는 원래 ≪우교집 牛嶠集≫ 30권이 있었으나 전하지 않는다. 시 3수가 ≪전당시 全唐詩≫, ≪전당시외편 全唐詩外編≫에 전하며, 사 32수가 ≪화간집≫에 전한다.

진정작은 ≪운소집≫ 권1에서 "우교 사는 원망하는 것 같기도 하고 사모하는 것 같기도 하기에 응당 위장과 고하(高下)를 다툰다.(松卿詞如怨如慕, 當與端己竝驅.)"라고 평했다. 그는 또 ≪사칙·대아집 詞則·大雅集≫ 권1에서 "온화한 아름다움이 끝없이 이어지니 온정균의 아류이다.(溫麗芊綿, 飛卿亞流.)"라고 평하였다.

이빙약은 <허장만기>에서 "우교의 사집은 보이지 않으며, 지금 전하는 ≪화간집≫에 남아있는 32수는 대체로 모두가 맑고 고우며 화려하기에 온정균에 가까우나 우희제(牛希濟)에는 약간 미치지 못한다.(松卿詞集不可見, 今存≪花間集≫者, 尙有三十二首, 大體皆瑩艶縟

우교牛嶠

麗, 近于飛卿, 微不及希濟耳.)"라고 평했고 또한, "우교는 부녀의 정을 잘 썼는데 남녀의 정의 묘사가 많음은 시대의 풍조가 방탕해서이다. 아래로 유영 일파를 형성함에 특히 필력이 중복된 무용지물에 이르지 않았기에 가송되었다.(松卿善爲閨情, 兒女情多, 時流于蕩, 下開柳屯田一派, 特筆力不至沓贅, 爲歌誦耳.)"라고 평하였다.

우교와 우희제는 숙질간이나 그의 조카 사에는 미치지 못했다. 그는 개성이 선명한 사인으로, 고생스러운 삶에 대한 감개를 기탁하며 예민한 감각과 신기한 상상을 동원해 예술적 성취가 높은 사를 지었다. 그의 사는 사부(思婦), 무녀(舞女), 여도사, 능욕을 받은 여인들의 각종 원정(怨情) 묘사가 주류였다. 왕국유의 ≪당오대 21가 사집 唐五代二十一家詞輯≫에 ≪우급사사 牛給事詞≫가 실려 있다.

5-1-146 우교

<유지 柳枝> 5수-1 解凍風來末上靑

_{해 동 풍 래 말 상 청}
解凍風來末上靑。¹   언 것 녹이는 바람 불어 버들 끝에 푸른빛 올라오니
_{해 수 나 수 배 경 경}
解垂羅袖拜卿卿。²   비단 소매 풀어 늘어뜨리고 당신께 절하지요.
_{무 단 요 나 임 관 로}
無端嫋娜臨官路,³   큰길에 임해서 실없이 한들거리며
_{무 송 행 인 과 일 생}
舞送行人過一生。   춤으로 길손을 전송하며 평생을 보내지요.

【주석】

1 末上靑(말상청) : 버들가지 끝에 연두색이 보임을 말한다. 말(末)은 나뭇가지 끝.
2 解垂(해수) : 풀어 늘어트리다. 卿卿(경경) : 남녀간 친근함을 보이는 칭호로 당신을 뜻함. ≪세설신어·혹닉 世說新語·惑溺≫에 따르면 왕안풍(王安豐) 부인이 늘 안풍을 경경(卿卿)이라고 부른 데서 애칭으로 쓰이게 됨. 앞 경(卿)자는 동사, 뒤 경(卿)자를 대명사로 보면 당신이란 뜻이 된다.
3 無端(무단) : 실없이. 嫋娜(요나) : 한들거리다. 官路(관로) : 관청에서 낸 큰길.

【감상】

이 사는 영류(咏柳)했지만 실제로는 기녀(妓女)의 형상을 그렸다.

첫 2구는 겨울이 가고 봄이 올 때 버들가지가 담황색 부드러운 새싹을 돋아내며 낮게 드리운 것이 마치 소매를 끌어 사람에게 인사하는 것 같음을 썼다. 뒤의 2구는 앞 2구를 받아 버들의 숙명을 썼다. 왜 사람들이 오가는 큰길가에서 바람을 맞아 흔들리며 행인을 마주해 자신의 일생을 보내야 하는지를 자문하였다. 작자는 기녀에 대한 동정을 버들의 속성에 따라 객관적으로 우의함으로써 감상자의 마음을 울리게 하였다.

탕현조는 탕평 ≪화간집≫ 권2에서 "<양지>, <유지>, <양류지>는 모두 사물로 흥을 부쳐냈다. 이전 사람들은 별로 분석하지 않았지만, 영물의 극치는 작가의 감회를 풀어내게 할 수 있고, 독자의 눈물을 흘리게 할 수 있으니 이것들이 영물의 지극함이다. '춤으로 나그네를 전송하네!'와 같은 구는 바로 사람을 슬프고 안타깝게 한다.(<楊枝>, <柳枝>, <楊柳枝>, 總以物托興。前人無甚分析, 但極咏物之致, 而能抒作者懷, 能下讀者淚, 斯其至矣。'舞送行人'等句, 正是使人悲惋。)"라고 평하였다.

5-2-147 우교

<유지 柳枝> 5수-2 吳王宮裏色偏深

吳王宮裏色偏深。[1]	관왜궁 안에 버들 빛 더욱 짙어지니
一簇纖條萬縷金。	가냘픈 한 떨기 가지에 수많은 금실 늘어트리고는
不憤錢塘蘇小小,[2]	원망하지 않지요! 전당 기녀 소소소가
引郞松下結同心。[3]	임을 소나무 아래로 끌어 동심결 맺었음을!

【주석】

1 吳王宮(오왕궁) : 오왕(吳王) 부차(夫差)가 서시(西施)를 위해 지은 관왜궁(館娃宮). 지금의 강소성(江蘇省) 소주(蘇州) 서남쪽 영암산(靈岩山) 위에 영암사(靈岩寺)가 있는데, 이곳이 관왜궁 옛터이다.
2 不憤(불분) : 불분기(不憤氣). 원망하지 아니하다. 蘇小小(소소소) : 남제(南齊) 시기 전당(錢塘 : 지금의 항주杭州)의 명기(名妓)로 재주는 선비들을 압도했고, 용모도 빼어났다. 그녀의 집에 버들이 많았다.
3 引郞(인랑) 구 : 고악부(古樂府) <소소소가 蘇小小歌>는 "난 기름칠로 단장한 수레에 오르고 낭군께서는 청총마에 오르시네. 어디서 동심결 맺나요? 서릉 송백 아래지요!(我乘油壁車, 郞乘靑驄馬. 何處結同心, 西陵松柏下!)"라고 노래하였다. 서릉(西陵)은 전당강(錢塘江) 서쪽에 있으며, 소소소의 무덤은 절강성(浙江省) 가흥현(嘉興縣) 서남쪽에 있다. 結同心(결동심) : 동심결(同心結)을 말함. 비단 띠로 엮어 만든 연환회문(連環回文) 양식의 고리 모양 매듭으로, 견정(堅貞)한 애정을 상징함.

【감상】

버들의 온유돈후(溫柔敦厚)한 정을 칭송하였다.

첫 2구는 버들 색을 묘사한바, 새로 돋아난 모든 버들가지가 금빛실 같으며 그 잎은 눈썹 같은 형상임을 강조하였다. 끝 2구는 제의(題意)에 따라 전개하였다. 버들 색은 송백(松柏) 같은 색이지만, 소소소(蘇小小)가 굳이 소나무 아래에서 임과 사랑을 맹세했음을 부각해, 그 이유를 살피게 하였다. 버들 색과 소나무 색은 같은 푸른색으로 버들 또한 다정함을 지녔거늘, 소소소가 소나무 아래에서 동심결을 맺었기에 버들이 이를 어찌 원망치 않겠는가? 그래도 버들은 이런 일을 원망치 않고 도리어 소소소에 동조함을 보였기에 버들의 정이 깊고 도타움을 언외로 드러낼 수 있었다.

5-3-148 우교

###〈유지 柳枝〉 5수-3 橋北橋南千萬條

橋北橋南千萬條。   다리 북쪽, 다리 남쪽으로 천만 가지 드리운 버들은

恨伊張緒不相饒。[1]   저 장서가 풍류를 양보치 않았음을 한스러워하는데

金羈白馬臨風望,[2]   금 재갈 물린 백마 탄 젊은 공자가 바람 맞으며 바라봄은

認得楊家靜婉腰。[3]   양간(羊侃) 집 무희 장정완의 가는 허리로 알아봐서네.

【주석】

1 恨伊(한이) 구 : 장서(張緖)는 풍류가 많아, 그의 풍류를 버들의 아리따운 자태와 서로 견줌에 결코 양보치 않았기에 버들이 한스러워했음을 썼다. 伊(이) : 지시대사(指示代詞)로 저. 相饒(상요) : 서로 양보하다. 張緖(장서) : 남조, 제(齊)나라 오군(吳郡)사람으로, 자(字)는 사만(思曼)이며, 제, 무제(武帝) 때에 관직이 국자좨주(國子祭酒)에 이르렀다. ≪남제서·장서전 南齊書·張緖傳≫에는 장서는 풍모가 빼어났으며, 청렴하고 욕심이 적어 입으로는 이(利)를 말하지 않고, 다만 풍류를 드러내었으니 듣는 이들은 그 소리를 듣는 데 지칠 줄 몰랐다. 익주(益州)에서 무제에게 버들 몇 그루를 바쳤는데, 때마침 방림원(芳林苑)이 막 만들어졌기에, 황제는 이를 영화전(靈和殿) 앞에 심으라 하였다. 황제는 늘 완상(玩賞)하며 "이 버들의 풍류가 사랑스러움은 장서의 한때와 같아서이네.(此楊柳風流可愛, 似張緖當年時.)"라고 탄식하였다고 한다. 饒(요) : 양보하다.

2 金羈白馬(금기백마) : 젊은 공자(公子)를 대신한 표현이다. 조식(曹植) <백마편 白馬篇>에서 "백마를 금빛 고삐로 장식하니 나는 듯이 서북으로 달리네. 뉘 집 자제인가 물으니, 유주, 병주에서 활약한 협객이라네.(白馬飾金羈, 連翩西北馳, 借問誰家子, 幽幷遊俠兒.)"라고 읊었다.

3 楊家(양가) : 남조(南朝) 양대(梁代) 양간(羊侃)의 집으로, 양(楊)자는 마땅히 양(羊)으로 써야 한다. 양간(羊侃)은 양보산(梁甫山 : 태산泰山 아래 있는 산)에 들어가 살았는데 ≪춘추좌전 春秋左傳≫과 손오(孫吳)의 병법을 좋아하였다. 호방하였고, 희첩(姬妾)과 시녀가 줄을 설만큼 많았던 거부(巨富)였다. 靜婉(정완) : 장정완(張淨婉)으로 남조(南朝) 양대(梁代)의 이름난 무희(舞姬). ≪남사·양간전 南史·羊侃傳≫은 "무희 장정완(張淨婉)은 허리

가 1척(尺) 6촌(寸)이어서, 당시 사람들 모두는 손바닥 위에서 춤출 수 있다고 추측하였다. (舞人張淨婉腰圍, 一尺六寸, 時人咸推能掌上舞.)"고 하였다. 정(靜)자는 정(淨)으로 써야 한다.

【감상】

버들을 읊어 소년이 미녀를 찾는 상황을 비유하였다.

바람 맞아 한들거리며 춤추는 버들가지를 바라본 젊은 공자가 마치 양간(羊侃) 집의 무희 장정완의 가는 허리를 보는 것 같은 환영(幻影)에 빠짐을 노래하였다.

첫 2구는 다리 북쪽과 남쪽으로 천만 가지를 드리운 버들이 바람 따라 드러내는 갖가지 자태의 풍류를 장서(張緖)에게도 양보할 수 없음을 실토하였다. 버들의 천태만상의 풍류는 어떤 것에도 비유될 수 없음을 단정한 표현으로 설득력을 보였다. 끝 2구는 백마 탄 젊은 공자가 바람을 맞는 버들가지의 아름다운 자태를 응시하고는 이 모습이 바로 마음속에 그리는 미인의 형상임을 직설하였다. 이 작품은 이러한 연상 작용 속에 청신함과 질박함을 보였기에 영류사(詠柳詞)의 걸작으로 칭할 만하다.

5-4-149 우교

<유지 柳枝> 5수-4 狂雪隨風撲馬飛

狂雪隨風撲馬飛。¹　흩날리는 버들솜이 바람 따라 제물 될 말같이 드날리나
惹煙無力被春欺。²　안개 일어 무력해짐은 봄에 깔 보여선데
莫敎移入靈和殿,³　영화전으로 옮겨 들이지 말아야 함은
宮女三千又妬伊。⁴　삼천궁녀가 버들인 너를 또 질투해서라네.

【주석】

1 狂雪(광설) : 눈처럼 어지럽게 날리는 버들솜. 撲馬(박마) : 제물로 바칠 말을 죽이다.
2 惹煙(야연) : 안개를 일으키다. 被春欺(피춘기) : 봄에 깔보이다. 봄바람에 날리는 버들을 비유한 말.
3 莫敎(막교) : 막사(莫使). 靈和殿(영화전) : 제(齊) 무제(武帝)는 영화전 앞에 버들을 많이 심었다. 앞 수 "한이장서(恨伊張緖)" 구, 주 참조.
4 伊(이) : 대명사로 저, 그. 양류를 지칭함.

【감상】

　버들솜이 바람 따라 흩날리는 유약함을 형상하면서 궁녀들이 그런 버들솜의 풍류와 자유를 선모(羨慕) 함을 부각하였다.

　첫 2구는 버들솜이 바람 따라 눈같이 흩날리고 버들가지는 안개 속에서 고요히 정을 머금고 있음을 묘사했다. 안개 속에서 유약하고 힘없는 모습이기에 봄에 깔보였다고 비하했으나 실은 풍류가 지극함을 역설한 표현이다. 끝 2구는 버들을 영화전으로 옮겨 심지 말아야 함을 썼다. 이는 곧 버들이 풍류로 인해 삼천궁녀의 시기를 받지 말아야 한다는 소회를 피력한 말이다. 이 2구가 마치 사인 자신의 신세(身世)에 대한 감회를 기탁한 듯한 느낌을 받게 됨은 작자가 시비의 땅인 조정으로 들어가지 않기를 원했던 때문일 것이다.

5-5-150 우교

<유지 柳枝> 5수-5 嫋翠籠煙拂暖波

嫋翠籠煙拂暖波。[1]	하늘거리는 비취색 버들, 안개 감싸고 따스한 물결 스치는데
舞裙新染麴塵羅。[2]	춤추는 치마는 노란 비단 빛으로 새로 물들였네.
章華臺畔隋堤上,[3]	장화대 곁에 있고 수제 위에 있기에
傍得春風爾許多。[4]	이렇게 많은 봄바람에 다가갈 수 있다네.

【주석】

1 嫋翠(요취) : 하늘거리는 비취색 버들가지.
2 舞裙(무군) : 춤추는 치마. 버들가지가 춤추는 치마처럼 나풀거림을 비유함. 麴塵(국진) : 담황색. 누룩에서 생긴 세균인바, 옅은 황색으로 먼지와 같음. 고대에는 "국(鞠)"과 "국(麴)"은 서로 통했다. '국진'을 시구에 쓴 예는 아래와 같다. 유우석(劉禹錫, 772-842)은 <양류지 楊柳枝>에서 "황궁을 비취빛 휘장이 살며시 가렸기에, 용 새긴 섬돌에서 담황색 명주실 같은 버들가지 아득히 바라보네. 황궁 도랑에 흐르는 봄물에 눈부시게 비치니, 장안 젊은이를 미쳐 죽게 하네.(鳳闕輕遮翡翠幃, 龍墀遙望麴塵絲. 御溝春水相輝映, 狂殺長安年少兒.)"라고 읊었다.
3 章華臺(장화대) : 초(楚) 영왕(靈王)이 세운 누대 이름. 옛터는 호북성(湖北省) 감리현(監利縣) 서북쪽에 있으며, 이곳에는 버들이 많았다. 隋堤(수제) : 수(隋)나라 양제(煬帝)는 통제거(通濟渠)를 개통함에 수로를 따라 둑을 쌓고 버들을 심었다. 당(唐) 풍지(馮贄)는 ≪남부연화기 南部煙花記≫에서 "양제는 둑을 쌓음에 민간에 버들 한 그루가 있으면 겹실비단 한 필을 상으로 준다고 알렸다.(煬帝樹堤, 詔民間有柳一株, 賞一縑.)"라고 기록하였다.
4 傍(방) : 다가가다. 인접하다. 爾許(이허) : 이와 같다. 이러하다.

【감상】

바람에 흩날리는 버들의 풍류를 역사의 한 단면 속으로 끌어들여 노래하였다.

"요취(裊翠)"는 바람에 날리는 버들의 형상으로 첫 2구는 버들의 자태를 그렸다. 비취색 버들가지가 안개 속에서 따스한 푸른 물결을 스치는 자태와 풍류를 그린 뒤, 바람에 날리는 버들 색깔을 담황색 비단치마가 가벼이 흔들리는 빛으로 비유하여 생동감을 더하였다. 끝 2구는 버들의 기색과 풍류 묘사로 버들을 "장화대(章華臺)", "수제(隋堤)"라는 역사의 현장으로 끌어들임으로써 풍류의 전형이 되었음을 인식케 하였다. 끝구는 전체 사의 요지로 봄 버들이 어떤 곳에 처해 있는가에 따라 풍류의 격이 달라짐을 일깨웠다.

5-6-151 우교

<여관자 女冠子> 4수-1 綠雲高髻

_{녹 운 고 계}
綠雲高髻●
푸른 구름 같은 머리를 높게 틀어 올렸고

_{점 취 균 홍 시 세}
點翠勻紅時世●¹
비취 눈썹 칠과 붉은 연지 화장은 유행을 따랐는데

_{월 여 미}
月如眉。
눈썹은 달과 같았네.

_{천 소 함 쌍 엽}
淺笑含雙靨,²
양쪽 보조개에 엷은 미소 머금고

_{저 성 창 소 사}
低聲唱小詞。³
나지막이 소령을 노래하네.

_{안 간 유 공 화}
眼看唯恐化,⁴
당장에 신선 될까 오직 두려워져

_{혼 탕 욕 상 수}
魂蕩欲相隨。
넋은 나가 서로를 좇으려고

_{옥 지 회 교 보}
玉趾回嬌步,⁵
옥같이 고운 발은 아리따운 걸음을 되돌려

_{약 가 기}
約佳期。⁶
밀약(密約)할 날 정했네.

【주석】

1 點翠勻紅(점취균홍) : 눈썹 칠하고 붉게 연지 바르다. 時世(시세) : 유행에 부합하다.
2 雙靨(쌍엽) : 양쪽 보조개.
3 小詞(소사) : 편폭이 짧은 사(詞)인 소령(小令).
4 眼看(안간) : 곧. 당장에. 짧은 시간을 말함. 化(화) : (하늘로 올라 신선) 되다.
5 玉趾(옥지) : 여인의 고운 발.
6 約佳期(약가기) : 결혼한 날을 약정하다. 밀약할 날을 잡다.

【감상】

여도사와 상관된 내용을 쓰지 않고 남녀의 만남과 굳건한 애정을 묘사하였다.

상편은 남자가 본 여자 형상이다. 푸른 머리털 높게 틀어 올리고, 비취색 눈썹 그리고 붉은 연지를 바르고는, 깊은 보조개에 미소 머금고 소령을 노래하니 활기차고 아름답기 그지없다.

하편은 여자 자신이 신선이 될까 걱정되어 마음을 돌려 가약을 맺었음을 썼다. "안간(眼看)" 구는 그리움 속에 인정을 함축하였다. 남자를 애모하는 마음으로 넋이 나가자, 꿈에 휘감겨 어찌할 바를 모르는 심경을 그렸다. 끝구는 여자의 심경을 클로즈업시킨 장면이다. 돌아가는 발걸음에 연연하면서 되돌아봄은 정이 많아서이니, 감도는 정은 끝이 없다. 아름다운 기약을 맺게 된 것이 자연스러운 귀결임을 절로 느끼게 하였다. 예교(禮教)를 뛰어넘는 대담한 구애와 행복을 추구하는 용기와 기지(機智)를 완곡하게 그렸기에 특색을 보일 수 있었다.

5-7-152 우교

<여관자 女冠子> 4수-2 錦江煙水

錦江煙水。¹   금강은 안개 자욱한데
卓女燒春濃美。²   향기 짙은 '소춘' 술 파는 탁문군 같은 여인은
小檀霞。³   자홍색 띤 노을같이 단장했네.
繡帶芙蓉帳,⁴   비단 띠 매고 부용꽃 수놓인 휘장 드렸는데
金釵芍藥花。   금비녀엔 작약꽃 수놓였네.

額黃侵膩髮,⁵   이마의 액황은 매끄러운 머릿결에 스몄고
臂釧透紅紗。⁶   팔찌는 붉은 비단옷에 비치거늘
柳暗鶯啼處,   버들 우거져 꾀꼬리 우는 곳이
認郎家。   낭군 집임을 알겠네.

【주석】

1 錦江(금강) : 탁금강(濁錦江)이라고도 한다. 사천(四川) 지역 안에 있으며, 민강(岷江)의 지류(支流)이다.

2 卓女(탁녀) : 탁문군(卓文君). 미녀를 두루 말한다. 燒春(소춘) : 술 이름. 이조(李肇)는 ≪국사보 國史補≫에서 "술이라면 검남(劍南)의 소춘(燒春)이다.(酒則有劍南之燒春.)"라고 적었다. 이 구에서는 탁문군이 술을 판 전고(典故)를 이용하여 촉(蜀) 여인의 아름다움과 다정함을 형용하였다. 濃美(농미) : 향기 진하고 맛이 좋다.

3 小檀霞(소단하) : 여인이 자홍색으로 곱게 단장한 모습이 아름다운 노을 조각과 같다고 형용하였다. 단(檀)은 자홍색.

4 芙蓉帳(부용장) : 연꽃 수놓인 비단 휘장.

5 額黃(액황) : 이마 사이에 누런색을 칠하는 부녀자의 얼굴 화장법으로 육조(六朝) 이래로

성행하였다.
6 臂釧(비천) : 팔찌.

【감상】

아름답게 치장한 술집 소녀가 밀회를 약속한 남자를 찾아가는 형상을 그렸다.

사의(詞意)가 상, 하편에서 나뉘지 않았다. "금강(錦江)"에서 "홍사(紅紗)"에 이르기까지 모두 술집 소녀의 의복과 장신구의 화려함을 썼다. 끝 2구는 "앵제처(鶯啼處)"가 바로 밀회의 장소임을 밝히고 그 설렘을 상상케 함으로써 본의(本意)를 드러내었다. "탁녀(卓女)" 2구는 탁문군이 술을 판 전고를 써 여주인공의 미모와 다정함을 측면에서 부각하는 기법을 썼다. 특히 "소춘농미(燒春濃美)" 구는 "소춘" 술의 진한 미감 이외로도 술집 소녀의 발랄한 성격과 "열렬"한 애정을 상상케 하였기에 묘미를 다할 수 있었다. 따라서 이 사는 ≪화간집≫에서 상투적으로 그려진 여인 형상과는 차별되는 청신함을 보였다.

5-8-153 우교

<여관자 女冠子> 4수-3 星冠霞帔

星冠霞帔•¹	구슬 상감한 모자 쓰고 노을빛 솔 걸치고
住在蕊珠宮裏•²	예주궁 안에서 사는데
佩玎璫。³	띠에 맨 패옥은 쨍그랑 소리 내네.
明翠搖蟬翼,⁴	비취 머리 장식이 매미 날개 같은 귀밑머리를 흔듦은
纖珪理宿妝。⁵	옥같이 희고 가는 손이 지워진 화장을 다듬어서네.
醮壇春草綠,⁶	제단엔 봄풀 푸르고
藥院杏花香。⁷	약초원엔 살구꽃 향기로운데
靑鳥傳心事,⁸	파랑새는 그리움을 전하기에
寄劉郞。⁹	임께 부치네.

【주석】

1 星冠(성관) : 밝은 구슬을 상감해 반짝거리게 장식한 모자로 도관(道冠)이라고도 칭함. 霞披(하피) : 고운 노을과 같은 솔.
2 蕊珠宮(예주궁) : 신선이 거처하는 곳. 양신(楊愼) ≪예림벌산 藝林伐山≫ 권10에서는 "당나라 사람은 진사(進士) 합격을 알리는 방(榜)을 반드시 밤에 썼는데, 글자는 반드시 묽은 먹으로 썼다. …… 대라천(大羅天 : 선계 仙界)에서는 예주궁(蕊珠宮)에 방을 붙였다고 대대로 전한다.(唐人進士榜必以夜書, 書必以淡墨 …… 世傳大羅天放榜於蕊珠宮.)"라고 하였다.
3 佩玎璫(패정당) : '패정당(佩丁當)'이라고도 쓰며, 띠에 맨 주옥이 부딪혀 울리는 소리.
4 明翠(명취) : 머리 위에 꽂는 비취 비녀. 蟬翼(선익) : 선빈(蟬鬢).
5 纖(섬) : 손이 가늘고도 하얀 모습을 비유한다. 珪(규) : 옥석(玉石). 理宿妝(이숙장) : 밤 지

난(혹은 지워져가는) 화장을 가다듬다.
6 醮壇(초단) : 승려나 도사가 재앙을 쫓으려는 제사를 지내려고 설치한 제단(祭壇).
7 藥院(약원) : 선가(仙家)의 약초원(藥草院)을 말한다. 青鳥(청조) : 소식을 전하는 신조(神鳥). ≪한무제고사 漢武帝故事≫에서는 청조 두 마리가 서왕모 곁에서 부축하며 시중하였다고 한다. 心事(심사) : 그리움, 시름, 염원.
9 劉郎(유랑) : 사랑하는 임을 비유함.

【감상】

　여도사가 예주궁에서 지낼 때의 외형적인 특징을 형상하면서 애정이 뜻과 같이 다가오지 않는 데서 오는 불편한 심기를 그렸다.
　상편은 예주궁 안에서 지내는 여도사의 청순한 외모와 단아한 품격을 묘사하였다.
　하편은 도관(道館) 약초의 봄 경치를 그려 생기를 불어넣은 뒤, 여도사의 진정(眞情)을 토로하였다. 이러한 봄기운은 여도사의 춘정을 자극했기에 끝 2구는 여도사의 애정에 대한 갈망을 자연스럽게 드러낼 수 있었다. 자유로운 애정 추구는 곧 이 사의 주지(主旨)이기도 하다.

5-9-154 우교

<여관자 女冠子> 4수-4 雙飛雙舞

雙飛雙舞。 (쌍비쌍무)	짝져 날며 짝져 춤추는
春晝後園鶯語。 (춘주후원앵어)	후원 꾀꼬리가 봄 한낮에 지저귀어
卷羅帷。 (권나유)	비단 휘장 걷었네.
錦字書封了,[1] (금자서봉료)	오색 비단에 쓴 편지를 봉했지만
銀河雁過遲。[2] (은하안과지)	은하수로 가는 기러기 더디게 지나가네.
鴛鴦排寶帳,[3] (원앙배보장)	원앙은 빛 고운 휘장에 늘어섰고
豆蔲繡連枝。[4] (두구수연지)	육두구 나무는 연리지를 수놓았네.
不語勻珠淚,[5] (불어균주루)	말없이 주옥 같은 눈물 고르게 흐름은
落花時。 (낙화시)	꽃 지는 때여서네.

【주석】

1 錦字書(금자서) : 전진(前秦, 351-394) 시기 소혜(蘇蕙)가 회문선도시(廻文旋圖詩)를 비단으로 짠 남편 두도(竇滔)에게 부친 편지. 가로 세로로도 뜻이 통할 뿐 아니라 거꾸로 읽어도 모두 시문이 되었기에 "회문선도시"라고 칭했다. 후에는 대체로 아내가 남편에게 보낸 편지를 일컬었다. ≪진서·열녀전·두도처소씨 晉書·列女傳·竇滔妻蘇氏≫ 참조.
2 銀河雁(은하안) : 칠석날 은하수에서 견우직녀가 만나게 다리를 놓는다는 기러기.
3 寶帳(보장) : 빛 고운 휘장.
4 豆蔲(두구) : 육두구(肉荳蔲)라고도 하며 다년생 상록 초본 식물로 약초로 분류된다. 광동, 운남 지방에서 자라며 시사(詩詞)에서는 소녀를 비유한다. 황보송(皇甫松) <낭도사 浪淘沙> 2수-2 주 참조. 連枝(연지) : 연리지(連理枝). 고시(古詩)에서는 두구(豆蔲)로 소녀를, 연리지로 사랑하는 남녀가 늘 함께함을 비유하였다.

5 勻淚(균루) : 고르게 흐르는 눈물. 눈물을 닦다.

【감상】

규방에서 임 그림을 썼는데, 여도사의 일과는 무관하다. 상편은 낮에서 밤까지를, 하편은 낮을 썼기에 그 윤곽이 분명하다. 절로 눈물을 닦게 하는 애절함이 배어 있다.

상편 첫 3구는 여도사와는 무관한 젊은 여인이 휘장을 말아 올린 때, 본 것, 들은 것을 썼다. "쌍(雙)" 자를 중복시켜 여인의 외로움을 역으로 드러냈다. 그 결과 아래 구절에서 "금자서봉료(錦字書封了)"란 행위와 "은하안과지(銀河雁過遲)"란 상상을 끌어낼 수 있었다. 은하는 멀고 그 물은 깊어 정을 쓴 편지를 빠르게 전할 수 없었으니, 정감은 섬세하고 그리움이 깊음을 엿볼 수 있다.

하편 첫 2구는 휘장이 화려하고 정교함을 드러냄과 동시에 원앙새와 연리지라는 형상을 부각하여 그리움을 겹겹이 드러내었다. 이로써 외로운 감정을 한층 더 깊게 돌출시킬 수 있었으며 동시에 잠들 수 없음을 우의할 수 있었다. 끝 2구는 도치로, 꽃이 떨어짐을 보고 임이 그리워짐을 썼기에, 상편의 "춘주(春晝)"라는 시점과 자연스럽게 호응함을 보였다. 따라서 눈앞의 경물로 외로운 정감을 곡진하게 그릴 수 있었다.

이빙약의 <허장만기 栩莊漫記>는 "당 무후가 비구니로 지내면서부터 여도사가 매우 많아졌으나, 그녀들 중에는 애정 행각을 보임이 적지 않았다. 어현기 같은 무리들은 문사들과의 왕래가 많았다. 그래서 당나라 문인들의 시와 사는 여도사류를 읊으면서 남녀의 애정을 가사로 썼다. 설소온(우교牛嶠로 써야 한다)의 4수는 비록 <여관자>로 제(題)하였으나 역시 애정사이다. 도가의 말을 삽입해 아름답게 꾸몄기에 내체로 풍류가 이와 같으니, 어찌 고승을 읊은 사와 함께할 수 있겠는가?(唐自武后度女尼始, 女冠甚衆, 其中不乏艷迹, 如魚玄机輩, 多與文士往來. 故唐人詩詞咏女冠者類以情事入辭. 薛氏四詞雖題 <女冠子>, 亦情詞也. 挿入道家語, 以爲点綴, 蓋風流若是, 豈可與咏高僧耶?)"라고 평하였다.

5-10-155 우교

<몽강남 夢江南> 2수-1 銜泥燕

^{함 니 연}銜泥燕,	진흙 문 제비가
^{비 도 화 당 전}飛到畫堂前。	단장한 집 앞으로 날아왔네.
^{점 득 행 량 안 온 처}占得杏梁安穩處,¹	문행목 들보에서 안온한 곳 차지함은
^{체 경 유 유 주 인 련}體輕唯有主人憐。	주인만이 몸집 날렵함을 어여뻐 여긴 데다
^{감 선 호 인 연}堪羨好因緣。²	금슬 좋은 제비 인연을 부러워할 만해서였네.

【주석】

1 占得(점득) : 점거(占據)하다, 차지하다. 杏梁(행량) : 문행목(文杏木)을 자재로 쓴 들보. 安穩(안온) : 안전하다. 평온하다.
2 堪羨(감선) : 부러워할 만하다. 好因緣(호인연) : (짝진 제비의) 금슬 좋은 인연.

【감상】

영물사(詠物詞)로 제비를 읊어 규방 여인의 원정(怨情)을 묘사하였다. 제비의 금슬 좋은 인연을 부러워함은 여주인공이 원만한 애정을 추구한 때문이다.

첫 2구는 먼저 제비의 생태를 제기한 말로 뒤 구절에서 원정을 드러내는 복선(伏線)이 되었다. 주인이 제비를 부러워함은 자신의 처지가 날렵한 한 쌍의 제비보다 못한 데다, 제비의 금슬을 흠모한 때문이다. 금슬 좋은 제비의 인연을 읊으면서 자신의 신세를 우의했기에 운치를 보일 수 있었다.

이 사는 쓴 말이 통속적이고 감정은 부침을 보인 데다 진지함을 드러냈기에 민간사의 풍미를 반영할 수 있었다.

5-11-156 우교

<몽강남 夢江南> 2수-2 紅繡被

紅繡被,　　　　　　　　붉게 수놓인 이불은
兩兩間鴛鴦。[1]　　　　　둘씩 짝진 원앙새가 사이했네!
不是鳥中偏愛爾,[2]　　　새 중에서 너를 편애함이 아님은
爲緣交頸睡南塘。[3]　　　목 맞대 의지하고 남쪽 연못에서 잠듦이
全勝薄情郎。[4]　　　　　박정한 임보다 훨씬 낫기 때문이네.

【주석】

1 間(간) : 사이를 벌리다. 곧 대칭으로 짝짐을 말함.
2 交頸(교경) : 목을 맞대어 서로 의지하다. 爾(이) : 너, 당신.
3 爲緣(위연) : ~인 때문으로. 연(緣)은 인(因)과 같은 뜻으로 쓰임.
4 全勝(전승) : 모두 승리하다. 훨씬 낫다.

【감상】

경물을 빌려 정을 저버린 임에 대한 한(恨)을 그렸다.

첫 2구는 사물을 돋보이게 읊어 흥취를 일으켰다. 연이어 원앙을 그려 애모의 정을 부연하였다. "불시(不是)", "위연(爲緣)"은 서로 호응을 보인 연계사로 이 2구가 대장(對仗)인 듯도 하고, 아닌 듯도 함은 원앙의 충실한 사랑과 친밀함을 드러내려는 뜻을 보인 때문이다. 끝구에서 "전승(全勝)"으로 요지를 드러냈다. 곧 사람의 사랑이 원앙새보다 못하다는 탄식을 끌어내어 무한한 연민을 일으켰다. 바로 영물(咏物)하면서도 물 자체에 구속되지 않는 묘를 보인 것이다. 전체 사는 경물을 그린 후에 정을 썼는데, 통속적이지만 막힘이 없다.

청(淸), 심웅(沈雄)의 ≪고금사화·사평 古今詞話·詞評≫은 강기(姜夔, 1155-1221)가 "우교의 <망강남>은 한번은 제비를 읊고 한번은 원앙을 읊었으나 영물하면서도 실물에 막히지 않았다. 사인들은 마땅히 이를 본받아야 한다.(牛松卿<望江南>詞, 一咏燕, 一咏鴛鴦, 是咏物而不滯于物者也. 詞家當法此.)"라고 한 평을 인용하였다.

5-12-157 우교

<감은다 感恩多> 2수-1 兩條紅粉淚

兩條紅粉淚_{양조홍분루}•   붉게 단장한 얼굴의 두 줄기 눈물은
多少香閨意_{다소향규희}•[1]   젊은 규수의 얼마나 많은 한숨일까!
强攀桃李枝_{강반도리지}。[2] 복숭아나무 자두나무 가지를 억지로 당김은
斂愁眉_{염수미}。[3]   수심 어린 눈썹을 찌푸려서네.

陌上鶯啼蝶舞_{맥상앵제접무},[4] 길가에는 꾀꼬리 울고 나비 춤추는데
柳花飛_{유화비}。   버들개지 날리네.
柳花飛_{유화비}。   버들개지 날리니
願得郎心_{원득낭심},[5]   임이 마음이
憶家還早歸_{억가환조귀}。   집을 그리워해 더 일찍 돌아오시길 바라네.

【주석】

1 香閨(향규) : 젊은 규방 여인. 意(희) : 한숨 쉬다.
2 攀枝(반지) : 가지를 당기다.
3 斂愁眉(염수미) : 수심 어린 눈썹을 찌푸리다. 추수미(皺愁眉).
4 陌上(맥상) : 동서로 향한 길 가. 남북으로 향한 길은 천(阡)이라고 함.
5 願得(원득) : ~하길 바라다.

【감상】

규방에서 지내는 젊은 여인이 멀리 떠난 임을 그리워하였다.

상편은 멀리 떠난 임을 그리워하는 여인의 형상을 그렸다. "양조(兩條)" 2구가 "홍(紅)", "향(香)"을 써 대우의 묘를 보임은 여주인공의 젊음과 한을 드러내기 위함이다. 향기로운 규방 여인의 그리움을 붉은 연지와 진주 같은 눈물로 융합해 냄으로써 그리워할 수밖에 없는 남편에 대한 정(情)을 은근히 형상하였다. 따라서 진정작이 ≪운소집 韻韶集≫ 권1에서 "힘들여 쓰지 않고, 임의대로 써내면서도 절로 오묘한 경지에 이르렀다.(不必着力, 只任意寫來, 自臻妙境.)"라고 한 평이 설득력을 지닐 수 있었다. "강반(强攀)" 2구는 그리움 뒤에 온 거동을 썼으니, 그 의미는 바로 진정작이 ≪운소집≫ 권1에서 "'억지로 당긴다는 말이 오묘함은 마음에 상심한 곳이 있어, 이를 빌려 마음을 달랬기 때문이다.('强攀' 妙, 中有傷心處, 借此消遣耳.)"라고 한 평으로 대체할 수 있다. "복숭아나무 자두나무 가지(桃李枝)"는 곧 자신의 모습으로, 마음을 달래지 못하고 근심으로 미간을 찌푸림은 실로 어쩔 수가 없어서이다.

하편은 먼저 "강반(强攀)"할 때, 보고 들은 바를 쓴 뒤, 이어서 "유화비(柳花飛)"로 유발된 심리를 묘사하면서 모춘(暮春)의 경상으로 우수를 드러내었다. 하지만 이 우수를 해소할 방도를 찾았으니 곧 남편이 버들솜처럼 바람 따라 이리저리 떠돌지 말고 집으로 일찍 돌아오는 일이었다. 층층이 차례대로 전개한 백묘(白描) 기법이 극히 자연스럽다.

탕현조는 탕평 ≪화간집≫ 권2에서 "일문일답으로 말을 시작했기에 바로 완곡이 무한함을 보이게 되었다.(起語一問一答, 便有無限委婉.)"라고 평하였다.

5-13-158 우교

<감은다 感恩多> 2수-2 自從南浦別

自從南浦別●[1]	남포에서 이별하고
愁見丁香結●[2]	근심스레 정향 꽃망울을 보았다.
近來情轉深。	근래에 정 더욱 깊어져
憶鴛衾。	원앙 이불 떠올렸네.
幾度將書托煙雁,	몇 번이었나! 안개 속 기러기에 편지 부치면서
淚盈襟。	눈물이 옷깃에 가득해졌음이!
淚盈襟。	눈물 옷깃에 가득해져
禮月求天,[3]	달에 절하며 하늘에 빎은
願君知我心。	임이 내 마음 알아주길 바라서였네.

【주석】

1 南浦(남포) : 남쪽 포구. 송별하는 곳을 말함. 굴원(屈原, B.C.343?-B.C.278?)은 <구가·하백 九歌·河伯>에서 "그대(하백)가 손 맞잡고 동쪽으로 가, 남포에서 임을 보냈네.(子交手兮東行, 送美人兮南浦.)"라고 읊었다.
2 丁香結(정향결) : 자정향(紫丁香)의 꽃망울. 시사에서는 '정향결'로 수심이 엉겨 풀리지 않음을 비유함.
3 禮月求天(예월구천) : 달에 절하며 하늘에 빌다.

【감상】

여자가 임을 그리워하는 정을 쓴 뒤, 달에 절하며 하늘에 비는 행동으로 그 정이 절실함을 투영하였다.

상편 "자종(自從)" 2구는 이별한 후 그리는 정이 깊어짐을 "정향결(丁香結)"로 비유해 그리움이 사라질 수 없음을 부각하였다. "근래(近來)" 2구는 그리움이 더욱 절실해짐을 강조하였다.

하편 "기도(幾度)"는 상편을 이으면서, "안개 속 기러기에 편지 부치면서(將書托煙雁)"로 다시 임 그림을 말했다. "누영금(淚盈襟)" 아래는 편지에 쓴 말이다. 그리움으로 눈물이 흘러 달에 절하며 하늘에 빎은 외지에서 무사하여 빨리 돌아오기를 바랄 뿐만 아니라, 남편이 그녀의 마음을 알아주길 바라는 염원을 행동으로 보이기 위해서였다.

이빙약의 <허장만기>는 "2편 사의 정(情)과 운(韻)이 조화롭게 굽어 돎은 오로지 간략하게 그리는 단순한 묘사법에 장끼를 보여서다.(二詞情韻諧婉, 純以白描見長.)"라고 평하였다.

5-14-159 우교

<응천장 應天長> 2수-1 玉樓春望晴煙滅

玉樓春望晴煙滅•¹	옥루에 봄날 햇빛 속의 안개 사라지기에
舞衫斜卷金條脫•²	무희가 빗겨 감은 쌍 금팔찌를 바라보았다.
黃鸝嬌囀聲初歇•	꾀꼬리 곱게 지저귀는 소리 막 멈추니
杏花飄盡龍山雪•³	살구꽃 다 흩날림이 용산의 눈과 같다.
鳳釵低赴節•⁴	봉황 비녀 낮아짐은 절주를 맞춰선데
筵上王孫愁絶•⁵	연석(筵席)의 귀족 자제 수심은 비길 데 없다.
鴛鴦對銜羅結•⁶	원앙이 비단 띠의 동심결을 짝져 물었기에
兩情深夜月•	두 사람 정은 달밤 속에 깊어간다.

【주석】

1 晴煙(청연) : 햇빛 비치는 속에 낀 안개.
2 舞衫(무삼) : 무희(舞姬)가 입는 무의(舞衣). 여기서는 무희를 말한다. 斜卷(사권) : 비스듬히 돌돌 감싸다. 條脫(조탈) : 나선형으로 한 쌍을 이룬 팔찌. 조탈(調脫)·도탈(跳脫)·조달(條達) 등으로도 쓴다.
3 龍山(용산) : 산 이름. 지금의 요녕성(遼寧省) 조양현(朝陽縣) 동쪽에 있으며, 화룡산(和龍山) 또는 봉황산(鳳凰山)이라고도 불린다. 곧 북쪽 지방을 두루 말한다.
4 鳳釵(봉채) : 봉황 비녀. 赴節(부절) : 응절(應節). 절주와 박자에 맞춰 노래하다.
5 王孫(왕손) : 귀족 공자를 두루 말한다. 愁絶(수절) : 수심이 극에 달하다. 여기에서는 감정이 요동침을 말함.
6 銜羅結(함나결) : (원앙이) 비단 띠의 매듭을 입에 물다. 함환나결(銜環羅結)의 줄임말.

【감상】

춘정(春情)을 썼다. 빠른 절주로 춤추는 무희에 반한 귀공자의 조바심과 합환(合歡)의 기쁨을 그렸다. 빠른 절주라는 특성을 구구(句句)에 입성운으로 압운해 드러냈다.

상편은 안개가 사라지는 봄날, 귀공자가 옥루에서 무희가 곱게 노래하며 춤추는 모습을 바라보며 그 동작이 경쾌함을 형상하였다. 첫 2구는 봄빛이 고운 가운데 춤추는 모습이 매력적임을 강조하였다. 다음 2구는 무희의 춤이 노랫소리와 잘 어울림을 묘사하였다. 바로 노래와 조화를 이룬 무희의 경쾌한 춤동작이 춘색(春色)과 하나로 융화됨을 그린 것이다. 따라서 그녀의 춤은 권문, 귀족이 즐기는 대상임을 알 수 있다.

하편은 왕손(王孫)과 같은 귀공자가 무희에게 치정(癡情)을 보임으로써 합환을 이룬 기쁨을 그렸다. 첫 2구는 무희의 춤추는 자태에 취해 그녀에게 다가가고 싶으나 바로 다가갈 수 없는 조바심을 썼다. 끝 2구는 감정이 기복 속에 합환에 이른 기쁨을 썼는데, 애정을 부각한 기법이 탈속했기에 탕현조는 탕평 ≪화간집≫ 권2에서 "가파른 산벼랑의 외로운 소나무 같고, 차가운 연못에 비친 가을 달 같다.(峭壁孤松, 寒潭秋月.)"고 평하였다.

5-15-160 우교

<응천장 應天長> 2수-2 雙眉淡薄藏心事

雙眉澹薄藏心事●¹　　두 눈썹 옅게 그려 속마음 감추고는
淸夜背燈嬌又醉●²　　고요한 밤에 등불 등지고 애교 떨어 또 취했다.
玉釵橫,　　　　　　옥비녀 비껴졌고
山枕膩●³　　　　　　산 모양 베개 미끄러웠음은
寶帳鴛鴦春睡美●　　장식된 휘장 안 원앙 같은 한 쌍의 봄잠이 달콤해서였다.

別經時,　　　　　　이별하여 오래되니
無限意●⁴　　　　　끝없이 생각 나
虛道相思憔悴●⁵　　그리움에 수척해졌다고 거짓으로 말했다.
莫信彩箋書裏●　　　믿지 마시라! 채색 편지 속의
賺人腸斷字●⁶　　　애간장 끊겼다고 속인 글자를!

【주석】

1 澹薄(담박) : 담박(淡薄)하다.
2 背燈(배등) : 등불을 가리다.
3 山枕(산침) : 양 끝이 높고 가운데가 낮아 산 모양을 이룬 베개.
4 經時(경시) : 장시간, 오래 동안.
5 虛道(허도) : 거짓말하다.
6 賺人(잠인) : 남을 속이다.

【감상】

여주인공이 사랑했던 이와 이별 후 소식이 끊이자 박정한 남자를 원망함을 썼다. 전 사를 측성운으로 압운해 평정심을 잃은 원정(怨情)을 함축한 특성을 보였다.

상편은 여주인공이 남자와 즐겁게 만나던 때의 정경을 추억하였다. 마음 가득한 사랑으로 "원앙(鴛鴦)"처럼 보낸 그 밤을 결코 잊을 수 없음을 엿보게 하였다. 하지만 이런 환희에 찬 묘사 속에는 괴로움과 서글픔이 감춰져 있다. "장심사(藏心事)"와 "청야배등(淸夜背燈)" 같은 묘사는 여주인공이 사랑한 남자가 박정한 사람이라 마음을 놓을 수 없었던 심사를 형상하였다.

하편은 이별 후 여주인공의 원망이 강렬해짐을 썼다. "별경시, 무한의(別經時, 無限意)"는 사랑이 되돌아오지 않는 데서 온 실망이며, "허도상사초췌(虛道相思憔悴)"는 이러한 실의를 역으로 드러내 각성을 촉구하는 표현이다. 끝 2구에 쓴 "막신(莫信)", "잠인장단자(賺人腸斷字)"는 강렬한 부정으로 여주인공의 진정을 알아주기를 바라는 간절한 심경을 드러냈다. 남성으로 여성의 이러한 반어적인 연애심리를 그려낼 수 있었던 사인은 아마도 우교가 처음인 듯하다.

이빙약의 <허장만기>는 육유(陸游, 1125-1209)의 "'채색된 편지 속의 애간장 끊겼다고 속인 글자를 믿지 마시오!'라는 말의 섬세한 수식은 만당 작품 같다.(莫信彩箋書裏, 賺人腸斷字, 刻細似晩唐.)"라는 평을 인용하였다.

5-16-161 우교

<경루자 更漏子> 3수-1 星漸稀

<ruby>星漸稀<rt>성 점 희</rt></ruby>, 별 점점 희미해지며
<ruby>漏頻轉<rt>누 빈 전</rt></ruby>● 물시계 바늘 자주 옮겨가는데
<ruby>何處輪臺聲怨<rt>하 처 윤 대 성 원</rt></ruby>●[1] 변경의 뿔나팔 소리를 원망하는 곳 어딘가?
<ruby>香閣掩<rt>향 각 엄</rt></ruby>, 향그런 규방은 가려졌고
<ruby>杏花紅<rt>행 화 홍</rt></ruby>。 살구꽃 붉은데
<ruby>月明楊柳風<rt>월 명 양 류 풍</rt></ruby>。 달 밝은 버들로 바람 부네.

<ruby>挑錦字<rt>도 금 자</rt></ruby>●[2] 비단 위에 짜 넣을 글자 골라
<ruby>記情事<rt>기 정 사</rt></ruby>●[3] 사랑하는 정을 기록함은
<ruby>惟願兩心相似<rt>유 원 양 심 상 사</rt></ruby>● 두 사람 마음이 오직 서로 같길 바라서다.
<ruby>收淚語<rt>수 누 어</rt></ruby>, 눈물 어린 우울한 말 거두고
<ruby>背燈眠<rt>배 등 면</rt></ruby>。 등불 등져 잠드니
<ruby>玉釵橫枕邊<rt>옥 채 횡 침 변</rt></ruby>。 베개 곁 옥비녀 제멋대로네

【주석】

1 輪臺聲(윤대성) : 변경의 강적(羌笛)이나 화각(畫角) 소리. 輪臺(윤대) : 지명. 지금의 신강위구르자치구(新疆維吾爾自治區)의 미천현(米泉縣)으로, 우루무치(烏魯木齊)시 동북쪽 80리 즈음에 있다. ≪당서·지리지 唐書·地理志≫에서는 "북정대도호부에 윤대현(輪臺縣)이 있는데 대력(大曆) 6년(771)에 설치하였다.(北庭大都護府有輪臺縣, 大曆六年置.)"고 하였다.

2 挑錦字(도금자) : 비단 위에 짜 넣을 글자를 고르다. 전진(前秦)의 안남장군(安南將軍) 두

도(竇滔)의 처 소혜(蘇蕙)가 비단에 회문시를 짜 넣은 고사에서 연유하였다. 錦字(금자) : 비단 위에 짜 넣은 글자. 연서(戀書).
3 情事(정사) : 애정(愛情)에 관한 일.

【감상】

젊은 아낙이 겪는 상사의 고통을 묘사했다.

상편은 새벽녘의 경상을 그려 남편을 그리워하는 정을 드러냈다. 첫 3구는 새벽이 가까워지며 물시계 물방울 떨어지는 중에 윤대(輪臺)의 악곡 소리가 쓸쓸히 들려옴을 써 새벽녘 다되도록 잠들지 못한 여주인공의 모습을 살피게 하였다. 곧 "하처(何處)" 구는 여주인공의 처지와 심경을 드러냈다. 다음 3구는 날이 밝으려는 실외의 경상 묘사로 아름다운 경치를 그려 젊은 아낙의 시름을 극대화하였다. 끝구 "월명양류풍(月明楊柳風)"은 수려한 새벽녘 풍광을 생동하게 묘사해 아낙의 외로움을 형상했기에 명구가 아닐 수 없다.

하편은 두 사람 마음이 서로 같기를 바라는 염원을 술회하였다. 첫 3구는 이 사의 요지를 밝힌바, 새벽까지 잠들지 못하고 열열한 애정을 상징하는 글자를 골라 비단으로 회문시를 짠 이유가 "유원양심상사(惟願兩心相似)"에 있음을 천명하였다. 끝 3구는 눈물을 머금고 회문시를 완성하고 등불을 등지고 자리에 누운 모습을 그렸다. 끝구 "옥채횡침변(玉釵橫枕邊)"이 바로 그 모습으로 여주인공의 진정시킬 수 없는 심사를 "횡(橫)" 자로 함축했으니, 이 자에는 지극한 그리움으로 생긴 원망이 숨겨져 있다. 언어가 청려(淸麗)하며 정이 진실하고 질박하기에 호소력이 강하다. 평측운을 교차시켜 압운함으로써 심리 변화를 엿보게 하였다.

5-17-162 우교

<경루자 更漏子> 3수-2 春夜闌

^{춘 야 란}
春夜闌,¹   봄밤 깊어

^{경 루 촉}
更漏促•   물시계 소리 급해지니

^{금 신 암 도 잔 촉}
金燼暗挑殘燭•²   재 된 촛불 불똥에서 남몰래 심지를 돋운다.

^{경 몽 단}
驚夢斷,³   놀란 꿈 깨니

^{금 병 심}
錦屛深。   비단 병풍 짙어짐은

^{양 향 명 월 심}
兩鄕明月心。⁴   두 사람의 고향에서 밝은 달 보는 마음 같기 때문이리!

^{규 초 벽}
閨草碧•   규방 곁 풀 푸르러져

^{망 귀 객}
望歸客•⁵   길손 된 임이 돌아오길 바라나

^{환 시 부 지 소 식}
還是不知消息•   여전히 소식을 모른다.

^{고 부 아}
辜負我,⁶   날 저버리시니

^{회 연 군}
悔憐君。   임을 사랑한 것이 후회스러워

^{고 천 천 불 문}
告天天不聞。   하늘에 고하나 하늘엔 들리지 않으리!

【주석】

1 夜闌(야란) : 밤이 다해가다.
2 金燼(금신) : 촛불·등불의 재. 당대(唐代) 서견(徐堅, 659-729)의 시 <고촉탄 孤燭歎>에 "옥쟁반에 붉은 눈물 떨어지는데, 불똥의 광채는 동그랗네.(玉盤紅淚滴, 金燼彩光圓.)"라는 구절이 보인다.
3 夢斷(몽단) : 꿈을 깨다.
4 兩鄕(양향) : 두 곳. 각자의 고향.

5 望歸客(망귀객) : 길손 된 임이 돌아오길 바라다.
6 辜負(고부) 3구 : 임이 나를 저버리다. '그를 사랑했음을 스스로 후회하여, 이 같은 심정을 하늘에 토로한들 하늘이 어찌 인정을 지녀 알아줄 수 있으랴!'라는 뜻이다.

【감상】

여자가 봄밤에 임을 그리워하는 심경을 노래했다. 전체 사(詞)는 꿈 깬 뒤의 심사를 그렸다.

상편은 꿈에서 깬 뒤, 여주인공이 처한 실내 환경을 썼다. 물시계 소리 급해졌고 등불도 빛을 다해가며, 병풍을 깊게 비춘다. 이는 꿈 깨어 혼자 달을 마주하니 임이 더욱 그리워진 모습이다. "양향명월심(兩鄕明月心)"은 두 사람이 각자 고향에서 명월을 바라보면서 서로 그리워하고 있음을 형상하였다.

하편은 밝은 달이 점점 자리를 옮겨 실외를 밝히며 다가옴을 씀으로써, 자연스러운 전환을 보였다. 첫 "규초(閨草)" 3구는 뜰에 무성해진 풀을 보며 임을 애절하게 그리는 심경을 그렸다. 끝 3구는 끝내는 사랑이 끊겨 원망하는 말을 직접 썼지만, 실은 깊은 그리움을 역으로 드러낸 표현이다. 끝구 "고천천불문(告天天不聞)"은 춘야(春夜)에 이루 다 호소할 수 없는 원망을 모두 드러냈기에 진정을 보일 수 있었다.

5-18-163 우교

<경루자 更漏子> 3수-3 南浦情

南浦情,¹ 　　　　남포에서 이별한 정으로
紅粉淚● 　　　　연지와 분이 섞인 눈물을 흘렸음은
怎奈兩人深意● 　두 사람 깊은 뜻을 어쩔 수 없어서였다.
低翠黛,² 　　　　고운 눈썹 나직이 드리우자
卷征衣。³ 　　　　정벌 나갈 군복을 단단히 싸매는데
馬嘶霜葉飛。 　　말은 울고 서리 내린 잎 날렸네!

招手別●⁴ 　　　　손 흔들며 이별하니
寸腸結●⁵ 　　　　애간장 엉김은
還是去年時節●⁶ 　여전히 지난해 그때 같아서인데
書托雁,⁷ 　　　　기러기에 편지 부치고
夢歸家。 　　　　임 돌아오실 꿈 꿨으나
覺來江月斜。 　　꿈 깨니 강에 비친 달 기울었네!

【주석】

1 南浦情(남포정) : 이별하는 정. 남포는 이별하는 곳을 두루 칭한다.
2 低翠黛(저취대) : 눈썹을 나직이 드리우다. 순종하는 표정을 짓다. 취대(翠黛)는 미인의 고운 눈썹.
3 卷征衣(권정의) : 정벌할 때 입을 군복을 단단히 싸매다.
4 招手(초수) : 손을 흔들어 인사하다.
5 寸腸結(촌장결) : 마음이 엉긴다. 상심을 뜻함.

6 時節(시절) : 때. 절기.
7 書托雁(서탁안) : 편지를 기러기에 부치다. 흉노에 잡힌 소무가 기러기발에 매단 편지로 19년 만에 구출되었다는 ≪한서·소무전 漢書·蘇武傳≫의 기록에서 유래됨.

【감상】

이별로 생긴 상사(相思)의 정을 썼다.

상편은 이별하던 지난날의 정경을 그렸다. "남포(南浦)" 3구는 어쩔 수 없는 이별로 여주인공의 슬픔이 가득히 밀려옴을 얼굴 표정 그대로 형상하였다. "저취대(低翠黛)" 3구는 보내는 미인이 눈썹을 나직이 내려뜨리자 떠나는 임은 군복을 단단히 싸매는 가운데, 서리 맺힌 잎은 떨어지고 말 울부짖는 소리만 애절하게 들렸음을 썼다. 스산한 경상 속에 정(情)을 그렸기에 이별로 온 우수를 더욱 절실하게 전할 수 있었다.

하편은 이별 후 상사의 정을 회상하였다. "초수별(招手別)" 3구는 이별할 당시의 서글픈 회상으로 이별한 지 1년이 흘렀음을 썼다. "서탁안(書托雁)" 3구는 여주인공이 처한 실제 상황이다. 임이 그리워 낮에 편지를 보냈기에 늦은 밤 꿈속에서 그 임이 돌아왔음을 꿈꾸었으나, 깨고 보니 환상이었다. 그때 하늘의 달은 기울고, 강은 달빛으로 가득하니 그 허전함과 실망감을 느끼고도 남음이 있다. 이는 또한 작년 헤어질 때의 정경이 반복된 형상이기도 하다.

우교는 만당 재상 우승유(牛僧孺)의 손자로 일찍이 당조(唐朝)에서 관리를 지냈고, 왕건이 서천(西川)에서 진수(鎭守)할 때 관직에 있었으며 그가 전촉(前蜀)을 세우자 촉에 머물러 고관을 지냈기에 우교는 당조를 그리는 정이 남달랐을 것이다. 따라서 이 사는 언외(言外)로 감사불우(感士不遇), 권련군국(眷戀君國)의 정을 드러냈을 것이다.

이빙약의 <허장만기>는 "'마시추엽비' 5자는 가을 안방 여인이 새벽에 이별하는 한 폭의 그림을 보충하였다.(馬嘶秋葉飛五字, 足抵一幅秋閨曉別圖.)"라고 평하였다. <하장만기>의 "마시추엽비"란 곧 이 사의 "마시상엽비"의 오기로 보인다.

5-19-164 우교

<망강원 望江怨>

東風急● _{동풍급} 봄바람 세찬데

惜別花時手頻執●[1] _{석별화시수빈집} 꽃 필 때의 이별이 아쉬워 손 자주 잡고는

羅帷愁獨入● _{나유수독입} 비단 휘장으로 시름겹게 홀로 들어갔다.

馬嘶殘雨春蕪濕●[2] _{마시잔우춘무습} 그치려는 비에 말은 울고 봄풀은 젖었기에

倚門立● _{의문립} 문에 기대섰다.

寄語薄情郎,[3] _{기어박정랑} 박정한 낭군께 바라는 말을 전하니

粉香和淚泣●[4] _{분향화누읍} 분 향기는 눈물과 어우러졌다.

【주석】

1 惜別(석별) : 이별을 아쉬워하다. 花時(화시) : 꽃 필 때, 봄날. 手頻執(수빈집) : 여러 차례 손을 잡는다.
2 春蕪(춘무) : 봄풀, 춘초(春草).
3 寄語(기어) : 기언(寄言), 바라는 말을 전하다.
4 淚泣(누읍) : 눈물.

【감상】

　　꽃피는 시절, 여자가 박정(薄情)한 임과 이별할 때의 경상과 이별 후의 심경을 썼다. 전 사가 3층으로 쓰였다. 제1층은 송별 당시의 묘사이고, 제2층은 임과 막 이별할 때를 그렸고, 제3층은 이별한 뒤의 모습이다. 말이 빨라지고 정이 조급해짐을 입성운(入聲韻)으로 압운해 드러냈다.

　　첫 3구는 송별을 앞둔 당시의 고통 묘사로 "수빈집(手頻執)"과 "수독입(愁獨入)"에서 "빈(頻)", "독(獨)"을 써 이를 형상하였다. 다음 2구는 이별하는 장면 묘사로 "마시(馬嘶)" 구는 떠나가는 임은 멀어지나, 보내는 이가 오랫동안 서서 이를 바람 봄을 그렸다. 탕현조는 탕평 ≪화간집≫ 권2에서 "그치려는 비에 말은 울고 봄풀은 젖었네.(馬嘶殘雨春蕪濕.)"는 빼어난 구절로, '습(濕)' 자가 자연스럽게 쓰였다고 평하였다. 끝 2구는 이별하려고 여주인공이 박정한 임에게 바라는 말을 전할 때의 심경 묘사로 열렬한 사랑에는 힘든 고통이 따름을 실증하였다.

　　황주이(況周頤)는 ≪찬앵무사화≫에서 "우교의 <망강원>사, <서계자>사는 번잡한 현악 소리와 급한 현 사이에 매서운 한기(寒氣)가 있어 암암리에 선회함에 선회할수록 심오해진다. 이런 빼어난 경지는 남송 명작 중에 간혹 언뜻 보인다.(牛松卿<望江怨>詞, <西溪子>詞, 繁弦促柱間, 有勁氣暗轉, 愈轉愈深. 此等佳處, 南宋名作中, 間一見之.)"라고 평했고, 또 "절주가 긴박하기에 빠르게 뜯는 현이 안주(雁柱)를 다그치는 오묘함을 보였다.(節奏緊迫, 有急弦促柱之妙.)"라고 평하였다.

5-20-165 우교

<보살만 菩薩蠻> 7수-1 舞裙香暖金泥鳳

舞裙香暖金泥鳳●¹   춤추는 치마 향기 금빛 봉황 수를 따사롭게 하는데
畵梁語燕驚殘夢●²   단장한 들보의 재잘거리는 제비 소리에 못다 꾼 꿈을 깼다.
門外柳花飛。   문 밖엔 버들솜 날리거늘
玉郞猶未歸。³   서방님 아직도 돌아오지 않으셨네.

愁勻紅粉淚●⁴   수심이 두루 미치니 붉은 연지분 눈물 되는데
眉剪春山翠●   눈썹 다듬으니 봄 산 빛 같은 비취색이다.
何處是遼陽。⁵   어디가 바로 요양 땅인지?
錦屛春晝長。   비단 병풍 속 봄 대낮은 길기만 하네.

【주석】

1 金泥鳳(금니봉) : 금가루를 칠해 봉황무늬를 장식한 채색 수. 금니(金泥)는 곧 이금(泥金)으로, 금가루와 아교액으로 만든 금빛 안료.
2 語燕(어연) : 지저귀는 제비. 驚殘夢(경잔몽) : 못 다 꾼 꿈에서 놀라 깨다.
3 玉郞(옥랑) : 남편의 애칭. ≪초학기·인부 初學記·人部≫ 중 "<위개별전 衛玠別傳>에서 이르길 '위개가 7, 8세 아동이었을 때, 낙양의 저자에서 양이 끄는 수레를 탔는데, 온 저자의 사람 모두가 '뉘 집의 옥인인가!'라고 말했다.(衛玠別傳曰 : 玠在齠齔中, 乘羊車於洛陽市, 擧市鹹曰, 誰家玉人.)"라고 하였다.
4 勻(균) : 두루 미치다.
5 遼陽(요양) : 요녕성(遼寧省) 요양현(遼陽縣) 일대로, 곧 수자리가 있던 전 지역을 이름.

【감상】

봄날 멀리 떠나 수자리를 지키는 남편을 그리워하였다.

상편은 무군(舞裙)의 향기가 퍼지는 실내외의 경상을 그리면서 낭군이 돌아오지 않는 실의를 썼다. 무군(舞裙) 구는 여주인공의 의복과 장신구의 아름다움을 그렸다. "화량(畵梁)" 구는 꿈이 깬 이유를 썼다. 문외(門外) 2구는 바로 하편으로 연결되는 복선으로 꿈 깬 후, 본 것, 생각한 것, 행한 것을 썼다. "유화비(柳花飛)"는 본 모습으로 이를 통해 머나먼 길을 떠난 사람이 버들솜같이 정처 없이 떠돎을 연상하였다.

하편은 우수에 찬 여주인공의 얼굴 모습을 그려 남편에 대한 그리움으로 시름만 깊어감을 썼다. 첫 "수균(愁勻)" 2구는 그리움이 절실해져 수심이 퍼진 얼굴 모습을 그렸다. 끝 2구는 먼 길을 떠난 사람이 지낼 변경을 생각하니 그리움은 배가 되기에, 봄날의 지루함을 더욱 견디기 어려울 수밖에 없음을 썼다. <보살만>은 측성운에서 평성운으로 환운하는 사조이기에 정감의 변화를 구하기에 편리하다. 따라서 성정(聲情)을 돈좌(頓挫)시켜 감정이 기복함을 선명히 드러낼 수 있었다.

이빙약의 <허장만기>는 이 사에 "말의 뜻은 명백하고, 층차는 정연하다.(詞意明晰, 層次井然.)"고 말하고는 다시, "사 전체가 유창하고 아름다워 사람을 감동케 한다.(全詞流麗動人.)"고 평하였다.

5-21-166 우교

<보살만 菩薩蠻> 7수-2 柳花飛處鶯聲急

柳花飛處鶯聲急	버들솜 날리는 곳은 꾀꼬리 울음 급한데
晴街春色香車立¹	봄빛 고운 날, 갠 길에 향료 칠한 수레가 멈추었다.
金鳳小簾開²	금 봉황 수놓인 수레의 작은 주렴 열리자
臉波和恨來³	물기 머금은 듯 일렁이는 눈길엔 한이 스며 왔네.
今宵求夢想⁴	오늘 밤 망상이 이뤄지길 바라지만
難到靑樓上⁵	여인의 거처로 이르기는 어렵겠다.
贏得一場愁	한바탕 수심만 얻었을 뿐이니
鴛衾誰並頭⁶	원앙금침에 누구와 머리를 나란히 하나!

【주석】

1 香車(향거) : 향료를 칠한 화려한 수레.
2 金鳳(금봉) : 금빛 수놓인 봉황. 봉선화의 별칭이기도 하다
3 臉波(검파) : 물기 머금은 듯 빛나는 눈길. 안파(眼波).
4 夢想(몽상) : 망상(妄想), 갈망.
5 靑樓(청루) : 부귀한 집, 기루(妓樓), 제왕의 거처. 세 가지 뜻이 있으나 여기서는 부귀한 집을 이름.
6 並頭(병두) : 남녀가 화목하다. 머리를 서로 나란히 하여 눕다.

【감상】

　버들솜 날리는 싱그러운 봄날, 상사지정에 빠진 여인이 그리움을 이룰 수 없는 실의를 썼다. 혹은 남자가 우연히 마음에 드는 여인을 만났으나 함께할 수 없는 데서 온 실망을 형상한 사로 볼 수 있다. 후자를 따라 감상한다.

　상편은 버들솜 날리고 앵무새 울음소리 급하게 들리는 아름다운 봄날, 향기 내는 수레가 세워지자, 그 안에 있는 여인이 수심 어린 눈빛을 보냄을 썼다. "물기 머금은 듯 일렁이는 눈길엔 한이 스며 왔네.(臉波和恨來.)"는 남자의 시각에서 본 모습으로 정을 보내오는 추파가 받아들여질 수 없는 데서 온 근심이 다시 한으로 변한 모습을 보는 듯이 그렸기에 생동감을 전한다.

　하편은 남주인공의 수심이 생긴 이유를 밝히면서 오늘 밤 꿈에서라도 만나기를 바라나, 부귀한 그 여인의 집에 이를 수 없음을 알고 깊은 우수에 빠짐을 썼다. 상사의 정을 이룰 수 없는 데서 온 고통을 온종일 시간의 경과대로 평이하고도 통속적으로 그린 특성을 보였다.

　이빙약은 <허정만기>에서 "'검파화한래' 구는 핍진함이 생생하여 살아 움직이려 한다.('臉波和恨來', 傳神栩栩欲活.)"라고 평하였다.

5-22-167 우교

<보살만 菩薩蠻> 7수-3 玉釵風動春幡急

玉釵風動春幡急。¹ (옥채풍동춘번급)	옥비녀로 바람 불어 머리 장식 세차게 흔드는데
交枝紅杏籠煙泣。 (교지홍행농연읍)	엇갈린 가지의 붉은 살구꽃은 자욱이 안개를 감싸 흐느낀다.
樓上望卿卿。² (누상망경경)	누대 위에서 (문을 나서는) 남편을 바라보니
窓寒新雨晴。³ (창한신우청)	창은 싸늘한데 갓 내린 비는 개이네.
熏爐蒙翠被。⁴ (훈로몽취피)	향 쪼이는 화로에 비취색 이불 훈향 하는데
繡帳鴛鴦睡。 (수장원앙수)	수놓은 휘장엔 원앙이 잠들었다.
何處有相知。⁵ (하처유상지)	날 알아주는 이는 어디 계신지?
羨他初畵眉。⁶ (선타초화미)	맨 처음 눈썹 그려준 장창 같은 남자가 부럽네.

【주석】

1 春幡(춘번) : 채승(彩勝)같이 머리에 매는 장식품. ≪세시풍토기 歲時風土記≫는 입춘(立春)에 사대부(士大夫) 집에서 채색 비단을 잘라 만든 작은 깃대를 나무 끝에 걸거나 집안사람의 머리에 매달아 영춘(迎春)의 기쁨을 표시하는 장식품이라고 풀이하였다.
2 卿卿(경경) : 친근함을 보이는 부부간의 칭호. 후에는 타인에 대한 친근한 호칭으로 사용됨.
3 新雨(신우) : 봄비, 갓 내린 비.
4 熏爐(훈로) : 옷이나 이불에 향 쬐어 향도 배게 하고, 따뜻하게도 하는 화로. 蒙(몽) : 덮어씌우다.
5 相知(상지) : 지기(知己).
6 他(타) : 장창(張敞)을 말함. 그는 서한(西漢) 선제(宣帝) 때, 태중대부(太中大夫)·경조윤(京兆尹)·기주자사(冀州刺史) 등을 지냈다. ≪한서·장창전 漢書·張敞傳≫은 "또 아내에게 눈썹을 그려주어 장안에 장창 부부의 애정이 깊음이 전해지자 관리가 장창을 상주하였다. 임금이 그 일을 물으시니 '신이 듣기에 규방 안의 부부의 사사로움에는 눈썹을 그리는 것보

다 심한 것이 있습니다.'라고 답하였다. 임금이 그 능력을 아끼셨기에, 책망하지 않았다.(又爲婦畫眉, 長安中傳張京兆眉撫, 有司以奏敞. 上問之, 對曰 : '臣聞閨房之內, 夫婦之私, 有甚於畫眉者.' 上愛其能, 弗備責也.)"라고 기술하였다.

【감상】

한 여인이 남편의 극진한 사랑을 받기를 바라는 염원을 썼다.

상편은 여자가 비 온 후, 누대 위 창문 앞에 오랫동안 서 있는 형상을 그렸다. 곧 여주인공의 옥비녀 머리 장식은 미풍 속에 흔들리는데, 그녀의 얼굴은 붉은 살구꽃이 안개 속에서 이슬을 머금고 흐느끼는 듯하다. 이는 누대 위에서 문을 나서는 남편을 바라보는 서글픈 모습이다.

하편은 여자의 개인적인 바람을 썼다. 훈향 하는 비취색 이불에 수놓은 원앙 모습을 부각하여 바라는 염원을 드러내었다. 언제인가 부부간의 감정이 통하여 한마음이 될지는 모르지만, 그런 소망을 결코 포기할 수 없음을 장창(張敞)이 그의 아내에게 눈썹을 그려준 고사로 실증하였다. 따라서 소박한 믿음에 깊은 동정을 보이지 않을 사람은 없지만 순차적인 전개라서 정감의 전달이 단조롭게 느껴진다.

탕현조는 탕평 ≪화간집≫ 권2에서 "백묘 기법으로 사를 지음에는 모름지기 미묘(微妙)하게 드러내야 하거늘, 사 전편이 평이하게 펼쳐지면 거의 밀랍을 씹는 것과 같을 뿐이다. (填詞白描, 須有微致. 若全篇平衍, 幾同嚼蠟矣.)"라고 평하였다.

5-23-168 우교

<보살만 菩薩蠻> 7수-4 畫屛重疊巫陽翠

畫屛重疊巫陽翠•¹ 그림 병풍 같은 무산 남쪽이 비취색으로 중첩됨은
楚神尙有行雲意•² 무산신녀가 사랑 이루려는 뜻을 여전히 지녀서다.
朝暮幾般心。³ 아침저녁으로 같이 하려는 얼만 가의 마음으로
向他情漫深。⁴ 그에게 향한 정만 부질없이 깊어졌네.

風流今古隔• 풍류가 지금과 예전이 달랐기에
虛作瞿塘客•⁵ 헛되이 구당협 장사꾼 되었다.
山月照山花。 산에 뜬 달은 산에 핀 꽃을 비추건만
夢回燈影斜。⁶ 꿈 깨니 등불 그림자 기울었네.

【주석】

1 巫陽(무양) : 무산(巫山)의 남쪽.
2 楚神(초신) : 무산신녀. 송옥은 <고당부서 高唐賦序>에서 초회왕(楚懷王)이 꿈에서 신녀와 고당에서 서로 만났는데, 신녀가 스스로 "아침에는 흘러가는 구름 되고, 저녁에는 지나는 비 되지요.(旦爲行雲, 暮爲行雨.)"라고 말했다고 하였다. 行雲意(행운의) : 남녀가 사랑을 이루려는 뜻을 비유함.
3 幾般(기반) : 얼마나, 어느 정도.
4 漫(만) : 공연히, 헛되이. 멋대로.
5 瞿塘(구당) : 구당협(瞿塘峽). 장강 삼협(三峽)인 구당협, 무협(巫峽), 서릉협(西陵峽) 중, 첫 번째 협곡(峽谷)명으로 기협(夔峽)으로도 칭한다. 구당협은 사천성 봉절현(奉節縣) 동쪽 13리 땅에 있다. 구당객(瞿塘客)은 장사하는 사람이기에, 이 사의 주인공이 남녀 중 누군지를 살필 길이 없다. 필자는 여자로 보았다.
6 夢回(몽회) : 꿈에서 깨다.

【감상】

사랑을 회복하려는 부인이 사랑을 되돌리지 못한 데서 온 원정(怨情)을 썼다.

몽경(夢境)을 분명히 밝히지 않았지만, "무양(巫陽)", "초신(楚神)", "행운(行雲)", "조모(朝暮)" 등과 같은 용어로 남편과 즐겁게 지내던 과거를 회상하였다.

상편은 "화병중첩(畫屛重疊)"과 "행운의(行雲意)"와 같은 형상으로 사랑을 되돌리려는 뜻을 드러낸 후, "조모기반심(朝暮幾般心)" 2구로 경도된 사랑을 이루려는 바람이 허사였음을 탄식하였다.

하편은 사랑의 방식이 바뀌어 구당(瞿塘)에서도 사랑을 이룰 수 없음을 깨닫고 이 같은 실의를 꿈 깬 후의 경물로 형상하였다. 첫 2구는 지금의 풍류는 초회왕 시대와는 달라져 무산신녀 같은 사랑을 찾을 수 없는데도, 무산 옆 구당협에서 사랑하는 남편을 찾으려고 허송세월했음을 실토하였다. 끝 2구는 돌아오지 않는 남편에 대한 원정(怨情)을 썼다. "산월조산화(山月照山花)" 구는 꿈에서 본 정경으로 남편을 "산월"로 부인을 "산화"로 비유해 남편의 사랑을 듬뿍 받는 모습을 형상한바, 그렇지 못한 자신의 처지를 역으로 드러낼 수 있었다. 끝구는 꿈을 깬 후 남편의 사랑을 되돌릴 수 없는 실망을 써, 현재의 외로움과 고통을 배가시켰다.

5-24-169 우교

<보살만 菩薩蠻> 7수-5 風簾燕舞鶯啼柳

風簾燕舞鶯啼柳。[1] 창문 발에는 제비 춤추고 버들엔 앵무새 우는데
妝臺約鬢低纖手。[2] 화장대에서 귀밑머리 돌려 묶기에 섬섬옥수 낮추었다.
釵重髻盤珊。[3] 비녀가 겹쳐져 쪽머리 흔들림은
一枝紅牡丹。[4] 붉은 모란 한 가지 꽂혀서네.

門前行樂客。[5] 문 앞에서 즐겁게 노는 길손의
白馬嘶春色。 백마는 봄빛 속에 운다.
故故墜金鞭。[6] 반복해 금빛 채찍 떨어뜨림은
回頭應眼穿。[7] 고개 돌려 애타게 바라보려 해서네.

【주석】

1 風簾(풍렴) : 문과 창문을 가리는 발.
2 約鬢(약빈) : 돌려 묶다. 低(저) : 나직이 하다.
3 盤珊(반산) : 걸을 때 흔들거려 안정되지 않은 모양.
4 一枝(일지) : (모란) 한 가지.
5 行樂客(행락객) : 즐겁게 노는 길손.
6 故故(고고) : 늘, 반복해, 누누(屢屢)이.
7 眼穿(안천) : 애타게 바라보다. 애타게 기다리다.

【감상】

실외(室外)의 소년이 실내의 소녀를 애모하는 정감을 외모와 행동으로 묘사하였다.

상편은 소녀가 화장대를 가깝게 하여 화장함을 썼다. 제비 춤추며 꾀꼬리 울고 있는 주위 환경에서 귀밑머리 단장하는 모습을 그려 존귀함을 드러냈다. "채중(釵重)" 2구는 이러한 환경 속의 여주인공이 아름다운 외모를 지녔음을 부각하였다.

하편은 소년이 말을 타고 봄 경치를 유람하면서, 반복해 금 채찍을 떨어트리는 대범한 풍모를 그려 연정을 전하려는 뜻을 나타냈다. 동작을 섬세하고도 선명하게 그렸기에 사모의 정을 진실하고도 간절하게 드러낼 수 있었다.

이빙약은 <허장만기>에서 "정경이 눈앞에서 펼쳐지는 듯하다.(情景如在目前.)"고 평하였다.

5-25-170 우교

<보살만 菩薩蠻> 7수-6 綠雲鬢上飛金雀

綠雲鬢上飛金雀。[1]	녹색 구름 같은 귀밑머리 위에서 금작 비녀 흔들리는데
愁眉斂翠春煙薄。	수심 어린 눈썹이 비췻빛을 거두니 봄 안개 옅어졌다.
香閣掩芙蓉。[2]	향그런 규방을 부용 휘장으로 가렸는데
畫屛山幾重。	그림 병풍 속, 산은 몇 겹으로 겹쳤네.
窓寒天欲曙。	창문 차가워지며 날 밝으려는데
猶結同心苣。[3]	동심거 장식을 여전히 매었다.
啼粉汙羅衣。[4]	분으로 젖은 눈물 흘러 비단옷 더럽혀졌기에
問郎何日歸。	어느 날 돌아오실지 낭군께 묻네.

【주석】

1 飛金雀(비금작) : 금빛 참새 모양 비녀가 머리 위에서 나는 듯이 흔들리다.
2 芙蓉(부용) : 부용 수놓인 휘장. 부용장(芙蓉帳).
3 同心苣(동심거) : 서로 연이어진 횃불 모양 꽃무늬 도안으로 짠 동심결(同心結). 동심거(同心炬)로도 쓴다. 여기서는 등촉의 한 심지에 두 개의 불똥이 생김을 비유했다. 동심거는 원래 채소 명칭으로, 견직물 위에 수놓는 도안으로 쓰면서 애정을 상징하였다. 규방 여인이 "동심거"수 도안을 매달고 있음은 그리운 정의 표현이다.
4 啼粉(제분) : 분으로 젖은 눈물. 오(汙) : 오염되다. "오(汗)"로도 쓰며, "완(浣)"과도 통한다.

【감상】

규방 여인이 멀리 떠나가실 임과의 이별을 앞두고 밀려오는 우수와 서글픔을 형상한 작품이다.

상편은 이별을 앞둔 여인의 얼굴 모습과 규방 안 병풍 속 그림 특징을 묘사하였다. 첫 2구는 "발(髮)", "미(眉)"로 여주인공의 머리 모양과 얼굴을 형상하여, "수(愁)"란 의상을 부각하였다. "향각(香閣)" 2구는 이별을 앞둔 임에 대한 상념 묘사로 빈 규방을 홀로 지키면서 오직 그림 병풍에 그려진 겹친 산만 바라보고 있음을 썼다. "부용(芙蓉)"으로 임의 얼굴인 "부용(夫容)"을 우의했고, "산중(山重)"으로는 먼 이별을 형상하였다.

하편은 밤을 지새우고 임을 전송하는 모습을 그렸다. 첫 "한창(寒窓)" 2구는 그녀가 적막함을 견디기 어려워, 온밤 내내 잠 못 이룬 정황을 묘사하였다. 끝 2구는 앞 구에서 말한 "동심거(同心苣)"를 받아 먼 곳으로 떠나려는 임에 대한 그리움을 부연하였다. 자신도 모르게 비단옷을 눈물로 적셨음은 임이 언제 돌아올지를 알 수 없어서다. 끝 2구는 천진한 모습 속에 처완(悽婉)한 정을 드러냈기에 치정(癡情)의 형상을 보는 듯하다.

진정작은 ≪운소집≫ 권1에서 "짙은 정이 이르렀다. 맺는 2구는 천진난만하게도 썼고, 고민스럽게도 썼다.(穠至. 結二句寫得又嬌癡, 又苦惱.)"라고 평하였다.

5-26-171 우교

<보살만 菩薩蠻> 7수-7 玉樓冰簟鴛鴦錦

玉樓冰簟鴛鴦錦•¹ (옥루빙점원앙금)	옥루의 차가운 대자리에 원앙금침 놓였는데
粉融香汗流山枕•² (분융향한유산침)	분 녹은 향기로운 땀이 산 모양 베개로 흘렀다.
簾外轆轤聲。³ (염외녹로성)	발 밖에서 우물의 도르래 소리 나기에
斂眉含笑驚。 (염미함소경)	눈썹 거두고 놀라 깨어 웃음 머금었네.
柳陰煙漠漠• (유음연막막)	버들은 그늘져 안개 자욱한데
低鬢蟬釵落•⁴ (저빈선채락)	귀밑머리 낮추자 매미 장식 비녀가 떨어졌다.
須作一生拚。⁵ (수작일생병)	일생을 돌아보지 않고 모름지기 행했기에
盡君今日歡。⁶ (진군금일환)	임과 오늘 마음껏 즐겼네.

【주석】

1 冰簟(빙점) : 차가운 대자리.
2 粉融(분융) : 연지분과 땀이 한데 섞임.
3 轆轤(녹로) : 우물 위에 물을 길어 올리도록 설치한 도르래.
4 蟬釵(선채) : 매미 모양의 금비녀.
5 拚(병) : 어떤 것도 돌보지 않다. 목숨을 내 걸다.
6 盡歡(진환) : 마음껏 즐기다.

【감상】

　　남녀가 정사(情事)를 즐기는 정경을 그린 염사(艶詞)이다. 애정추구에 대한 집착이 봉건 예교의 질곡을 타파하는 데 다소간 영향을 미쳤음을 살피게 한다. 경상(景象) 묘사로 여주인공의 심리상태를 추적하게 하였다.

상편은 바로 남녀가 환락을 누리는 장면을 정면으로 썼는데, 그윽한 중에 생동감이 흐른다. 첫 2구는 실내에서 남녀가 잠자리를 함께하는 모습을 섬세하게 그렸다. 곧 "빙점(冰簟)", "원앙금(鴛鴦錦)" 같은 정갈한 대자리와 원앙 수놓인 이불로 애정 행각의 시작을 엿보게 한 뒤, "분융향한유산침(粉融香汗流山枕)"으로 사랑을 나눈 모습을 은근히 그렸다. 이어진 "염외(簾外)" 2구는 정사 후의 실외 물상 소리에 반응한 행위로 새벽녘의 놀라움, 걱정, 기쁨 등이 교차하는 형상을 그렸기에 매우 농염한 예술성을 보였다. 황주이는 《찬앵무사화 餐櫻廡詞話》에서 "'염미함소경' 5자는 3층의 뜻을 지녔으니 어쩌면 일종의 비밀을 담은 본질을 통찰하는 말이다.('斂眉含笑驚' 五字三層意, 別是一種秘密法眼.)"라고 극찬하였다. 발 밖의 물을 퍼 올리는 "도르래 소리(轆轤聲)"는 새벽을 알리는 신호로, 이 소리 속에는 염(斂)·함(含)·경(驚)이 모두 투영되어 있기에 매우 강렬한 인상을 전한다.

하편은 새벽녘 실내외의 경상 묘사로 정사에 따른 사랑의 결의를 썼다. 첫 2구는 새벽 실외의 버들이 안개 속에 가지를 고요히 드리운 모습으로 상편의 농염함을 소담스러움으로 바꾸면서 실내의 정사를 묘사하였다. "저빈선채락(低鬢蟬釵落)" 구는 정사에 수반된 침상 곁의 경상 묘사로 상편의 "유산침(流山枕)"이라는 형상을 연이은 표현이다. 끝 2구는 합환한 동기를 숨김없이 토로한 말로 당당함을 보였다. 곧 완약한 중에 호방한 특성을 보인 말이다. 수많은 사론가들은 이 끝 10자를 여성이 주체성을 발휘하여 자유로운 사랑을 선언한 명구로 칭송하였다. 이 말은 한순간의 복잡한 감정 변화를 한마디로 요약한 표현으로 고도의 예술적 개괄성을 보였다.

팽손휼(彭孫遹, 1631-1700)의 《금속사화 金粟詞話》는 "우교의 '일생을 돌아보지 않고 모름지기 행했기에 임과 오늘 마음껏 즐겼네!'는 끝을 본 말로, 염사를 지음에, 더하려 해도 더할 말이 없다.(牛嶠 '須作一生拚, 盡君今日歡' 是盡頭語, 作艶詞者, 無以復加.)"라고 평하였다.

왕국유는 《인간사화산고 人間詞話刪稿》에서 "사가는 거의가 경으로 정을 부쳐내는데 오로지 정어(情語)만을 쓰면서도 절묘함을 보인 것은 우교의 '일생을 돌아보지 않고 모름지기 행했기에, 임과 오늘 마음껏 즐겼네!(須作一生拚, 盡君今日歡!)'라는 구와 고형(顧敻)의 '내 마음으로 네 마음을 바꿔놓아야 서로 그리는 정이 깊음을 겨우 알게 되리!(換我心爲你心, 始知相憶深!)'"라는 구라고 평하였고, 유영제(劉永濟) 또한 《당오대양송사간석》에서 "끝 두 구는 비록 10자뿐이지만 천언만어(千言萬語)에 해당된다."라고 평하였다.

5-27-172 우교

<주천자 酒泉子>

기득거년	
記得去年,	기억하네! 지난해
연난행원화정발	
煙暖杏園花正發,[1]	안개 온화한 행원에 꽃 막 피어나니
설표향	
雪飄香。[2]	눈 같은 살구꽃은 향기 드날렸고
강초록	
江草綠,	강가 풀은 푸르러
유사장	
柳絲長。	버들가지 길게 늘어졌음을!

전거섬수권렴망	
鈿車纖手卷簾望●[3]	금·옥 장식 수레에서 섬섬옥수로 주렴 걷고 바라보았으니
미학춘산양	
眉學春山樣●[4]	눈썹은 봄 산 모습을 본뜬 데다
봉채저뇨취환상	
鳳釵低嫋翠鬟上●[5]	봉황 비녀는 검푸른 쪽머리 위에서 나직이 간들거렸는데
낙매장	
落梅妝。[6]	매화장이었네.

【주석】

1 杏園(행원) : 당대(唐代) 정원 명칭으로 섬서성 서안시(西安市) 교외 대안탑(大雁塔) 남쪽에 있다. 자은사(慈恩寺)와 남북으로 마주 보는 위치인데, 곡강지(曲江池) 서남쪽에 있어, 새로 뽑힌 진사(進士)에게 연회를 베풀던 곳이다.
2 雪(설) : 행화(杏花)를 비유함. 살구꽃은 흰색 또는 연분홍색을 띰.
3 鈿車(전차) : 금과 옥으로 장식한 수레.
4 眉學(미학) : 눈썹이 본뜬다. 학(學)은 모방하다.
5 鳳釵(봉채) : 봉황 문양 비녀. 嫋(뇨) : 간들거리다.
6 落梅妝(낙매장) : 고대 부녀자 화장법의 하나인 매화장(梅花妝)으로 수양장(壽陽妝)이라고도 한다. ≪태평어람 太平御覽≫ 970권에 의하면, 남조(南朝) 송(宋) 무제(武帝)의 딸 수양공주(壽陽公主)가, 인일(人日)에 함장전(含章殿) 처마 아래에 누워있는데, 매화가 그녀

의 이마로 날려 와 떨어져 5일 동안 꽃이 붙어 털어내어도 떨어지지 않았기에, 이를 본뜬 화장을 매화장이라고 불렀다고 한다.

【감상】

한 남자가 작년 행원(杏園)에서 연회할 때, 아름다웠던 경치와 사랑스러웠던 젊은 여인의 모습을 추억하였다.

상편의 첫 "기득(記得)" 구는 맨 앞에서 전 사(詞)의 요지를 알렸고 그 이하는 모두 추기(追記)한 말이다. "연난(烟暖)" 4구는 장소와 환경 묘사로 미려한 봄 경치를 그렸다.

하편도 "기득(記得)"했던 모습을 잇대어 썼다. 사랑스러웠던 여인이 한 몸치장을 명확히 기억함을 밝혀, 그리운 정도를 엿보게 하였다. "섬섬옥수로 주렴 걷고 바라보니(纖手卷簾望)"와 "검푸른 쪽머리 위에서 나직이 간들거렸는데(低嫋翠鬟上)"는 그 여인이 보인 가장 인상적인 모습으로 사랑스러움이 묻어난다.

5-28-173 우교

<정서번 定西番>

紫塞月明千里,[1]	장성(長城) 천 리에 달 밝은데
金甲冷,[2]	갑옷 싸늘하고
戍樓寒。	수자리 든 누대는 차가워
夢長安。	장안을 꿈꾸었네.

鄉思望中天闊,[3]	고향을 생각하니 보이는 하늘은 드넓은데
漏殘星亦殘。[4]	물시계 소리 잦아들며 별 또한 빛을 잃었네.
畫角數聲嗚咽,[5]	그림 장식 뿔나팔 몇 가락으로 흐느껴 울고
雪漫漫。[6]	눈은 끝없이 내리네.

【주석】

1 紫塞(자새) : 장성(長城). 최표(崔豹) ≪고금주·도읍 古今注·都邑≫에서는 "진나라가 장성을 쌓음에, 흙색이 모두 자색이었고, 한나라 변새 또한 그랬기에, 장성을 '자새(紫塞)'라고 칭했다.(秦築長城, 土色皆紫, 漢塞亦然, 故稱紫塞焉.)"라고 하였다.
2 金甲(금갑) : 갑옷의 미칭.
3 望中(망중) : 시야에 들어오다.
4 殘(잔) : 잦아들다.
5 畫角(화각) : 군중(軍中)의 악기로, 서강(西羌)에서 전해졌다. 입쪽은 가늘고 머리쪽은 크며, 모양은 쇠뿔과 같은데, 대나무나 가죽으로 만들어 겉에는 채색 그림을 더했기에 '화각(畫角)'이라 하였다. 嗚咽(오열) : 목메어 울다.
6 漫漫(만만) : 끝없다. 시간이 장구하거나 공간이 광활한 모습.

【감상】

변새(邊塞)의 병사가 추위로 겪는 고통과 향수를 그렸다. 성당(盛唐) 새하곡(塞下曲)과 유사하다.

상편 3구의 "자(紫)", "랭(冷)", "한(寒)"이란 3자는 변새의 춥고 고된 생활을 시각, 촉각에 따라 그대로 형상한 말이다. "몽장안(夢長安)" 구는 고향을 그리는 고통을 드러냈다.

하편의 "망(望)" 자는 상편의 "몽(夢)" 자와 이어진 경계로 꿈에서 깨어 바라보나, 고향에 이르지 못하니 그 고통은 비할 데 없음을 살필 수 있다. 물시계 소리 잦아들고 별 성겨지는 가운데, 그림 장식의 뿔나팔이 흐느껴 우는 경상으로 황량한 분위기를 부각하였다. "설만만(雪漫漫)", "천활(天闊)", "월명천리(月明千里)"와 같은 묘사는 끝없이 넓은 변새에 비장한 색채를 더하게 하였다. 이 사는 경계가 드넓고 정조는 황량하기에 ≪화간집≫에서 보인 평범한 의경과는 차이를 보인다.

이 사 중의 "몽장안(夢長安)"은 비량(悲凉)함과 처량함 속에 온정(溫情)과 기대를 함축했기에 오묘한 의경을 보일 수 있었다.

이빙약은 <허장만기>에서 "변새 밖의 황량한 추위, 출정한 병사가 꿈에서 겪은 고통이 종이 위에서 살아 움직이는 듯하다.(塞外荒寒, 征人夢苦, 躍然紙上.)"라고 평하였다.

5-29-174 우교

<옥루춘 玉樓春>

春入橫塘搖淺浪。¹ 봄이 넓고 큰 연못으로 들어오니 얕은 물결 일렁이게 하는데
花落小園空惆悵。 작은 정원으로 꽃 떨어지니 공연히 시름겹네.
此情誰信爲狂夫,² 이런 시름겨운 정이 남편 때문임을 누가 믿을지!
恨翠愁紅流枕上。³ 한 맺힌 눈썹의 수심 어린 눈물이 베개 위로 흐르네.

小玉窗前嗔燕語•⁴ 작은 옥 장식 창문 앞에서 제비 지저귐에 성을 냄은
紅淚滴穿金線縷•⁵ 붉은 눈물 떨어져 금실로 짠 옷을 뚫고 스며서다.
雁歸不見報郞歸, 기러기 돌아왔으나 낭군 돌아오신다는 소식 없어
織成錦字封過與•⁶ 비단에 회문시를 짜 넣어 봉해 부친다.

【주석】

1 橫塘(횡당) : 본래 지명으로, 육조, 오(吳) 대제(大帝) 손권 때, 강어귀부터 회하(淮河)를 따라 제방을 쌓고 이를 "횡당"이라 하였는데, 지금의 강소성 남경시 서남쪽에 위치한다. 여기서는 비교적 큰 연못을 말한다.
2 狂夫(광부) : 방탕하여 예법에 구속되지 않는 남자. 고대에는 부인이 남편을 칭한 겸양어로 쓰였다.
3 恨翠愁紅(한취수홍) : 한 맺힌 비취빛 눈썹 모양과 수심 어린 여인의 얼굴 모습. 곧 한 맺힌 눈썹 아래에서 솟는 눈물을 형용한 말이다. 愁紅(수홍) : 비바람을 겪고 떨어진 꽃. 곧 여인의 수심 어린 모습을 비유함.
4 小玉(소옥) : 작은 옥. 여자를 지칭한 말로 쓰이기도 하나 여기서는 "소옥창(小玉窗)"으로 보아 작은 옥이란 뜻을 따랐다. 嗔(진) : 성내다. 燕語(연어) : 제비의 지저귐.
5 金線縷(금선루) : 금선루의(金線縷衣). 금실로 짠 옷.
5 錦字(금자) : 남편에게 보내려고 비단에 짠 회문시(回文詩). 封過與(봉과여) : 서신을 봉해

그에게 부쳐 주다. 과여(過與)는 급여(給與)와 같은 뜻이다.

【감상】

돌아올 약속을 지키지 않는 남편에 대한 원망을 곡진하게 그렸다.

상편은 봄이 와 핀 꽃이 질 때까지의 시름을 썼다. 여주인공이 "한취수홍(恨翠愁紅)"으로 슬프게 그려짐은 그 이유에 관심을 보이기 위해서인데, "차정(此情)" 구는 그런 상황에 처하게 한 이가 바로 "광부(狂夫)"인 남편임을 선명히 밝혔다.

하편은 그리운 정을 하소연하였다. 여주인공은 창문 앞에서 비애에 잠기나, 끝내는 절망 중에 일말의 희망을 얻어, 비단에 회문시를 짜 넣어 남편에게 부침을 썼다. 이는 아마도 광부가 마음을 돌려 일찍 돌아올지도 모른다는 기대 때문일 것이다. 이러한 치정은 여주인공에게 깊은 동정을 보이게 하였다. 상편은 평성운으로 압운해 소탕한 의경을 보였으나 하편은 측성운으로 압운해 불편한 심경을 드러냈다.

탕현조는 탕평 ≪화간집≫ 권2에서 "세련된 곡조 중에는 때로는 세련된 구절을 썼고, 세련된 구절 중에는 때로는 세련된 글자를 썼기에, 그것을 읽으니 달콤한 향기가 입안을 적신다.(雋調中時下雋句, 雋句中時下雋字, 讀之甘芳浹齒.)"라고 평하였다.

5-30-175 우교

<서계자 西溪子>

捍撥雙盤金鳳•¹   한발은 금 봉황새 장식을 쌍으로 감았는데
蟬鬢玉釵搖動•   현 팅기니 매미 날개 같은 귀밑머리의 옥비녀 흔들린다.
畫堂前,   단장한 집 앞에서
人不語•   현을 켜는 여인은 말하지 않았어도
弦解語•   현은 말을 안다.
彈到昭君怨處•²   왕소군의 원이 서린 곳을 연주하니
翠蛾愁。³   비취색 눈썹은 수심 어려
不擡頭。⁴   머리 들지 못하네.

【주석】

1 捍撥(한발) : 비파를 타는 도구인 발목(撥木). 픽(pick). 상아나 물소 뿔 등으로 만듦. 금으로 장식된 금한발(金捍撥)은 줄을 뜯을 때 줄을 보호하는 역할을 한다. 雙盤金鳳(쌍반금봉) : 발목(撥木) 위에 짝지은 금 봉황을 에두른 도안.
2 昭君(소군) : 왕소군(王昭君, B.C.54?-B.C.19). 진(晉) 사마소(司馬昭)의 이름자를 피해 명군(明君)으로 바꿔 불렀다. 소군은 성이 왕(王), 이름은 장(嬙)으로, 한(漢) 원제(元帝)의 궁녀였는데 후에 흉노에게 시집가 화친하길 자원하였다. 소군이 출발에 앞서 말 위에서 비파를 타면서 곡을 지어 길 떠나는 마음을 위로한 곡이 <소군사 昭君辭>·<소군탄 昭君歎>이다. 소군이 국경 넘은 일을 묘사하였다.
3 翠蛾(취아) : 여자의 고운 눈썹.
4 擡頭(대두) : 머리를 들다.

【감상】

비파 켜는 여인의 말하기 어려운 그윽한 원(怨)을 썼다.

"한발(捍撥)" 구는 비파 타는 발목(撥木)의 정교함을 그렸고, "선빈(蟬鬢)" 구는 비파 켜는 여자의 아름다움을 썼다. 이 2구는 시작 부분으로 전체를 개괄하는 뜻을 담았다. 다음 "화당(畫堂)" 3구는 측면에서 내는 비파 소리가 사람을 감동시킴을 썼다. "현해어(弦解語)"는 비파와 사람의 심경을 동시에 묘사한바, 현이 뜻을 알고 말을 이해할 수 있게 된 것은 비파 켜는 여자의 신세를 하소연하듯이 연주해서이다. 끝 3구는 왕소군의 원(怨)을 빌미로 비파 켜는 여인의 그윽한 원을 일으키게 하였다. 현 소리는 한이 서려, 사람도 눈썹을 찌푸리게 하고 머리를 숙이게 하니 그러한 원성(怨聲)이 현에서 나온 것인지 사람의 표정에서 나온 것인지를 알 수 없게 하였다.

진정작은 ≪운소집≫ 권1에서 "짧은 구로 된 사는 자못 짓기가 쉽지 않다. 이 작품은 한 글자 한 글자가 합당하게 의도도 드러냈고 글솜씨도 보였기에 정품(精品)이다.(短句頗不易作. 此作字字的當, 有意有筆, 能品也.)"라고 평하였다.

5-31-176 우교

<강성자 江城子> 2수-1 鵁鶄飛起郡城東

鵁鶄飛起郡城東。[1]	해오라기가 군(郡) 성벽 동쪽에서 날아오르니
碧江空。	푸른 강 고요해지며
半灘風。	여울 반쪽은 바람이 이네.
越王宮殿,[2]	월왕 궁전은
蘋葉藕花中。	개구리밥 잎과 연꽃 가운데 있거늘
簾卷水樓魚浪起,[3]	주렴 걷힌 물가 누대로 잔물결 이니
千片雪,	수많은 눈 조각 같은데
雨濛濛。	비는 자욱이 내리네.

【주석】

1 鵁鶄(교청) : 해오라기. 백로의 일종으로, 머리는 가늘고 몸통은 길다. 몸에는 무늬가 있고 목에는 흰 털이 났으며, 머리에는 붉은 관을 쓰고 있다. 물속으로 들어가 물고기를 잡을 수 있어 "어교(魚鵁)"라고도 칭한다. 群城(군성) : 군이 관할하는 성벽.
2 越王(월왕) 2구 : 월왕 구천(勾踐)의 궁전은 이미 못이 되었음을 뜻함.
3 水樓(수루) : 물가의 누대나 물 위의 누대. 魚浪(어랑) : 비늘 무늬를 이룬 잔물결.

【감상】

　옛 회계(會稽)의 월계(越溪) 풍물을 읊어 지금의 서글픔을 노래했다.

　사인의 시선은 가까운 데서 멀리, 위에서 아래로 옮겨 갔다. 해오라기가 회계 성의 동쪽에서 날아오르니, 물과 하늘은 푸르고 천 리 길은 광활하다. 바람은 막 불기 시작하는데, 가까운 곳에 개구리밥 잎과 연꽃이 피어 있으니 바로 이곳이 옛날 월왕 시대의 궁궐터였음을 짐작케 하였다. 개구리밥과 연꽃을 궁궐과 대비 시켜 변화함을 황량함으로 바꿈으로써 세상 풍파가 세찼음을 살피게 하였다. 그리고는 가깝게 있는 물가 누각의 주렴이 걷히자 물결 일어 물보라가 내달리고 여울로 부는 바람에 비까지 자욱이 내림을 그렸다. 이는 곧 경치에 정을 융화시킨 표현으로 세태의 면모로 생긴 서글픈 심경을 절실하게 드러낼 수 있었다.

　전 사의 묘사 자체는 슬픔을 드러내지 않았지만, 언외로 보인 뜻이 절로 서글퍼짐은 풍물이 그림 같고 의경은 창망(蒼茫)한 때문이다.

　진정작은 ≪운소집 雲韶集≫ 권1에서 "월왕(越王)" 9자는 "풍류가 비장하다(風流悲壯)"고 말했고, 또 ≪사칙·대아집 詞則·大雅集≫에서는 "감개가 창량하다(感慨蒼凉)"고 평하였다.

5-32-177 우교

<강성자 江城子> 2수-2 極浦煙消水鳥飛

極浦煙消水鳥飛。[1]	머나먼 물가로 안개 걷히며 물새 나는데
離筵分首時。[2]	이별할 자리에서 헤어질 때가 되어
送金卮。[3]	금 술잔 건넸네.
渡口楊花,	나루의 버들솜은
狂雪任風吹。[4]	바람 따라 멋대로 흩날리는 눈 같거늘
日暮天空波浪急,[5]	저물녘 하늘을 비친 물결 급해지는데
芳草岸,	싱그런 풀 자란 연안으로
雨如絲。	보슬비 내리네.

【주석】

1 極浦(극포) : 아득히 먼 물가.
2 分首(분수) : 헤어지다.
3 金卮(금치) : 금 술잔.
4 狂雪(광설) : 양화(楊花)인 버들솜이 제멋대로 흩날림을 비유함.
5 日暮(일모) : 저물녘.

【감상】

나루터에서의 전송을 썼다.

첫 구는 나루터에 안개 사라지고 새가 낢을 써, 눈앞의 광경 속에 이별의 정서를 담았다. "이연(離筵)" 2구는 전송함을 명확하게 밝혔다. 제3, 4구는 다시 "도구(渡口)"와 "양화(楊花)"를 빌려 인생길을 분주히 뛰어다니는 것이 마치 버들솜이 바람 따라 흩날림과 같음을 은유하여 친구에 대한 위로의 정을 곡진히 드러내었다. 끝 3구는 정조를 바꿔 나루터에 해지며 비 내리는 광경을 그렸다. 하늘은 광활하고 물결이 급해지며 풀 자란 연안으로 보슬비 내림을 써 이별의 우수와 석별의 아쉬움을 함축하였다.

사 전체는 대부분 경치 묘사이지만 매 구에 정을 담은 우미한 자(字)를 첨가했기에 서글픈 정조가 넘쳐난다.

6

장필 張泌

27수

장필張泌

장필(생졸 미상)은 자(字)가 자징(子澄)으로 고향과 관직을 살필 수 없다. 만당(晩唐) 시인 장필이란 설과 남당(南唐)의 장필이란 설이 있다. 그는 남당 후주(後主) 이욱(李煜, 937-978)이 감찰어사(監察御史)로 초빙한 뒤 내사사인(內史舍人)을 지냈고 후에는 이욱을 따라 송으로 돌아가 사관(史館)에 있다가 낭중(郎中)으로 옮겼다고 한다. 하지만 ≪화간집≫에는 그가 우교(牛嶠)와 모문석(毛文錫) 사이에 열거되었기에 전촉(前蜀) 사인으로 보아야 할 것이다. 손광헌(孫光憲, ?-968)의 ≪북몽쇄언 北夢瑣言≫ 중에는 장서(張曙, 772-846)의 <완계사> 1수가 기재되었는데 장필의 <완계사>와는 단지 2자만 다르기에 장필을 만당 사인 장서와 동일인으로 보는 견해도 있으나 이는 고찰해야 할 과제다. 그의 사는 ≪화간집≫에 27수, ≪존전집≫에 1수가 전한다.

황주이는 ≪찬앵무사화≫에서 "장필 사에서 좋은 사는 함축 속에 운치가 있으니 <완계사> 같은 여러 사가 그렇다.(張子澄詞, 其佳者能蘊藉有韻致, 如<浣溪沙>諸闋.)"고 평했고 또 "<하전> 중의 '석양의 향기로운 풀은 천리만리 뻗었는데 기러기 소리 끝없이 일어난다.', '저물녘 해는 봄빛과 함께 말하는 듯하고'는 오직 다함이 없는 정과 눈앞의 경치일 뿐이지만, 도리어 이제껏 말한 사람이 없다.(<河傳>云 '夕陽芳草, 千里萬里, 雁聲無限起', '斜陽似共春光語.' 只是不盡之情, 日前之景, 却未經人道.)"라고 평했다.

이빙약도 <허정만기>에서 "장필 사는 온정균과 위장 사이에 있으나, 위장에 제일 가깝다.(張子澄詞介乎溫, 韋之間, 而與韋最近.)"라고 평했다.

장필의 사가 <남가자>, <완계사> 등에서 보이듯이 비교적 청준(淸俊)하고 위완(委婉)하여 온유한 정취를 보일 수 있었음은 맥락을 선명히 한 데다 함축에 능했기 때문이다. 그는 특히 여성 형상을 선명하고도 우미하게 그리는 데 능숙하였다.

6-1-178 장필

<완계사 浣溪沙> 10수-1 鈿轂香車過柳堤

<small>전곡향거과유제</small>
鈿轂香車過柳堤。[1]   화려한 수레가 버들 늘어선 둑을 지나자
<small>화연분처마빈시</small>
樺煙分處馬頻嘶。[2]   연무 핀 자작나무 숲 이별할 곳에서 말은 자주 울었지만
<small>위타침취불성니</small>
爲他沉醉不成泥。[3]   그 사람 때문에 몹시 취해 진흙 같게 되지는 않았네!

<small>화만역정향로세</small>
花滿驛亭香露細,   꽃 만개한 역참 정자로 향그런 이슬 정교한데
<small>두견성단옥섬저</small>
杜鵑聲斷玉蟾低。[4]   두견새 울음 그치며 달 낮게 드리웠기에
<small>함정무어의누서</small>
含情無語倚樓西。   그리운 정 머금고 말없이 누대 서쪽에 기댔네.

【주석】

1 鈿轂(전곡): 금으로 장식된 수레바퀴. 轂(곡): 수레바퀴 살을 끼우는 차륜 중심에 있는 원목(圓木). 鈿轂香車(전곡향거): 화려한 수레.
2 樺煙(화연): 자작나무 숲의 연무(煙霧).
3 不成泥(불성니): 진흙이 되지 않았다. 여기서는 반어(反語)로 '진흙처럼 되었다'는 뜻으로 쓰였다.
4 玉蟾(옥섬): 달. 위장 사 <천선자 天仙子> 5수-3 주 참조.

【감상】

여자가 수레에서 남편을 송별하는 심경과 전송 후의 서글픔을 썼다.

상편 첫 2구는 그녀가 탄 수레가 버들 둑을 지나, 자작나무 숲 연무 낀 곳에 이르러 이별할 때가 되자, 말이 자주 울었음을 썼다. 제3구 "위타침취불성니(爲他沉醉不成泥)"는 여자의 남자에 대한 연연하는 정을 표현했다. "불성니(不成泥)"는 실은 성니(成泥)로, 반어적으로 씀으로써 정 깊음을 역설할 수 있었다.

하편의 첫 2구는 역참의 주위를 "향로세(香露細)", "두견성단(杜鵑聲斷)", "옥섬저(玉蟾低)"로 조명하여 서글픈 심경을 부각하였다. 여주인공이 사랑하는 이를 보내고 난 후의 심경을 "함정무어(含情無語)"로 함축함으로써 담담한 슬픔을 드러낼 수 있었다.

6-2-179 장필

<완계사 浣溪沙> 10수-2 馬上凝情憶舊遊

馬上凝情憶舊遊。[1] 　말 위에서 정에 빠져 예전에 유람한 곳 회상하니
照花淹竹小溪流。[2] 　꽃 비추면서 대나무 잠긴 작은 시냇물 흘렀는데
鈿箏羅幕玉搔頭。[3] 　옥비녀 꽂은 여인 비단 휘장에서 금 쟁을 탔네.

早是出門長帶月,[4] 　새벽부터 늘 달빛 걸치고 문 나서며 고생했거늘
可堪分袂又經秋。[5] 　헤어지고 또 한 해 지나가니 어찌 견디겠냐만
晚風斜日不勝愁。 　저녁 바람 불며 석양 드니 수심 이길 수 없네.

【주석】

1　凝情(응정) : 정에 빠지다. 舊遊(구유) : 예전에 유람한 곳. 예전의 유람.
2　淹竹(엄죽) : 대나무를 (물에) 잠그다.
3　鈿箏(전쟁) : 금으로 상감한 쟁(箏). 玉搔頭(옥소두) : 옥잠(玉簪). 옥비녀 꽂은 여인.
4　早是(본시) : 새벽. 이미. 長帶月(장대월) : 항상 달빛을 걸치다(입다).
5　可堪(가감) : 하감(何堪). 나감(哪堪). 어찌 견디나? 分袂(분몌) : 헤어지다. 經秋(경추) : 일 년이 지나가다. 또는 세월이 지나가다.

【감상】

말 위에서 구유(舊遊)를 추억하는 중에 사랑했던 여인의 모습을 회상하며 깊은 수심에 빠짐을 썼다.

상편은 "억구유(憶舊遊)"로 곧 지난 유람을 추억하였다. 상편 첫 "마상(馬上)" 구는 전편을 총괄하였다. "조화(照花)" 2구는 옛날 노닐던 장면을 회상한바, 꽃을 비추고 대나무를 담근 시냇물이란 우미한 배경으로 옥비녀 꽂고 비단 휘장 아래에서 금 쟁을 탔던 여인에 대한 그리움을 썼다. 특히 "조화엄죽(照花淹竹)", "소계류(小溪流)"라는 경상은 실로 절묘한 경지가 아닐 수 없다. 이 2구는 옛사람, 장소, 정감, 풍경을 모두 한 폭 화면에 배치해 실상을 허상으로 바꾸었기에 미려(美麗)한 의경을 출현시킬 수 있었다.

하편은 현재 여정(旅程)에서 느낀 소회를 그대로 썼다. "조시(早是)" 구는 예전에 늘 별 보고 달빛 받으며, 새벽같이 나가 사방을 다니면서 고생스럽게 살았음을 개괄했다. 고생은 많고 기쁨은 적었기에 얼마 되지 않았던 옛 즐거움은 더욱 잊기 힘들다. 다음 "가감(可堪)" 구는 상편에 호응하여 보충한 곳으로 옛 즐거움은 이미 1년이 흘러 그리운 정을 말로 표현하기 어려움을 술회하였다. 끝구는 당시 말 위에서 본 실제 경상으로 가을 저녁에 바람 불고 석양은 사라져 가기에 깊은 회상에 빠지지 않을 수 없음을 썼다. 지금의 처지에서 옛일을 추억하니 모든 것이 변화무쌍하여 슬픔을 이기지 못할 뿐이다.

이 사는 즐거움을 담담하게 묘사하면서 깊은 우수를 곡진하게 드러냈기에 청(淸), 담헌(譚獻, 1832-1901)은 ≪담평·사변 譚評·詞辨≫에서 "북송 사의 '소탕파'라는 사파(詞派)를 열었다.(開北宋疏宕之派.)"라고 평하였다. 장필 <완계사> 10수 가운데 가장 잘 쓰인 사라고 힐 민하다.

진정작은 ≪운소집≫ 권1에서 "2연(聯)이 대우를 맞추는 유수대는 정교함과 화려함이 초목이 무성하듯 생동하기에 의심 없이 믿게 된다.(流水對. 工麗芊綿, 深深疑疑.)"라고 평하였다. 이 사에서 유수대를 쓴 곳은 "조화(照花)" 구부터 "가감(可堪)" 구까지이다.

6-3-180 장필

<완계사 浣溪沙> 10수-3 獨立寒階望月華

獨立寒階望月華。[1] 차가운 계단에 홀로 서서 달빛 바라보니
露濃香泛小庭花。[2] 꽃에 내린 이슬 짙어 향기 작은 뜰 안으로 퍼지는데
繡屛愁背一燈斜。 수놓인 병풍은 기운 등불을 근심스레 등졌네.

雲雨自從分散後,[3] 사랑 나누고 기약없이 헤어진 뒤
人間無路到仙家。[4] 인간 세상에선 신선 거처에 이를 길 없었기에
但憑魂夢訪天涯。[5] 그저 꿈속 혼에 의지해 하늘 끝까지 찾아가네.

【주석】

1 月華(월화) : 달, 달빛.
2 香泛(향범) : 향기가 가득히 퍼지다.
3 雲雨(운우) : 운우지정(雲雨之情). 곧 초 회왕의 무산지몽(巫山之夢)으로 그리운 사람과의 사랑을 비유함.
4 人間(인간) 구 : 거리가 요원함이 인간과 천상의 차이 같아 다시 만날 기약이 없음을 말함. 암암리에 유신(劉晨)·완조(阮肇)의 고사를 연상케 하였다. 온정균의 <사제향 思帝鄕> 주 참조.
5 魂夢(혼몽) : 꿈. 몽혼(夢魂).

【감상】

이별의 우수를 썼다. 등장하는 주인공의 성별을 살피기 어려우나 "인간 세상에선 신선 거처에 이를 길 없기에(人間無路到仙家)"라는 구의 선가(仙家)를 남자로 보면 여자가 주인공이 된다.

상편은 여주인공이 홀로 서서 응시하며 눈에 들어오는 경상을 그렸다. 실내에는 수놓은 병풍과 꺼져가는 등불이 보이는데, 그녀가 수심 속에 계단 위에서 바라본 것은 중천에 뜬 달이다. 그 여인의 모습은 이슬 짙어 향기 퍼트리고 있는 작은 뜰의 꽃과 같다. 아름답고 그윽함을 배경으로 그려 여주인공의 고독을 부각하였다. 제2구 "노농향범소정화(露濃香泛小庭花)"는 평온한 가운데 그윽한 아름다움(幽艶)을 드러낼 수 있었다.

하편은 홀로 서서 생각에 잠긴 그리움을 썼다. "운우(雲雨)" 구로 사랑하는 두 사람의 이별을 형상했고, "인간무로도선가(人間無路到仙家)"로는 이별하고 나니 다시 만날 길이 없는 애달픔을 비유하였다. "선가(仙家)"는 여자가 사는 곳을 미화시켜 쓴 표현이나, 유신(劉晨)·완조(阮肇) 고사와 연계시키면 남자의 거처로 볼 수 있다. 끝구는 그리운 임이 있는 곳이라면 하늘 끝까지 찾아갈 수 있다는 결의로 굳건한 애정을 천명하였다.

6-4-181 장필

<완계사 浣溪沙> 10수-4 依約殘眉理舊黃

依約殘眉理舊黃。[1]	눈썹 칠 지워진 채 빛바랜 액황을 어렴풋이 다듬으며
翠鬟抛擲一簪長。[2]	틀어 올린 비취빛 머리를 옥비녀 길이만큼 내버려 둔은
暖風晴日罷朝妝。[3]	따스한 바람에 갠 날 되어 아침 화장 멈춰서지!
閑折海棠看又撚,[4]	해당화 부질없이 꺾어서 바라보며 또 비벼댐은
玉纖無力惹餘香。[5]	섬섬옥수 힘없어도 남은 향기 일게 해선데
此情誰會倚斜陽。[6]	석양에 의지한 이런 마음을 누가 아는지!

【주석】

1 依約(의약) : 은약(隱約). 어렴풋하다. 舊黃(구황) : 이마에 남은 노란빛 액황(額黃).
2 翠鬟(취환) : 둥그렇게 틀어 올린 비취색 머리. 一簪長(일잠장) : 비취색 쪽머리를 아래로 길게 늘어트려 비녀를 꽂다. 抛擲(포척) : 방치하다. 버려두고 돌보지 않다.
3 罷朝妝(파조장) : 아침 단장을 그만두다.
4 閑折(한절) : 부질없이 꺾다. 撚(년) : 손가락으로 비벼 돌리다.
5 玉纖(옥섬) : 섬섬옥수. 여자의 섬세하고 부드러운 손.
6 會(회) : 알다. 이해하다.

【감상】

한 여자가 온종일 그리움으로 춘정(春情)에 빠져 드는 모습을 형상하였다.

상편은 여자가 따스한 바람 불어 날이 갠 아침에 흐릿해진 눈썹에 힘없이 화장하지만, 쪽진 비취색 머리가 가지런하지 않은 모양으로 내버려 둠이 무력해진 마음 때문임을 엿보게 하였다.

하편은 그녀가 한가롭게 해당화를 꺾어서 섬섬옥수로 만지작거림은 무료함과 그리움에서 기인함을 드러냈다. 석양에 홀로 의지해 기다려야 하는 세심한 동작을 꾸밈없이 표현한 때문이다. 끝구에 쓴 "차정(此情)"이 어떤 정감인지를 끝내 설파하지 않음으로써 이 같은 심경을 극복하기 쉽지 않음을 살피게 하였다.

이 사는 춘정에 빠져 무료하게 지내는 여주인공의 권태로운 표정과 무기력한 태도를 "포척(抛擲)", "한절(閑折)", "우년(又撚)", "야여향(惹餘香)", "의사양(倚斜陽)" 같은 일련의 동작으로 눈에 보일 듯이 그려냈기에 형상감이 넘친다.

6-5-182 장필

<완계사 浣溪沙> 10수-5 翡翠屏開繡幄紅

^{비 취 병 개 수 악 홍}
翡翠屛開繡幄紅。[1]   비취색 병풍 열리니 수놓인 휘장 붉은데

^{사 아 무 력 효 장 용}
謝娥無力曉妝慵。[2]   아름다운 여인이 힘없어 새벽 화장하기 귀찮음은

^{금 유 원 피 숙 향 농}
錦帷鴛被宿香濃。[3]   비단 휘장과 원앙 이불의 옛 향기 짙어서네.

^{미 우 소 정 춘 적 막}
微雨小庭春寂寞,   가랑비 내리는 작은 정원의 봄은 적막한데

^{연 비 앵 어 격 염 롱}
燕飛鶯語隔簾櫳。[4]   발 드리운 창 사이로 제비 날고 꾀꼬리 우니

^{행 화 응 한 의 동 풍}
杏花凝恨倚東風。[5]   살구꽃 같은 여인은 한이 엉겨 봄바람에 의지했네.

【주석】

1 繡幄(수악) : 수놓인 휘장. 장막.
2 謝娥(사아) : 사씨 집(謝家)의 미녀. 아름다운 여인을 두루 말함. 曉妝慵(효장용) : 새벽 화장하기가 귀찮다.
3 宿香濃(숙향농) : 옛 향기 짙다. 宿(숙) : 오래된.
4 簾櫳(염롱) : 발을 친 창.
5 杏花(행화) : 여인. 꽃을 사람으로 의인화하였음. 凝恨(응한) : 수심이 엉기다.

【감상】

앞의 사와 같이 봄날 여인의 권태와 무료를 썼다.

상편은 여자가 지내는 실내 모습과 여주인공의 형상을 그렸다. 비취색 병풍, 붉은색으로 수놓인 주렴, 화려한 휘장, 원앙 수놓인 이불 등은 모두가 짙은 향기에 젖어 있다. 이러한 실내 환경은 진귀함을 수반하기에 여기서 지내는 여주인공은 비할 바 없는 아름다움 속에 깊은 한(恨)을 지녔음을 엿보게 하였다. 이런 처지는 그녀를 유약하고 무력함에 빠지게 했기에 새벽 화장을 할 마음이 사라지게 되었다.

하편은 실외의 경상을 그려 그녀의 적막감과 한을 드러냈다. 봄이 돌아온 작은 정원에는 가랑비가 내리는데, 발을 사이로 제비는 춤추고 앵무새 노래하고 있다. 이 같은 생기(生氣)는 오히려 실내의 적막을 부각할 수 있었다. 살구꽃 같은 여주인공이 근심 속에 원망을 품고 동풍에 비스듬히 기댐은 살구꽃 같은 자신에게 몰입되어서이다. 끝구인 "행화(杏花)" 구가 여주인공의 화신(化身)으로 형상됨은 "응한(凝恨)"으로 의인화된 모습을 보인 때문이기에 우수에 찬 인상을 전할 수 있었다.

6-6-183 장필

<완계사 浣溪沙> 10수-6 枕障熏爐隔繡帷

枕障熏爐隔繡帷。[1] 머릿병풍과 향로는 수놓인 휘장을 사이로 했는데
二年終日兩相思。   두 사람이 2년을 하루처럼 서로 사모했음을
杏花明月始應知。[2] 살구꽃과 밝은 달이 처음으로 알아야 했네.

天上人間何處去,[3] 천상과 인간 세상은 생사가 다르거늘 어디로 떠나갔나?
舊歡新夢覺來時,[4] 옛 즐거움이 새 꿈으로 깨어날 때
黃昏微雨畫簾垂。   황혼녘 가랑비 내려 채색 주렴 드리웠네!

【주석】

1 枕障(침장) : 머릿병풍. 옛사람은 병풍으로 베개 주위를 둘렀기에, 침병(枕屛), 침장(枕障)이라 함. 熏爐(훈로) : 향로.
2 始應知(시응지) : 처음으로 알아야 하다. '시응(始應)'은 부사(副詞).
3 天上(천상) 구 : 천상과 인간 세상은 생사(生死)가 다른 세상이라, 지금 어디에 있는지 알 수 없다.
4 舊歡(구환) : 지난 즐거움.

【감상】

사랑하는 여자의 죽음을 애도한 사이다.

이 사는 ≪북몽쇄언·장서기소도 北夢瑣言·張曙起小悼≫에서 인용된 <완계사> 중 "호풍명월시응지(好風明月始應知)" 중 "호풍"을 "행화(杏花)"로 바뀌어 쓴 것만 다르기에 장서(張曙)가 장필과 동일인이 아닌가 하는 의문을 사게 하였다. ≪북몽쇄언≫에 의하면 장서는 숙부 장위(張褘)의 애희(愛姬)가 죽어 상심함을 알고 이 <완계사>를 지어 위로했으니 풍교(風敎)로 보면 이런 술회가 불가하지만 숙질간에 나이 차이도 없어 이 애희를 서로 좋아한 사이가 아닌가 하는 풍문이 생겼다고 한다. 따라서 이런 일화를 참고해 감상해도 좋을 듯하다.

상편은 서로 만나 사랑한 2년이 하루처럼 짧았고 그 사랑이 진실되었음을 추억하였다. 첫 구는 여자 거처의 진열품을 열거해 그녀를 그리는 정을 썼다. 다음 2구는 서로 사랑한 기간이 2년으로, 그 시간이 순간처럼 짧았음을 아쉬워하면서 밀회한 때와 장소를 말했다. "행화(杏花)" 구는 기쁘게 만난, 바로 그때와 장소를 분명하게 밝혀 그리운 정을 곱씹었다.

하편은 애도하는 정을 썼다. "천상(天上)" 2구는 무거운 마음으로 자문하여 추모의 정을 드러냈다. 천상과 인간 세상은 딴 세상이라 그녀가 결국 어디로 갔는지 알 수 없을 뿐이다. 그는 곧 그녀가 죽었다고 생각하지 않고, 그녀가 어느 곳으로 가버렸다고 여김으로써 변함없는 사랑을 드러내었다. 그래서 늘 그녀가 돌아오기를 바라지만, 그녀는 돌아올 수 없었을 뿐이다. 과거의 즐거움이 새로운 꿈으로 항상 출현하지만, 꿈속의 광경은 슬픔을 증대시킬 뿐이다. 끝구는 황혼녘에 가랑비 내려 채색 주렴을 낮게 드리웠음을 써 누각이 비었음을 형성했기에 애도의 분위기를 고조시킬 수 있었다.

이빙약의 <허장만기>는 "구슬프게 감도는 가락이 아래로는 안기도(晏幾道, 1038-1110) 사를 열었다. 전 사의 배치가 아름다움은 바로 풍연사(馮延巳, 904-960)의 <접련화> 같으니, 감돌수록 더 깊어지고 담박해질수록 더 슬퍼졌음은 아마도 세상 사람에게 비결을 아낌없이 다 전수한 때문이리라!(淒婉之調, 下開小晏. 全詞佈置之佳, 正如馮正中之<蝶戀花>, 愈婉愈深, 愈淡愈哀, 蓋不惜以金針度盡世人者也!)"라고 평하였다.

6-7-184 장필

<완계사 浣溪沙> 10수-7 花月香寒悄夜塵

花月香寒悄夜塵。[1]　　꽃 향기롭고 달 차가워져 밤 먼지 가라앉는데
綺筵幽會暗傷神。[2]　　화려한 주연의 밀회로 마음 몰래 상함은
嬋娟依約畫屏人。[3]　　곱고 아름다운 자태가 채색 병풍 속 사람 같이 예뻐서였지.

人不見時還暫語,　　　남들이 보지 않는 때, 그래도 잠시 말은 나눴지만
令纔抛後愛微嚬。[4]　　주령 응대 막 끝낸 뒤에 살짝 찡그리길 좋아했음은
越羅巴錦不勝春。[5]　　귀한 비단옷 입은 여인이 춘정을 이기지 못해서였지.

【주석】

1 悄夜塵(초야진) : 밤 먼지를 가라앉히다.
2 綺筵(기연) : 화려하고 풍성한 주연(酒宴). 幽會(유회) : 밀회(密會).
3 嬋娟(선연) : 곱고 아름다운 자태로 아름다운 여인을 비유함. 依約(의약) : 방불하다.
4 令(영) : 주령(酒令). 술 자리에서 주흥(酒興)을 돕기 위해 부르는 소령(小令).
5 越羅巴錦(월라파금) : 월(越) 땅의 깁과 파촉(巴蜀)의 비단이나 여기서는 그런 비단옷을 입은 존귀한 여인을 말함. 촉(蜀) 땅에 파산(巴山)이 있어 파촉(巴蜀)이라 함. 파금(巴錦)은 촉금(蜀錦)으로 이곳에서 나는 비단을 최고로 쳤음.

【감상】

밀회할 때 만난 기녀의 외모와 표정을 그려 그녀를 그리워하는 심경을 그렸다.

상편은 만난 환경과 만남 전의 초조함과 만났을 때의 놀랍고도 기쁜 마음을 썼다. 달밤 고요하고 꽃향기 엄습하는데, 연회를 함께한 남녀가 서로에게 마음이 있으나 진심을 통할 수 없어 각자 남몰래 마음 상함을 썼다. 남자는 밀회할 기회가 오기를 기다리다가, 기회가 와 자세히 바라보니 그 여인은 채색 병풍 속, 미인처럼 곱게 다가왔다.

하편은 두 사람이 말을 걸 수 있었던 일과 여인의 교태가 춘정에서 기인했음을 토로하였다. "인불견(人不見)" 2구는 여자와 밀회할 때의 경쾌하고 활달했던 모습과 즐거운 만남이 남긴 정을 술회하였다. "애미빈(愛微嚬)"이 여인의 매력 포인트로 비추어졌음은 사랑에 빠진 때문이리라! 끝구는 그 앞 구와 함께 여인이 애교 떨며 수줍어하는 모습이 춘정에서 기인했음을 설파함으로써 그녀가 사랑에 약한 여인임을 엿보게 하였다.

6-8-185 장필

<완계사 浣溪沙> 10수-8 偏戴花冠白玉簪

偏戴花冠白玉簪。[1] 　장식 모자에 흰 옥비녀 치우쳐 꽂음은
睡容新起意沉吟。[2] 　막 일어나 졸린 모습 가시지 않아 생각이 망설여져선데
翠鈿金縷鎭眉心。[3] 　비취 머리 장식의 금빛 실은 미간을 눌렀네.

小檻日斜風悄悄。[4] 　해 기울어 작은 난간에 바람 고요해지며
隔簾零落杏花陰。[5] 　발 사이로 시들어 떨어진 살구꽃에 그늘지니
斷香輕碧鎖愁深。[6] 　향기 지고 잎 푸르러진 살구나무는 깊은 수심 여인을 가뒀네.

【주석】

1 花冠(화관) : 부녀가 장식으로 쓰는 모자.
2 睡容(수용) : 막 잠에서 깨었을 때의 졸린 모습. 沉吟(침음) : 낮은 소리로 중얼거리다. 망설이며 결정하지 못하다.
3 翠鈿(취전) : 비취 머리 장식. 金縷(금루) : 비녀 위에 드려진 장식 술. 鎭(진) : 꽂다. 眉心(미심) : 미간(眉間).
4 小檻(소함) : 창밖의 작은 난간. 檻(함) : 난간. 悄悄(초초) : 고요해지다.
5 零落(영락) : 시들다.
6 斷香輕碧(단향경벽) : 향기 사라지고 옅은 잎 푸르러지다.

【감상】

여주인공의 춘수(春愁)와 규원(閨怨)을 저녁 경상으로 묘사하였다.

상편은 여자가 오수(午睡)에서 막 깨었을 때, 화관(花冠)에 옥비녀 기울게 꽂혔고 비취색 머리 장식 금실이 미간을 누르고 있음을 그렸다. 이것은 그녀가 수심에서 벗어나지 못한 상태에 있음을 부각한 표현이다.

하편은 해가 기운 후, 작은 난간에 서서 본 경상 묘사이다. 해 기울고 바람 고요해지면서, 주렴을 사이로 진 꽃에 그늘지니, 꽃향기 가시고 잎 푸르러진 살구나무가 수심에 빠진 여인을 가뒀음을 그렸다. 이는 여인이 깊은 애수에 잠긴 모습이기도 하다. 꽃이 떨어진 살구나무 모습으로 여주인공의 심경을 드러낸 솜씨가 돋보인다. 이조원(李調元) ≪우촌사화 雨村詞話≫는 "'진', '쇄', 2자는 사를 짓는 방법에 무한한 경로를 열었다.(鎭, 鎖, 二字, 開無限法門.)"라고 평하였다. 곧 이 2자가 지닌 함의로 규원을 밀도 있게 형상해 갈 수 있었기 때문이다.

6-9-186 장필

<완계사 浣溪沙> 10수-9 晚逐香車入鳳城

_{만 축 향 거 입 봉 성}
晚逐香車入鳳城。¹   해 저물며 향그런 수레 좇아 경성으로 들어오자
_{동 풍 사 게 수 렴 경}
東風斜揭繡簾輕。²   봄바람이 수놓인 수레 주렴을 살그머니 비스듬히 여니
_{만 회 교 안 소 영 영}
慢廻嬌眼笑盈盈。³   예쁜 눈길 천천히 되돌리며 아리땁게 웃네.

_{소 식 미 통 하 계 시}
消息未通何計是,   기별을 전하지 못했으니 무슨 방도 있겠냐만
_{편 수 양 취 차 수 행}
便須佯醉且隨行。⁴   술 취한 척하며 잠시 좇는 수밖에 없었기에
_{의 희 문 도 태 광 생}
依稀聞道太狂生。⁵   "너무 제멋대로네요!"라고 하는 말 어렴풋이 들리네.

【주석】

1 鳳城(봉성) : 경성(京城). 제왕이 거하는 곳.
2 斜揭(사게) : 비스듬히 (휘장을) 열다. 동풍(東風)을 의인화 했기에 사게(斜揭)라는 동사를 쓸 수 있었다.
3 慢廻(만회) : 천천히 돌리다. 笑盈盈(소영영) : 웃음을 함빡 머금은 모양.
4 佯醉(양취) : 술 취한 척하다.
5 依稀(의희) : 어렴풋하다. 희미하다. 太狂生(태광생) : 너무 제멋대로네요! 생(生)은 어미 조사로 시사(詩詞) 중에 상용되는 당송(唐宋)의 구어(口語)이다.

【감상】

한 소년의 경박한 애정 행각을 그렸다.

상편은 저녁 무렵 한 소년이 소녀의 가마를 좇아 경성에 들어감을 썼다. 동풍이 한바탕 불어와 가마의 주렴을 들추자, 가마 속의 아름다운 여인이 눈길을 돌리며 웃는 형상을 그려 그 소년이 매료됨에 초점을 맞추었다.

하편은 소년이 정을 전하기 어려워 술 취한 척하며 따라감을 썼다. 그런 동작으로 인해 소녀는 그를 경박하다고 질책하게 되었다. 그러나 사랑을 좇아 파도처럼 일렁이는 그의 마음을 어찌 평정시킬 수 있겠나! 사용한 말은 쉽고 묘사는 자연스러워 광기 어린 소년의 호기 좋은 치정을 생동하게 드러낼 수 있다.

이빙약의 <허장만기>는 "장필은 사 창작에 전달하기 어려운 정이 없고, 못 드러낼 의경이 없이, 손 가는 대로 살아있듯이 정상을 묘사했기에 심성이 결백하고 지혜로운 자로 일러졌음은 이 사와 같이 제멋대로인 한 소년의 거동을 생생하게 그려내어서다.(子澄筆下無難達之情, 無不盡之境, 信手描寫, 情狀如生, 所謂冰雪聰明者也. 如此詞活畫出一個狂少年擧動來.)"라고 평하였다.

6-10-187 장필

<완계사 浣溪沙> 10수-10 小市東門欲雪天

小市東門欲雪天。　　　　눈 내리려는 날 작은 저자 동쪽 문에는

衆中依約見神仙。[1]　　　뭇사람 가운데 선녀 같은 미녀 어렴풋이 보였는데

蕊黃香畵貼金蟬。[2]　　　이마에 노란 꽃술 향긋이 칠했고 금빛 매미장식 붙였네.

飮散黃昏人草草,[3]　　　술자리 끝난 황혼녘에 사람 마음 심란해져

醉容無語立門前。　　　　술 취한 얼굴로 말없이 문 앞에 서 있으니

馬嘶塵烘一街煙。[4]　　　말 울며 먼지 이는 거리는 온통 연기처럼 자욱했네.

【주석】

1 依約(의약) : 희미하다. 神仙(신선) : 바라본 미녀를 말함.
2 蕊黃(예황) : 이마에 칠한 노란색. 金蟬(금선) : 고대 여성이 화장할 때 얼굴에 붙이는 금빛 매미 형상의 장식물.
3 黃昏(황혼) : 술시(戌時)를 말함. 저녁 7시 반~저녁 9시 반 사이. 草草(초초) : 마음이 심란한 모습.
4 塵烘(진홍) : 먼지가 피어나다. 홍(烘)은 원래 불길이 이는 모양.

【감상】

한 소년이 작은 시가 동쪽 문 주변에 보이는 많은 놀이꾼 가운데 신선 같은 가인(佳人)을 발견하고 그녀로 인해 생긴 치정을 썼다. 앞의 사와 같이 남자가 주인공인 경우는 당 오대 사에서는 드물게 보인다.

상편 첫 구 "소시동문(小市東門)"은 미녀를 본 장소이고 "욕설천(欲雪天)"은 그 시각이다. 다음 2구는 미녀를 번화가에서 찾았으며, 그녀가 또한 군중 속 선녀 같은 여인임을 제기하여 협소한 시가지였지만 꽤 번화한 곳임을 살피게 하였다.

하편은 시가의 황혼 무렵이란 순간을 그렸다. 술자리가 끝나 사람들이 흩어져 가기에 마음은 산란해져, 술에 취한 채 말없이 문에 기대니, 말은 울며 질주하여 먼지가 연기처럼 일어나는 허무감을 그렸다. 그때 소년이 문에서 보았던 선녀 같은 미녀가 그리워졌기에 허무감은 더 고조되었을 것이다. 특히 왕래가 빈번하고 왁자지껄해진 저녁 무렵 술에 취해 홀로 먼지 자욱한 길에 허전하게 서 있는 모습을 선명히 그린 솜씨가 돋보인다.

이빙약의 <허장만기>는 "이 홍(烘) 1자가 번화한 시가를 매우 여실하게 형용했음은 대체할 다른 글자가 다시없을 만큼 적절해서다. 이것을 글자 연마의 능란함이라고 이른다.(一烘字 形容鬧市劇似, 再無他字可代, 此之謂工於煉字.)"라고 평하였다.

6-11-188 장필

<임강선 臨江仙>

煙收湘渚秋江靜, 　　상강(湘江) 물가에 안개 걷혀 가을 강 고요한데
蕉花露泣愁紅。[1] 　　이슬에 흐느끼는 파초 꽃은 근심스레 붉네.
五雲雙鶴去無蹤。[2] 　　오색구름을 탄 짝진 학은 자취 없이 떠났기에
幾回魂斷, 　　　　혼은 끊겨
凝望向長空。 　　　물끄러미 긴 허공 바라봄이 몇 번이었나!

翠竹暗留珠淚怨,[3] 　　비취빛 대나무에 원망 어린 눈물방울 남몰래 남긴
閑調寶瑟波中。[4] 　　물결 속 상비(湘妃)는 보배로 장식한 거문고를 한가롭게 탐에
花鬟月鬢綠雲重。[5] 　　꽃 모양 쪽머리, 달 모양 귀밑머리는 녹색 구름 겹친 듯했으련만
古祠深殿,[6] 　　　옛 사당인 고요한 전각은
香冷雨和風。 　　　차가운 향기 속에 비바람 치네.

【주석】

1 蕉花(초화) : 파초(芭蕉) 꽃. 중국 남쪽에서 자란다.
2 五雲(오운) 구 : 오색구름 타고 짝진 학은 이미 멀리 가버려 그림자조차 없다. 雙鶴(쌍학) : 순(舜)임금의 두 비인 아황(娥皇)과 여영(女英)의 죽음을 비유하였다.
3 翠竹(취죽) 구 : 비취색 대나무 위에 한(恨) 어린 눈물 자국을 남기다. ≪술이기 述異記≫에 의하면 순임금이 남방을 순행하다가 창오(蒼梧)에서 죽어 장사지내자, 그의 두 비인 아황과 여영이 곡하며 흐느껴 눈물이 대나무 위에 뿌려져 얼룩무늬가 생겼기에 이를 "반죽(斑竹)" 또는 "상비죽(湘妃竹)"이라 칭한 고사와 연관된다.
4 閑調(한조) 구 : 상강(湘江)의 물결 속에서 상수의 여신이 거문고를 타다. 閑調(한조) : 한가하게 금을 켜다. 寶瑟(보슬) : 보배로 장식한 슬(瑟). 波中(파중) : 두 비가 죽어 상수(湘水)

신인 상령(湘靈)이 되었기에 "파중"으로 상비(湘妃)를 대칭함.
5 花鬟月鬢(화환월빈) : 꽃 같은 쪽머리, 달 같은 귀밑머리로 여자의 아름다운 머리를 비유함.
綠雲(녹운) : 녹색 구름 같이 치렁거리는 여인의 머리.
6 古祠深殿(고사심전) : 상수(湘水) 신을 받드는 상비사(湘妃祠). 상산사(湘山祠)라고도 부르는데 호남성 군산(君山) 동쪽에 있다.

【감상】

상수(湘水) 신인 상비(湘妃) 곧 아황(娥皇)과 여영(女英) 고사를 읊었다.

상편의 "연수(煙收)" 2구는 비극적 분위기를 부각하였다. 이어진 3구는 두 비가 순(舜)임금을 따라 물과 구름 뜬 곳으로 간 것을 쓴바, 형상은 선명하고 정은 은근하다.

하편 첫 2구는 상비죽(湘妃竹)과 상비고슬(湘妃鼓瑟) 고사를 썼다. 뒤의 3구는 경치 묘사로 정을 그린바, 상편의 비애와 호응한다.

사 전체에 사실과 상상을 교차시켰고, 경치 묘사 속에 서정을 융화시켰기에 집착함이 없는 아취(雅趣)를 보였다.

탕현조는 탕평 ≪화간집≫ 권2에서 "글의 기세가 은근히 감아 돎이 너무 접근하지도 않았고 너무 소원하지도 않았음은, 상수 신을 읊은 고아한 가락이어서다.(詞氣委婉, 不卽不離, 水仙之雅調也.)"라고 평하였다.

이빙약은 <허장만기>에서 "가물가물한 어렴풋한 생각을 다 드러내면서도 범속한 곳으로 빠지지 않았다.(極縹緲之思, 不落凡俗.)"라고 평하였다.

6-12-189 장필

<여관자 女冠子>

露花煙草●
_{노 화 연 초}

이슬 맺힌 꽃과 안개 낀 풀이

寂寞五雲三島●,¹
_{적 막 오 운 삼 도}

상서로운 구름 서린 삼신산을 쓸쓸케 함은

正春深。
_{정 춘 심}

바로 봄이 깊어서네.

貌減潛消玉,²
_{모 감 잠 소 옥}

옥 같은 용모는 초췌해져 모르게 야위었어도

香殘尙惹襟。³
_{향 잔 상 야 금}

향기는 남아 아직도 옷깃에 스며 있네.

竹疏虛檻靜,⁴
_{죽 소 허 함 정}

대나무 성겨 난간 고요하고

松密醮壇陰。⁵
_{송 밀 초 단 음}

소나무 빽빽해 초단은 그늘졌거늘

何事劉郞去,⁶
_{하 사 유 랑 거}

무슨 일로 유신(劉晨) 같은 임은 떠나가서

信沉沉。⁷
_{신 침 침}

아득하게 소식을 끊으셨는지!

【주석】

1 五雲三島(오운삼도) : 선인이 거처하는 곳. 오운(五雲)은 청(靑)·백(白)·적(赤)·흑(黑)·황(黃) 다섯 색깔의 상서로운 구름이다. ≪사기·봉선서 史記·封禪書≫에서 "봉래(蓬萊)·방장(方丈)·영주(瀛洲)인 삼신산은 모두 발해 가운데 있는데, 거기에 여러 선인과 불사약이 있기에, 황금과 백은으로 궁궐을 지었다.(蓬萊·方丈·瀛洲, 此三神山者在渤海中, 諸仙人及不死藥在焉, 而黃金白銀爲宮闕.)"라고 하였다. 따라서 삼도(三島)는 바로 삼신산(三神山)을 말한다.
2 潛消(잠소) : 모르는 사이에 야위다.
3 惹襟(야금) : 옷깃에 스미다.
4 虛檻(허함) : 난간(欄杆).
5 醮壇(초단) : 도가에서 신선이 되기 위해 만든 누대.

6 劉郞(유랑) : 유신(劉晨). 그리워하는 임을 대신했다. 온정균 <사제향> 주 참조.
7 沉沉(침침) : 소식이 끊겨 아득하다.

【감상】

여도사가 인간 세상의 범속한 사랑을 그리워하는 정을 썼다.

상편은 도관의 환경과 여도사의 용모를 그렸다. "노화(露花)" 3구는 그녀가 거주하는 주위 환경 묘사로 봄이 깊어짐에 따라 적막감이 감돎을 부각했을 뿐 아니라, "춘심(春深)"을 써 춘정(春情)과의 상관성을 찾았다. "모감(貌減)" 2구는 그녀가 연인과 이별한 후 초췌해진 용모를 그렸다. 남은 향기로 위로를 구하려 했기에 더욱 가련함을 드러낼 수 있었다.

하편은 도관 주위의 환경 묘사 속에 여도사가 수도(修道)에 전념할 수 없음을 썼다. 첫 2구는 여도사가 지내는 주위가 청유(淸幽)함을 그려내면서 어떤 즐거움도 없이 지냄을 부각하였기에 그녀가 임을 그리워함이 어쩔 수 없음을 인식케 하였다. 끝 2구는 사랑을 이룰 수 없는 고뇌를 술회한 묘사로, 표현은 소박하고 진솔하다.

6-13-190 장필

<하전 河傳> 2수-1 渺莽雲水

渺莽雲水•¹ (묘망운수)	아득하고 희미한 구름과 물은
惆悵暮帆,² (추창모범)	저물녘 떠 가는 배가
去程迢遞•³ (거정초체)	아득히 갈 길을 슬프게 한다.
夕陽芳草, (석양방초)	석양 속의 향그런 풀
千里萬里• (천리만리)	천리만리로 뻗쳤는데
雁聲無限起• (안성무한기)	기러기 소리 끝없이 인다.
夢魂悄斷煙波裏•⁴ (몽혼초단연파리)	꿈속의 혼은 안개 낀 물결 속에서 고요히 끊겨
心如醉• (심여취)	마음은 취한 듯한데
相見何處是• (상견하처시)	만날 곳은 어딜까?
錦屛香冷無睡• (금병향랭무수)	비단 병풍 향기 싸늘해져 잠 못 이루며
被頭多少淚•⁵ (피두다소루)	이불깃에 흘린 눈물 얼마런가!

【주석】

1 渺莽(묘망) : 광활하여 아득하고 희미하다.
2 暮帆(모범) : 저물녘 떠 가는 배.
2 迢遞(초체) : 아득하다.
3 悄斷(초단) : 고요히 끊기다.
4 被頭(피두) : 이불깃.

【감상】

여주인공이 저물녘 이별하는 경상과 별정(別情)을 썼다.

상편은 남편이 배 타고 멀리 떠나감을 전송하는 경상을 그렸다. 첫 3구는 경치가 광활하기에 정은 슬프고 처량해짐을 썼다. "거정(去程)" 2자는 전송을 말한바, 배웅하는 이가 바라본 구름과 물이 아득함을 그려 광활함을 드러냈다. 다음 3구는 남편이 탄 배의 돛은 보이지 않기에, 절로 쓸쓸해짐을 썼다. "거정(去程)"은 "모범(暮帆)"을 잇고, "초체(迢遞)"는 "석양(夕陽)"을 이어, 경치가 정(情)을 끌어내니 처량하고 슬퍼져 목멤이 어쩔 수 없다.

하편은 송별 후 귀가하여 꿈속에서 전송한 남편을 좇는 정을 썼는데, 그 정을 경치로 그렸다. 안개 자욱하게 핀 수면은 상편의 "운수(雲水)"에 연계되었기에 경치를 더욱 미혹하듯 조명할 수 있었다. 떠난 이는 수면에서 사라지고, 보내는 사람의 영혼은 수면을 따르니 처량함이 끝이 없다. 끝 2구는 이별 후, 외로움으로 고통스러워하는 모습을 그렸다. 비단 병풍 향기는 차가워져, 잠 못 드는 밤이 되니 눈물은 저절로 흐르게 마련이다.

6-14-191 장필

<하전 河傳> 2수-2 紅杏

紅杏● 붉은 살구꽃은
交枝相映● 가지를 맞대어 서로를 비추며
密密蒙蒙。[1] 오밀조밀 무성하게 피었네.
一庭濃艷倚東風。[2] 정원 가득한 고운 꽃이 봄바람에 의지하니
香融。 향기는 녹아
透簾櫳。[3] 발 드리운 창으로 스며드네.

斜陽似共春光語● 기우는 해는 봄빛과 함께 말하는 듯하고
蝶爭舞● 나비는 다투며 춤추니
更引流鶯妒●[4] 가지 옮겨 나는 꾀꼬리의 질투를 더 일으킨다.
魂銷千片玉樽前。 옥 술잔 앞에서 넋은 녹아 천 조각 되니
神仙。 신선은
瑤池醉暮天。[5] 요지에서 황혼에 취하네.

【주석】

1 密密蒙蒙(밀밀몽몽) : 오밀조밀 무성하다. 밀집한 모습.
2 濃艷(농염) : 색채가 짙고 고움. 선염한 꽃이나 진하게 화장한 부녀를 지칭함.
3 香融(향융) : 향기가 바람 속으로 녹아들다.
4 妒(투) : 질투하다. 流鶯(유앵) : 가지 옮겨 나는 꾀꼬리.
5 瑤池(요지) : 서왕모(西王母)와 목천자(穆天子)가 연회를 즐기던 곳. 신선이 머무는 곳. 暮天(모천) : 황혼녘 하늘.

【감상】

소원(小院)의 봄빛이 유미(幽美)하고 향염(香艶)함을 써 가는 봄을 아쉬워하였다.

상편은 봄날 붉은 살구꽃이 오밀조밀하게 핀 가운데 꽃향기가 발로 스며드는 봄 정원을 그렸다. 꽃 색깔과 봄 향기를 발 드리운 창을 사이로 해 묘사함으로써 석춘(惜春)의 정을 곡진하게 드러낼 수 있었다.

하편은 햇빛이 기울어지며 연출되는 석양의 미려한 광경을 혼을 녹이는 선경(仙境)으로 비유하였다. 저물녘 해가 봄빛과 함께 말을 하는 것 같은 형상 속에, 나비와 꾀꼬리가 이 시간을 공유하며 즐김을 써, 삼라만상이 저물어 가는 봄을 아쉬워함을 실감케 하였다. 봄빛에 취하니 술잔 앞에서 혼은 녹아 천 조각으로 부서지는 듯한 황홀감으로 황혼을 형상함으로써 석춘의 정을 극대화할 수 있었다. 환두(換頭)로 쓴 "기우는 해는 봄빛과 함께 말하는 듯하다.(斜陽似共春光語.)"는 구절은 석춘의 정을 펼쳐내는 중에 하편을 열었기에 경계를 출현시킬 수 있었다.

이빙약의 <허장만기>는 "사양사공춘광어(斜陽似共春光語)" 구에 "의미심장한 말이다.(雋語也.)"라는 평을 썼다.

6-15-192 장필

<주천자 酒泉子> 2수-1 春雨打窗

春雨打窗。 봄비가 창문을 두드려
驚夢覺來天氣曉● 놀라 꿈을 깨니 날은 밝는다.
畫堂深, 단장한 집은 조용한데
紅焰小●[1] 붉은 불꽃 작아지며
背蘭釭。[2] 택란(澤蘭) 등잔을 등졌네.

酒香噴鼻懶開缸。[3] 술 향기가 코를 찔러 나른하게 술 단지 열건만
惆悵更無人共醉● 함께 취할 사람 더욱이 없어 시름겹다.
舊巢中, 옛 둥지에서는
新燕子● 봄 되어 새로 돌아온 제비가
語雙雙。 쌍쌍이 지저귀네.

【주석】

1 紅焰(홍염) : 등촉의 불꽃.
2 背(배) : 등지다. 蘭釭(난강) : 택란(澤蘭) 기름으로 불붙인 등. 택란은 우리말로 '쉽싸리'로도 불린다. 약재로도 쓰이며 정유(精油) 성분도 함유하고 있다.
3 噴鼻(분비) : 향기가 코를 찌르다. 缸(항) : (술) 항아리.

【감상】

봄 경치를 마주한 여주인공이 대작(對酌)할 사람이 없는 무료함을 노래하였다.

상편은 여주인공이 창문에 비 떨어지는 소리를 듣고 봄 새벽꿈에서 놀라 깸을 썼다. 실내의 등불은 꺼져가니 단장한 방은 적막하기만 하다.

하편은 여주인공의 무료와 그리움을 썼다. 날 밝으며 술 익은 향기에 끌려 술 항아리를 여나, 대작할 사람이 없으니 허전한 심사는 그지없다. 옛 둥지 안에는 봄 되어 돌아온 작년 제비가 지지배배거리며 시끄럽게 소리 내니 여주인공의 외로움은 그리움 속에 깊어만 간다.

탕현조는 탕평 ≪화간집≫ 권2에서 "경치를 바라보며 임을 그리워함이 원망하는 듯 흠모하는 듯하니, 어찌 <표유매 摽有梅> 같은 여러 시편만 못하겠는가!(撫景懷人, 如怨如慕, 何如, 減<摽梅>諸什!)"라고 평하였다.

6-16-193 장필

<주천자 酒泉子> 2수-2 紫陌靑門

^{자맥청문} 紫陌靑門,¹	장안성 동남문인 청문 안
^{삼십육궁춘색} 三十六宮春色,²	36채 궁은 봄빛인데
^{어구연로암상통} 御溝輦路暗相通。³	황성 해자와 궁중 수레 길은 모르게 서로 통하기에
^{행원풍} 杏園風。⁴	행원으로 바람 부네.
^{함양고주보채공} 咸陽沽酒寶釵空。⁵	함양에서 술 사느라 보석 비녀 없애고는
^{소지미앙귀거} 笑指未央歸去⁶	웃으며 미앙궁을 가리키며 돌아감에
^{삽화주마낙잔홍} 揷花走馬落殘紅。	꽃 꽂고 말 몰아 달려가니 시든 꽃잎 떨어지나
^{월명중} 月明中。	밝은 달 떠 있네.

【주석】

1 紫陌(자맥) : 장안(長安)의 큰길. 靑門(청문) : 한대(漢代) 장안의 동남문(東南門).

2 三十六宮(삽십육궁) : 장안에 궁전의 많음을 형용함. 한 반고(班固) <서경부 西京賦>에 "이궁과 별관이 36채이다.(離宮別館, 三十六所.)"라는 구가 보인다.

3 御溝(어구) : "금구(禁溝)"라고도 함. 황성(皇城) 밖에서 성을 감싸고 있는 하천. 최표(崔豹)의 ≪고금주·도읍 古今注·都邑≫은 "장안성은 종남산 물을 궁 안에 끌어와 지나가게 했기에, 이를 어구라 한다.(長安城引終南山水從宮內過, 謂之御溝.)"라고 주했다. 輦路(연로) : 궁중의 수레 길.

4 杏園(행원) : 당대(唐代)에 새로 진사에 합격한 이들이 노닐며 주연을 벌이던 곳으로 장안 동남쪽에 있다.

5 咸陽(함양) : 전국 시기 진(秦)의 도읍으로, 진 효공(孝公) 때 세워졌다. 沽酒(고주) : 술을 사다(팔다). 寶釵空(보채공) : 보석 비녀를 주고 술을 샀기에 보석 비녀가 없어졌다고 썼다.

6 未央宮(미앙궁) : 한대(漢代) 궁 이름. ≪한서·고제기 漢書·高帝紀≫에서 "장안에 이르러,

소하(蕭何)가 미앙궁을 관리하며 동궐·북궐·전전·무고·태창을 세웠다. 황제가 그 건축물의 웅장함과 화려함을 보고 매우 진노했다.(至長安, 蕭何治未央宮, 立東闕, 北闕, 前殿, 武庫, 太倉. 上見其壯麗, 甚怒.)"라고 하였다.

【감상】

황성 궁중의 모습과 구속 없이 지내는 작자 자신의 풍류를 그렸다.

하지만 주인공이 누군지가 모호하고 정경의 구성도 면밀하지 못해 난해한 면이 있다.

상편은 경성 궁중의 봄 모습을 묘사했다. "자맥(紫陌)"과 "청문(靑門)", "어구(御溝)"와 "연로(輦路)"를 등장시켜 장안의 번화함과 행원(杏園)의 풍류를 엿보게 하였다.

하편은 구속 없이 생활하며 즐기는 자신의 모습을 그렸다. 함양에서 술을 사기 위해 보채(寶釵)를 파는 대범한 행동을 보이고는 달 밝은 가운데 꽃 꽂고 말 달리는 풍류를 그려 구속 없는 생활을 즐김을 썼다.

당(唐), 맹교(孟郊, 751-814)는 <등과 후 登科後> 시에서 "봄바람 속에 급제의 뜻을 이뤄 말발굽 빨라졌기에, 하루아침 만에 장안 꽃을 다 보았네.(春風得意馬蹄疾, 一朝看盡長安花.)"라고 읊었으므로 이 사와 유사한 풍류를 보였음을 알 수 있다.

6-17-194 장필

<생사자 生查子>

相見稀, _{상견희}	만남이 뜸해
喜相見● _{희상견}	만남이 기뻤지만
相見還相遠● _{상견환상원}	만나고는 다시 서로 멀리 떨어졌다.
檀畫荔枝紅,[1] _{단화여지홍}	옅은 적색 옷에는 붉은 여지 그려졌고
金蔓蜻蜓軟●[2] _{금만청정연}	금실로 꾸민 잠자리 머리 장식 유연하였다.
魚雁疏,[3] _{어안소}	서신 뜸해지며
芳信斷●[4] _{방신단}	임의 소식 끊겼는데
花落庭陰晚● _{화락정음만}	그늘진 뜰로 꽃 지며 날은 저문다.
可惜玉肌膚, _{가석옥기부}	옥같이 고운 피부 지녔지만
消瘦成慵懶●[5] _{소수성용라}	수척해져 게을러짐이 안타깝다.

【주석】

1 檀畫(단화) 구 : 옅은 적색 옷은 붉은 여지(荔枝) 도안으로 장식되었다. 단색(檀色)은 옅은 적색.
2 金蔓(금만) : 금사(金絲). 蜻蜓(청정) : 잠자리 형상의 비녀.
3 魚雁(어안) : 서신. 어(魚)는 물고기로, 편지를 물고기 배에 넣어 전했기에 남모르는 연서의 의미를 지닌다. 안(雁)은 기러기발에 매어 서신을 전했기에 서신을 대신하였다.
4 芳信(방신) : 임의 소식. 규방 여인의 편지. 편지의 미칭.
5 慵懶(용라) : 버릇없고 게으르다.

【감상】

이 사는 주인공이 여성인지 남성인지가 모호하다. 상, 하편 끝 2구를 스스로 자신의 모습을 묘사한 말로 보면 여성이 주인공이 되고, 타인이 묘사한 말로 보면 남성이 주인공이 되기 때문이다. 여기서는 여성이 주인공으로 상사(相思)의 그리움을 술회한 사로 본다.

상편은 전번의 만남을 회상하며 그리움이 더 절실해짐을 썼다. "상견희(相見稀)" 첫 3구는 평담(平淡)한 어구로 이별은 잦았고 만남은 적은 데서 온 원정(怨情)을 그렸다. "상견(相見)"을 3회 반복 사용했기에 그리운 정이 원정(怨情)으로 바뀌게 된 경위를 살필 수 있다. "단화(檀畫)" 2구는 이별할 때 착용한 여주인공의 고운 의상과 머리 장식 묘사로 그녀의 아름다움과 이별의 아쉬움을 동시에 드러낼 수 있었다.

하편은 이별한 뒤, 서신이 끊인 데서 온 애상(哀傷)을 썼다. "어안(魚雁)" 2구는 그리운 임과 이별한 뒤로 소식이 전해지지 않았음을 제기하였다. "화락(花落)" 3구는 저무는 봄 경치에 심신이 모두 손상됨을 썼다. 이는 바로 임 그리는 정 때문이지만 이 사실을 실토하지 않았기에 '원망하되 지나치지 않았다(怨而不怒)'고 이를 만하다. 평이하고도 자연스럽게 진정을 드러냈으므로 감화력을 보일 수 있었다.

탕현조는 탕평 ≪화간집≫ 권2에서 "붓 가는 대로 썼지만, 조금의 경솔함도 없으니, 입에 발린 말에 그친 것만은 아니다.(信筆而往, 無一浮漫. 非衹止口頭禪也.)"라고 평하였다.

6-18-195 장필

<사월인 思越人>

燕雙飛,   제비는 짝지어 날고

鶯百囀,   꾀꼬리 지저귀는데

越波堤下長橋.[1]   월파 제방 아래엔 긴 다리 놓였네.

鬪鈿花筐金匣恰,[2]   보석 상감 머리 장식은 다리미로 잘 폈는데

舞衣羅薄纖腰.   춤추는 비단옷은 얇아 가냘픈 허리 드러났네.

東風淡蕩情無力·[3]   봄바람 화창하니 정은 무기력해져

黛眉愁聚春碧·[4]   검푸른 눈썹에 수심을 푸른 봄빛으로 모았다.

滿地落花無消息·   떨어진 꽃 땅에 가득해도 소식은 없는데

月明腸斷空憶·   달 밝아 애간장 끊임은 공연히 그리워져서다.

【주석】

1 越波堤(월파제) : 월파제(月波堤)로 후당(後唐) 동광(同光, 923-926) 2년에 주수은(朱守殷)이 낙양에 축조했다. 일반적으로 하제(河堤)를 이른다.
2 鬪鈿(투전) : 금은보석으로 상감한 머리 장식. 花筐(화광) : 머리 장식. 金匣(금갑) : 다리미, 인두. 위두(熨斗). 恰(흡) : 다림질로 잘 펴다.
3 淡蕩(담탕) : 맑고 화창하다. 물이 우회하며 천천히 흐르는 모습. 여유 있고 한가하다.
4 春碧(춘벽) : 봄날의 벽록(碧綠)색 경물. 곧 춘산(春山), 춘수(春水), 춘초(春草) 등을 포괄한 경물을 말함.

【감상】

　복식이 아름다운 미녀가 그리움에 빠져 수심 가득해진 모습을 그렸다.

　상편은 춘경(春景) 묘사 속에 여인의 아름다운 외모를 부각하였다. 앞 3구는 늦봄이란 때와 월파제 아래 다리라는 장소에서 가는 봄을 엿봄을 썼다. 뒤 2구는 여인의 아름다움을 그렸다. "무의(舞衣)"라는 2자로 미녀의 신분이 무녀임을 밝혔다.

　하편은 여인 내심의 수심을 그렸다. 감정 묘사가 경상(景象)과 긴밀히 결합 되어 정경이 융화됨을 보였기에 단장의 고통을 절실히 그려낼 수 있었다. 앞 2구는 표정으로 근심을 드러내었다. 뒤 2구는 봄이 가는 실외 환경을 그려 잊을 수 없는 그리움을 부각하였다. "만지낙화무소식(滿地落花無消息)"은 봄이 다 가도록 소식조차 없다는 뜻인데, 이런 상황에 "월명(月明)"을 수반했기에 그리움으로 인한 단장의 고통은 더욱 깊어짐은 당연하다. 따라서 묘사는 기려(綺麗)하고 정감은 진지함을 다할 수 있었다.

　상편은 아름다운 경상을 묘사했고 하편은 그리움에 빠진 슬픔을 그렸다. 곧 미경(美景) 속에 애정(哀情)을 묘사해 정경교융(情景交融)이란 예술 경계를 출현시킴으로써 슬픈 정을 배가(倍加)시킬 수 있었다.

6-19-196 장필

<만화궁 滿宮花>

花正芳, (화정방) 꽃 향기 막 풍기고
樓似綺•¹ (누사기) 누대는 비단같이 화려하나
寂寞上陽宮裏•² (적막상양궁리) 상양궁 안은 적막하다.
鈿籠金鎖睡鴛鴦,³ (전롱금쇄수원앙) 금박 조롱은 금 자물쇠로 채워졌고 원앙은 잠들었는데
簾冷露華珠翠•⁴ (염랭노화주취) 발에는 냉기 돌고 풀 위 이슬은 비취 구슬 같다.

嬌艶輕盈香雪膩•⁵ (교염경영향설니) 곱고 날렵한 여인의 피부는 매끄러운데
細雨黃鶯雙起• (세우황앵쌍기) 가랑비 속에 꾀꼬리 짝지어 난다.
東風惆悵欲清明, (동풍추창욕청명) 봄바람에 서글퍼짐은 청명절 오려는데
公子橋邊沉醉• (공자교변침취) 존귀한 임이 다리 곁에서 깊게 취해서다.

【주석】

1 綺(기) : 꽃무늬가 있는 명주. 여기에서는 단장한 누대를 형용함.
2 上陽宮(상양궁) : 당대(唐代) 궁전 이름. 동도(東都)인 낙양(洛陽) 금원(禁苑)의 동쪽에 있으며, 남은 터는 지금의 하남성(河南省) 낙양시(洛陽市)에 있다. 당(唐) 현종이 양귀비를 총애하고 다른 궁녀들을 멀리했기에, 몇몇 궁녀들은 상양궁에 몇십 년간 갇혀 있어 머리카락이 희어졌다. 백거이(白居易, 772-846) <상양백발인 上陽白發人> 시는 이 일을 읊었다.
3 鈿籠(전롱) : 금박으로 장식한 조롱(鳥籠).
4 露華珠翠(노화주취) : 이슬이 풀 위에 알알이 맺힘이 비취 구슬 같다.
5 嬌艶輕盈(교염경영) : 얼굴 곱고 몸매 날렵한 모습. 香雪膩(향설니) : 미인의 흰 피부가 매끄럽다. 향설(香雪)은 미인의 피부를 비유했고, 니(膩)는 매끄럽고 윤기 난다는 뜻임.

【감상】

황제의 이궁(離宮)인 상양궁에 거처하는 궁녀의 궁원(宮怨)을 썼다.

상편은 상양궁 안이 적막함을 그렸다. 봄날 꽃다운 나이의 젊은 궁녀가 상양궁 안에서 적막하게 지내는 처지를 금 자물쇠 잠긴 새장 안의 잠든 원앙새 모습으로 비유하였다. 그런 뒤 주렴이 차가워져 이슬이 진주처럼 겹겹이 맺힘을 그려 궁녀들의 고독과 우수를 엿보게 하였다.

하편은 상양궁 안의 고운 자태의 궁녀 모습을 그리면서 봄바람이 서글퍼지는 이유를 살피게 하였다. 상양궁에서 가랑비 속에 짝지어 나는 꾀꼬리를 바라봄을 쓴 것은 헛된 그리움에 대한 탄식으로 이 말은 뒤 2구에서 가상(假想)으로 반전시키려는 의도를 담았다. 곧 입궁(入宮) 전에 반려자로 여기며 사귀었던 도련님이 자신을 그리워해 근교를 청명절에 답청(踏靑)하면서, 다리 주변에서 심하게 취해 있으리라는 상상으로 슬퍼짐을 드러내고 말았다. 궁녀의 소박한 정이 울림을 준다.

이 사는 사랑의 대상이 제한된 궁녀들의 쓸쓸한 신세에 무한한 동정을 보냈기에 ≪화간집≫에서 색다른 맛을 전하는 궁원사(宮怨詞)가 되었다.

6-20-197 장필

<유지 柳枝>

膩粉瓊妝透碧紗。[1]   매끄럽게 분단장한 경옥같은 얼굴이 푸른 깁에 비치니
雪休誇。[2]   흰 눈도 허풍떨기 그쳤는데
金鳳搔頭墜鬢斜。[3]   금 봉황 장식 비녀는 귀밑머리로 빗겨 떨어져
髮交加。[4]   머리털과 뒤섞였네.

倚著雲屛新睡覺●[5]   운모 병풍에 기대어 막 든 잠을 깨니
思夢笑●[6]   꿈속의 웃던 얼굴이 생각남은
紅腮隱出枕函花。[7]   붉은 뺨이 베개 위 수놓인 꽃을 희미하게 드러내어
有些些。[8]   좀 남겨 놓아서네.

【주석】

1 膩粉瓊妝(니분경장) : 보드랍고 매끄러운 분단장과 경옥같이 단장한 고운 얼굴.
2 休誇(설휴과) : 과장함을 그치다.
3 搔頭(소두) : 비녀.
4 交加(교가) : 겹치다. 뒤섞이다.
5 倚著(의저) : 의저(倚着). 의지하다. 雲屛(운병) : 구름 형상이 채색된 병풍. 혹은 운모(雲母) 병풍.
6 夢笑(몽소) : 꿈에서 보인 웃는 얼굴.
7 隱出(은출) : 어렴풋이 나타내다. 枕函花(침함화) : 베갯잇 위에 수놓인 꽃.
8 些些(사사) : 약간. 좀.

【감상】

　　한 여인이 꿈꾸고 막 깨어난 뒤의 얼굴 모습을 묘사하였다. 단순한 내용이지만 얼굴에 자국 낸 베개의 꽃무늬로 몽경(夢境) 속에서의 웃음을 형상한 섬세함이 돋보인다.

　　상편은 미인의 잠든 모습을 썼다. 고운 얼굴에 흰 피부는 눈처럼 새하얗게 푸른 깁에 비치고, 봉황 장식 비녀는 머리에 비스듬히 꽂혀, 귀밑머리 아래로 떨어지려 한다. 이는 바로 잠자는 미인이 그림같이 고운 모습이다.

　　하편은 병풍에 기대어 자던 잠을 깨어 몽경(夢境)을 회상함을 썼다. 꿈을 꾸었기에 분단장한 얼굴에 웃음을 띠었고, 베개에 수놓인 꽃이 그녀의 뺨에 흔적도 남겼다. 꿈속에서 웃은 것이 무엇 때문이었을까? 아마도 청춘의 행복이나 사랑의 기쁨이었을 것이다. 이는 소녀만이 누릴 수 있는 몽경이다.

　　이 사는 농염한 중에 미녀의 형상을 생동하게 그려 미감을 드러낼 수 있었다. 일반적인 규방 여인의 몽경 묘사는 꿈 자체를 형상하거나 경몽(驚夢) 부각으로 "수태(愁態)"를 드러내는 경우가 일반적인데, 이 사는 "사몽소(思夢笑)" 3자로 미인이 체험했던 감미로운 정을 부각했기에 신선한 맛을 전할 수 있었다. 이 3자는 "일편지골(一篇之骨)"·"전신지필(傳神之筆)" 등으로 칭송되었다.

　　탕현조는 탕평 ≪화간집≫ 권2에서 "이 사는 <유지>의 변체이다. '홍시(紅腮)'라는 이 한마디는 교묘한 구상임을 절로 드러내었다.(此 <柳枝>之變體也. '紅腮' 一語, 自見巧思.)"고 평하였다.

6-21-198 장필

<남가자 南歌子> 3수-1 柳色遮樓暗

柳色遮樓暗,　　　　　버들 빛은 누대를 가려 어두운데
桐花落砌香。[1]　　　오동나무 꽃 떨어진 섬돌 계단 향기롭네.
畫堂開處遠風涼。　　단장한 방 열린 곳이 멀리서 부는 바람에 시원해지니
高卷水晶簾額,[2]　　수정 발 위쪽을 높게 걷어
襯斜陽。[3]　　　　　석양을 잘 보이게 하네.

【주석】

1 砌(체) : 섬돌. 집 앞의 층계.
2 水晶簾(수정렴) : 수정으로 장식한 주렴. ≪한무제고사 漢武帝故事≫의 기재에 따르면 황제가 신궁을 지었는데, 흰 진주로 주렴을 만들고 대모로 그것을 고정하였으며, 상아를 대껍질 대신 썼다고 하였다. 簾額(염액) : 주렴의 상단(上段).
3 襯(츤) : 돋보이게 하다. 두드러지게 하다. '친(襯)'이라 읽기도 하나 변형된 독음이다. '츤'은 ≪광운 廣韻≫의 '초근절(初覲切)'의 독음이다.

【감상】

늦여름 석양 속에 부귀하게 꾸며진 화당(畵堂)을 운치 있게 그렸다. 마치 한 폭의 맑고 아름다운 경물화(景物畵)를 보는 듯하다.

첫 2구는 푸른 버들 우거진 숲에 가려진 누대를 돋보이게 그린 뒤, 향기 풍기는 오동나무 꽃이 섬돌 위로 흩어짐을 묘사하였다. 다음 3구는 단장한 방의 문이 열리며 한 줄기 바람이 불어오자 서늘한 느낌이 들기에 창가의 주렴을 높게 말아 올려, 지는 햇빛을 나무 사이로 스며들어 오게 하는 경상을 그렸다. 이런 묘사는 "화간사"의 농염(濃艶)함을 씻어내어 그윽함 속에 싱그러움을 보였기에 청신(淸新)한 경계를 출현시킬 수 있었다.

청(淸), 허앙소(許昻霄)는 ≪사종우평 詞綜偶評≫에서 "이 사가 아침 해에 막 핀 부용꽃 같음은 문구를 정교하고 화려하게 수식하지 않아서이다.(此初日芙蓉, 非鏤金錯采也.)"라고 평하였다.

6-22-199 장필

<남가자 南歌子> 3수-2 岸柳拖煙綠

岸柳拖煙綠,[1] 　　　언덕의 버들은 운무에 몽롱해진 녹색 가지 늘어뜨렸는데
庭花照日紅。 　　　정원의 꽃은 햇살에 비쳐 붉네.
數聲蜀魄入簾櫳。[2] 　몇 마디로 우는 두견새 울음소리 발 드리운 창으로 들어와
驚斷碧窗殘夢,[3] 　　푸른 창가의 못다 꾼 꿈을 놀라 깨게 하니
畫屛空。[4] 　　　　채색 장식 병풍 텅 비었네.

【주석】

1 拖(타) : 늘어뜨리다. 煙綠(연록) : 운무에 몽롱해진 녹색.
2 蜀魄(촉혼) : 두견새. ≪화양국지·촉지 華陽國志·蜀志≫에 따르면, 주(周)가 기강을 잃자, 촉왕(蜀王)인 두우(杜宇)가 황제를 자처하며 망제(望帝)라고 칭하였다. 촉을 위해 수해를 입지 않게 치수하였으나, 그 후로 선위하고 서산(西山)에 올라 은거하였다. 때마침 2월이라 자규(子規)가 울었기에 자규를 두우 혹은 망제라고 불렀다고 한다. 혹은 망제가 나라를 잃은 고통을 슬퍼해 죽은 후에 그 넋이 두견새가 되었는데, 그 울음이 애절하여 슬픔을 이기지 못했다고 한다.
3 殘夢(잔몽) : 온전치 못한 산만한 꿈.
4 畫屛空(화병공) : 채색 장식한 병풍이 공허하고 적막하다.

【감상】

아름다운 경치를 끌어 서글픈 정을 "잔몽(殘夢)"으로 나타냈다.

첫 "안류(岸柳)" 구는 맑고 싱그러움을 드러낸바, "타(拖)" 자를 써, 언덕 위 버들의 생기를 생동감 넘치게 그려 사물에 정을 부쳐냈기에 색다른 정취를 보이게 되었다. 둘째 구는 붉은 해가 꽃을 비춤을 썼는데, 꽃이 매우 붉은 모양을 "정화조일홍(庭花照日紅)"으로 형상하였다. 뒤 3구는 두견 우는 소리가 여인이 못다 꾼 꿈을 깨웠기에 꿈 깬 뒤의 허전함을 "화병공(畵屛空)"으로 형상하여 경계를 출현시켰다. 외로움을 아름다운 경물로 표현함으로써 더욱 애처롭게 다가오게 하였다.

유폐운(兪陛雲, 1868-1950)은 ≪당오대양송사선석≫에서 "위 2수의 사는 맑고 아름다운 봄 경치를 묘사하였다. 특히 '염액(簾額)', '사양(斜陽)' 구를 빼어난 구로 받든다. 결구의 '잔몽(殘夢), 병공(屛空)'이란 경상은 바로 꽃 환하고 버들 우거진 모습으로 모두가 봄빛이기에 사람을 번뇌케 하였다.(二詞寫明麗之韶光. '簾額, 斜陽' 尤推秀句. '殘夢, 屛空', 則花明柳暗, 皆春色惱人耳.)"라고 평하였다.

6-23-200 장필

<남가자 南歌子> 3수-3 錦薦紅㶉鶒

錦薦紅㶉鶒,¹ 　　비단 방석엔 붉은 비오리
羅衣繡鳳凰。　　비단옷엔 봉황 수놓였네.
綺疏飄雪北風狂。²　　꽃무늬 장식 창으로 눈보라 침은 북풍이 사나워선데
簾幕盡垂無事,³　　휘장 다 드리우니 까닭 없이
鬱金香。⁴　　강황(姜黃) 향기 풍기네.

【주석】

1　薦(천) : 방석. ≪초사·구탄·봉분 楚辭·九歎·逢紛≫에서 "벽려로 장식하고 고운 옥으로 만든 방석(薛荔飾而陸離薦兮)"이라고 썼다. 㶉鶒(계칙) : 물새. 온정균 <보살만> 14수-4 주 참조.

2　綺疏(기소) : 가운데를 비워두고 꽃문양을 수놓은 창. 기창(綺窗).

3　無事(무사) : 일이 없다. 까닭 없이.

4　鬱金香(울금향) : 강황(姜黃)이 향기롭다. 강황은 향료와 염색료로 쓰인다. ≪당회요 唐會要≫에서는 "정관 21년, 가비국(중앙아시아의 아프가니스탄 가비사Kapisa 지역)에서 강황을 바쳤다.(貞觀二十一年, 伽毗國獻鬱金香.)"고 하였다. 뿌리줄기를 쓴다. 가루를 향료로 쓸 수 있으며, 염료로도 쓸 수 있다고 한다. 네덜란드 튤립을 '울금향'이라고 부르기도 한다.

【감상】

눈이 내리는 추운 날 규방에서 지내는 미인이 마주한 적막감을 그렸다.

"금천(錦薦)", "나의(羅衣)" 위에 놓인 도안이 암수로 짝한 "계칙(鸂鶒)", "봉황(鳳凰)"임을 제기하고 여주인공의 고독을 "무사(無事)"라는 표현으로 형상하였다. "무사(無事)"라는 이 말에는 적막감을 덜어내기를 바라는 마음이 담겨 있기에 그 소망을 "울금향(鬱金香)" 3자로 함축하였다. 작자는 규방 안의 적막감을 기창(綺窓) 내외로 대비시켰다. 기창 밖은 눈 날리는 차가운 날씨라 주렴과 휘장을 쳐 실내를 안온한 공간으로 바꿔야 했기에 강황 향기를 끌어내었다. 그 결과 실내의 적막감을 어느 정도 해소할 수 있었으니 이는 곧 강황 향기가 지닌 친밀감과 친화력 때문이었을 것이다. 정(情)을 전혀 말하지는 않았으나 정이 넘치는 묘미를 보임은 경(景)의 묘사가 세심하고도 곡진해서이다.

6-24-201 장필

<강성자 江城子> 2수-1 碧欄於外小中庭

碧欄於外小中庭。[1]	푸른 난간 밖 작은 정원에
雨初晴。	비 막 개이자
曉鶯聲。	새벽 꾀꼬리 지저귀네.
飛絮落花,	날리는 버들솜이 낙화됨은
時節近淸明。	절기가 청명에 가까워선데
睡起卷簾無一事,	잠에서 깨어 발 걷으나 할 일이 하나도 없어
勻面了,[2]	고르게 얼굴 화장 끝냈으나
沒心情。[3]	기분은 내키지 않네.

【주석】

1 中庭(중정) : 정원지중(庭院之中), 정원.
2 勻面了(균면료) : 고르게 화장을 끝내다.
3 沒心情(몰심정) : 기분이 내키지 않다.

【감상】

심웅(沈雄) ≪고금사화 古今詞話≫에 의하면, 장필은 어릴 때 이웃집의 옷 빠는 여자와 서로 친했는데, 나중에 그녀가 시집가며 이별하게 되자, 이 한 수와 다음 한 수의 사를 지었다고 썼기에, 장필이 이 2수를 지어 어릴 적에 서로 사랑했던 모습을 회상하였다고 보았다.

이 사는 여주인공이 이른 봄 아름다운 경관 속에서 느끼는 무료를 썼다. 특히 서사(敍事)에 굴곡을 이루어 흥미를 고조시켰을 뿐만 아니라, 서사에 몰입시키기 위해 도서법(倒敍法)을 씀으로써 여주인공의 심리 변화를 살피게 하였다.

첫 구부터 제5구 "시절근청명(時節近淸明)"까지는 봄 경치 묘사로 그 경치가 청아하고 수려하기에 홀로 지내는 여주인공에게는 애상(哀傷) 그 자체로 다가오지 않을 수 없음을 수긍케 하였다. 이런 정감은 그 다음 구에서 말한 것처럼 잠을 깨어 발을 걷어 올리며 본 봄 경치에서 촉발된 것이나, 그 원인은 분명히 말하지 않았다. 끝 3구는 여주인공이 잠자리에서 일어난 뒤에 행한 2가지 동작을 썼는데, 하나는 발을 말아 올린 행위이고, 다른 하나는 얼굴에 분을 고르게 칠한 행위이다. 하지만 이런 행위가 "무일사(無一事)"에서 "몰심정(沒心情)"이라는 정상을 초래했기에 모순된 심경을 노정하게 되었다. 곧 눈앞에 보이는 봄이 아름답다고 해도 그리워하는 임이 옆에 없기에 여기서 온 우수는 결코 떨칠 수 없음을 언외(言外)로 드러낸 것이다.

이빙약은 <허장만기>에서 "'날리는 버들솜이 낙화됨은 절기가 청명에 가까워서네.'는 유창하고 아름다운 구절이지만 도리어 봄날 경치에 상한 마음을 빗대었다.('飛絮落花, 時節近淸明.' 流麗之句, 卻寓傷春之感.)"라고 평하였다.

6-25-202 장필

<강성자 江城子> 2수-2 浣花溪上見卿卿

浣花溪上見卿卿。[1]
완화계 가에서 그 여인 보았는데

臉波秋水明。[2]
물기 머금은 듯 일렁이는 눈길은 가을 강물같이 맑았고

黛眉輕。
검푸른 눈썹은 옅고 부드러웠지!

綠雲高綰,[3]
녹색 구름 같은 머리를 높게 쪽지고는

金簇小蜻蜓。[4]
금붙이로 된 작은 잠자리 모형으로 머리를 장식했지!

好是問他來得麼,[5]
마침 "그대는 오실 수 있나요?"라고 물었으나

和笑道,[6]
웃음 머금고

莫多情。
"너무 다정히 굴지 마셔요!"라고 말했지!

【주석】

1 浣花溪(완화계) : 사천성(四川省) 성도(成都)에 있으며, 탁금강(濯錦江), 백화담(百花潭)이라고도 한다. 두보(杜甫) 고택이 있다. 매년 4월 19일 촉인(蜀人)들은 여기에서 자주 노닐며 연회를 베풀었는데, 이를 완화일(浣花日)이라 하였다. 당대(唐代) 명기 설도(薛濤) 또한 이 시냇가에 집이 있었는데, 시냇물로 편지지를 만들었기에, 완화전(浣花箋)이라고 불렀다. 卿卿(경경) : 부처 간의 애칭. 후에는 친밀함을 나타내는 칭호로 쓰임. 여기서는 그 여인으로 풀이함.
2 臉波(검파) : 안파(眼波). 물기를 머금은 듯 일렁이는 눈길.
3 綠雲高綰(녹운고관) : 머리카락을 말아 올린 높은 쪽머리.
4 金簇小蜻蜓(금족소청연) : 금붙이로 만든 작은 잠자리 모형의 머리 장식.
5 好是(호시) : 마침. 來得(내득) : 올 수 있다.
6 和笑(화소) : 웃음 머금고.

【감상】

이 사는 한 남자가 완화계 가에서 한 미녀를 만나 애모의 정을 느껴 그녀와 만나기를 청했으나 완곡한 대답을 들었음을 회상하였다.

첫 2구는 만난 장소가 "완화계상(浣花溪上)"임을 밝혔고, 만난 여인은 "검파추수명(臉波秋水明)"이란 모습으로 은근하게 추파를 보냈음을 썼다. 이하 3구는 여자의 얼굴과 머리 장식이 예사롭지 않음을 써 아름다운 미녀임을 엿보게 하였다. 끝 3구는 일문일답으로, 은근한 내심을 보였다. 묻는 이는 정을 드러냈고 답하는 이도 성의를 보였다. 하지만 그 답은 웃는 듯하고 그저 그런 듯하고, 반은 진실인 듯 반은 허례인 듯했지만 다정함을 보였다. 천진난만하고 애교가 넘치는 모호한 답변은 남자를 미로에 빠트리게 하지 않을 수 없었다.

진정작은 ≪사칙·한정집 司則·閒情集≫에서 "오묘함은 의중을 알아채는 것 같기도 하고 못 알아채는 것 같기도 한 사이에 있지만, 말이 천속함이 아쉽다.(妙在若會意, 若不會意之間, 惜語近俚.)"라고 평하였다.

6-26-203 장필
<하독신 河瀆神>

古樹噪寒鴉。[1]	고목엔 갈까마귀 시끄럽고
滿庭楓葉蘆花。	뜰에는 단풍잎, 갈대꽃 가득한데
晝燈當午隔輕紗,[2]	대낮 등불이 정오 되어 엷은 휘장을 사이하니
畫閣珠簾影斜。	단장한 누각의 주렴 그림자 비꼈졌네.
門外往來祈賽客,[3]	문 밖엔 복을 빌고 복에 보답하는 길손들 오가고
翩翩帆落天涯。[4]	가볍게 나부끼는 돛배는 하늘가로 사라지는데
回首隔江煙火,[5]	머리 돌리니 강 사이로 밥 짓는 연기가
渡頭三兩人家。[6]	나루터 두세 집에서 피어오르네.

【주석】

1 噪(조) : 벌레나 새가 시끄럽게 울다. 寒鴉(한아) : 갈까마귀. 겨울철 까마귀.
2 晝燈(주등) : 사당 혹은 사찰 내에서 낮에 태우는 등. 輕紗(경사) : 얇은 휘장.
3 祈賽客(기새객) : 복을 얻기를 빌고 난 뒤에 내려준 복에 보답하는 길손. 당(唐) 사마정(司馬貞)은 "'새'는 신이 내려준 축복에 보답함을 말한다.(賽, 謂報神福也.)"라고 하였다.
4 翩翩(편편) : 훨훨 나는 모양.
5 回首(회수) : 머리를 돌려 보다. 煙火(연화) : 밥 짓는 연기.
6 渡頭(도두) : 나루터.

【감상】

　이 사는 사패(詞牌)가 지닌 뜻대로 하신(河神)에 제사 지내는 경상을 쓰면서 나그네의 우수를 그렸다.

　상편은 늦가을 스산한 경색 속에 정오(正午)가 지나자, 사당 주등(晝燈)의 화려함과 화각(畫閣) 주렴의 적막함을 그려, 복을 빌고 복에 보답하는 의식이 초라해졌음을 엿보게 하였다.

　하편은 하신(河神)에게 드리는 제사가 끝나자, 기사객(祈賽客) 들이 배를 타고 훌훌 떠나는 모습을 그렸다. 나루터를 사이로 피어오르는 두세 집의 밥 짓는 연기에 초점을 맞춰 나그네의 외로움을 부각하였다. 끝 2구는 처음 시작하는 2구와 호응하면서 늦가을 강가 사당 변의 소슬한 추경(秋景)을 돋보이게 하였다. 이 경상은 동시에 황혼녘 나그네의 쓸쓸한 심경을 반영했기에 더욱 창망(悵惘)함을 보이게 되었다.

　이 사는 나그네인 주인공이 눈으로 보는 경상만을 그리고는 끝내 나그네를 주인공으로 등장시키지 않았기에, 독자가 작품 속의 나그네가 된 것 같은 착각에 빠져들게 하였다. 따라서 서사에 몰입하는 효과를 거둘 수 있었다.

6-27-204 장필

<호접아 蝴蝶兒>

蝴蝶兒。 나비 나는

晩春時。 늦봄 되자

阿嬌初着淡黃衣。[1] 소녀는 담황빛 띠는 옷 처음 입고

倚窓學畫伊。[2] 창에 기대어 나비 그리길 배우네.

還似花間見,[3] 꽃 사이에서

雙雙對對飛。 쌍쌍이 짝지어 낢을 여전히 본 듯했기에

無端和淚拭燕脂,[4] 까닭 없이 난 눈물에 젖은 연지 닦아내니

惹敎雙翅垂。[5] 두 날개 늘어트린 그림 되었네.

【주석】

1 阿嬌(아교) : 아리따운 소녀. ≪철경록 輟耕錄≫은 "관중에서는 소녀를 아교라고 한다.(關中以兒女爲阿嬌.)"고 썼다.
2 伊(이) : 대명사로 그. 여기서는 나비를 가리킴.
3 還似(환사) : 여전히 ~인 듯하다.
4 拭燕脂(식연지) : 연지(胭脂)를 닦아내다.
5 惹敎(야교) : 일으키다. 조성하다. 雙翅(쌍시) : 두 날개.

【감상】

한 소녀가 나비 그림을 배우면서 춘정(春情)에 빠졌음을 우의하였다.

상편은 늦봄에 소녀가 창가에 기대어 나비 그림을 배움을 썼다. "초착담황의(初着淡黃衣)"는 소녀 옷의 빛깔과 광택을 가리켰을 뿐만 아니라, 그린 나비 색깔임도 암시하였다.

하편은 나비가 꽃 사이를 짝지어 나는 모습을 상상해 그렸지만, 자신도 모르게 춘심에 생겨 눈물이 흐르게 되었고 또 그림에 떨어진 눈물을 닦으면서 그려진 나비 날개가 늘어트려져 날지 못하는 나비 그림이 되었음을 썼다. "무단(無端)" 앞뒤에 쓴 "환사(還似)"와 "야교(惹敎)"는 서로 은근한 연계를 맺으면서 눈물을 흘린 이유를 밝히지 않았기에 함축을 더하게 되었다. 아마도 소녀는 쌍쌍으로 표현된 짝의 의미를 막 깨달았기에 눈물이 흐르게 되었을 것이다.

유평백의 ≪당송사선석 唐宋詞選釋≫은 "그림 위의 나비는 오히려 곳곳에서 실물 나비로 묘사되었지만, 미인의 심경을 그리는 데 또 협력하고 관여하였다.(畵上的胡蝶, 却處處當作眞胡蝶去寫, 又關合作畵美人的情態.)"라고 평하였다.

7
모문석 毛文錫

31수

모문석(생졸 미상)은 자(字)가 평규(平珪)이고 하북성 고양인(高陽人), 혹은 하남성 남양인(南陽人)이라고 하며, 당(唐) 태복경(太僕卿)인 모귀범(毛龜範)의 아들이라 한다. 14세에 진사(進士)에 등제했으나, 당이 망하자 전촉(前蜀)으로 들어가 중서사인(中書舍人), 한림학사를 지내면서 시승(詩僧) 관휴(貫休, 832-912)와 창화(唱和)하였다. 한림학사승지(翰林學士承旨)로 옮겼다가 영평(永平) 4년(914)에 예부상서, 판추밀원사(判樞密院事)로 옮겼고, 통정(通正) 원년(916)에 문사전대학사(文思殿大學士)로 나아가 사도(司徒)에 이르렀기에 모사도(毛司徒)로도 칭한다. 천한(天漢) 원년(917)에는 환관 당문의(唐文扆)의 참소를 받아 무주사마(茂州司馬)로 폄직되었다. 전촉이 망하며 왕연(王衍, 899-926)을 따라 후당(後唐)에 항복하였다. 얼마 있다가 다시 후촉(後蜀)을 섬기며 구양형(歐陽炯) 등 5인과 궁정에서 후주(後主) 맹창(孟昶, 919-965)을 모시었다. 염사(艶詞)를 잘 지어 찬상을 받았기에 사람들이 그들을 오귀(五鬼 : 모문석毛文錫, 구양형歐陽炯, 녹건의鹿虔扆, 한종韓琮, 염선閻選)라고 칭하였다. 사적은 주로 ≪십국춘추 十國春秋≫ 권41 본전에 보인다. 그는 ≪전촉기사 前蜀記事≫ 2권, ≪차보 茶譜≫ 1권을 남겼고, 염사(艶詞)에 능했기에 <무산일단운 巫山一段雲>은 당시에 회자되었다고 한다. 그의 사는 ≪화간집≫에 31수가 수록되었고 ≪존전집≫에 1수가 실려 있어 모두 32수가 전한다.

　그의 사는 속되고 경솔하여 진부함을 보인 작품이 다수로, 임금을 칭송하거나, 제의(題意)를 부연하였다. 남녀의 사랑을 노래한 <취화간 醉花間> 2수는 산뜻하고 그윽한 맛을 보여 사론가들로부터 호평을 받았고, <감주편 甘州遍> (추풍진 秋風緊)은 신선한 주제로 송대(宋代) 변새사(邊塞詞)의 시원을 열 수 있었다.

　진정작은 ≪운소집≫ 권1에서 "모문석 사의 완려 함은 남당(南唐) 후주(後主) 이욱(李煜, 937-978)에 못지 않다.(平珪詞, 婉麗不減南唐後主.)"고 평하였다.

모문석毛文錫

    이빙약(李氷若, 1899-1940)은 <허장만기>에서 "모문석 사는 '화간'을 평한 옛 품평에서는 모두 하품(下品)에 열입되었다. '붉은 휘장엔 한 점 등불 켜 있네', '석양이 작은 창을 나직이 비춰 환하다.' 등은 다듬어 정교함을 구하지 않음이 없지만, 다만 정취가 깊고 두터움을 끝내는 결여하였다. 게다가 제왕에게 바치는 작품이 많았기에 그의 사가 평범하고 경솔한 것도 도리로 보면 당연하다.(文錫詞, 在花間舊評均列入下品, 然亦時有秀句, 如 '紅紗一點鐙', '夕陽低映小窗明.' 非不琢飾求工, 特情致終欠深厚. 又多供奉之作, 其庸率也固宜.)'고 평하였다.

7-1-205 모문석

<우미인 虞美人> 2수-1 鴛鴦對浴銀塘暖

鴛鴦對浴銀塘暖●¹	원앙이 짝지어 목욕하는 은빛 연못 따사로워
水面蒲梢短●²	수면의 부들잎 끝은 짧게 잠겼다.
垂楊低拂麴塵波。³	수양버들 담황빛 물결을 나직이 스치는데
蛟絲結網露珠多。⁴	거미줄 망에 이슬방울 많아지니
滴圓荷。	둥근 연잎으로 떨어지네.
遙思桃葉吳江碧●⁵	도엽 같은 임이 건널 오강이 푸르기에
便是天河隔●⁶	바로 은하로 막혔다고 아득히 생각했다.
錦鱗紅鬣影沉沉。⁷	편지 전하는 물고기 그림자 깊게 잠겨 있어
相思空有夢相尋。	공연히 생긴 그리운 마음으로 꿈에서 찾았기에
意難任。⁸	마음은 견디기 어려웠네.

【주석】

1 銀塘(은당) : 맑고 깨끗한 연못.
2 蒲梢(포초) : 부들잎의 뾰쪽한 끝. 부들이 거의 다 물에 잠긴 모습을 형용함.
3 麴塵(국진) : 누룩곰팡이. 담황색. 우교(牛嶠) <유지 柳枝> 5수-5 주 참조. 蛟絲(문사) : 거미줄.
4 露珠(노주) : 이슬방울
5 桃葉(도엽) : 진(晉) 왕헌지(王獻之, 344-386)의 애첩 이름으로 후에는 애첩이나 사랑하는 여자를 이르는 말로 쓰였다. ≪악부시집·청상곡사2·도엽가 桃葉歌≫에 곽무천(郭茂倩)은 해제(解題)로 ≪고금악록 古今樂錄≫의 "도엽은 자경의 첩 이름이며, …… 자경은 왕헌지의 자(字)이다.(桃葉, 子敬妾名, …… 子敬, 獻之字也.)"라는 구절을 인용하였다. 왕헌지가

지었다는 <도엽가> 4수가 전한다. 그중의 1수는 "도엽아! 도엽아! 강 건넘에 노가 필요 없다. 그저 건너면 고통 없으리니, 내 친히 너를 맞으리라!(桃葉復桃葉, 渡江不用楫. 但渡無所苦, 我自迎接汝!)"와 같다. 이 시는 간강(建康 : 강소성 남경), 진회(秦淮) 강가에서 일찍이 그의 첩 도엽을 맞이하는 노래로 후세인들은 이 나루를 "도엽도(桃葉渡)"라고 불렀다. 吳江(오강) : 오송강(吳淞江). 강소성 내에 위치한 강명으로 태호(太湖)에서 발원하여 상해를 거쳐 황포강(黃浦江)과 합류해 황해로 들어간다.

6 天河(천하) : 은하.
7 錦鱗紅鬣(금린홍렵) : 물고기를 미칭한 말로 서신(書信)을 전하는 사람을 비유한다. 렵(鬣)은 렵(鱲)과 통하며, 물고기 전어 이름이다. 沉沉(침침) : 깊은 모습.
8 難任(난임) : 견디기 어렵다.

【감상】

서정의 주인공이 남녀 중 어느 쪽인지 살피기 어려우나, 하편 첫 구에 쓰인 도엽(桃葉)이란 칭호로 보면 남자가 연인을 그리워한 노래로 보인다.

상편은 춘경(春景) 묘사로 그리운 정을 드러냈다. 봄 경치의 아름다움을 은빛 연못, 물에 뜬 부들, 흔들리는 수양버들, 이슬 방울진 둥근 연잎 등으로 묘사한바, 매 글자의 운용이 섬세하기에 실제로 보는 듯하다. 짝지어 목욕하는 원앙을 부각함은 하편에서 등장시킬 연인에 대한 그리움을 술회하기 위해서다.

하편은 이별의 고통을 썼다. 연인이 오강(吳江)을 사이로 멀리 떨어져 있음을 은하를 사이한 것 같다고 술회하였다. 만날 도리가 없을 뿐만 아니라, 소식도 통하기 어려우니 이런 상사의 정은 몽경(夢境)에 의지할 수밖에 없었기에 슬프기 그지없다.

7-2-206 모문석

<우미인 虞美人> 2수-2 寶檀金縷鴛鴦枕

寶檀金縷鴛鴦枕●¹   진귀한 단향나무에 금실로 원앙 수놓은 베개 베었고

綬帶盤宮錦●²   허리띠는 궁중 문양 비단을 에둘렀다.

夕陽低映小窓明。   석양이 작은 창을 나직이 비춰 환한데

南園綠樹語鶯鶯。   남원의 녹색 나무에서 꾀꼬리 꾀꼴거리니

夢難成。   꿈꾸기도 어렵네.

玉爐香暖頻添炷●³   옥 향로에 향 따스함은 향 심지 자주 더 보태선데

滿地飄輕絮●⁴   온 땅엔 가벼운 버들솜 나부낀다.

珠簾不卷度沉煙。⁵   주렴을 걷지 않아 침향 향기 넘어오기에

庭前閑立畫鞦韆。   정원 앞 그림 단장한 그네에 한가롭게 서 있음은

艷陽天。⁶   화창한 봄날이어서네.

【주석】

1. 寶檀(보단) : 진귀한 단향목(檀香木)으로 만든 베개. 金縷鴛鴦(금루원앙) : 금실로 수놓은 원앙 베갯잇.
2. 綬帶(수대) : 관인(官印)을 매는 명주 끈. 허리 띠. 宮錦(궁금) : 궁중 문양을 넣어 짠 비단. 곧 정미(精美)한 비단을 말한다.
3. 頻添炷(빈첨주) : 자주 향 심지를 보태다. 주(炷)는 향료가 섞인 향 심지.
4. 輕絮(경서) : 가벼운 버들솜.
5. 沉煙(침연) : 침향나무를 태워 나는 연기로, 침연은 향기가 짙다.
6. 艷陽天(염양천) : 화창한 봄날.

【감상】

규방 안 부귀한 여주인공이 벤 베개와 복식의 화려함을 묘사하면서 그녀가 명미(明媚)한 실외 풍광에 무료를 느낌이 춘정(春情)에서 기인함을 추적하였다. 한 폭의 양춘미녀도(陽春美女圖)라고 할 수 있다.

상편은 아름답게 장식한 베개 베고 잠자려는 규수가 수심으로 잠 못 이루는 모습을 그렸다. 첫 2구는 베개와 허리띠가 화려하고 귀함을 "원앙침(鴛鴦枕)"과 "궁금(宮錦)"으로 묘사하면서 부귀한 집 여인이 낮잠을 청함을 암시했다. 다음 3구는 낮잠을 깬 뒤 여인이 바라본 실내외의 경상 묘사로 석양이 창에 비치고, 남원에 꾀꼬리가 울어 대낮에 꿈을 꾸기 어려움을 엿보게 하였다.

하편은 화창한 봄날 규방 여인의 무료와 춘정을 형상하였다. 첫 2구는 실내외의 경상 묘사이다. 실내에서 여인은 향로에 향료를 첨가함으로 무료를 달램을 암시했고, 실외에는 버들솜이 땅 가득히 흩날림을 써 여인의 진정시키기 힘든 우수를 드러냈다. 다음 3구는 주렴도 걷지 않아 향 연기가 넘어오기에 정원 안, 그네 앞에 "한립(閑立)"한 것이 춘정에서 기인했음을 살피게 하였다. 따라서 상, 하편 끝구에 각기 쓴 "몽난성(夢難成)", "염양천(艶陽天)" 3자가 바로 무료에 빠진 이유를 대변한 말임을 알 수 있다.

이 사는 여주인공의 얼굴 표정은 전혀 드러내질 않고 주변의 경상 묘사만으로 여주인공의 심경을 그려냈기에 그 기법이 참신하다.

탕현조는 탕평 ≪화간집≫ 권2에서 "맨 첫 구는 웅장하고도 화려하다.(首句, 富麗.)"고 평하였다.

7-3-207 모문석

<주천자 酒泉子>

綠樹春深,	푸른 나무에 봄은 깊어
燕語鶯啼聲斷續●	제비와 꾀꼬리 우는 소리 끊이었다 이어진다.
蕙風飄蕩入芳叢。1	따스한 봄바람이 꽃 덤불로 나부껴 들어가
惹殘紅。2	지는 꽃잎 날려 떨어지게 하네.
柳絲無力嫋煙空。3	버들가지 힘없이 안개 낀 허공에서 하늘거려
金盞不辭須滿酌●4	아름다운 술잔을 사양치 않으려니 잔 가득히 따르거나.
海棠花下思朦朧。	해당화 꽃 아래에서 생각이 몽롱해짐은
醉香風。	향기로운 바람 속에 술 취해서네.

【주석】

1 蕙風(혜풍) : 따사로운 봄바람. 혜(蕙)는 향초명으로 혜초(蕙草)라고도 하며 그 향기는 덩굴장미 향과 같다. 飄蕩(표탕) : 나부끼다. 芳叢(방총) : 꽃 덤불.
2 惹殘紅(야잔홍) : 시든 꽃을 날려 떨어지게 하다.
3 煙空(연공) : 버들 색이 안개처럼 허공을 둘러싼 듯한 모습.
4 金盞(금잔) : 정교하고 아름다운 술잔. 술잔의 미칭.

【감상】

늦봄의 경상을 그리면서 호시절(好時節)에 급시행락(及時行樂)할 것을 권고하였다.

상편은 "혜풍~, 야잔홍(蕙風~, 惹殘紅)" 구로 호경(好景)이 늘 마련되어 있지 않음을 우의하면서 하편을 열었다.

하편은 봄이 가고 있으니 꽃 아래에서 술 취하도록 마시며 즐길 것을 권고했다. 이런 주장은 주로 난세에 출현하기에 공감하게 되나, 급시행락에서 "시(時)"를 언제로 정하느냐가 관건이기에 늘 고민하게 마련이다. 끝 2구 "해당화하사몽롱, 취향풍.(海棠花下思朦朧, 醉香風.)"은 많은 고뇌와 우수가 담긴 말이기에 함축이 깊다.

7-4-208 모문석

<희천앵 喜遷鶯>

芳春景,¹ ^{방춘경}	아름다운 봄 풍경은
曖晴煙。² ^{애청연}	허공에 낀 안개로 흐려지는데
喬木見鶯遷。 ^{교목견앵천}	높은 나무엔 꾀꼬리 옮겨 낢이 보이네.
傳枝偎葉語關關,³ ^{전지외엽어관관}	나뭇가지 옮겨가며 나뭇잎에 의지해 꾀꼴꾀꼴 울며
飛過綺叢間。⁴ ^{비과기총간}	꽃 덩굴 사이를 날며 지나가네.

錦翼鮮, 비단 같은 날개는 곱고
金毳軟•⁵ 금빛 솜털 보드라운데
百囀千嬌相喚• 수없이 지저귀고 끝없이 아양 떨며 서로를 부른다.
碧紗窓曉怕聞聲, 푸른 깁 창에 날은 밝아 꾀꼬리 소리 들릴까 걱정됨은
驚破鴛鴦暖• 따스한 원앙 이불 속 꿈을 놀라 깨게 해서다.

【주석】

1 芳春(방춘) : 아름다운 봄.
2 曖晴煙(애청연) : 하늘에 낀 안개를 흐리게 하다. 애(曖)는 어둡고 희미하게 하다.
3 傳枝(전지) : 나뭇가지 사이로 옮겨 가다. 전(傳)은 옮기다. 偎葉(외엽) : 나뭇잎에 의지해 깃을 치다. 關關(관관) : 새우는 소리로, 일반적으로 암수가 짝지어 함께 욺을 말한다.
4 綺叢(기총) : 온갖 꽃 덩굴.
5 金毳(금취) : 새의 배 밑에 난 금빛 솜털.
6 鴛鴦暖(원앙난) : 원앙 이불의 따스한 꿈.

【감상】

　　사패(詞牌)로 보면 과거에 급제한 기쁨을 써야 하지만, 이 사는 사패의 뜻 그대로 "꾀꼬리가 높은 나무로 옮겨나는 즐거움(喜遷鶯)"을 쓴 뒤, 상사의 정을 부기(附記)했기에 색다른 정조를 보였다.

　　상편은 꽃 피는 봄날 무성한 꽃 덩굴 사이에서 꾀꼬리가 쌍쌍이 날며 노래하기에 춘심이 일어남을 암시했다.

　　하편은 상편을 이어 꾀꼬리 형상과 소리를 묘사한 뒤, "파문(怕聞)"이라는 2자로 푸른 깁 창 안으로 발상을 옮김으로써 임 그리는 정을 부각할 수 있었다. 이 같은 정서는 바로 김창서(金昌緖 : 당 현종시기 사람)의 절구 <춘원 春怨>의 "꾀꼬리 쫓아, 나뭇가지 위에서 울지 말게 해라! 울 때 내 꿈을 놀래켜 깨워, 요서에 이르지 못 하게 하니까!(打起黃鶯兒, 莫敎枝上啼. 啼時驚妾夢, 不得到遼西!)"라는 시의(詩意)에서 따온 듯하다. 따라서 오대 사의 소령(小令)과 당 절구와는 연계가 깊음을 알 수 있다.

7-5-209 모문석

<찬성공 贊成功>

海棠未坼,	해당화 아직 피지 않았어도
萬點深紅。[1]	수많은 점 이룬 봉오리 짙붉은데
香苞緘結一重重。[2]	꽃 떡잎은 하나같이 겹겹이 닫힌 채로 맺혔네.
似含羞態,	수줍은 자태 머금은 듯함은
邀勒春風。[3]	봄바람을 핍박해선데
蜂來蝶去,	벌과 나비 오가며
任繞芳叢。[4]	떨기로 자라는 꽃을 맘대로 감도네.

昨夜微雨,	지난밤 가랑비가
飄灑庭中。[5]	정원 가운데로 흩날려
忽聞聲滴井邊桐。	우물가 오동나무로 떨어지는 소리 홀연히 들렸네.
美人驚起,	미인이 놀라 일어남은
坐聽晨鍾。[6]	새벽 종소리 들려선데
快敎折取,	해당화 재빨리 꺾어오게 해
戴玉瓏璁。[7]	옥 농총 띠에 끼워 머리에 쓰네.

【주석】

1 未坼(미탁) : 갈라지지 않았다. (꽃송이가) 터져 피어나지 않았다.
2 香苞(향포) : 아직 피지 않은 꽃망울. 꽃 떡잎. 緘(함) : 봉하여 닫다.
3 邀勒(요륵) : 강요하다. 핍박하다.

4 繞(요) : 감싸 돌다. 芳叢(방총) : 떨기로 자라는 무성한 꽃.
5 飄灑(표쇄) : 나부끼다. 흩날리다.
6 坐(좌) : ~인 때문에.
7 玉瓏璁(옥농총) : 이마를 중심으로 빙 둘러 머리에 쓰는 금속 띠로 그 띠 위에 옥이나 꽃을 끼워 머리에 쓰는 장식. 궁중의 여인이나 귀부인이 주로 사용하였다.

【감상】

해당(海棠)을 영물(詠物)한 사(詞)이다.

상편은 해당화가 꽃망울을 머금고 피기를 기다림을 벌과 나비가 오가며 꽃망울을 멋대로 감도는 모습으로 그렸다. 곧 여주인공을 의인화한 묘사로 수사는 농염한데다 구(句)의 연계도 시원시원하다.

하편은 가랑비 내려 해당화가 젖어드는 소리에 잠이 깬 여주인공은 시녀에게 해당화를 꺾어오게 해 새벽 화장에 머리 장식으로 꽂으려는 마음을 그렸다. 꽃이 시들어가는 모습을 떠올림은 자신의 미모가 손상됨을 느꼈기 때문이다. 해당화 꽃이 짐을 아쉬워한 나머지 그 꽃을 옥 장식 머리띠에 꽂아 아름다움을 드러냄으로써 그 아쉬움을 달래려는 구상이 참신하다. 말은 곧고 숨은 가쁘게만 느껴지나, 감아 도는 운치를 드러내지 못한 아쉬움이 남는다.

7-6-210 모문석
<서계자 西溪子>

昨日西溪遊賞●¹ 어제 서쪽 시내 노닐며 감상한 것은

芳樹奇花千樣● 향그런 나무와 진귀한 꽃들의 온갖 모습이었다.

鎖春光,² 봄빛을 가뒀기에

金樽滿● 금 술잔 가득 채우고

聽弦管●³ 관현악 소리 들었는데

嬌妓舞衫香暖●⁴ 아리따운 무희의 춤추는 옷자락은 향기롭고 따스했다.

不覺到斜暉。⁵ 석양 들어

馬馱歸。⁶ 말에 업혀 돌아감도 알지 못했네.

【주석】

1 西溪(서계) : 계곡물 명칭이거나 유람하던 지명으로 보인다. <서계자>는 당, 교방곡(教坊曲) 명으로 후에 사조(詞調)명이 되었다.
2 鎖春光(쇄춘광) : 아름다운 봄빛을 가두다.
3 弦管(현관) : 관현악 악기.
4 嬌妓(교기) : 아리따운 무녀나 가기(歌妓).
5 斜暉(사휘) : 사양(斜陽).
6 馬馱(마타) : 말에 실린 짐. 말에 지우다. 타(馱)는 등에 업다, 태우다의 뜻이다.

【감상】

한 남자가 봄날 서쪽 계곡에서 성대한 연회를 즐기다가 몹시 취해 말에 실려 돌아감을 썼다. 당시 부귀한 사대부 계층이 일락(逸樂)을 추구하던 생활상을 여과 없이 표현했다. 끝 2구인 "불각도사휘, 마타귀(不覺到斜暉, 馬馱歸)"는 연회의 즐거움에 빠져 황혼이 된 줄도 모르고 만취해 말에 업혀 돌아가는 형상 묘사로 농후한 유흥(遊興)을 그렸다. "마타귀" 3자로 유흥의 정도를 살피게 했는데 특히 "타(馱)" 자를 씀으로써 유흥의 종국(終局)을 보듯이 그려낼 수 있었다.

이조원(李調元)은 ≪우촌사화 雨村詞話≫ 권1에서 "모문석은 <서계자>의 끝구를 '마타귀(馬馱歸)'라고 썼는데, 동파는 <임강선>에서 '날렵한 말이 두 시녀 태우고 멀리 가네.(細馬遠馱雙侍女.)'라고 썼기에 '타(馱)' 자는 여기서 근거하였다."라고 기술하였다.

7-7-211 모문석

<중흥락 中興樂>

豆蔲花繁煙艶深。[1]　　무성한 육두구꽃 안개에 뒤섞여 매우 고운데
丁香軟結同心。[2]　　정향나무는 부드럽게 동심결 맺었네.
翠鬟女,[3]　　비취색 귀밑머리 한 여인들
相與共淘金。　　서로 함께 사금을 이네.

紅蕉葉裏猩猩語●[4]　　붉은 파초 잎 안에서는 성성이 울고
鴛鴦浦●[5]　　원앙 깃든 포구의
鏡中鸞舞●[6]　　거울 같은 물속에선 난새가 춤을 춘다.
絲雨隔,　　가랑비 그치니
荔枝陰。　　여지나무 가지에 그늘지네.

【주석】

1 煙艶深(연염심) : 안개와 붉은 꽃빛이 뒤섞여 매우 고운 모습.
2 丁香(정향) 구 : 정향나무가 부드럽게 동심결 맺은 모습으로 남녀가 한마음으로 사랑함을 비유하였다.
3 翠鬟(취환) : 윤기 나는 쪽머리의 연인.
4 紅蕉(홍초) : 붉은 파초. 猩猩語(성성어) : 성성이가 울다. ≪이아·석수 爾雅·釋獸≫는 "성성이는 작을수록 잘 운다.(猩猩小而好啼.)"라고 풀이함.
5 鴛鴦浦(원앙포) : 원앙이 깃든 물가.
6 鏡中鸞舞(경중란무) : 시냇물이 거울처럼 맑아 사금이는 여인들의 그림자가 물에 비친 모습이 난새와 봉황이 춤추는 듯하다. 곧 사금이는 여인들의 동작이 우아함을 비유하였다.

【감상】

남방의 풍광과 사금(沙金) 이는 여인의 환락을 질박한 필치로 그렸다.

상편은 육두구 꽃 흐드러지게 피고 정향나무 꽃이 망울 맺은 자연 풍광을 그려 사금을 이는 소녀들이 사랑에 눈을 떠가는 모습을 그림처럼 묘사했다. "화번연염(花繁煙艷)", "연결동심(軟結同心)" 구는 바로 그 같은 모습을 형상한 말이다.

하편은 붉은 파초 잎 안에서 성성이 울부짖고, 원앙 깃든 포구의 거울같이 맑은 물 위에서 난새가 춤추는 경상을 그리면서 가랑비 그치자, 여지나무 아래가 그늘진 모습을 부각하였다. "경중난무(鏡中鸞舞)"는 "원앙포(鴛鴦浦)"에서 사금이는 여인들이 사금을 채취하는 모습에서 형상된 바, 그 자태가 지극히 우아함을 상상할 수 있다. 특히 끝 2구는 남녀가 함께함을 상징한 묘사이다. 끝구 "여지음(荔枝陰)"에서 쓰인 "음(陰)" 자가 지닌 함의가 다양하기에 음미할 만하다. 향토색이 진한 남방 풍광인 "정향연결동심(丁香軟結同心)", "원앙포(鴛鴦浦)", "경중난무(鏡中鸞舞)"와 같은 경상을 부각해 젊은 남녀의 애정 행각을 엿보도록 담담하게 그려낸 솜씨가 돋보인다.

남녀의 사랑이 싹트는 정경묘사가 ≪시경·국풍≫ 시편과 유사함을 알 수 있다.

7-8-212 모문석

<경루자 更漏子>

春夜闌,[1]	봄밤 다해가니
春恨切●[2]	봄 수심 절절해지는데
花外子規啼月●[3]	꽃 저편 두견새는 달빛 아래 운다.
人不見,	사람은 보이지 않으니
夢難憑。	꿈에도 의지하기 어렵거늘
紅紗一點燈。	붉은 휘장엔 한 점 등불 비치네.
偏怨別●[4]	이별을 꼭 원망해야 함은
是芳節●[5]	따스한 봄철
庭下丁香千結●[6]	뜰 아래 정향나무의 수 없는 망울이 수심으로 맺혀서다.
宵霧散,	밤안개 흩어지며
曉霞輝。	새벽노을 환해지니
梁間雙燕飛。	들보 사이로 짝진 제비 나르네.

【주석】

1 夜闌(야란) : 밤이 다해가다.
2 春恨(춘한) : 춘수(春愁).
3 子規(자규) : 두견새. 啼月(제월) : 금수(禽獸)가 달빛 아래 울다.
4 偏(편) : 기어코, 꼭.
5 芳節(방절) : 따스한 봄철.
6 丁香千結(정향천결) : 셀 수 없이 많은 정향 망울. 여인의 맺힌 수심을 비유함.

【감상】

이별한 여인이 봄밤이 다해가도록 잠 못 이루며 그리워하는 정을 썼다.

상편은 봄밤 다해가나 그리움으로 잠들지 못함은 두견새가 달빛 아래 울고, 붉은 휘장 안에 등불이 외롭게 비쳐진 때문임을 썼다. 진정작은 ≪운소집≫ 권1에서 "'붉은 휘장엔 한 점 등불 비치네.'는 정말 기묘하여 내가 이것을 읽으면 왠지 모르게 눈을 부릅뜨고 멍하니 바라보며 어느새 실성해 한 바탕 울게 될 뿐이다. 나는 만천하 사람들이 이 구를 읽으면 또한 눈을 부릅뜨고 멍하니 바라보며 실성해 한 차례 울지 않을 수 없음을 안다!('紅紗一點燈'眞妙, 我讀之不知何故, 只是瞠目呆望, 不覺失聲一哭. 我知普天下世人讀之, 亦無不瞠目呆望失聲一哭也!)"라고 평하고는 다시, 이 "5자는 다섯 방울의 피다.(五字五點血.)"라고 평하였다. 이 5자에는 이별한 여인의 우수와 기다림이 응축된 때문이다.

하편은 방절(芳節)인 봄철에 이별한 상심을 썼다. "정하정향천결(庭下丁香千結)"은 바로 이별로 생긴 그리움이 정향 꽃망울같이 수 없는 상심으로 번져 감을 형상한 말이다. 주인공이 새벽이 되기까지 잠들지 못함은 원망이 깊어져선데, 새벽 오며 안개 걷히니 쌍으로 나는 제비가 들보 사이에 보임을 써 외로움을 배가시켰다. "양간쌍연비(梁間雙燕飛)" 구는 곧 자신의 고독을 비유한 표현이다.

이빙약은 <허장만기>에서 "모문석 사는 언사가 질박하고 순수하기에 맛은 적으나, 완약하면서도 원망이 많은 이 같은 사를 결코 대강 훑어볼 수 없음은 마땅히 그의 가장 뛰어난 작품인 때문이다.(文錫詞質直寡味, 如此首之婉而多怨, 決不槪見, 應爲其壓卷之作.)"라고 평하였다.

7-9-213 모문석

<접현빈 接賢賓>

香韉鏤幨五花驄。[1] 향그런 말안장과 수놓인 말다래를 얼룩말에 얹으니
值春景初融。[2] 봄 경치 막 무르익는 때인데
流珠噴沫躞蹀,[3] 구슬같이 흐르는 침방울 뿜으며 종종걸음으로 걸으나
汗血流紅。[4] 명마(名馬)인 한혈은 붉은 땀을 흘리네.

少年公子能乘馭,[5] 젊은 공자가 말 부릴 수 있어
金鑣玉轡瓏璁。[6] 금 장식 재갈과 옥 고삐는 짤그랑 소리 내는데
爲惜珊瑚鞭不下,[7] 산호 장식 채찍 아껴 채찍질 하지 않으니
驕生百步千蹤。[8] 의기양양함이 온 발걸음에서 생겨나네.
信穿花,[9] 꽃 덤불 마음대로 뚫고
從拂柳,[10] 버들가지 멋대로 스치며
向九陌追風。[11] 큰길 향해 바람 좇듯 달리네.

【주석】

1 香韉(향천) : 향기롭고 아름다운 말안장과 깔개. 鏤幨(누첨) : 아로새긴 말다래. 첨(幨)은 첨(韂)과 통하는 자로 말다래를 뜻함. 五花驄(오화총) : 청백색 얼룩무늬 말로, 국화청마(菊花靑馬)라고도 한다.

2 融(융) : 조화롭다. 막 봄이 된 때를 말한다.

3 流珠噴沫(유주분말) : 흐르는 구슬같은 침방울을 뿜는다. 噴沫(분말) : 침방울을 뿜다. 躞蹀(섭접) : 종종걸음으로 걷다. 접섭(蹀躞)과 같이 씀.

4 汗血流紅(한혈유홍) : 한혈(汗血)이란 명마는 붉은 땀을 흘린다. 한혈은 한(漢)의 서쪽에

있는 흉노 땅에서 나오는 명마(名馬) 이름이다.
5 乘馭(승어) : 부리다. 조종하다.
6 鑣(표) : 말의 재갈. 瓏璁(농총) : 금속이나 돌이 서로 부딪히는 소리. 곧 금 장식 재갈과 옥 고삐가 부딪쳐 내는 소리.
7 珊瑚鞭(산호편) : 화려하고 귀한 채찍. 不下(불하) : 투입하지 않는다. 곧 채찍질 하지 않다.
8 百步千蹤(백보천종) : 말이 의기양양하게 걷고 뛰는 자태를 형용한 말. 종(蹤)은 발자국.
9 信穿花(신천화) : 마음대로 꽃 덤불을 뚫고 지나가다.
10 從拂柳(종불류) : 제멋대로 버들가지를 스치다.
11 九陌(구맥) : 도성 가운데 큰길. ≪삼보황도 三輔黃圖≫ 권2에서 "한대(漢代) 장안성 가운데는 8가와 9맥이 있었다.(漢長安城中有八街九陌.)"라고 하였다. 追風(추풍) : 말이 빨리 달림을 비유함.

【감상】

한 필의 명마(名馬)가 득의한 모습을 형상해 귀한 말을 모는 소년의 멋진 자태와 기백을 상외(象外)로 엿보게 하였다.

상편은 봄날이 깊어가는 호시절에 장식이 화려한 명마가 종종 걸음으로 걷는 모습을 천식(韉飾), "유주분말(流珠噴沫)", "한혈(汗血)"과 같은 형상으로 부각하였다.

하편은 말을 모는 젊은 귀공자의 말 부리는 솜씨를 묘사하고 이 솜씨에 부응한 명마의 득의양양한 모습을 그렸다. 말이 멋지니 그 말을 모는 젊은이는 더욱 멋져 보임을 드러낼 수 있었다. 말을 잘 몰기에 채찍을 들지 않았어도 말이 바람을 좇듯 꽃 덩굴을 뚫고 버들을 스쳐 지나감을 부각하여 한혈(汗血)이란 명마의 득의한 자태를 엿보게 하였다.

이빙약은 <허장만기>에서 "심혈을 기울여 묘사했으나 생기는 결여되었다.(着意刻畫而缺生氣.)"고 평하였다.

7-10-214 모문석

<찬포자 贊浦子>

錦帳添香睡,　　　　비단 휘장에서 향 보태어 잠 자려고
金爐換夕薰。[1]　　　금빛 향로의 향을 저녁 훈향으로 바꾸고는
懶結芙蓉帶,[2]　　　부용 무늬 허리띠 마지못해 매고
慵拖翡翠裙。[3]　　　비취색 비단치마 나른히 끄네.

正是桃夭柳媚,　　　바로 복숭아꽃 돋고 버들잎 눈 뜨는 봄이 왔으니
那堪暮雨朝雲。[3]　즐거운 만남 뒤의 이별을 어떻게 견딜지!
宋玉高唐意,[4]　　　송옥이 <고당부>로 읊은 사랑을
裁瓊欲贈君。[5]　　　편지로 써 임께 드리리.

【주석】

1 金爐(금로) : 금빛 향로. 夕薰(석훈) : 저녁 향기. 편안한 잠을 위한 훈향(薰香).

2 懶結(나결) : 의욕 없이 매다. 나른히 매다. 慵拖(용타) 구 : 마음에 내키지 않는 듯이 땅에 끌리다.

3 那堪(나감) : 어찌 할 수 있나? 반문의 어기를 나타냄. 暮雨朝雲(모우조운) : 남녀 간의 애정 추구와 즐거운 만남 뒤의 이별을 비유한 말. <고당부 高唐賦> 중의 "해 뜨면 아침 비 되고, 날 저물면 지나는 구름 되어 아침마다 저녁마다 양대 아래에 있지요!(旦爲朝雨, 暮爲行雲. 朝朝暮暮, 陽臺之下!)"라는 구에서 유래함.

4 宋玉(송옥, B.C.298?-B.C.222?) : 초(楚)나라 사대부인 사부가(辭賦家). <고당부 高唐賦>를 지음. 위장 <청평악> 4수-3 주 참조. 高唐意(고당의) : 운우지의(雲雨之意)로 떨어질 수 없는 남녀 간의 사랑을 비유함.

5 裁瓊(재경) : 편지를 부치려 하다. 재(裁)는 재단하다. 경(瓊)은 경요(瓊瑤)로 남에게 주는 예물, 시문, 서신을 비유한다. 이선(李善)은 ≪문선≫에서 "경요는 상대방의 편지를 말한다.

경요로 보답함은 편지 씀을 이른다.(瓊瑤, 謂玉音也. 報之瓊瑤, 謂書也.)"고 주하였다.

【감상】

규방 여인이 상사의 고통을 원정(怨情)으로 그렸다.

상편은 규방 안 진열품과 여인의 복식을 형상해 심경이 평온치 않아 잠들기가 어려운 한 미인의 모습을 묘사하였다. 아름다운 여주인공이 게을러진 모습을 부각함으로써 고독과 적막한 내심 세계를 엿보게 하였다.

하편은 명미한 봄날을 함께할 사람이 없는 원(怨)을 토로한 뒤, <고당부>에서 연유된 운우지정을 써 사랑이 성취되길 바라는 염원을 술회하였다.

이 사는 필치가 섬세하고 사조(詞藻)는 화려하여 온정균과 같은 사풍을 보였으나 의경의 깊이는 미치지 못하는 듯하다.

이빙약은 <허장만기>에서 "풍족한 화려함이 자못 온정균을 닮았다.(繁麗頗似飛卿.)"고 평하였다.

7-11-215 모문석

<감주편 甘州遍> 2수-1 春光好

春光好, _{춘 광 호}	봄 풍경이 좋아
公子愛閑遊。 _{공 자 애 한 유}	귀공자가 한가히 노닐기 좋아함은
足風流。 _{족 풍 류}	풍류가 넉넉해선데
金鞍白馬, _{금 안 백 마}	금빛 안장 얹은 백마 타고
雕弓寶劍, _{조 궁 보 검}	조각된 활과 보검 차고
紅纓錦襜出長楸。[1] _{홍 영 금 첨 출 장 추}	붉은 관대와 관모 걸치고 비단 무릎 덮게 얹고 장추문을 나서네.

花蔽膝,[2] _{화 폐 슬}	꽃무늬 의복 가리개 얹고
玉銜頭。[3] _{옥 함 두}	옥 장식 말 재갈 물리고
尋芳逐勝歡宴, _{심 방 축 승 환 연}	꽃 찾고 승경(勝景) 찾아 즐거운 연회 여니
絲竹不曾休。 _{사 죽 부 증 휴}	관현악 연주는 일찍이 멈춘 적 없네.
美人唱, _{미 인 창}	미인이
揭調是甘州。[4] _{게 조 시 감 주}	높고 낭랑한 가락인 <감주곡>을 불러
醉紅樓。[5] _{취 홍 루}	붉은 누대에서 취함은
堯年舜日,[6] _{요 년 순 일}	태평성세로
樂聖永無憂。[7] _{낙 성 영 무 우}	영원히 근심 없는 성조(聖朝) 맞게 됨을 즐겨서네.

【주석】

[1] 紅纓(홍영) : 붉은색 관대(冠帶)와 관모(冠帽). 錦襜(금첨) : 비단으로 짠 무릎 덮게. 첨(襜)은 옷 앞면을 덮어 가리는 헝겊을 말한다. ≪이아·석기 爾雅·釋器≫ "첨(襜)"자 아래에 곽

박(郭璞)은 "지금의 무릎 덮개이다.(今蔽膝也.)"라고 주하였다. 長楸(장추) : 즐기며 노닐던 유원지. 장추(長楸)라고도 쓴다. 굴원(屈原) 이후 한대(漢代)에서는 장추(長楸)를 궁궐명으로 썼기에 여기서는 장추문으로 풀이했다.

2 蔽膝(폐슬) : 의복 앞면을 가리는 큰 천. 무릎을 가리는 헝겊.

3 銜頭(함두) : 말 재갈.

4 揭調(게조) : 높고 낭랑한 가락. 甘州(감주) : 당대의 교방(敎坊) 곡명. ≪당서·예악지 唐書·禮樂志≫는 "천보(天寶) 연간의 악곡은 모두 변경 땅을 그 명칭으로 삼았으니, 양주(凉州)·감주(甘州)·이주(伊州)와 같은 류이다.(天寶間樂曲, 皆以邊地爲名, 若凉州, 甘州, 伊州之類.)"라고 썼다.

5 紅樓(홍루) : 붉은색 누대가 있는 부귀한 집. 또는 여자의 거처.

6 堯年舜日(요년순일) : 태평성세.

7 樂聖(낙성) : 성조(聖朝)를 맞게 됨을 즐거워하다.

【감상】

<감주편 甘州遍>은 당(唐) 교방대곡적편명(敎坊大曲摘遍名)으로 후에 사조명(詞調名)으로 쓰였다. 감주(甘州)는 지명으로 서위(西魏) 때 설치되었다. 지금의 감숙성 장액(張掖) 지역이다. 주(州)의 동쪽에 감준산(甘峻山)이 있어 이를 지명으로 삼았다. 대곡(大曲)은 편(遍)이 많기에 <감주편>을 적편(摘遍)으로 썼다.

이 사는 백마 타고, 조궁(雕弓) 메고, 보검 차고, 당당한 기세로 아름다운 봄 경치를 찾아 노니는 젊은 귀공자의 유람을 다각적으로 포서(鋪敍)하였다. 태평성세에서 잔치를 벌이고 이를 감상하며 칭송하는 재간을 한껏 발휘해 묘사하였다. 파촉(巴蜀) 소왕조(小王朝)의 공덕을 찬미한 사이기에 사난에 또 나른 풍격을 형성힐 수 있었다. 비록 치밀한 포장(鋪張)을 보이지는 못했지만 가송(歌頌)하는 송(宋) 만사(慢詞)의 시원을 연 데서 그 의의를 찾을 수 있다.

탕현조는 탕평 ≪화간집≫ 권2에서 "화려한 수식은 육조를 좇았으나, 일종의 패기는 이미 송, 원 간에 선려궁(仙呂宮)에서 대석조(大石調)에 이르는 9궁과 청조(淸調), 평조(平調), 슬조(瑟調)인 3조의 문호를 열었다.(麗藻沿于六朝, 然一種覇氣, 已開宋元間九宮三調門戶.)"라고 평하였다.

7-12-216 모문석

<감주편 甘州遍> 2수-2 秋風緊

秋風緊, <small>추풍긴</small> 　　가을바람 세차지니

平磧雁行低.[1] <small>평적안항저</small> 　　사막에 기러기 나는 행렬 나직해지고

陣雲齊.[2] <small>진운제</small> 　　짙고 두터운 구름 층은 낮고 가지런한데

蕭蕭颯颯,[3] <small>소소삽삽</small> 　　쏴아, 쏴아

邊聲四起,[4] <small>변성사기</small> 　　변방 소리 사방에서 일기에

愁聞戍角與征鼙.[5] <small>수문수각여정비</small> 　　수루(戍樓)의 뿔나팔 소리, 출정하는 북소리를 시름겹게 듣네.

靑塚北,[6] <small>청총북</small> 　　왕소군 묘 북쪽

黑山西.[7] <small>흑산서</small> 　　흑산 서쪽은

沙飛聚散無定, <small>사비취산무정</small> 　　모래 날려 모였다가 흩어짐이 일정치 않기에

往往路人迷. <small>왕왕노인미</small> 　　자주 행인을 헤매게 하네.

鐵衣冷,[8] <small>철의냉</small> 　　철갑옷 차가운데

戰馬血沾蹄.[9] <small>전마혈첨제</small> 　　군마의 피가 발굽을 적시면서

破番奚,[10] <small>파번해</small> 　　오랑캐 무찔렀기에

鳳凰詔下,[11] <small>봉황조하</small> 　　천자가 조서를 내리시어

步步躡丹梯.[12] <small>보보섭단제</small> 　　붉은 섬돌 걸음걸음 밟네.

【주석】

1 磧(적) : 얕은 물 속의 모래와 자갈. 평적(平磧)은 끝없이 펼쳐진 사막. 雁行(안항) : 기러기 행렬.

2 陣雲齊(진운제) : 짙고 두터운 구름 층이 낮고 가지런하다.
3 蕭颯(소삽) : 비바람이 초목을 두드려 내는 소리. 쏴아.
4 邊聲(변성) : 변방 지역에서 나는 소리. 즉 뿔피리·북·말 울음·세찬 바람 소리 등을 말함.
5 戍角(수각) : 변방에 주둔하는 병사가 부는 화각(畫角)으로 신호를 보내는 나팔류이다. 화각(畫角)은 죽통 모양으로 대나무나 피혁으로 만들어 채색하였다. 鼙(비) : 고대에 군중에서 쓰던 작은 북. 기고(騎鼓)라고도 쓴다. 征鼙(정비) : 출정하는 북소리.
6 靑塚(청총) : 한대(漢代) 왕소군(王昭君)의 묘. 지금의 내몽고(內蒙古) 후허하오터(呼和浩特)시의 남쪽 20리쯤에 있다. 왕소군은 죽은 후, 흑하(黑河) 남안에 장사지냈다. 왕소군의 묘에는 연기와 안개가 자욱하여 수십 리 밖에서 아득히 보였기에 청총(靑塚)이라 함.
7 흑산(黑山) : 지금의 내몽고자치구(內蒙古自治區) 중 남부 린꺼얼(林格爾) 이북에 있는 산으로, 살호산(殺虎山)이라고도 칭한다.
8 鐵衣(철의) : 금속 조각 혹은 피혁으로 만든 갑옷.
9 沾蹄(첨제) : 발굽을 적시다.
10 番奚(번해) : 대부분 서북방(西北方)의 소수민족을 가리킨다. 해(奚)는 고대 소수민족의 하나로, 흉노(匈奴)의 다른 한 종족이다. 남북조(南北朝) 시기에 고막해(庫莫奚)라고 칭했으며, 시라무렌(西拉木倫) 강 근처 지역에 분포해 유목 생활을 하였다.
11 鳳凰詔(봉황조) : 천자의 공문. 고대 황제의 조서는 중서성(中書省)에서 발행한바, 중서성은 금원(禁苑) 안 봉황지(鳳凰池)에 있었기에 봉황조(鳳凰詔) 또는, 봉조(鳳詔)라고 칭하였다.
12 躡丹梯(섭단제) : 조정 앞 섬돌을 밟고 가다. 공훈을 세운 후 조정에서 군왕을 알현하고 승진함을 뜻한다. 躡(섭) : 밟다. 단제(丹梯)는 단지(丹墀)라고도 하는데, 궁전 앞 섬돌을 붉은색 칠로 장식한 데서 유래하였다.

【감상】

변새의 풍광 묘사 속에 장병들의 혈투로 최후의 승리를 거두어 승진하는 영광을 썼다.

상편은 구름 형상과 변새 소리를 매체로 변경 지역의 풍광을 그렸다. 가을바람 쏴쏴 소리 내고 변방의 화각 소리가 이따금씩 들려오는데, 출정하는 북소리가 사람의 마음을 재촉한다. 짙은 구름은 끝없는 사막 위로 깔렸고 기러기 무리는 낮게 난다. 이는 한 폭의 스산하고 긴장된 전장의 그림이다.

하편은 황량한 전장에서 비장한 전투 끝에 승리하여 천자를 알현하는 영광을 썼다. 첫

2구인 "청총북, 흑산서(靑塚北, 黑山西)"는 자연스럽게 대우를 이루며 변경 지역의 광활함을 그려낼 수 있었다. 다음 2구는 상편의 변경 형상을 부연한 묘사로 광활한 정도를 엿보게 하였다. "철의(鐵衣)" 2구는 목숨을 건 전투에서 사력을 다하는 모습을 그렸다. 끝 3구는 전쟁에서 승리하고 돌아와 조정에서 표창되어 승진하는 영광을 썼다.

이처럼 경계가 광활하고 비장한 사는 ≪화간집≫ 중에서 거의 보이지 않기에 신선함을 드러낸 걸작이라 할 만하다. 이 사는 송사에서 변새사(邊塞詞)의 시원이 되었다는 점에서 주목할 만하다.

진정작은 ≪사칙·방가집 詞則·放歌集≫ 권1에서 "공명으로 끝맺어 전사의 사기를 고취하였다.(結以功名, 鼓戰士之氣)라고 평하였다.

7-13-217 모문석

<사창한 紗窓恨> 2수-1 新春燕子還來至

新春燕子還來至	새봄 오니 제비 돌아와
一雙飛	짝지어 나니
壘巢泥濕時時墜[1]	둥지 짓는 진흙은 축축해 때때로 떨어져
浣人衣[1]	사람 옷 더럽히네.
後園裏, 看百花發,	후원 안에서 온갖 꽃 핌을 바라보니
香風拂, 繡戶金扉[2]	향그런 바람은 수놓은 문과 금빛 문고리 장식을 스치는데
月照紗窓,	달은 깁 드리운 창을 비추기에
恨依依[3]	한은 떠나지 않네.

【주석】

1 壘巢(누소) : 진흙 물어 둥지를 짓다.
2 浣(완) : 더럽히다.
3 金扉(금비) : 금빛 문고리로 장식된 문.
4 依依(의의) : 아쉬워하는 모양. 떠나지 않는 모습.

【감상】

규원(閨怨)을 썼다.

상편은 봄 제비를 맞았지만 그리운 임과 함께하지 못하기에 봄 제비가 반갑지 않은 심기를 드러냈다.

하편은 봄꽃, 봄바람, 봄 달을 묘사하면서 임이 옆에 있지 않은 한을 토로하였다. 언외지의(言外之意)를 드러내기보다는 실상 묘사에 치우쳤기에 경계를 출현시키지 못한 아쉬움이 남는다.

7-14-218 모문석

<사창한 紗窓恨> 2수-2 雙雙蝶翅塗鉛粉

雙雙蝶翅塗鉛粉, [1] 짝진 나비 날개에 분 바름은
咂花心。[2] 꽃술에서 꿀을 빨아선데
綺窓繡戶飛來穩, [3] 비단 드리운 창, 수놓은 문으로 날아와 멈추니
畫堂陰。 단장한 집 그늘이네.

二三月, 愛隨飄絮, 2, 3월은 날리는 버들솜 따르기 좋아하여
伴落花, 來拂衣襟。[4] 진 버들솜을 짝해 날개 앞부분을 스치고는
更剪輕羅片, [5] 날렵한 비단 조각 같은 날개 다시 접고
傅黃金。[6] 황금을 바르네.

【주석】

1 鉛粉(연분) : 연화(鉛華). 연(鉛)은 은백색 금속으로 분이 그 색과 같다. 얼굴에 바르는 백분.
2 咂(잡) : 빨다. 나비가 꿀을 채집함을 말한다.
3 綺窓(기창) : 정교하고 화려한 창문. 穩(온) : 멈추다. 움직이지 않다.
4 衣襟(의금) : 나비 날개 앞부분. 나비 날개인 접시(蝶翅)와 접의(蝶衣)는 같은 말이다.
5 剪(전) : 제거하다. 곧 나비가 날개를 접은 모습.
6 羅片(나편) : 나비 날개가 잘린 비단 조각 같음을 형용한 말. 傅黃金(부황금) : 황금을 바르다.

【감상】

나비를 영물하였다.

상편은 이동하고 있는 나비의 모습을 평면적으로 그렸다.

하편은 나비가 버들솜을 따라 날면서 떨어진 버들솜을 짝해 나비 날개 앞부분을 스치는 형상을 그려 다정함을 드러냈다. 정교한 날개를 접고 버들솜에 황금 분을 칠하는 모습으로 연민의 정을 보였다. 나비의 가볍고 얇은 날개를 "나편(羅片)"으로 형용하고 접은 날개 모습을 "전(剪)"으로 형상해 생동감을 드러냈으나, 나비 자체의 형상에 그쳤기에 경계를 출현시키지 못한 아쉬움이 남는다.

탕현조는 탕평 ≪화간집≫ 권2에서 "'잡(咂)' 자는 날카롭고, '온(穩)' 자는 타당하나, 달리 좋아할 만한 구가 없다.('咂'字尖, '穩'字妥, 他無可喜句.)"고 평하였다. 이는 곧 형상감을 보인 경(景)은 있으나 함축을 보인 정(情)이 드러나지 않았음을 지적한 말이다.

심웅(沈雄)은 ≪고금사화 古今詞話≫ 권2에서 "모문석 사는 대체로 균일하여 모희진에 미치지 못하지만, 그가 지은 <사창한>은 칭송할 만하다.(毛文錫詞, 大致勻淨, 不及熙震, 其所撰, <紗窓恨>, 可歌也.)"고 평하였다.

7-15-219 모문석

<유함연 柳含煙> 4수-1 隋堤柳

隋^수堤^제柳^류,¹	수제의 버들은
汴^변河^하旁^방。²	변하 곁으로
夾^협岸^안綠^녹陰^음千^천里^리,	언덕을 끼고 천 리에 녹음 드리웠기에
龍^용舟^주鳳^봉舸^가木^목蘭^란香^향。³	용주와 봉가(鳳舸)는 목란 향기 풍기며
錦^금帆^범張^장。	비단 돛을 펼쳤네.
因^인夢^몽江^강南^남春^춘景^경好^호•	강남의 봄 경치 좋음을 꿈꿨기에
一^일路^로流^유蘇^소羽^우葆^보•⁴	뱃길 내내 술 장식 달린 깃털 파라솔로 치장했다.
笙^생歌^가未^미盡^진起^기橫^횡流^류。⁵	생황 반주 노래 다 하지 못했음은 물길 순탄치 않아서니
鏁^쇄春^춘愁^수。⁶	수제 버들은 봄 수심을 가뒀네.

【주석】

1 隋堤(수제) : 수(隋) 양제(煬帝) 때, 통제거(通濟渠), 한구(邗溝) 운하를 개통하며, 하안(河岸)을 따라 둑을 쌓고 버들을 심었음으로 이를 수제(隋堤)라 함. 위장 <하전 河傳> 첫 수 참조.

2 汴河(변하) : 통제거(通濟渠) 동단(東段)으로 당대(唐代)에 변하라고 부름. 변수(汴水), 변거(汴渠)라고도 하였다.

3 龍舟(용주) : 용 모양으로 장식된 배. 鳳舸(봉가) : 봉황 모양으로 장식된 큰 배.

4 一路(일로) : 전 여정(旅程). 연도(沿途). 流蘇(유소) : 마차나 휘장 등에 드리운 술 장식. 羽葆(우보) : 새의 깃털을 연결하여 장식한 어가(御駕)의 일산(日傘).

5 笙歌(생가) : 생황 반주에 맞추어 부르는 노래. 橫流(횡류) : (물이 범람하거나 세차게 흘러) 물길이 순조롭지 않다. 천하의 대란을 암시함.

6 鑠春愁(쇄춘수) : 쇄춘수(鎖春愁). (수제의 버들이) 봄 수심을 가두다. 쇄(鎖)는 자물쇠로 잠그다.

【감상】

   수제의 버들이 그 당시처럼 무성하게 자라는 경상을 빌려 수(隋) 양제(煬帝)의 황음(荒淫)을 풍자하였다.

   상편은 수제의 버들이 무성한 가운데, 수 양제가 비단 돛에 용처럼 장식한 배를 타고, 변하(汴河)를 떠감이 화려함의 극치에 이르렀음을 형상하였다.

   하편은 수 양제의 황음이 국사(國事)를 그르치게 한 원인이 되었음을 풍유하였다. "인몽(因夢)" 2구는 수 양제의 변하 유람이 이전에는 없었던 탐욕에 빠진 사치스러운 나들이로 망국의 원인임을 풍자하였다. "생가(笙歌)" 2구는 우아한 멋을 전하지만, 수나라가 번영에서 멸망에 이르기까지의 역사적 교훈을 남겼기에 현실적 의의가 크다. 특히 "쇄춘수(鑠春愁)" 3자는 첫 구 "수제류(隋堤柳)"와 호응하면서 버들이 흥망하는 역사의 서글픔을 안고 있음을 함축했기에 울림이 크다.

7-16-220 모문석

<유함연 柳含煙> 4수-2 河橋柳

河橋柳,^{하 교 류}¹　　　　황하를 건너는 다리 곁 버들은
占芳春。^{점 방 춘}　　　　싱그런 봄을 누려
映水含煙拂路,^{영 수 함 연 불 로}²　　물에 비치면서 안개 머금고 길을 스치지만
幾回攀折贈行人。^{기 회 반 절 증 행 인}　　몇 번이었나! 가지 꺾어 행인에게 주었기에
暗傷神。^{암 상 신}　　　　남몰래 마음 상했음이.

樂府吹爲橫笛曲●^{악 부 취 위 횡 적 곡}³　악부 횡적곡인 <절양류> 불어
能使離腸斷續●^{능 사 이 장 단 속}　이별한 애간장 끊겼다가 이어지게 했으니
不如移植在金門。^{불 여 이 식 재 금 문}⁴　금마문(金馬門) 있는 황궁으로 버들 옮겨 심어
近天恩。^{근 천 은}⁵　　　황제 은혜를 가깝게 함만 못하리.

【주석】

1　河橋(하교) : 고대에 황하를 건넜던 교량명.
2　拂路(불로) : 길을 스치다. 불로진(拂路塵)은 길의 먼지를 털다라는 뜻이다.
3　橫笛曲(횡적곡) : 악부가사 중의 횡취곡사(橫吹曲辭)를 말함. <절양류곡 折楊柳曲>은 이 곡사에 속해 있다.
4　金門(금문) : 금마문(金馬門)으로 한대(漢代) 궁궐 문 이름. 곧 천자가 지내는 황궁.
5　天恩(천은) : 황제의 은혜.

【감상】

버들가지 꺾이며 송별에 늘 동반되기도 하고, <절양류 折楊柳> 곡에 애간장 끊이기도 하는 처량한 버들을 금마문 있는 황궁으로 옮겨 심어 황제의 은총에 다가가게 할 수 있기를 바라는 소망을 썼다.

하교(河橋) 가의 버들을 제재로 삼아 상심이 끊이지 않던 궁녀와 그와 같은 처지에 놓인 사람들의 애상(哀傷)을 함축하였다. 동시에 불우한 신세를 자상(自傷)하는 모습을 언외로 드러낼 수 있었다.

7-17-221 모문석

<유함연 柳含煙> 4수-3 章臺柳

章臺柳, _{장대류}	장대 거리의 버들은
近垂旒。[1] _{근수류}	드리운 깃발의 비단 띠를 가까이하며
低拂往來冠蓋,[2] _{저불왕래관개}	오가는 관원의 관복과 수레를 나직이 스치는데
朦朧春色滿皇州。[3] _{몽롱춘색만황주}	흐릿한 봄빛은 도성에 가득하고
瑞煙浮。[4] _{서연부}	상서로운 구름은 떠 있네.
直與路邊江畔別●[5] _{직여노변강반별}	줄곧 길가와 강변 따라 이별하기에
免被離人攀折● _{면피이인반절}	이별하는 사람에게 당겨 꺾이기는 면하지만
最憐京兆畫蛾眉。[6] _{최련경조화아미}	제일로 사랑스런 모습은 경조윤 장창이 그린 고운 눈썹 같은
葉纖時。[7] _{엽섬시}	잎 가냘픈 때의 버들이라네.

【주석】

1 章臺(장대) : 한대(漢代) 장안(長安)의 거리 이름. 노래하고 춤추던 누대가 있던 곳으로, 버들이 많았다. 당대(唐代) 시인 한웅(韓翃, 생졸 미상)은 기녀 유씨(柳氏)와 연애하였는데, 후에 유씨를 도성에 두고 내려간 뒤, 3년을 보지 못하였다. 한웅이 시를 지어 "장대의 버들이여, 장대의 버들이여! 지난날 푸르고도 푸르렀거늘 지금도 그대로인지? 설령 긴 가지 지난날처럼 드렸다 해도 응당 남의 손에 꺾였으리!(章台柳, 章台柳! 昔日靑靑今在否? 縱使長條似舊垂, 也應攀折他人手!)"라고 읊었다. 垂旒(수류) : 드리워진 깃발의 비단 띠. 유(旒)는 깃발 위에 매어 드리운 비단 띠.
2 冠蓋(관개) : 관원의 관복(冠服)과 수레.
3 皇州(황주) : 도성.
4 瑞煙(서연) : 상서로운 구름. 도성을 둘러싼 채색 구름.

5 與(여) : ~를 따라, ~을 좇아.
6 京兆畫蛾眉(경조화아미) : 여기에서는 장창(張敞)이 아내를 위해 눈썹을 그려주었음을 말한다. 장창이 경조윤(京兆尹)을 지냈기에, 벼슬로 이름을 대신해 썼다. 우교(牛嶠) <보살만> 7수-3 주 참조. 蛾眉(아미) : 가늘고 길게 곡선을 넣어 그린 눈썹.
7 葉纖時(엽섬시) : 버들잎 가냘픈 때. 곧 장창이 그린 아미 같은 눈썹이 바로 가늘고 긴 버들잎 모양일 때가 가장 아름다웠다고 비유하였다.

【감상】

장대(章臺)의 버들을 빌려 처지에 따라 각자가 부동(不同)한 대우를 받게 됨을 풍자하였다.

장대류(章臺柳)는 제왕을 가깝게 대할 수 있는 데다가 왕래하는 사람들도 모두 귀족들이기에 자연히 영화를 입기 마련이지만, 그래도 장창이 그린 눈썹 모습이 되기를 바랐다.

하지만 제멋대로 자라는 강변의 버들인 하교류(河橋柳)는 전송의 증표로 꺾이는 신세를 면할 수 없기에 장대의 버들과는 대조를 이뤘다. 곧 버들이 어디서 자라느냐에 따라 버들의 신세가 달라짐을 부각하면서 경성 가기(歌妓)나 무녀(舞女)의 신세를 우의함으로써 같은 처지에 놓인 이들에 대한 깊은 동정을 보일 수 있었다.

장창(張敞)이 부인의 미모를 드러내기 위해 그린 눈썹 모습을 봄에 새로 돋는 장대의 싱그러운 버들잎에 비유해 그때의 장대류 버들이 가장 사랑스러움을 강조한 솜씨가 돋보인다.

7-18-222 모문석

<유함연 柳含煙> 4수-4 御溝柳

御溝柳,¹ (어구류)	궁정 도랑가 버들이
占春多。 (점춘다)	봄을 거의 차지함은
半出宮牆婀娜² (반출궁장아나)	궁 담을 반쯤 나가, 아리땁게 나부끼니
有時倒影蘸輕羅。³ (유시도영잠경라)	물에 비친 그림자가 엷은 비단 같은 버들잎을 담그고는
麴塵波。⁴ (국진파)	담황빛 물결 이따금씩 일으켜서네.
昨日金鑾巡上苑●⁵ (작일금란순상원)	지난날 황제가 상원을 순유(巡遊)함에
風亞舞腰纖軟●⁶ (풍아무요섬연)	바람 낮게 불어 무요 같은 버들가지 가늘어 유연했음은
栽培得地近皇宮。 (재배득지근황궁)	재배에 적합한 토양을 얻음이 황궁에 가까워서였으니
瑞煙濃。 (서연농)	상서로운 안개는 짙었네.

【주석】

1 御溝柳(어구류) : 궁원(宮苑) 안에 황실이 심은 버드나무. 어구(御溝)는 금원(禁苑) 안에 흐르는 도랑이다. 서진(西晉) 최표(崔豹) ≪고금주 古今注≫는 장안(長安)의 어구(御溝)는 종남산(終南山)의 물을 끌어들여 궁 안을 지나게 한 도랑으로 "금구(禁溝)"라고 칭한다고 주하였다.

2 婀娜(아나) : 부드럽고 가늘어 아리따운 모습.

3 有時(유시) : 이따금. 倒影(도영) : 수면에 비친 그림자. 蘸輕羅(잠경라) : 가벼운 비단 같은 버들잎을 물속에 담그다. 잠(蘸)은 물이나 기타 액체 속에 담그다. 곧 가벼운 비단 같은 버들잎이 물속에 비친 모습을 비유함.

4 麴塵(국진) : 담황색. 누룩에서 생긴 세균이 담황색을 띠어 유래된 색깔 명.

5 金鑾(금란) : 황제가 타는 수레. 원래 뜻은 당대(唐代) 대명궁 안의 금란전(金鑾殿)으로 제

왕이 조회하던 곳이다. 곧 황제를 비유함. 上苑(상원) : 제왕이 수렵하기 위한 정원.
6 亞(아) : 낮추다. 감추다. 舞腰(무요) : 춤을 춰 움직이는 허리. 纖軟(섬연) : 섬세하며 유연한.
7 得地(득지) : 성장에 적합한 토양을 얻다.

【감상】

경성(京城) 어구(御溝)의 버들을 읊었다.

상편은 어구 버들이 거의 봄 전부를 독차지하는 존재로 받들면서 버들의 아름답고 유연한 자태를 형상하였다. 특히 물에 비친 버들 빛이 곱고도 여유로운 모습을 풍류 넘치도록 형상하였다. 봄 정취를 대변하는 풍류를 "출궁장아나(出宮牆婀娜)", "도영잠경라(倒影蘸輕羅)", "국진파(麴塵波)"라는 연속된 영상체로 생동감 넘치게 그려 그 풍류에 흠뻑 젖어들게 하였다.

하편은 어구의 버들이 상원(上苑)에 수렵 나온 황제의 수레를 환영하는 모습을 그리면서 버들의 유연한 자태가 황궁의 토양에서 배양된 것임을 일깨웠다. 버들가지가 바람에 부드럽게 휘날릴 수 있었음은 궁성 담 안에 심겨져 늘 상서로운 기운을 받을 수 있어서였다. 따라서 부러움을 살만함이 당연함을 언외로 드러낼 수 있었다.

이 사는 어구 버들이 풍류를 읊으면서 황제의 총애를 받는 모습을 형상해 작자 자신이 은총을 입어 출세하기를 바라는 뜻을 은근히 기탁한 듯하다.

7-19-223 모문석

<취화간 醉花間> 2수-1 休相問

休相問。[1]	묻지 말게!
怕相問。	묻는 게 두려움은
相問還添恨。	물으면 한이 또 더해져선데
春水滿塘生,	봄 강물로 연못물 가득해지니
鸂鶒還相趁。[2]	비오리는 다시 서로를 좇네.
昨夜雨霏霏,[3]	어젯밤 비 흩날려
臨明寒一陣。[4]	새벽 오며 한바탕 차가워졌기에
偏憶戍樓人,[5]	수루 지키는 임이 유달리 생각났지만
久絶邊庭信。[6]	오래도록 변경 소식 끊으셨네!

【주석】

1 休(휴) : 금지나 하지 말라는 뜻을 지닌 부사.
2 鸂鶒(계칙) : 비오리. 相趁(상진) : 서로 좇으며 놀다.
3 霏霏(비비) : 가랑비가 흩날리는 모양.
4 臨明(임명) : 날이 밝으려 하다.
5 偏憶(편억) : 특히 생각하다. 戍樓人(수루인) : 변방 망루(望樓) 위의 병사. 변경에 주둔한 병사.
6 邊庭(변정) : 변경(邊境). 국경이 가까운 지대.

【감상】

부인이 변경(邊境)으로 출정한 남편을 그리워하는 정을 그렸다.

상편은 임 소식을 묻는 두려움을 봄 연못에 짝지어 노는 비오리 모습으로 해소해갔다. 첫 2구에서 "휴(休)", "파(怕)"를 대조시켜 "상문"(相問)"을 연이어 쓴 뒤, 제3구에서 다시 "상문"을 써 부인이 지닌 그리움과 실망을 분명히 말했다. 뒤 2구는 비오리가 서로를 좇으며 봄 연못에서 즐겁게 노니는 경상을 그려 처량하고도 한스러운 정을 은밀히 감추었다.

하편은 지난밤에 비 내려 생긴 새벽 한기로 외로움이 가중됨을 엿보게 하고는 수루를 지키는 남편이 소식을 전해오지 않는 데서 오는 고통을 견디기 어려움을 썼다. 말은 쉽고 평범하게 적었으나, 정은 깊고 진지하기에 감화력을 보일 수 있었다.

황주이는 ≪찬앵무사화≫에서 "≪화간집≫ 모문석 31수 중, 나는 단지 <취화간> 후단 '어젯밤 비 흩날려'라는 몇 마디 말을 좋아한다. 정감과 경상이 기이하지 않음은 정상적인 중복을 바꾸지 않은 데다 말은 담백하고 진실되게 묘사했고 정감은 온유한 데다 침착함도 보여서이다.(≪花間集≫毛文錫 三十一首, 余祇喜其<醉花間>後段 '昨夜雨霏霏' 數語. 情景不奇, 寫出正複不易, 語淡而眞, 亦輕情, 亦沈着.)"라고 평하였다.

7-20-224 모문석

<취화간 醉花間> 2수-2 深相憶

深^심相^상憶^역。　　　　깊게 그리워하지만
莫^막相^상憶^역。　　　　그리워하지 말아야 함은
相^상憶^억情^정難^난極^극。[1]　　그리는 정은 다함 없어선데
銀^은漢^한是^시紅^홍牆^장,[2]　　은하는 바로 붉은 담장으로
一^일帶^대遙^요相^상隔^격。[3]　　허리띠 같은 은하는 아득히 서로 떨어져 있네.

金^금盤^반珠^주露^로滴^적。[4]　　금 쟁반엔 진주 이슬 방울지고
兩^양岸^안楡^유花^화白^백。　　은하 양쪽 연안엔 느릅나무 꽃 환한데
風^풍搖^요玉^옥佩^패淸^청,[5]　　바람이 옥패를 흔들어 맑은 소리 내니
今^금夕^석爲^위何^하夕^석。[6]　　오늘 밤은 어찌 된 밤인지!

【주석】

1 難極(난극) : 다함이 없다.
2 銀漢(은한) : 은하(銀河). 紅牆(홍장) : 붉은 담장. 홍장벽와(紅牆碧瓦)로도 쓴다.
3 一帶(일대) : 한 조각의 띠. 곧 은하수.
4 金盤(금반) : 금 쟁반. 한(漢) 무제(武帝)가 백량대(柏梁臺)를 짓고 높이가 20장(丈), 둘레가 10아름 되는 동주(銅柱)를 세웠는데 위에는 선인(仙人)이 손에 금 쟁반을 들고 있어 사람들이 이슬을 받아 옥가루와 함께 마셔 선인이 되기를 구했다는 전설에서 유래하였다.
5 玉佩(옥패) : 옥으로 된 고리 모양 노리개. 淸(청) : 맑고 그윽한 소리.
6 今夕爲何夕(금석위하석) : 오늘 밤은 어찌 된 밤인지! 곧 꿈속에서 사랑하는 이를 만난 기쁨을 함축하였다. ≪시경·당풍·주무 詩經·唐風·綢繆≫편에 "오늘 밤이 어찌 된 밤이기에 우리 임을 만났나!(今夕何夕, 見此良人!)"라는 구가 보인다.

【감상】

사랑하는 연인을 만나지 못해 괴로워하다가 끝내는 그 임을 꿈에서 만난 기쁨을 썼다. 필법은 앞의 사와 거의 비슷하다. 주인공의 성(性)은 모호하나 남성으로 봄이 설득력을 지닐 듯하다.

상편은 "은한(銀漢)"과 "홍장(紅牆)"을 대우(對偶)로 쓰면서, 지척에서 바라보나 통(通)하기 어려운 상황을 그렸다. 곧 견우직녀라는 전설을 차용해 주인공이 애태우는 처지를 엿보게 하였다.

하편은 꿈의 경계를 썼다. 첫 "금반(金盤)" 2구는 꿈속에서 본 은하의 추경(秋景) 묘사로 선경(仙境)과 같다. "풍요(風搖)" 구는 임이 도래하는 꿈속의 광경 묘사이며, 끝구 "금석위하석(今夕爲何夕)!"은 상봉시의 비할 데 없는 기쁨을 느낀 대로 쓴 탄성(歎聲)이다. 이같은 해후의 탄성은 ≪화간집≫에서 압권이라 할 만하다.

탕현조는 탕평 ≪화간집≫ 권2에서 "만든 말이 기묘하여 우뚝함은 실현할 수 없는 멋진 말을 꺼리지 않아서다.(創語奇聳, 不嫌高調.)"라고 평하였다.

진정작의 ≪운소집≫ 권1은 "앞 장의 시작하는 필봉이 절주에는 맞았지만, 끝맺는 필봉은 앞 장보다 더욱 뛰어났다.(與上章起筆合拍, 結筆尤勝上章.)"라고 평하였다.

진정작의 ≪사칙·한정집 詞則·閒情集≫은 "표현하려는 작자의 의취(意趣)가 고아하다.(筆意古雅.)"라고 평하였다.

7-21-225 모문석

<완계사 浣沙溪> 2수-1 春水輕波浸綠苔

春水輕波浸綠苔。 봄 강의 잔잔한 물결은 푸른 이끼로 스며들고
枇杷洲上紫檀開。[1] 비파 섬 가의 자단목은 꽃 피었는데
晴日眠沙鸂鶒穩,[2] 갠 날 모래톱에서 잠든 비오리가 평온함은
暖相偎。[3] 따스히 서로에게 바싹 기대서이네.

羅襪生塵遊女過,[4] 비단 버선이 먼지 일으킴은 놀러 나온 여인이 지나다가
有人逢著弄珠回。[5] 누군가를 우연히 만나 노리개 구슬 돌려주어선데
蘭麝飄香初解佩。[6] 난향과 사향 향기 떠돎은 막 패대(佩帶) 풀어주고
忘歸來。 돌아오길 잊어서네.

【주석】

1 枇杷洲(비파주) : 비파주(琵琶洲)로 써야 한다. ≪일통지 一統志≫에는 "비파주는 요주(饒州) 여간현(餘幹縣) 소재 남쪽 강 가운데 있는데, 모래로 둘러싸여 된 섬으로 모양이 비파 같다.(琵琶洲在饒州餘幹縣治南水中, 擁沙成洲, 狀如琵琶.)"라고 하였다. 그 옛터는 강서성(江西省) 여간현 남쪽 신강(信江) 가운데 있다. 紫檀(자단) : 상록수로, 높이는 5~6장(丈 : 3.33m)이고 화관(花冠)은 나비 모양에 붉은빛을 띠며, 무거워 물에 가라앉기에 귀중한 목재로 쓰인다.
2 穩(온) : 움직이지 않다.
3 偎(외) : 친근하게 기대다.
4 羅襪(나말) : 비단 버선. 노니는 여인이 지날 때, 비단 버선 위로 물안개가 끼다. 塵(진)은 먼지구름이다. 조식(曹植, 192-232) <낙신부 洛神賦>는 "물결 위를 걷는 듯 사뿐한 걸음걸이라 비단 버선이 튕기는 수포가 먼지를 일으키는 듯하네.(淩波微步, 羅襪生塵.)"라고 읊었다. 이선(李善)은 "물결 위를 걸음에 버선이 먼지를 일으킴은 신과 사람이 다름을 말한

것이다.(淩波而襪生塵, 言神人異也.)"라고 주하였다. 遊女(유녀) : 출유(出遊)한 여자. 또는 한수(漢水)의 여신.
5 弄珠(농주) : 가지고 노는 진귀한 구슬. 한고이녀(漢皐二女) 고사를 말한다. ≪한시외전 韓詩外傳≫에 의하면 주(周) 왕조 때 정교보(鄭交甫)가 한고대(漢皐臺) 아래에서 이녀(二女)를 만나니 두 여자가 패대를 풀어주었다고 한다. 위장 <완계사> 5수-4 주 참조.
6 蘭麝(난사) : 난향과 사향. 귀중한 향료로 잘 알려짐. 飄香(표향) : 따스한 기류에 날려 전해지는 향기. 解佩(해패) : 패대 장식을 풀다. 유향 ≪열선전·강비 이녀 列仙傳·江妃 二女≫의 "두 여인은 정교보를 보자, 패대의 옥을 풀어 그에게 주었다.(二女兒見鄭交甫, 解所佩之珠而贈之.)"는 고사에서 유래된 전고임.

【감상】

청춘남녀가 교외 물가에서 첫눈에 서로 반해 사랑의 증표를 주고받은 환희를 추억하였다.

상편은 교외 물가의 "푸른 이끼(綠苔)", "비파주(琵琶洲)", "자단목(紫檀木)", "맑게 갠 날(晴日)", "비오리(鸂鶒)" 등을 열거해 길조(吉兆)를 예시하였다. 특히 다음 2구에서 "면사(眠沙)", "난상외(暖相偎)"로 남녀 간의 사랑의 정을 은유하면서 하편을 열었다.

하편은 물가에서 봄을 즐기는 젊은 남녀가 서로 만나 첫눈에 반해 정표로 선물을 주고받으면서 돌아오길 망각한 모습을 썼다. 첫 2구는 비파주에서 선녀처럼 노니는 여인이 남자를 우연히 만나 농주(弄珠)를 돌려주며 첫눈에 반한 형상을 그렸다. 끝 2구는 그 여인에게 반한 남자가 귀한 보물인 "난사(蘭麝)", "해패(解佩)"로 보답하며 돌아옴을 잊은 모습을 부각하였다.

첫눈에 서로 반해 생긴 남녀의 정을 청려(淸麗)한 의상(意象)으로 드러냈기에 신비한 가운데 끝없는 상상을 일으키게 한다. 물가에서 봄놀이하면서 남녀가 첫눈에 반해 쓰인 애정시는 ≪시경≫의 <주남·한광 周南·漢廣>, <정풍·진유 鄭風·溱洧>, <진풍·겸가 秦風·蒹葭> 등에서 소박한 정감으로 묘사되었으나 이 사는 신비한 색채를 더했기에 낭만성이 짙다.

7-22-226 모문석

<완사계 浣溪沙> 2수-2 七夕年年信不違

七夕年年信不違。[1]　　매년 칠석마다 믿음을 저버리지 않아선지
銀河淸淺白雲微。　　은하수 맑아 얕고, 흰 구름 희미한데
蟾光鵲影伯勞飛。[2]　달빛에 비치는 까치 그림자 속에 때까치 날아가네.

每恨蟪蛄憐婺女,[3]　쓰르라미가 직녀를 가련히 여김을 번번이 한스러워해
幾回嬌妒下鴛機。[4]　비단 짜는 직조기에서 뾰로통해져 내려옴이 몇 번이었던지?
今宵嘉會兩依依。　　오늘 밤 즐거운 만남이라 두 사람 헤어지지 못하네!

【주석】

1 七夕(칠석) : 음력 7월 7일 밤. ≪형초세시기 荊楚歲時記≫에 의하면, 은하수 동쪽에 직녀(織女)가 있었으니 그녀는 천제(天帝)의 손녀딸로, 해마다 직조기로 구름 비단을 천의(天衣)로 짜내었다. 천제는 직녀가 홀로 지냄을 안타까워하여 은하수 서쪽의 견우랑(牽牛郞)에게 시집가기를 허락하였으나, 직녀가 시집간 후 곧 베짜기를 그만두었기에 천제는 이에 노하여 은하수 동쪽으로 돌아가 매년 7월 7일 밤에만 은하수를 건너 만나게 했다고 전한다. ≪풍속기 風俗記≫에는 직녀가 칠석에 은하수를 건너려 할 때, 까치에게 다리를 놓게 했다고 한다.

2 蟾光鵲影(섬광작영) : 달빛에 까치 그림자가 비치다. 伯勞(백로) : 때까치. 격(鵙), 결(鴂)이라고도 한다. ≪시경·빈풍·칠월 詩經·豳風·七月≫에는 "칠월에 때까치 우네(七月鳴鵙.)"라는 구가 있다. 모전(毛傳)에서는 "격은 백로이다(鵙, 伯勞也.)"라고 하였다.

3 蟪蛄(혜고) : 쓰르라미. 매미의 일종. 주둥이가 길고 황록색으로 여름·가을에 운다. 婺女(무녀) : 28수의 하나로, '여수(女宿)'라는 별자리의 명칭. 곧 직녀성. ≪예기·월령 禮記·月令≫에는 "음력 4월에 해는 서방의 필수(畢宿)에 있고, 황혼 시에는 남방 익수(翼宿) 중간에 있고, 다음날 여명 전에는 북방 무녀수(婺女宿)의 중간에 있다.(孟夏之月, 日在畢, 昏翼中, 旦婺女中.)"고 기록하였다. ≪사기·천관서 史記·天官書≫는 "무녀수는 은하수 북쪽의 직

녀성이다.(婺女, 其北織女.)"라고 썼다.
4 嬌妒(교투) : 뾰로통하다. 鴛機(원기) : 비단 짜는 직조기.

【감상】

견우와 직녀가 칠석날 서로 만나는 전설을 쓴 뒤, 한 쌍의 젊은 남녀가 만나는 기회가 적음을 한스러워하면서 "가회(嘉會)"의 기쁨을 술회하였다.

상편은 칠석날 밤 은하수 옅고, 달빛이 오작교를 비치는 속에 때까치가 날아감을 써 "가회"를 위한 복선을 놓았다. "은하청천백운미(銀河淸淺白雲微)" 2구는 첫째 구의 "신불위(信不違)"를 실현키 위한 배경 묘사로 그 경계가 광활하고 형상감이 선명하여 견우직녀의 즐거운 만남을 기대케 하였다.

하편은 직녀가 평소의 만남은 한 번이고 늘 헤어져 있어야 하는 원한을 쓴 뒤, 칠석날 밤 만나게 되는 기쁨을 술회하였다. 특히 "혜고(螇蛄)", "무녀(婺女)" 같은 명칭을 인격화하여, 만남은 적고 이별은 많은 데서 오는 그윽한 한(恨)을 형상함으로써 그리움에서 오는 고통의 정도가 극심함을 살피게 하였다. 하지만 끝구에서 "가회양의의(嘉會兩依依)"라고 끝을 맺었기에 "가회"의 기쁨을 배가시키는 효과를 거둘 수 있었다.

이빙약은 <허장만기>에서 "뜻은 쉽고 표현도 평범하기에 초를 씹은듯 무미건조한 맛이다.(意淺辭庸, 味如嚼蠟.)"라고 평하였다. 이 평은 사의 구성이 평면적으로 단조롭게 전개된 면을 지적한 말로 보인다.

7-23-227 모문석

<월궁춘 月宮春>

水晶宮裏桂花開。[1] / 월궁인 수정궁에 계수나무 꽃 피어
神仙探幾回。 / 신선 찾음이 몇 번이었는지!
紅芳金蕊繡重臺。[2] / 노란 꽃술 한 붉은 꽃이 한 가지에서 두 송이로 곱게 피었기에
低傾瑪瑙杯。[3] / 마노 술잔 낮게 기울이네.

玉兔銀蟾爭守護。[4] / 옥토끼와 두꺼비가 달을 다퉈 지키는데
姮娥姹女戲相偎。[5] / 항아와 미녀는 희롱으로 서로 친숙해져
遙聽鈞天九奏,[6] / 중천(中天)의 선악(仙樂)인 구성악을 아득하게 듣기에
玉皇帝看來。 / 옥황상제가 보러 오시네.

【주석】

1 水晶宮(수정궁) : 월궁(月宮)을 말한다. 桂花開(계화개) : 계수나무의 꽃은 음력 8~9월에 피는데, 심폐로 스며드는 계화 꽃향기는 정신을 맑게 한다. 달 속에는 월계(月桂)·계백(桂魄)이 있다고 한다.

2 紅芳(홍방) : 붉은 꽃. 重臺(중대) : 한 가지에서 핀 두 꽃송이.

3 瑪瑙(마노) : 미세한 석영(石英) 결정이 조밀하게 집합하여 이룬 덩어리로 옥수(玉髓)라고도 함. 노리개를 만드는 데 쓰임.

4 玉兔銀蟾(옥토은섬) : 옥토끼와 세 다리를 가진 두꺼비. 월궁(月宮)에 산다는 신화속 동물. 부함(傅鹹, 239-294) <의천문 擬天問>에서는 "달 속에 무엇이 있나? 옥토끼가 약을 찧고 있지!(月中何有? 玉兔搗藥!)"라고 하였다.

5 姮娥(항아) : 항아(嫦娥). 서한 유안(劉安, B.C.179-B.C.122)의 ≪회남자 淮南子≫에 따르면 항아가 봉몽(逢蒙 : 후예后羿의 제자)의 핍박을 받자, 서왕모가 항아의 남편인 후예에게 주었다는 불사약을 몰래 훔쳐 먹고 달로 달아나 달 속에서 약을 찧는 두꺼비가 되었다고

한다. 姹女(차녀) : 미녀. 소녀. 탈속하여 신비스러움 속에 낭만 색채를 띠는 여성. 차(姹)는 아름답다는 뜻이나, 도가의 외단(外丹) 술어로 주사(朱砂)를 뜻한다. 동한(東漢) 때, 연단(煉丹) 이론가인, 위백양(魏伯陽, 151-221)은 ≪참동계 參同契≫ 권 하에 "황하 변의 차녀는 영성이 제일로 신령하여, 만족하면 날게 되어 속세를 보지 못한다.(河上姹女, 靈而最神. 得火則飛, 不見埃塵.)고 썼고, ≪후한서·오행지 後漢書·五行志≫에서는 "하간의 차녀는 돈을 셈하는 데 능하여 돈으로 집을 짓고 금으로 방을 꾸몄다.(河間姹女工數錢, 以錢爲室 金爲堂.)"고 기술하였다. 相偎(상외) : 서로 친숙하다.

6 鈞天(균천) : 천제(天帝)가 사는 중천(中天)을 말함. 균(鈞)은 평(平)의 뜻으로, 천제는 사방(四方)의 주인이기에 '균천'이라 하였다. 곧 균천광악(鈞天廣樂)의 약어로 천상의 우미하고 웅장한 음악을 말함. 九奏(구주) : 구성악(九成樂)인 선악(仙樂)을 지칭함. ≪주례·춘관 周禮·春官≫에서는 "아홉 번 연주로 끝나기에 이를 '구성악'이라 하였다.(九奏乃終, 謂之九成.)"고 하였다. 玉皇(옥황) : 천제(天帝)의 칭호로, '옥제(玉帝)'라고도 한다. 천국을 주재하는 왕.

【감상】

환상 속의 월궁(月宮)인 수정궁을 묘사해 천상과 같은 신비스러운 생활을 해보고 싶은 갈망을 우의하였다. 이런 소망은 무의식적으로 유발된 것이나, 급제에 대한 열망이 숨겨져 있다. 중세에는 과거급제를 "달 속의 계수나무를 꺾다(月中折桂)"라는 말로 비유한 때문이다. "요청균천구주(遙聽鈞天九奏)" 구는 이와 같은 소망을 함축하였다.

이 사에 인용된 "월궁(月宮)", "계화(桂花)", "금예(金蕊)", "중대(重臺)", "균천(鈞天)", "구주(九奏)", "옥황(玉皇)" 등과 같은 용어에는 군주에 충성하며 나라에 공명(功名)을 세우고 싶어 하는 열망이 녹아 있다. 특히 "옥토, 은섬(玉兔, 銀蟾)", "헝아, 차녀(姮娥, 姹女)"와 같은 용어를 써 월궁에 대한 동경을 낭만적으로 그린 점은 화간사의 풍격과 차별되는 화면이다.

7-24-228 모문석

<연정심 戀情深> 2수-1 滴滴銅壺寒漏咽

|滴滴銅壺寒漏咽^{.1}| 똑똑 떨어지는 동 물시계 소리 차갑게 흐느끼는데
醉紅樓月^{.2}| 붉은 누대로 뜬 달에 취했다.
宴餘香殿會鴛衾。³| 향그런 전각에서 연회 끝나 원앙금침에서 만남은
蕩春心。⁴| 이성을 그리는 마음이 흔들려서네.

眞珠簾下曉光侵。⁵ 진주 장식 주렴 아래로 새벽빛 다가오는데
鶯語隔瓊林。⁶ 꾀꼬리 울음은 선경(仙境)을 사이한 듯.
寶帳欲開慵起,⁷ 치장한 휘장 열어 노곤하게 일어남은
戀情深。 연정이 깊어서였네.

【주석】

1 寒漏咽(한루열) : 차가운 물시계 물방울이 흐느끼며 떨어지다.
2 醉紅樓月(취홍루월) : 붉은 누대 위에 뜬 달빛에 취하다. 紅樓(홍루) : 층으로 된 화려한 누대. 부귀한 여자, 혹은 여자가 거처하는 곳. 귀족이 사는 부귀한 집.
3 香殿(향전) : 본래는 불전(佛殿)을 말하나 여기서는 귀가(貴家)의 거처를 말함. 會鴛衾(회원금) : 원앙 이불 안에서 환락을 누리다.
4 蕩春心(탕춘심) : 이성을 그리는 마음을 흔들다.
5 眞珠(진주) : 진주(珍珠). 侵(침) : 다가오다.
6 瓊林(경림) : 경수(瓊樹)로 덮인 숲. 선경(仙境)을 형용하는 경상. 꽃나무의 미칭.
7 慵起(용기) : 노곤하게 일어나다.

【감상】

　사패(詞牌)에 부합되게 남녀의 합환지락(合歡之樂)을 썼다.

　상편은 홍루(紅樓)에 뜬 달빛에 취한 가을밤, 연회가 끝나자 원앙금에서 동침(同寢)하게 된 연유를 썼다.

　하편은 합환의 즐거움을 나눈 날이 밝자, 연정(戀情)이 한층 깊어졌음을 "용기(慵起)" 2자로 밝혔다. 전체 사의 분위기가 통속적이나 사랑의 행각을 별 수식 없이 그렸기에 생동감을 전할 수 있었다.

　사패(詞牌) 명칭인 "연정심(戀情深)" 3자를 끝구로 쓴 시도는 화간 사인 중 모문석이 처음이다.

7-25-229 모문석

<연정심 戀情深> 2수-2 玉殿春濃花爛熳

玉殿春濃花爛熳。¹ 화려한 전각에 봄빛 짙어 꽃 눈부시게 곱기에

簇神仙伴。² 신선 같은 미녀를 모아 짝으로 삼았는데

羅裙窣地縷黃金。³ 비단치마의 황금빛 치마끈 땅에 끌면서

奏淸音。⁴ 청월(淸越)한 악곡을 연주하네.

酒闌歌罷兩沉沉。⁵ 술자리 다하고 노래 그쳐 양쪽 모두 고요해지니

一笑動君心。⁶ 생긋 웃어 임의 마음 감동시킴은

永願作鴛鴦伴, 원앙 같은 짝으로

戀情深。 연정이 깊어지길 영원토록 바라서네.

【주석】

1 玉殿(옥전) : 화려한 대청. 爛熳(난만) : 눈부시다. 선명하고 아름답다.
2 簇神仙伴(족신선반) : 한 무리의 신선 같은 미녀를 모아 짝하다.
3 窣地(솔지) : 땅 위를 끌다. 窣(솔) : 천천히 걷는 모습. 縷黃金(누황금) : 황금빛 실로 장식된 치마끈.
4 奏淸音(주청음) : 청월(淸越)한 악곡을 연주하다. 악부의 일종인 청상악(淸商樂)을 연주하다.
5 酒闌歌罷(주란가파) : 주연(酒筵)이 다해 노래를 마치다. 兩沉沉(양침침) : 술자리와 가무가 끝나 분위기가 고요해지다.
6 一笑(일소) : 생긋 웃다.

【감상】

사패(詞牌)의 뜻과 같이 춘일(春日)의 연정을 그렸다.

앞의 사가 가을의 연정 묘사라면, 이 사는 화창한 봄날의 연정 묘사이다.

상편은 미녀와 함께한 봄날 연회의 정경을 그렸다.

하편은 연회가 끝난 뒤 적막을 깨는 환한 미소가 연정을 깊게 하는 계기가 되길 바라는 심경을 묘사하였다. 연정을 끌어내기 위해 애교 속에 웃는 장편을 보는 듯이 펼쳤다. 특히 상편 제2구에 쓴 "신선(神仙)" 2자가 전 사를 이끌어 간 특징을 살필 수 있다.

이빙약의 <허장만기>는 2수의 사를 "사패(詞牌)대로 알기 쉽게 부연했으나 정취는 어린 애들 유희 같다.(緣題敷衍, 味若塵羹.)"고 평하였다.

7-26-230 모문석

<소충정 訴衷情> 2수-1 桃花流水漾縱橫

桃花流水漾縱橫。[1]	복사꽃 흐르는 물 이리저리 출렁이고
春晝彩霞明。	봄날 대낮은 채색 노을 선명한데
劉郎去,	유신(劉晨)은 떠났고
阮郎行。[2]	완조(阮肇)도 갔기에
惆悵恨難平。[3]	서글픈 한을 가다듬기 어렵네.
愁坐對雲屛。[4]	운모 병풍 마주해 근심스레 앉아서
算歸程。	돌아오실 노정(路程)을 헤아리지만
何時攜手洞邊迎[5]	어느 때 동굴 가에서 손 맞잡고 맞이해
訴衷情。	속마음 털어 놓을지!

【주석】

1 漾(양) : 출렁거리다.
2 劉郎(유랑), 阮郎(완랑) : 유신(劉晨)·완조(阮肇)를 말함. 위장 <사제향> 주 참조.
3 惆悵(추창) : 서글프다.
4 雲屛(운병) : 운모(雲母)로 장식한 병풍. 색채가 선명하고 밝아 부귀한 집의 장식품으로 쓰인다.
5 洞邊(동변) : 유신(劉晨)·완조(阮肇)가 선녀를 만난 무릉도원(武陵桃源) 속의 동굴가.

【감상】

　유신(劉晨)과 완조(阮肇)가 천태산(天台山)에서 채약(採藥)하다가 두 선녀를 만난 고사를 인용해, 소녀가 정인(情人)을 그리는 심경을 절실하게 그렸다.

　상편은 이별의 슬픔을 아름다운 경치로 묘사함으로써 상심한 모습을 더욱 짙게 그려낼 수 있었다.

　하편은 상사(相思)에서 온 우수를 돌아올 날을 진지하게 꼽아보는 어리석은 모습으로 형상했기에 진정성을 보일 수 있었다. 특히 마지막 2구를 묻는 말로 씀으로써 사랑의 감정을 진지하고도 절실하게 드러낼 수 있었다.

　이 사도 사조명 3자를 끝구로 쓴 특징을 보였다.

7-27-231 모문석

<소충정 訴衷情> 2수-2 鴛鴦交頸繡衣輕

鴛鴦交頸繡衣輕。¹ 원앙이 목을 엇대어 의지한 화려한 깃털은 가볍고
碧沼藕花馨。² 쪽빛 못의 연꽃은 향기 멀리 풍기는데
偎藻荇,³ 물가 풀에 바싹 의지해
映蘭汀。⁴ 향초를 비추는 작은 섬은
和雨浴浮萍。⁵ 보슬비가 부평초를 씻고 있네.

思婦對心驚。⁶ 그리움에 빠진 부인이 마음에 들어 놀람은
想邊庭。⁷ 변경에 계실 임 떠올려선데
何時解佩掩雲屏。 어느 때 패대(佩帶) 풀고 운모 병풍치고서
訴衷情。 속마음 털어놓을지?

【주석】

1 繡衣(수의) : 원앙 목의 화려한 깃털.
2 沼(소) : 연못. ≪운회 韻會≫는 "둥글면 못이라 하고, 굽으면 소라 한다(圓曰池, 曲曰沼)"라 하였다. 馨(형) : 멀리까지 퍼지는 향기. ≪상서·주고 尙書·酒誥≫는 "기장은 향기내지 않으나, 맑은 덕만이 향기를 풍긴다.(黍稷非馨, 明德惟馨.)"라고 하였다.
3 偎(외) : 바싹 의지하다. 藻荇(조행) : 수초(水草). 행(荇)은 마름(荇菜)이다. 다년생 초목 식물로, 잎은 원형이고, 수면에 뜨며, 뿌리는 물 아래에서 자라고, 꽃은 노랗다.
4 映蘭汀(난정) : 향초를 비추는 작은 섬.
5 和雨(화우) : 보슬비. 세우(細雨).
6 對心(대심) : 마음과 뜻이 서로 합치하다. 마음에 들다.
7 邊庭(변정) : 변지(邊地). 장소로 사람을 대신하니, 변방의 수자리를 지키는 남편을 말함.

【감상】

젊은 부인이 연못 위의 다정한 원앙과 못가의 경상을 보고 먼 변경에서 수자리 든 남편을 그리는 심경을 절실하게 그렸다.

상편은 벽소(碧沼)에서 노니는 원앙이 목을 비비며 기댄 모습과 작은 섬 주변으로 수초(水草)들이 봄비를 맞으며 싱그럽게 자라는 경상을 그려, 젊은 부인에게서 남편을 그리는 정이 촉발됨을 썼다. 특히 "외조행(偎藻荇)" 3구는 여주인공이 임을 그리는 정을 청려(清麗)한 경치로 그렸기에 순수한 애정을 더욱 짙게 드러낼 수 있었다. 탕현조는 상편을 몽경(夢境) 묘사로 보았다.

하편은 젊은 부인이 변경의 수자리에 든 남편을 그리워하는 정을 느낀 그대로 썼다. 끝 2구는 남편과 함께 하기를 바라는 소망을 절실하게 그렸다.

탕현조는 탕평(湯評) ≪화간사≫ 권2에서 "정처 없는 강변에서 임 그리는 안방 여인의 몽경이기에 보통 규방 여인의 원망에 그치지 않는다.(無定河邊, 春閨夢裏, 不止尋常閨怨.)"고 평했다.

이 사는 벽소의 우경(雨景)을 배경으로 당대(唐代) 규원시의 의경을 출현시켰기에 섬세하면서도 은근한 맛을 전한다.

7-28-232 모문석

<응천장 應天長>

平江波暖鴛鴦語●¹   바람 멎은 강 수면 따스해져 꾸룩꾸룩 원앙 우는데
兩兩釣船歸極浦●²   둘 둘씩 짝진 낚시 배는 아득히 먼 물가로 돌아간다.
蘆洲一夜風和雨●   갈대 섬에 밤 내내 비바람 치기에
飛起淺沙翹雪鷺●³   물 얕은 모래에서 발돋움한 백로가 날아오른다.

漁燈明遠渚●   고깃배 등불은 먼 물가를 환히 비추건만
蘭棹今宵何處●⁴   목란 배는 오늘 밤 어디서 정박하나?
羅袂從風輕擧●⁵   비단옷 소매가 부는 바람 따라 가볍게 나부끼니
愁殺采蓮女●⁶   연밥 따는 여인은 매우 시름겹다.

【주석】

1 平江(평강) : 바람 멎어 물결 고요한 강의 수면.
2 極浦(극포) : 머나먼 물가.
3 雪鷺(설로) : 백로(白鷺). 翹(교) : 발돋움하다.
4 蘭棹(난도) : 목란 배. 노의 뜻인 도(棹)에 배란 뜻이 있다. 곧 그리워하는 이가 탄 배.
5 羅袂(라메) : 비단옷 소매.
6 愁殺(추살) : 매우 근심스럽다. 살(殺)은 동사나 형용사 뒤에 쓰여 정도가 매우 심함을 나타낸다.

【감상】

연밥 따는 여자의 이별 후의 수심을 썼다. 매 구를 측성운에 따라 압운함으로써 불편한 심기를 드러냈다.

상편은 연밥 따는 여자가 강 물결 따스해져 원앙 지저귀는 곳에서 연밥을 딴 후, 배를 타고 짝지어 돌아가는 배의 주위 경관을 묘사했다. 첫 구는 연밥 딴 후, 배를 타고 여자가 사랑스러운 모습으로 순조롭게 채련(採蓮)할 수 있는 수면을 묘사했다. 다음 "양량(兩兩)" 구는 연밥 따는 여자와 젊은 어부가 즐겁게 만난 뒤의 돌아감을 쓰면서 사랑이 깊어진 정감을 숨겨놓았다. 끝 2구는 돌아가면서 바라본 갈대 섬의 모습으로 두 사람이 떠난 뒤의 쓸쓸함을 상외(象外)로 그렸다.

하편은 두 사람의 이별을 썼다. "어등(漁燈)" 2구는 여주인공이 어부와 한 이별이 창망(蒼茫)함을 그렸다. 특히 "목란 배는 오늘 밤 어디서 정박하나?(蘭棹今宵何處?)" 구는 유영 <우림령 雨淋鈴> 중의 "오늘 밤 술 깨는 곳 어딘가?(今宵酒醒何處?)"라는 명구를 연상시키니 그 상관성을 살펴볼 만하다. 끝 2구는 여주인공이 옷소매에 눈물을 훔치며 멀리 떠나가는 남자를 바라보나, 그가 탄 배가 보이지 않는 데서 온 극도의 수심을 그렸다.

황주이는 ≪찬앵무사화≫에서 "'고깃배 등불은 먼 물가를 환히 비추건만, 목란 배는 오늘 밤 어디서 정박하나?'라는 구절에 유영(柳永)은 '오늘 밤 술 깨는 곳 어딜까? 버들 늘어선 언덕에서 새벽바람 불며 달 지는 때이리!'라고 말했다. 모문석 사는 간명하고 소박하면서도 정감과 풍경을 두루 갖추었지만, 후세인은 단지 유영 사만 노래 할 수 있을 뿐이니, '안다는 것은 또한 쉽지 않다.'는 말은 참으로 옳은 말이다.('漁燈明遠渚, 蘭棹今宵何處?' 柳屯田云, '今宵酒醒何處, 楊柳岸, 曉風殘月!' 毛詞簡質而情景具足, 後人但能歌柳詞耳. '知者亦不易.' 誠哉是言.)"라고 평하였다.

7-29-233 모문석

<하만자 河滿子>

紅粉樓前月照,[1]	여인 사는 누대 앞엔 달 비치고
碧紗窓外鶯啼。	푸른 비단 창밖엔 꾀꼬리 우는데
夢斷遼陽音信,[2]	변방 요양 소식에 꿈을 깨니
那堪獨守空閨。	빈 규방 어찌 홀로 지킬지!
恨對百花時節,	온갖 꽃 피는 시절이 와
王孫綠草萋萋。[3]	임 떠나실 때 무성했던 녹색 풀을 한(恨)으로 마주했네!

【주석】

1 紅粉樓(홍분루) : 여인이 지내는 거처.
2 夢斷(몽단) : 꿈을 깨다. 遼陽(요양) : 요수(遼水)의 북쪽. 곧 요녕성(遼寧省) 요양시(遼陽市) 지역으로 남편이 출정해 지키는 땅. 音信(음신) : 소식, 기별, 편지.
3 王孫(왕손) : 귀족 자제. 귀한 임. 상대방의 존칭. 草萋萋(초처처) : 봄풀이 무성한 모양. 회남왕(淮南王) 유안(劉安, B.C.179-B.C.122)의 <초은사 招隱士>에 "왕손 같은 임 노닐면서 돌아오시질 않는데, 봄풀은 자라 무성하네.(王孫遊兮不歸, 春草生兮萋萋.)"라는 구가 보인다. 봄풀은 무성히 자라 임 떠날 때 모습이나, 임은 때가 되었어도 돌아오지 않는 아쉬움을 노래하였다.

【감상】

　근심에 잠긴 부인이 변방 요양(遼陽)으로 떠난 남편에 대한 그리움을 썼다.

　첫 2구는 사람, 경물, 사건, 등을 모두 대구(對句) 형식으로 정경(情景)이 어우러지게 그려 부인의 고적한 심경을 드러냈다. "홍(紅)", "벽(碧)"의 색채대(色彩對)와 "월조(月照)", "앵제(鶯啼)"인 경상대(景象對)는 보고, 들리는 아름다운 경관을 입체적으로 그려냈기에 부인의 시름을 배가할 수 있었다. 끝 4구는 부인의 꿈이 요양에 이르렀으나, 꿈 깬 후에는 여전히 빈 규방인 데다, 존귀한 남편을 전송할 때 무성했던 녹색 풀만 눈앞에 여전한 모습임을 씀으로써 그리운 심경을 절실히 우의할 수 있었다. 보이는 경상을 실상대로 그려 그리운 정을 애처롭게 드러낸 솜씨가 돋보인다.

7-30-234 모문석

<무산일단운 巫山一段雲>

雨霽巫山上,[1] 무산 위로 비 개이니
雲輕映碧天。 구름은 엷어 푸른 하늘 비추는데
遠風吹散又相連。[2] 멀리서 바람 불어 구름 흩으나 또 이어지는
十二晚峰前。[3] 황혼녘 무산 12봉 앞이네.

暗濕啼猿樹, 비구름은 원숭이 우는 숲을 남몰래 적시고
高籠過客船。[4] 지나가는 나그네 배를 높게 감싸면서
朝朝暮暮楚江邊,[5] 아침마다 저녁마다 초강 변으로
幾度降神仙。 신선을 강림시킴이 몇 번이었는지!

【주석】

1 雨霽(우제) : 비가 그치고 날이 개다.
2 遠風(원풍) 구 : 멀리서 불어오는 바람이 운무(雲霧)에 불어 운무가 때로는 흩어졌다 모였다 함을 그렸다.
3 十二傍晚峰(십이방만봉) : 황혼녘 무산 12봉. 황보송(皇甫松) <천선자 天仙子> 2수-1 주 참조.
4 高籠(고롱) 구 : 고롱(高籠)은 높게 감싸다. 곧 양 기슭으로 높은 산봉우리 우뚝 솟고 그 아래로 나그네 태운 배가 지나감을 묘사하였다.
5 朝朝暮暮(조조모모) : 매일 아침 매일 저녁으로, 매일매일. <고당부 高唐賦> 중 "첩은 무산의 북쪽 높은 언덕 험지에서 해 뜨면 아침 비 되고 해지면 지나는 비가 되어 아침마다 저녁마다 양대 아래에 있지요.(妾在巫山之陽, 高丘之阻, 旦爲朝雲, 暮爲行雨, 朝朝暮暮, 陽臺之下.)"에서 인용됨. 애정이 잠시도 떠날 수 없음을 비유한 말이다.

【감상】

무산(巫山)의 운기(雲氣) 변화로 아름다운 경상이 연출됨을 그리면서 그리운 사람을 만날 수 없는 원망을 담았다.

상편은 비 갠 무산으로 멀리서 바람 불어와 구름을 흩어내지만 이를 다시 연이어주는 곳이 바로 황혼녘 무산 12봉 앞임을 부각해 신비한 경관이 연출됨을 상상케 하였다.

하편은 무산 12봉의 운우(雲雨)가 조석으로 신선을 강림케 하여 기다리는 임을 만나게 한다는 <고당부>의 전고를 써, 역으로 그리운 사람을 만날 수 없는 주인공의 서글픈 심경을 언외(言外)로 드러냈다. 첫 구는 비가 내릴 때, 둘째 구는 구름이 지날 때의 주위 경관 묘사로 비와 구름이 지닌 은근한 정을 함축한 묘미를 보였다.

정은 깊고 경계가 아득하고 몽롱하기에 모문석의 사 중에서 상품(上品)이라고 할 만하다.

남송(南宋) 섭몽득(葉夢得, 1077-1148)은 "세심함으로 정묘함에 이르렀기에, 곧장 신선 묘사의 정상에 이르렀다.(細心微詣, 直造蓬萊頂上.)"고 평하였다.

탕현조는 탕평 ≪화간집≫ 권2에서 이상은(李商隱) 절구 <유감 有感> 중의 "<고당부>가 쓰인 뒤로, 무산운우(巫山雲雨)를 족히 의심할 만했네.(一自高唐賦成後, 楚天雲雨盡堪疑.)"라는 구절을 인용하고 탕현조는 "참으로 그렇다.(信然.)"고 동조하였다.

진정작의 ≪운소집 雲韶集≫ 권1은 "신기하고 기이한 빛이 헤어졌다가 합침은 고당 신녀의 모습과 동류이다.(神光離合, 高唐神女之流亞也.)"라고 평하였다.

이빙약의 <허장만기>는 "'원풍취산' 2구는 연기와 운무가 멀리서 가물거리는 듯한 정취를 매우 잘 드러냈기에, 아름다운 구로 칭송할 만하다. 하편은 지나치게 침착하고 알참이 아쉬울 뿐이다.(遠風吹散二句, 甚有煙雲縹緲之致. 可稱佳句. 惜下半闋又過于着實耳.)"라고 평하였다.

7-31-235 모문석

<임강선 臨江仙>

暮蟬聲盡落斜陽。 저녁 매미 소리 다하며 석양 드니
銀蟾影掛瀟湘。[1] 달 그림자는 소강과 상강에 걸렸네.
黃陵廟側水茫茫。[2] 황릉묘 곁 강물은 아득한데
楚山紅樹,[3] 초산의 붉은 꽃나무는
煙雨隔高唐。[4] 안개비 속에 '고당'을 막았네.

岸泊漁燈風颭碎,[5] 연안에 댄 어선의 등불은 바람에 흔들려 부서지고
白蘋遠散濃香。 흰 부평초는 짙은 향기를 멀리 흩네.
靈娥鼓瑟韻淸商。[6] 상수의 신이 구슬픈 <청상곡>조를 타니
朱弦凄切,[7] 거문고 현은 처량한 소리 내어
雲散碧天長。 구름 흩어지니 푸른 하늘 끝이 없네.

【주석】

1 銀蟾(은섬) : 달의 별칭. 瀟湘(소상) : 소강(瀟江)과 상강(湘江)을 합친 말로 호남성(湖南省)을 흐른다.
2 黃陵廟(황릉묘) : 옛터는 지금의 호남 상담(湘潭) 부근에 있다. ≪통전 通典≫에서는 "상음현(湘陰縣)에는 황릉(黃陵)이란 지명이 있는데, 즉 순(舜) 임금의 이비(二妃)가 묻힌 곳이다.(湘陰縣有地名黃陵, 卽虞舜二妃所葬.)"라고 하였다. 순임금은 남순(南巡)하다가 창오(蒼梧)에서 죽어, 두 비(二妃 : 아황娥皇, 여영女英)가 상수(湘水)에 투신해 순부(殉夫)하자 장사지내고, 상수 가에 산을 만들어 사당을 짓고 두 비의 제사를 올렸다. ≪사기·오제본기五帝本紀≫의 "황제가 웅상에 올랐다.(黃帝登熊湘.)"는 기록에 따라 사람들은 상(湘)을 상산(湘山)이라고 불렀고, 황제(黃帝)가 상에 등림한 까닭에 그 산을 황릉산(黃陵山)이라

고 칭했으며, 이비사(二妃祠)를 처음으로 상산사(湘山祠)로 부르고 또 황릉묘(黃陵廟)로도 칭하였다.
3 紅樹(홍수) : 붉은 꽃이 무성하게 핀 나무.
4 高唐(고당) : 초왕(楚王)의 수렵지인 운몽택(雲夢澤) 안의 누대 명칭. 송옥의 <고당부 高唐賦>에 이선(李善)은 "≪한서≫의 '운몽택에 고당이란 언덕이 있는데, 이 부는 아마도 그 일을 가설해 방탕한 생활로 생긴 미혹을 풍간하였다.'라고 쓴 주(≪漢書≫注曰 : 雲夢中高唐之臺, 此賦蓋假設其事, 風諫淫惑也.')"를 인용하였다.
5 颭(점) : 바람이 불어 흔들리다.
6 靈娥(영아) : 상령(湘靈). 상수(湘水)의 신. 장필의 <임강선> 주 참조. 鼓瑟(고슬) : 거문고 타다. 영아고슬(靈娥鼓瑟)은 ≪초사·원유 楚辭·遠游≫ 중의 "상수의 여신으로 거문고를 뜯게 하니, 해신(海神)인 해약(海若)을 하백(河伯)인 풍이와 함께 춤추게 해 흥을 돕네.(使靈娥鼓瑟兮, 令海若舞馮夷.)"에서 차용한 의상으로 애원(哀怨)한 정조를 연계시켰다. 韻淸商(운청상) : 음조가 구슬픈 청상원곡(淸商怨曲). ≪사보 詞譜≫에서 "고악부에 청상곡사가 있음은, 그 음조가 매우 구슬프기에 취하여 명칭으로 삼아서다.(古樂府有淸商曲辭, 其音多哀怨, 故取以爲名.)"라고 하였다.
7 朱絃(주현) : 삶아 익힌 명주실로 만든 거문고 현. 정현(鄭玄)은 ≪순자·예론 荀子·禮論≫ "주현은 완만하다.(朱絃而疏越也.)" 구에 "주현은 생사(生絲)를 삶아 부드럽게 만든 현으로, 삶고 염색하는 공정을 거치면 탁한 소리를 낸다.(朱絃, 練朱絃, 練則聲濁.)"고 주하였다. 淒切(처절) : 몹시 처량하다. 처참하다.

【감상】

초산(楚山)과 상강(湘江)의 황혼 경상을 빌려 원망하는 듯 흠모하는 듯, 흐느끼는 듯 호소하는 듯한 상령(湘靈)의 원(怨)을 우의하였다.

상편은 늦가을 안개비 속의 소강과 상강의 쓸쓸한 석양의 경관을 그렸다. 첫 3구는 소강, 상강으로 석양 들며 흰 달 그림자 비치고, 황릉묘(黃陵廟) 곁으로는 강물만 끝없이 흐르는 쓸쓸한 경상을 그렸다. 다음 2구는 초산의 홍수(紅樹)가 연우(煙雨) 속에서 고당과 떨어져 있음을 부각하여 <고당부>가 지닌 서글픈 전설을 회상케 하였다.

하편은 상강의 황혼 경상을 배경으로 상수 여신인 상비(湘妃)가 비파를 탄 전설을 그려, 원망하는 듯 흠모하는 듯한 애상을 드러냈다. 첫 3구는 현재 상강 연안의 고깃배 등불은 바람에 부서지고 "백빈(白蘋)"은 짙은 향을 멀리 흩어내는 황혼녘의 서글픈 경관을 부각하여 상비가 청상곡을 타는 모습을 연상케 하였다. 이런 광경은 상편에서 그린 황릉묘 앞 연무 자욱한 석양의 수면과 융화되었기에 신비한 색채를 더하게 되었다. 끝 2구는 청상곡의 특성을 "운산(雲散)", "벽천장(碧天長)"으로 형상함으로써 이 가락의 대미(大尾)가 끝없는 우수로 빠져들게 됨을 실감케 하였다.

전 사의 의상은 표묘(縹緲)하고, 정취는 미망(迷惘)하여 적선(謫仙)이 일탈(逸脫)한 것 같은 광활한 의경을 출현시킬 수 있었다.

8

우희제 牛希濟

11수

우희제牛希濟

우희제(872?-?)는 적도(狄道: 감숙성 임조 臨洮) 사람으로 전촉(前蜀) 우교(牛嶠, 생졸미상)의 조카이다. 내란을 피해 전촉으로 들어가 우교에 의지해 통정(通正) 원년 916년에 기거랑(起居郞)을 하다가 한림학사(翰林學士), 어사중승(禦史中丞)으로 승진하였다. 전촉이 망하자 왕연(王衍)을 따라 후당(後唐)으로 들어갔다. ≪십국춘추 十國春秋≫에 의하면 천성(天成, 926-929) 초, 후당(後唐) 명종(明宗)이 <촉주항당 蜀主降唐> 시를 짓게 명했으나 우희제는 다만 자질구레하게 썼을 뿐, 군왕을 비방하지 않았기에 명종의 칭송을 받아 옹주절도부사(雍州節度副使) 직을 받았다고 한다. 그 후의 관직은 살필 길이 없다. 사적은 ≪감계록 鑒戒錄≫ 권7, ≪태평광기 太平廣記≫ 권158, ≪십국춘추 十國春秋≫ 권44 본전에 보인다. 우희제 사는 ≪화간집≫에 11수가 수록되었고, ≪사림만선 詞林萬選≫에 1수가 선록 되었기에 모두 12수가 전한다.

우희제 사는 정경(情景) 묘사에서 조탁한 흔적이 없고 심오한 감정을 진실하게 표현하였기에 청신(淸新)한 사풍을 보일 수 있었다.

이빙약(李冰若, 1899-1938)은 <허장만기>에서 그의 사를 "사필이 청준하고 아름답기에 숙부인 우교보다 뛰어났다. 고아함은 위장에 가깝지만 백묘에 더욱 능했다.(詞筆淸俊, 勝於乃叔, 雅近韋莊, 尤善白描.)"고 평하였다.

육간여(陸侃如, 1903-1978), 풍원군(馮沅君, 1900-1974) 공저 ≪중국시사 中國詩史≫ 권3에서 "우희제와 우교는 비록 숙질 사이이나, 그들의 작풍은 오히려 크게 다르다. 우교는 문채의 화려함을 좋아했고, 우희제는 자연스러움을 숭상하였다.(他和牛嶠雖是叔姪, 但他們的作風卻大異. 嶠喜藻麗, 希濟則尙自然.)"고 평하였다.

8-1-236 우희제

<임강선 臨江仙> 7수-1 峭碧參差十二峰

峭碧參差十二峰。[1]	들쑥날쑥 험준한 청, 흑색 12봉우리는
冷煙寒樹重重。	싸늘한 안개와 차가운 나무에 겹쳐졌는데
瑤姬宮殿是仙蹤。[2]	무산신녀 사당은 선인의 종적이라서
金爐珠帳,[3]	금향로에 구슬 장식 휘장 드리워졌거늘
香靄晝偏濃。[4]	향불 연기는 대낮에도 유달리 짙네.
一自楚王驚夢斷,	초 왕이 놀라 꿈 깬 뒤로
人間無路相逢。	인간 세상에서 서로 만날 길 없었기에
至今雲雨帶愁容。[5]	지금의 비구름도 근심스런 모습 띠었는데
月斜江上,	달 기운 강 위로
征棹動晨鍾。[6]	멀리 가는 배 떠나가니 새벽종 울리네.

【주석】

1 峭碧(초벽) : 산세가 높고 험준하여 청흑색을 띠다. 參差(참치) : 높낮이가 가지런하지 않다.
2 瑤姬(요희) : 송옥에 의하면 요희는 천제(天帝)의 막내딸로 출가하기 전에 죽어 무산(巫山)의 남쪽에 묻었다고 하였다. 혹은 서왕모의 딸이라고도 한다. 여기서는 무산신녀(巫山神女)를 지칭함. 仙蹤(선종) : 선인의 종적(蹤跡).
3 金爐珠帳(금로주장) : 금제 향로와 구슬로 엮은 휘장으로 선가(仙家)의 장식품.
4 香靄(향애) : 향불 연기. 애(靄)는 안개.
5 雲雨(운우) : 남녀 간의 애정 결합을 상징함. 愁容(수용) : 근심스러운 얼굴이나 모습.
6 征棹(정도) : 멀리 가는 배. 도(棹)는 노로 배를 대신함.

【감상】

무산신녀를 추념(追念)하면서 작자의 실연(失戀)을 우의하였다.

상편은 무산신녀 사당 앞 12봉우리의 실제 경관을 그대로 그렸다. 한기(寒氣) 속에 몽롱한 분위기를 부각하여 하편에서 드러내려는 추념의 정을 측편에서 포서(鋪敍)하였다.

하편은 초(楚) 회왕(懷王)이 신녀를 만난 꿈에서 연유한 조운모우(朝雲暮雨)의 애정행각이 더 이상 출현하지 않는 데서 온 적막감을 묘사하였다. 신녀를 만나기 어려운 상황을 근심스러운 구름과 비, 강가에 비낀 달, 떠나가는 배, 새벽종 등으로 부각하였다. 끝 2구는 경(景) 자체를 묘사했지만 정(靜) 중에 동(動)을 드러냈고 성(聲)과 색(色)을 융화시켰기에 운미가 무궁하다.

보고 느낀 그대로를 묘사하면서 생동감을 보일 수 있었음은 옛일을 추념하는 처량한 뜻을 사실대로 묘사하면서 작자의 아름다운 애정 생활이 파멸된 서글픔을 우의한 때문이다.

이빙약의 <허장만기>는 "사 전부가 무산신녀의 정상을 읊었으나, 끝맺는 2구가 오묘함은 실제 모습을 원활하면서도 흔적 없이 모두 변화시켜 놓아서다.(全詞詠巫山神女事, 妙在結二句, 使實處俱化空靈矣.)"라고 평하였다.

8-2-237 우희제

<임강선 臨江仙> 7수-2 謝家仙觀寄雲岑

^{사 가 선 관 기 운 잠}
謝家仙觀寄雲岑。[1]　　사씨의 도관은 구름 낀 높은 고개에 기댔고

^{애 라 불 지 성 음}
崖蘿拂地成陰。[2]　　벼랑 가 등나무 덩굴은 땅 스치며 그늘졌는데

^{동 방 불 폐 백 운 심}
洞房不閉白雲深。[3]　　동굴 문 닫지 않아 흰 구름 자욱해지거늘

^{당 시 단 조}
當時丹灶,[4]　　연단(鍊丹) 한 당시의 부뚜막은

^{일 립 화 황 금}
一粒化黃金。[5]　　단사 한 알이 황금으로 바뀐 곳이었네.

^{석 벽 하 의 유 반 괘}
石壁霞衣猶半掛,[6]　　돌벽은 노을빛 선녀 옷이 반쯤 걸린 듯하고

^{송 풍 장 사 명 금}
松風長似鳴琴。　　소나무에 부는 바람은 길어 금을 울리는 듯한데

^{시 문 여 학 기 전 림}
時聞唳鶴起前林。[7]　　우는 학이 앞 숲에서 날아오르는 소리 때때로 들리지만

^{십 주 고 회}
十洲高會,[8]　　십주 선인(仙人) 모이는 성대한 연회

^{하 처 허 상 심}
何處許相尋。　　어디에서 사씨 선인 찾음을 허락하실지!

【주석】

1　謝家(사가) : 사(謝)씨 여도사. 사씨 여도사가 사녀협(謝女峽)에서 득도하였기에 일명 사녀오(謝女澳)라고 하며, 일명 선녀오(仙女澳)라고도 한다. 사녀협은 광동성(廣東省) 향산현(香山縣) 바다 경계 중에 있다. 仙觀(선관) : 선인이 수도하는 도관(道觀). 雲岑(운잠) : 구름 낀 높은 고개. 岑(잠)은 작고 높은 고개.
2　崖蘿(애라) : 벼랑에서 자라는 등나무 넝쿨.
3　洞房(동방) : 선가(仙家)의 거처인 동굴로 여기선 내실(內室)을 비유함.
4　丹灶(단조) : 선단(仙丹)을 정련한 부뚜막.
5　一粒(일립) : 단사(丹砂) 한 알.
6　石壁(석벽)구 : 석벽이 얼룩져 땅과 분리되어 있기에, 선녀의 노을빛 옷이 산등성이에 걸린

듯하다고 묘사하였다.
7 唳鶴(여학) : 우는 학. 려(唳)는 날짐승이 울다.
8 十洲高會(십주고회) : 십주(十洲)의 선인이 모이는 성대한 연회. 동방삭(東方朔)의 ≪십주기 十洲記≫는 "한 무제는 서왕모가 큰 바다 가운데 조주(祖洲)·영주(瀛洲)·현주(玄洲)·염주(炎洲)·장주(長洲)·원주(元洲)·유주(流洲)·생주(生洲)·봉린주(鳳麟洲)·취굴주(聚窟洲)가 있다고 말함을 들었다. 이 십주는 바로 인적이 다해 속세를 벗어난 곳이다.(漢武帝聞西王母說巨海之中有祖洲, 瀛洲, 玄洲, 炎洲, 長洲, 元洲, 流洲, 生洲, 鳳麟洲, 聚窟洲. 此十洲乃人跡稀絕處.)"라고 기술하였다. 후세에는 십주로 선경(仙境)을 칭했다.

【감상】

사씨(謝氏) 여도사가 수도(修道)를 마치고 승선함을 읊었다. 선관(仙觀)의 청정(淸淨)한 경색을 곳곳에 나타내면서 도가어(道家語)를 씀으로써 선계에 진입한 듯한 착각에 빠지게 하였다.

상편은 도관 안의 경물 묘사로 청랭(淸冷)한 가운데 아취(雅趣)를 보였기에 선기(仙氣)가 엄습함을 보였다.

하편은 도관 밖 선경(仙境)인 "하의(霞衣)", "송풍(松風)", "명금(鳴琴)", "여학(唳鶴)" 등과 같은 경관을 그려, 표묘(縹渺)한 경계를 출연시킴으로써 선계를 소요하는 즐거움을 느끼게 하였다.

이빙약의 <허장만기>는 "어휘로 쓴 도가 말의 오묘함이 '석벽하의유반괘, 송풍장사명금.(石壁霞衣猶半掛, 松風長似鳴琴.)' 중 '유(猶)' 1자와 '사(似)' 1자를 쓴데 있음은 공허한 어렴풋함이 고성형식에 구애받지 않았음을 느끼게 되어서다.(詞作道家語妙在 '石壁霞衣猶半掛, 松風長似鳴琴.' 用一'猶'字, 一'似'字, 便覺虛無縹緲, 不落板滯矣.)"라고 평하였다.

8-3-238 우희제

<임강선 臨江仙> 7수-3 渭闕宮城秦樹凋

渭闕宮城秦樹凋。[1] 　위수 가 궁궐 터였던 진 땅의 나무는 시들어
玉樓獨上無聊。 　무료함에 옥루에 홀로 올라
含情不語自吹簫。 　정 품고 말없이 절로 퉁소 부니
調淸和恨,[2] 　가락은 맑게 한과 어우러져
天路逐風飄。[3] 　바람 좇아 하늘길에 나부끼네.

何事乘龍人忽降,[4] 　용타고 승천한 소사가 무슨 일로 홀연히 내려왔는지?
似知深意相招。 　깊은 뜻으로 불렀음을 알 듯함은
三淸攜手路非遙。[5] 　손잡고 갈 삼청길이 아득히 멀지 않아서였으니
世間屛障,[6] 　세간의 병풍은
彩筆畫嬌嬈。[7] 　요염한 농옥을 채색 붓으로 그렸네.

【주석】

1 渭闕宮城(위궐궁성) : 위수(渭水)에 가까운 궁궐과 성. 진(秦)의 도성인 함양(咸陽)은 위수(渭水)와 경수(涇水) 사이의 교차점에 있었기에 이렇게 표현하였다. 秦樹(진수) : 진(秦)땅의 나무. 凋(조) : 시들어 마르다.
2 調淸和恨(조청화한) : 곡조가 맑고 처량하여 원망하는 정(情)과 화합하다.
3 天路(천로) 구 : 피리 소리가 바람 따라 하늘가에 날리다.
4 何事(하사) : 무슨 일로. 乘龍人(승룡인) : 용을 타고 승천했다는 소사(蕭史). 《열선전》에는 주(周) 선왕(宣王)의 사관(史官)인 소사는 피리를 불어 봉황 소리 내기를 잘하였다고 한다. 진(秦) 목공(穆公)이 딸 농옥(弄玉)을 그에게 시집보내자, 소사는 날마다 농옥에게 피리 부는 것을 가르쳤기에, 몇 년 뒤에는 봉황 소리와 비슷한 피리 소리를 내어 봉황이 내려와

머물렀다. 그래서 목공이 그곳에 봉대(鳳臺)를 지었다. 후에 소사는 용을 타고, 농옥은 봉황을 타고 함께 하늘로 올라갔다고 한다.
5 三淸(삼청) : 천·인 양계(兩界) 이외로, 도가에서 신선이 산다는 옥청(玉淸)·상청(上淸)·태청(太淸)을 이르니, 곧 선경(仙境)을 말한다. 攜手(휴수) : 서로 손을 잡다.
6 屛障(병장) : 병풍.
7 嬌嬈(교요) : 요염한 여인. 곧 농옥(弄玉)을 말함.

【감상】

소사(蕭史)와 농옥(弄玉)의 애정 고사를 부연하였다.

상편은 농옥을 썼다. 첫 '위궐(渭闕)' 3구는 농옥이 무료함에 옥루에 올라 정을 품고 통소 붊을 썼다. 다음 2구는 통소 소리가 맑으면서도 한이 어려 하늘길로 울려 퍼졌음을 강조하였다. 곧 소사에 대한 그리움을 함축한 표현으로 하편의 "심의상초(深意相招)"구와 밀접하게 연계된다.

하편은 소사가 선경에서 내려온 이유와 농옥이 소사와 같이 승천할 선경을 묘사하였다. "심의상초(深意相招)" 구는 소사가 내려온 이유를 밝혔다. 첫 3구는 용을 타고 내려온 소사가 농옥과 서로 손잡고 천상의 삼청(三淸)까지 멀지 않게 이를 수 있음을 예단하였다. 끝 2구는 인간 세상에서 승천한 농옥을 만날 수 없기에 채색 그림을 그려 그녀를 동경하며 잊지 못함을 썼다. 선가의 신비한 형상과 인정이 서로 융화됨을 보였기에 선망(羨望) 속에 그윽한 정취를 드러낼 수 있었다.

"하사승룡(何事乘龍)", "홀강(忽降)", "사지(似知)"와 같은 표현은 선계와 인간세를 구분한 묘사로 평범(平凡) 속의 비범(非凡)한 필치를 보일 수 있다.

8-4-239 우희제

<임강선 臨江仙> 7수-4 江繞黃陵春廟閑

江繞黃陵春廟閑。[1] 강물은 상비(湘妃) 모신 황릉의 춘묘를 한가히 에돌고
嬌鶯獨語關關。[2] 아리따운 꾀꼬리는 꾀꼴꾀꼴 홀로 지저귀는데
滿庭重疊綠苔斑。 정원 가득한 푸른 이끼 얼룩져 겹쳐졌고
陰雲無事,[3] 검은 구름 까닭 없이
四散自歸山。 사방으로 흩어져 저절로 산으로 돌아가네.

簫鼓聲稀香燼冷, 피리와 북소리 뜸해지며 향은 재 되어 싸늘한데
月娥斂盡彎環。[4] 달 속 선녀가 옥고리 같이 굽은 눈썹 거두며 달이 지니
風流皆道勝人間。[5] 풍류 낀 선도(仙道)가 인도(人道)보다 낫다고 모두 말하지만
須知狂客,[6] 모름지기 알아야지! 방탕하여 사랑에 빠진 사람은
判死爲紅顏。[7] 미인을 위해 목숨도 아끼지 않았음을!

【주석】

1 黃陵春廟(황릉춘묘) : 황릉묘(黃陵廟). 상수(湘水)가에 위치한 상산(湘山)에 상비(湘妃)를 위하여 세운 사당. 모문석의 <임강선>(모선성진낙사양 暮蟬聲盡落斜陽) 주 2 참조.
2 關關(관관) : 짹짹. 새가 우는 소리로 의성어.
3 陰雲(음운) : 검은 구름. 흐린 날 구름. 無事(무사) : 할 일이 없이. 까닭 없이.
4 月娥(월아) : 달에 산다는 신녀명. 彎環(만환) : 옥고리 같이 굽은 달.
5 風流(풍류) : 풍류를 지닌 선도(仙道)를 말함. 皆道(개도) : 모두 말하다.
6 狂客(광객) : 방탕하며 얽매이지 않은 사람.
7 判死(판사) : 병사(拼死). 죽음을 무릅쓰다. 전심전력하다. 紅顏(홍안) : 미인. 소년.

【감상】

　상비(湘妃)를 애도하며 선도(仙道)가 지향하는 뜻을 노래하였다.

　상편은 황릉 사당 앞의 봄 풍광이 한가로움을 썼다. 아리따운 꾀꼬리가 홀로 지저귀는데 정원엔 푸른 이끼 가득하고 그늘진 구름은 무심히 산을 떠돈다. "한(閑)"이란 1자로 여유롭고 고요한 경계를 출현시킬 수 있었다.

　하편은 상비 사당에서는 온종일 향이 타 재가 되나, 저녁에 달이 뜨면 세상 사람들에게 선도를 따르길 권고하지만 선도에도 불륜이 수반되는 실상을 풍자하였다. "소고(簫鼓)" 3구는 상비의 영혼은 이미 떠났고 지는 달만 남아 강천(江天)을 비추는데, 상비의 영혼을 조문하는 선도(仙道)가 인도(人道)보다 나음을 강조하였다. 이를 통해 이 사(詞)에 염정을 이입하려는 작가의 경향을 살필 수 있다. 끝 2구는 방탕한 이들이 치정으로 인해 목숨도 버림을 풍자해 선도의 한계를 지적하였다. 이런 권고는 이 사의 정조와 불합(不合)하는 것 같지만 실은 은밀하게 합일함을 알 수 있다. 사는 염정 묘사를 꺼리지 않기 때문이다.

8-5-240 우희제

<임강선 臨江仙> 7수-5 素洛春光瀲灩平

소 락 춘 광 염 렴 평	
素洛春光瀲灩平。[1]	흰 물결 이는 낙수는 봄빛 속에 질펀히 출렁이며
천 중 미 검 초 생	
千重媚臉初生。[2]	수없이 겹친 복비의 고운 얼굴 막 드러냈으니
능 파 나 말 세 경 경	
凌波羅襪勢輕輕。[3]	아름답게 걷는 미녀의 비단 버선 모양새도 가뿐한데
연 롱 일 조	
煙籠日照,	안개가 햇살을 감싸 가리자
주 취 반 분 명	
珠翠半分明。[4]	진주와 비취 패물 반쯤 환히 드러내네.

풍 인 보 의 의 욕 무	
風引寶衣疑欲舞,[5]	바람이 얇고 고운 비단옷을 끌어 춤추려 하니
난 회 봉 저 감 경	
鸞迴鳳翥堪驚。[6]	난새 선회하듯 봉황 날아오르듯 하여 놀랄 만 하지만
야 지 심 허 공 무 성	
也知心許恐無成。[7]	찬양한 대로 이뤄내지 못했음을 알게 됨은
진 왕 사 부	
陳王辭賦,[8]	진사왕 <낙신부 洛神賦>가
천 재 유 성 명	
千載有聲名。	천년에 걸쳐 명성을 남겨서네.

【주석】

1 素洛(소락) : 맑고 깨끗한 낙수(洛水). 락(洛)은 하남성 낙수를 말함. 瀲灩(염렴) : 물결이 넘실거리는 모습.
2 千重媚臉(천중미검) : 수없이 겹친 모습으로 드러내는 고운 얼굴. 미검(媚臉)은 낙수의 수면으로 낙수 여신인 복비(宓妃)의 얼굴을 비유함. <낙신부 洛神賦> 참조.
3 凌波(능파) : 미녀의 아름답고 가벼운 걸음걸이. 羅襪(나말) : 복비가 물 위를 건널 때 신고 있던 명주 비단 버선. 조식(曹植, 192-232)은 <낙신부>에서 "능파에 살랑거리는 걸음은 비단 버선에 물결 방울지듯 먼지를 일으키네.(凌波微步, 羅襪生塵.)"라고 읊었다.
4 珠翠(주취) : 진주와 비취. 낙신이 착용한 장식물.
5 寶衣(보의) : 얇고 고운 비단옷. 능환지의(綾紈之衣).

6 鸞迴鳳翥(난회봉저) : 난새가 선회하듯, 봉황이 비상하는 듯한 낙신의 고운 자태를 비유함. 翥(저) : 하늘로 날아오르다.
7 心許(심허) : 묵인하다. 찬양하다. 無成(무성) : 성과가 없다.
8 陳王辭賦(진왕사부) : 진왕(陳王)은 진사왕(陳思王)으로 조식이 진왕(陳王)으로 봉해졌기에 명명되었다. 사(思)는 시호(諡號)이다. 사부(辭賦)는 <낙신부>를 이른다. 조식은 <낙신부·서序>에서 "황초 3년, 나는 경사에 조회에 갔다가 돌아오면서 낙수를 건넜다. 옛사람이 이 강의 신을 복비라고 이른다고 했기에, 송옥이 초왕에게 신녀를 말한 일에 느껴, 마침내 이 부를 지었다.(黃初三年, 余朝京師, 還濟洛川. 古人有言, 斯水之神, 名曰 宓妃, 感宋玉對楚王說神女之事, 遂作斯賦.)"라고 기술하였다.

【감상】

복희(伏羲)씨의 딸 복비(宓妃)가 낙수에 빠져 낙수 여신이 되었다는 전설대로 낙수여신(洛水女神)을 형상하였다.

상편은 낙신의 아름다운 자태를 봄날의 낙수 경관에 따라 묘사하였다. 낙수 수면이 출렁이는대로 일어나는 다양한 형상을 수없이 변해가는 낙신의 얼굴로 비유했고, 낙수 물결이 일렁임을 낙신이 걷는 사뿐한 버선발로 형상한 묘사가 신기하다. 끝 2구는 안개 속에 해가 낙수에 비쳐 빤짝이는 모습을 낙신이 찬 패물이 반쯤 드러난 모습에 비유했기에 그 착상이 기발하다.

하편에서는 조식이 <낙신부>를 지은 것에 착안하여 낙신과 조식의 연정을 형상하였다. 첫 3구는 조식이 낙신의 춤추는 자태를 본 후의 경탄과 더불어 인(人), 신(神)은 함께 결합할 수 없다는 실망을 비애로 그렸다. 끝 2구는 조식 <낙신부>에 대해 지고한 평가를 내리는 동시에 낙신이 전하는 명성을 확인케 하였다.

탕현조는 탕평 ≪화간집≫ 권2에서 "낙신의 초상은 바로 이 중의 놀란 기러기, 노니는 용이란 몇 마디 말에서, 이미 묘사를 다하였다.(洛神寫照, 正在阿堵中, 驚鴻游龍數語, 已爲描盡.)"고 평하였다.

8-6-241 우희제

<임강선 臨江仙> 7수-6 柳帶搖風漢水濱

柳帶搖風漢水濱。[1]   버들가지가 한수 가에서 바람에 흔들리며
平蕪兩岸爭勻。[2]   풀 무성한 들판 양 연안에서 가지런함을 다투는데
鴛鴦對浴浪痕新。   원앙이 짝져 목욕하여 물결 흔적 싱그럽게 하니
弄珠游女,[3]   진주 만지작거리며 노니는 여인은
微笑自含春。   미소 속에 절로 춘심을 머금었네.

輕步暗移蟬鬢動,[4]   사뿐한 걸음 은근히 옮기니 선빈이 흔들리고
羅裙風惹輕塵。[5]   비단치마에 바람 불어 가벼운 먼지 일으킴이
水晶宮殿豈無因。[6]   수정 궁전 노니는 여인에게 어찌 연유가 없어서였겠느냐만
空勞纖手,[7]   섬섬옥수 공연히 수고롭게 해
解佩贈情人。[8]   허리에 찬 장식물을 풀어 임께 드리네.

【주석】

1 柳帶(유대) : 버들가지. 유조(柳條).
2 平蕪(평무) : 잡초가 무성한 평평한 들판.
3 弄珠游女(농주유녀) : 허리에 진주를 차고 노니는 여인. ≪한시외전 韓詩外傳≫에서 "정교보(鄭交甫)는 남방인 초나라로 가서, 저 한고대(漢皐臺) 아래를 따라가다가, 두 개의 진주를 허리에 차고 있는 두 여인을 만났는데, 형주 꿩알 같은 크기였다. 교보가 눈짓하여 꼬셨기에, 두 여인이 허리에 찬 진주를 풀어 그에게 주었다.(鄭交甫南適楚, 遵彼漢皐臺下, 乃遇二女佩兩珠. 大如荊雞之卵. 交甫目而挑之, 二女解佩贈之.)"고 하였다. 또한 ≪한시내전≫에는 "두 여인이 교보에게 주자 교보는 받아 진주를 가슴에 품고 두 여자와 관계없다는 듯이 떠났다. 십보 거리를 지나 그것을 이리저리 찾았으나 없어졌고 두 여자를 돌아보았

지만 역시 사라졌다.(二女與交甫, 交甫受而懷之, 超然而去. 十步循探之, 卽亡矣, 回顧二女, 亦卽亡矣.)"는 기록이 보인다. 정교보는 주대(周代)의 신화적인 인물이며, 한고대는 호북성 양양(襄陽) 서북쪽에 있는 한고산(漢皐山) 아래에 있다.
4 蟬鬢(선빈) : 고대 부녀자들의 머리 형태의 한 유형. 진(晉) 최표(崔豹) ≪고금주·잡주 古今注·雜注≫에는 "위(魏) 문제(文帝) 궁녀 중에, 매우 총애받은 이로 막경수가 있었고, …… 경수는 바로 매미 모양 귀밑머리를 만들었는데, 어렴풋하기가 매미 날개 같았기에, 선빈(蟬鬢)이라 하였다.(魏文帝宮人絶所寵者, 有莫瓊樹…… 瓊樹乃製蟬鬢. 縹渺如蟬翼, 故曰蟬鬢.)"고 썼다.
5 羅裙(나군) : 비단치마.
6 水晶宮殿(수정궁전) : 신녀(神女)가 사는 곳. 곧 유녀(游女)가 사는 곳을 말함.
7 空勞織手(공로섬수) : 섬섬옥수를 공연히 수고롭게 하다. 사람과 신선의 도는 서로 통할 수 없기에 공로(空勞)라고 묘사하였다.
8 解佩(해패) : 몸에 매단 장식물을 풀다. 情人(정인) : 연인. 곧 정교보를 지칭함.

【감상】

한고대(漢皐臺) 아래 유녀(游女)의 애정사를 읊어 인신(人神)의 교제가 불가함을 일깨웠다.

상편은 유녀가 연정을 품게 된 환경을 묘사하였다. 한수(漢水) 연안으로 늘어선 버들가지가 바람에 흩날리는 모습 속에 짝진 원앙이 목욕하는 싱그러운 경상을 그리면서 연정을 품으려는 "농주유녀(弄珠游女)"를 등장시켰다. 묘사가 청신하고 유창하기에 선계(仙界)로 진입하는 듯하다.

하편은 고운 모습으로 단장한 유녀가 신녀(神女) 모습 같음을 형상한 후, 인신(人神)의 교제가 평탄할 수 없음을 정교보(鄭交甫)와 이녀(二女) 고사로 우의하였다. 끝 2구는 사람과 신의 교제가 불가함을 깨닫고 실의에 빠진 모습을 형상한 말로 이를 "공로섬수(空勞織手)"로 부각함으로써 유(儒), 도(道)가 혼재할 수 없음을 인식케 하였다.

8-7-242 우희제

<임강선 臨江仙> 7수-7 洞庭波浪颭晴天

洞庭波浪颭晴天。[1]	동정호 물결 바람이 갠 하늘을 흔들어
君山一點凝煙。[2]	군산이 엉긴 안개로 한 점 되니
此中眞境屬神仙。[3]	이곳이 선경인 신선 세상인데
玉樓珠殿,[4]	옥 누대와 진주 장식 전각은
相映月輪邊。[5]	둥근 달 가장자리에서 서로를 비추네.
萬里平湖秋色冷,	만 리로 뻗은 평평한 동정호는 가을빛에 싸늘하고
星辰垂影參然。[6]	별들이 드리워지니 그림자는 들쭉날쭉한데
橘林霜重更紅鮮。	귤나무 숲은 무겁게 서리 내려 붉은빛 더욱 선명해졌거늘
羅浮山下,[7]	나부산 아래는
有路暗相連。[8]	은밀히 서로 이어진 길이 있네.

【주석】

1 洞庭(동정) : 동정호(洞庭湖). 호남성 북부의 상(湘), 자(資), 원(沅), 풍(澧)이란 네 강물이 동정호에서 만나 끝없이 넓은 800리 호수가 되었다. 颭(점) : 바람에 흔들리다.
2 君山(군산) : 상산(湘山), 동정산(洞庭山)이라고도 한다. 호남성, 동정호 가운데 있는 여러 산 중에 제일 드러나는 산. ≪습유기 拾遺記≫는 "동정산은 물 위에 떠 있고, 그 아래 금장식한 안방에는 수백 칸의 방이 있어 옥녀(玉女)가 거기에서 지낸다. 사계절 내내 모든 악기 소리가 들려 산꼭대기로 통한다.(洞庭山浮于水上, 其下有金堂數百間, 玉女居之. 四時聞金石絲竹之音, 徹于山頂.)"고 썼다.
3 眞境(진경) : 선경(仙境). 도교(道敎)의 땅.
4 玉樓珠殿(옥루주전) : 군산(君山) 위의 상비각(湘妃閣)을 비유한 표현.

5 月輪(월륜) : 둥근 달.
6 星辰(성신) : 별의 총칭. 參然(참연) : 가지런하지 않은 모습. 때로는 감추고 때로는 보이는 모습.
7 羅浮山(나부산) : 신선이 산다는 산으로 광동성, 증성(增城), 박라(博羅), 하원(河源) 사이에 있는 명산으로 도교의 제7동천(洞天)이기도 하다. 동진(東晉), 갈홍(葛洪, 283?-363?)이 연단한 곳이라고 한다. ≪원화지 元和志≫는 "나산(羅山) 서쪽에 부산(浮山)이 있는데, 대체로 봉래의 한 언덕으로 바다에 떠서 이르며, 나산과 형체를 나란히 했기에 나부라고 하였다.(羅山之西有浮山, 蓋蓬萊之一阜, 浮海而至, 與羅山幷體, 故曰羅浮.)"고 썼다.
8 有路(유로) 구 : 전설로 동정호(洞庭湖) 입구 군산(君山) 아래에 석굴이 있어 남쪽 나부산 아래로 통하는 수로가 있음을 상상한 말이다. 군산 아래 물 밑으로 잠행(潛行)하면 오(吳) 땅 남태호(南太湖) 가운데 있는 포산(包山)에 이르는 동정혈도(洞庭穴道)가 있는데 곽박(郭璞, 276-324)은 이를 "파릉 지하 길(巴陵地道)"이라고 불렀다. 파릉은 지금의 악양(岳陽)을 이른 말이다. 곽박은 <강부 江賦>에서 "이에 태호(太湖) 속 포산, 동정(洞庭)인 태호와, 파릉인 악양(岳陽)으로 지하도가 있어 지하 통로가 곁으로 통했기에 숨겨진 석굴 길은 그윽하고 깊다.(爰有包山洞庭, 巴陵地道. 潛逵傍通, 幽岫窈窕.)"라고 읊었다.

【감상】

동정호의 가을 경색을 노래하며 작자의 선경(仙境)에 대한 지향을 묘사하였다.

상편은 동정호와 군산(君山)이 선경임을 그렸다. 첫 3구는 동정과 군산의 자연경관이 빼어나 선경과 같음을 강조했다. 끝 2구는 작자의 선경에 대한 상상으로 군산이 선경의 모습을 보인 데서 착안하였다. 군산에는 상비사(湘妃祠)가 있기에 "옥루주전(玉樓珠殿)"을 연상할 수 있다. "상영월륜변(相映月輪邊)"은 "옥루주전"이 달빛을 받아 서로 반사하는 기려(綺麗)한 경색으로 작자가 야간에 동정호를 유람하면서 본 광경이다. 혹자는 제3구의 "신선(神仙)"을 상비로 보아 그녀를 읊은 사로 보기도 하였다.

하편은 동정호의 추색(秋色) 묘사로 작가가 배를 타고 유람한 소감을 실상과 상상을 융화시켜 그렸기에 신비함을 더했다. 첫 3구 중, 앞 2구는 "만리평호(萬里平湖)"인 평면과 "성신수영(星辰垂影)"이란 공간을 교차시켜 동정호의 광활함과 추색을 실감케 하고는 제3구에서 추기(秋氣)와 추상(秋霜)을 부각함으로써 동정호 변의 감귤이 선홍색으로 익어가는 모습을 보는 듯이 그려낼 수 있었다. 끝 2구는 동정호를 도교 성지인 나부산(羅浮山)과 연계시켜 작자의 선경에 대한 동경심을 표명하였다. 이 구는 이미 상편의 군산과 호응하였기에 이 사의 주지를 더욱 선명히 할 수 있었다.

이 사는 사경(詞境)이 드넓고도 높으며 정운(情韻)은 깊다. 허상과 실상을 적절히 안배하여 자연스럽고도 평이하게 썼으나 신선하면서도 명료함을 보였기에 그 솜씨가 고수임을 알 수 있다.

탕현조는 탕평 ≪화간집≫ 권2에서 "'랭' 자를 씀이 오묘함은, 전체 구에 신운(神韻)이 감돎을 느끼게 되어서다.('冷'字下得妙, 便覺全句有神.)"라고 평하였다.

우희제 사 11수 중, 7수가 <임강선>이기에 그가 이 사패의 사를 짓기 좋아했음을 알 수 있다. 이 7수는 모두 신선에 관한 상념으로 정경 묘사가 온화한 가운데 일체감을 주면서 조화로움을 보였다. 지난 일을 회고하면서 적막감을 지금의 감회로 감싸면서 위로의 뜻을 반영했기에 영사시(詠史詩)와 같은 감흥을 일으킨다. 이 7수는 평담하고도 청려(淸麗)한 특징을 보였다.

8-8-243 우희제

<주천자 酒泉子>

枕^침轉^전簟^점涼^량。[1]	베개 뒤척임은 대자리 서늘해져선데
淸^청曉^효遠^원鍾^종殘^잔夢^몽。[2]	새벽녘 먼 종소리에 못다 꾼 꿈을 깨니
月^월光^광斜^사,	달빛은 비꼈고
簾^염影^영動^동。	발그림자 옮겼지만
舊^구爐^로香^향。[3]	지난밤 훈향 한 향로엔 향기 남았네.
夢^몽中^중說^설盡^진相^상思^사事^사●	꿈속에서 서로 그리던 일 다 말하고는
纖^섬手^수勻^균雙^쌍淚^루●[4]	가녀린 손으로 두 줄기 눈물 고르게 닦았다.
去^거年^년書^서●	지난해 편지를
今^금日^일意^의●[5]	오늘 헤아려 보니
斷^단離^이腸^장●[6]	이별한 애간장 끊인다.

【주석】

1 簟(점) : 대 자리.
2 淸曉(청효) : 새벽. 殘夢(잔몽) : 어수선하여 온전하지 못한 꿈.
3 舊爐(구로) : 지난밤 훈향(熏香)한 향로.
4 勻(균) : 고르게 하다. 문질러 고르게 하다.
5 意(의) : 헤아리다.
6 離腸(이장) : 이별로 수심 어린 애간장.

【감상】

새벽에 꿈을 깬 여인이 못다 꾼 꿈을 기억하며 괴로워하는 심정을 썼다.

상편은 새벽에 잔몽(殘夢)을 깨게 된 상황과 꿈 깬 후의 경상을 그렸다. 첫 2구 중 "원종잔몽(遠鍾殘夢)"은 꿈에서 깬 후 느낀 모습이며 "청효(淸曉)"는 꿈을 깬 시점이다. 다음 3구는 꿈 깬 뒤, 눈으로 보고 느낀 광경으로 적막감을 드러냈다.

하편은 꿈속 묘사로 그리운 마음이 고통만 불러옴을 썼다. 첫 2구는 꿈속에서 행한 행동으로 상사의 그리움으로 눈물을 닦았음을 부각하였다. 끝 3구는 꿈을 깬 후, 꿈을 좇아 작년에 임이 보낸 서신을 살펴보면서 느낀 슬픔을 실토하였다. 하편을 전부 측성운으로 압운하여 총망한 마음을 진정시키기 힘든 심경을 드러내었다. 언어 구사가 평이하고 맥락이 선명하기에 이빙약은 <허장만기>에서 "산뜻하고 뚜렷하다.(羅羅淸疏.)"라고 평하였다.

8-9-244 우희제

<생사자 生査子>

春山煙欲收,[1] (춘산연욕수)	봄 산의 안개 걷히려 하니
天淡稀星小●[2] (천담희성소)	하늘 맑아지고 성긴 별 작아졌다.
殘月臉邊明, (잔월검변명)	지려는 달이 얼굴 가를 밝게 비추기에
別淚臨淸曉● (별루임청효)	이별하며 흘리는 눈물로 맑은 새벽 맞았다.
語已多, (어이다)	말 많이 했으나
情未了● (정미료)	정은 다하지 않아
回首猶重道●[3] (회수유중도)	고개 돌려 여전히 거듭 말했다.
記得綠羅裙, (기득녹라군)	"푸른 비단치마 기억하시어
處處憐芳草●[4] (처처연방초)	곳곳에서 자라는 향초 사랑하세요!"라고

【주석】

1 煙欲收(연욕수) : 안개가 곧 걷히려 하다.
2 天淡(천담) : 하늘 맑아 구름 한 점 없다. 稀星(희성) : 성긴 별.
3 重道(중도) : 거듭해 말하다.
4 記得(기득) 2구 : 치마 색이 풀빛과 같기에 이별로 수반된 절실한 심경을 방초(芳草)로 연상시켜 묘사하였다. 憐(연) : 사랑하다.

【감상】

남녀의 새벽 이별을 썼다. 사선(詞選)에서 자주 선록되는 명작이다.

상편은 이별하는 새벽 경상을 묘사하였다. 첫 2구는 이별을 앞둔 새벽 경치를 그렸다. 임을 떠나보내며 눈에 들어오는 산과 하늘 모습이다. 다음 "잔월(殘月)" 2구는 이별을 앞둔 정경 묘사로, 밤새도록 석별의 정을 나누었고 상심한 마음은 새벽까지 이어져 눈물로 이별했음을 강조하였다.

하편은 이별할 때의 정상(情狀) 묘사이다. 첫 "어이다(語已多)" 2구는 말은 담담하지만, 정은 깊어 헤어지지 못하는 정을 그렸다. 끝 2구는 보내는 여인의 완곡한 당부이다. 그 여인은 녹색 비단치마를 늘 입었기에 녹색인 방초만 보아도 자신을 생각해주길 바라는 심경을 간절히 담았다. 남편에 대한 깊은 사랑을 역으로 표현했기에 천고의 명구가 되었.

이빙약은 <허장만기>에서 "말의 취지가 슬퍼하며 괴로워함이 온후한 데다, 구를 지음이 조리 있고 분명하기에, 온정균 같은 또래들이 어찌 미칠 수 있겠는가! '말 많이 했으나 정은 다하지 않아 고개 돌려 여전히 거듭 말했다.'는 사람마다 지닌 정을 다 털어놓았기에, 이 말은 정감 묘사에서 재간을 보인 것이다.(詞旨悱惻溫厚, 而造句近乎自然, 豈飛卿輩所可企及。'語已多, 情未了. 回首猶重道', 將人人共有之情和盤托出, 是爲善於言情.)"라고 평하였다.

당규장은 ≪당송사간석≫에서 "푸른 풀 자라는 도처의 땅으로 푸른 비단치마 입은 사람을 연상했으니, 착상은 바보 같지만, 정은 매우 진지하다.(以處處芳草之地, 而聯想人羅裙之綠, 設想似癡, 而情則極摯.)"라고 평하였다.

8-10-245 우희제

<중흥락 中興樂>

池塘暖碧浸晴暉。[1]　연못이 쪽빛으로 따스해짐은 날 갠 하늘 햇빛이 스며들어선데
蒙蒙柳絮輕飛。[2]　자욱한 버들솜 가볍게 날리고
紅蕊凋來,[3]　꽃봉오리 시들어가니
醉夢還稀。[4]　어렴풋한 꿈 다시 뜸해지네.

春雲空有雁歸。[5]　봄 구름 가로 공연히 돌아오는 기러기 있어
珠簾垂。　주렴 드리웠지만
東風寂寞,[6]　봄바람에 적막해져
恨郞拋擲,[7]　날 버린 임 원망하니
淚濕羅衣。　눈물이 비단옷을 적시네.

【주석】

1 暖碧(난벽) : 봄 강물이나 초목의 벽록(碧綠)색이 사람에게 주는 따스한 느낌. 晴暉(청휘) : 날갠 하늘의 햇빛.
2 蒙蒙柳絮(몽몽유서) : 자욱한 버들솜.
3 紅蕊凋來(홍예조래) : 꽃봉오리가 시들다.
4 醉夢(취몽) : 어렴풋한 꿈.
5 春雲(춘운) 구 : 봄날 구름에 때때로 무리 지어 나는 기러기가 보이건만 안서(雁書)인 편지를 받지 못했기에 "공유(空有)"라고 쓴 것이다.
6 東風寂寞(동풍적막) : 봄바람 불어오니 홀로 지내는 규방은 적막해진다.
7 拋擲(포척) : 버려두고 돌보지 아니하다.

【감상】

화사한 봄날 규방 여인이 임 그림을 썼다.

상편은 봄날의 미려한 경치를 묘사하여 하편에서 임 그림을 더욱 절실히 드러내기 위한 복선을 깔았다. 사령운(謝靈運, 385-433)이 <의위태자업중집시 擬魏太子鄴中集詩> 서(序)에서 함께하기 어렵다고 제기한 사난(四難)은 양신(良辰), 미경(美景), 상심(賞心), 낙사(樂事)인바, 이 중의 절반인 양신(良辰)과 미경(美景)은 얻었으나 꽃은 시들려 하고 취한 꿈도 희미하게 사라져 상심과 낙사를 얻지 못했기에 상심(傷心)에 빠져듦을 우의하였다.

하편은 임은 떠나가셨는데 기러기 돌아와도 임의 편지를 전해오지 않기에 봄날 규방 여인은 적막한 가운데 눈물이 비단옷을 적시지 않을 수 없는 상황을 그렸다. 상편 늦봄의 경상 묘사 위에 적막감을 더했기에 규원(閨怨)을 더욱 부각할 수 있었다.

탕현조는 탕평 ≪화간집≫ 권2에서 "'연못이 쪽빛으로 따스해짐은 날 갠 하늘의 햇빛이 스며들어선데' 게다가 또 '춘운(春雲)'과 '유서(柳絮)'도 있어 이미 4난(難) 중 절반을 갖췄으니, 어찌 다시 다른 생각을 더 할 수 있으랴!('池塘暖碧浸晴暉', 又有春雲柳絮, 已具四難之半, 那得更生他想!)"라고 평하였다.

8-11-246 우희제

<알금문 謁金門>

秋已暮●	가을 이미 저물었는데
重疊關山歧路●[1]	산세 험한 겹친 요충지 갈림길에서
嘶馬搖鞭何處去●	우는 말에 채찍 흔들며 어디로 가시기에
曉禽霜滿樹●	새벽 새 우는 속에 서리는 나무에 가득한가?
夢斷禁城鍾鼓●[2]	궁성의 종소리와 북소리에 꿈이 깨니
淚滴枕檀無數●[3]	눈물은 박달나무 베개로 무수히 떨어진다.
一點凝紅和薄霧●[4]	화장 분 녹은 한 점 눈물이 옅은 새벽 안개와 어우러지니
翠娥愁不語●[5]	비취 눈썹 먹 여인은 수심 어려 말이 없다.

【주석】

1 關山(관산) : 지세가 험준한 요충지.
2 禁城(금성) : 궁성.
3 枕檀(침단) : 즉 박달나무 베개, 향나무 베개.
4 凝紅(응홍) : 화장기가 녹은 붉은 눈물.
5 翠娥(취아) : 비취 눈썹 먹으로 그린 눈썹.

【감상】

규방 여인이 먼 곳에 계신 임 생각으로 꿈을 꾸면서 느낀 상사의 정을 그렸다.

상편은 꿈속에서 본 실상 묘사이다. 늦가을의 한기가 전해오는 관산(關山)의 갈림길은 중첩되어 어디로 가야 할지 분간하기 어렵다. 우는 말에 채찍 흔들며 어디로 가시는지? 새벽 새 우는 중에 새벽 서리는 나무에 가득하니 갈 길 먼 사람에게는 앞길이 더욱 망망(茫茫)해져 고통만 가중됨을 상상하였다.

하편은 꿈 깬 뒤, 듣고 느낀 감회를 썼다. 먼저 궁중에서 새벽을 알리는 종소리에 꿈을 깨어 단향나무 베개를 적실 만큼 눈물을 흘림을 써 그 꿈이 현실처럼 다가옴을 형용하였다. 끝 2구는 화장기 엉긴 눈물이 옅은 운무에 어우러져 수심이 운무처럼 무한히 번져감을 그렸다. 이는 곧 수심의 정도가 형언할 수 없을 만큼 크고 무겁기만 함을 언외로 표현한 말로 형상감이 돋보인다.

이빙약의 <허장만기>는 "'시마(嘶馬)' 2구는 '새벽에 가을 숲 속을 가는 한 폭의 멋진 그림'인데, 아쉽게도 하편이 걸맞지 않는다.('嘶馬' 二句, 好一幅秋林曉行圖, 惜下闋不稱.)"라고 평하였다.

9 — 구양형 歐陽烱 17수

구양형 歐陽炯

구양형(896-971)은 익주(益州) 화양(華陽 : 사천성 화양현) 사람으로, 전촉(前蜀) 초에 왕연(王衍, 899-926)을 섬겨 중서사인(中書舍人)을 하였다. 전촉이 망하자 왕연을 따라 낙양으로 가 진주종사(秦州從事)에 보수(補授)되었다. 맹지상(孟知祥, 874-934)이 촉 지역을 진무(鎭撫)하자 구양형도 다시 성도(成都)로 돌아갔는데 맹지상이 칭제(稱帝)함으로 또 중서사인을 맡았다. 후주 맹창(孟昶, 919-965) 광정(廣政) 3년(940)에 그는 무덕군절도판관(武德軍節度判官)직에 있으면서 조숭조(趙崇祚, 생졸 미상)가 편집한 ≪화간집≫에 서(序)를 썼다. 광정 12년(949) 한림학사 직에 임명되었고 다음 해(950) 지공거(知貢擧), 판태상시(判太常寺) 등을 거쳐 이부시랑(吏部侍郞)에 승지(承旨)를 겸하였다. 광정 24년(961)에는 문하시랑 겸호부상서·평장사(門下侍郞兼戶部尙書·平章事), 감수국사(監修國史)직에 임명되었다. 후촉이 망하자 송(宋) 건덕(建德) 3년(965)에는 맹창을 따라 변경(汴京)으로 와 송조(宋朝)에서 좌산기상시(左散騎常侍)를 지내고는 한림학사(翰林學士) 직을 맡았다. 원래의 관직대로 서경인 낙양으로 옮겨 입직하다가 개보(開寶) 4년(971) 76세로 죽었다. 사적은 ≪송사宋史≫ 권479, ≪십국춘추≫ 권56 본전에 보인다. 구양형의 사는 ≪화간집≫에 17수 ≪존전집 尊前集≫에 31수가 전하는데 이 중 1수는 화응(和凝) 사이기에 모두 47수가 전한다.

구양형은 품성이 정직한 데다 문장에 뛰어났으며 장적(長笛)도 잘 불었다. 그의 사는 대부분 완약(婉約)하면서도 부드럽고 활달하다. 근심을 억지로 쓰려 하지 않았으며 소녀 형상 묘사에서 특출함을 보였다. 그는 ≪화간집≫에서 온정균과 위장을 잇는 대가이다.

황주이(況周頤, 1859-1926)는 ≪역대사인고략 歷代詞人考略≫에서 그의 사는 "곱고도 질실한데, 질실할수록 더욱 고와졌으며 행간과 구절 속에는 오히려 청기(淸氣)가 왕래하였다. 대체로 구양형과 같은 사 작가를 만당, 오대에서 찾으면 또한 만나기 드물다.(艶而質, 質而愈艶, 行間句裏, 却有淸氣往來. 大槪詞家如炯, 求之晚唐五代, 亦不多覯.)"라고 평하였다.

9-1-247 구양형

<완계사 浣溪沙> 3수-1 落絮殘鶯半日天

낙 서 잔 앵 반 일 천	
落絮殘鶯半日天。[1]	떨어진 버들솜 날리고 늦봄 꾀꼬리 우는 정오에
옥 유 화 취 지 사 면	
玉柔花醉只思眠。[2]	나른하게 취한 고운 미인은 잠들 생각뿐인데
야 창 영 죽 만 로 연	
惹窗映竹滿爐煙。[3]	대나무 비친 창은 향로 연기 가득하네.

독 엄 화 병 수 불 어	
獨掩畫屏愁不語,[3]	꽃 그린 병풍을 홀로 가림은 수심 어려 말하지 않아선데
사 의 요 침 계 환 편	
斜欹瑤枕髻鬟偏。[4]	옥 베개에 비슷이 기댔기에 틀어 올린 머리 치우쳐 졌으니
차 시 심 재 아 수 변	
此時心在阿誰邊。[5]	이때의 마음은 누구 곁에 있을지!

【주석】

1 落絮(낙서) : 가볍게 떨어진 버들솜. 殘鶯(잔앵) : 늦봄 꾀꼬리의 울음소리. 半日天(반일천) : 정오(正午).
2 玉柔花醉(옥유화취) : 미인이 나른히 취하다. "玉(옥)"과 "花(화)"는 여자의 얼굴을 비유했고, "柔(유)"와 "醉(취)"는 나른히 취한 형상이다.
3 惹(야) : 끌다. 일으키다.
3 掩畫屏(엄화병) : 그림으로 장식된 병풍을 가리다.
4 斜欹(사의) : 비스듬이 기울이다. 瑤枕(요침) : 옥 베개. 髻鬟(계환) : 둥그렇게 틀어 올린 머리.
5 阿誰邊(아수변) : 누구 곁. "아수(阿誰)"는 누구. "阿(아)"는 명사접두어.

【감상】

한 부인이 모춘(暮春) 정오에 느끼는 노곤함, 고독감, 그리움을 썼다.

상편은 모춘의 실내외의 경상을 그려 춘곤(春困)한 모습을 부각하였다. 첫 구는 늦은 봄 정오의 경상으로 무료를 드러냈고 다음 구 "옥유화취지사면(玉柔花醉只思眠)"은 옥과 꽃으로 비유된 미인의 얼굴 묘사로 나른해진 봄날의 심경을 형상하였다. 끝 "야창(惹窗)" 구는 실내외의 적막과 무료를 형상감 넘치도록 그렸기에 여주인공의 심경을 세심하게 살필 수 있다.

하편은 여주인공의 수심 어린 외모로 외로운 심경을 그렸다. 첫 "독엄(獨掩)" 구는 수심 속에 낮잠을 청하는 자태를 썼다. 다음 구는 잠을 청하려는 그녀의 머리 형상을 그려 여주인공의 망연한 심경을 부각하였다. 이 2구는 대장(對仗)을 이루면서 상편의 "지사면(只思眠)"에 조응(照應)하였다. 곧 이 2구에서 "수불어(愁不語)", "계환편(髻鬟偏)"으로 편향된 불편한 심경을 드러냄으로써 끝구의 물음을 유도할 수 있었다. 끝구는 여인의 독백인 데다 의문문으로 썼기에 여운을 남길 수 있었다.

이빙약은 <하장만기>에서 "'옥유화취'는 글자 쓰임이 곱고 아름답다.(玉柔花醉, 用字姸麗.)"고 평하였다.

9-2-248 구양형

<완계사 浣溪沙> 3수-2 天碧羅衣拂地垂

<u>천 벽 나 의 불 지 수</u>
天碧羅衣拂地垂。¹　　하늘색 비단치마가 땅을 스치게 드리웠기에

<u>미 인 초 저 경 상 의</u>
美人初著更相宜。²　　미인이 처음 치마 입은 듯이 잘 어울리는데

<u>완 풍 여 무 투 향 기</u>
宛風如舞透香肌。³　　춤추는 듯한 부드러운 바람은 향그런 살결 드러내네.

<u>독 좌 함 빈 취 봉 죽</u>
獨坐含嚬吹鳳竹,⁴　　홀로 앉아 봉황 수놓인 피리를 눈살 찌푸려 불고

<u>원 중 완 보 절 화 지</u>
園中緩步折花枝。　　뜰 천천히 거닐며 꽃가지 꺾음은

<u>유 정 무 력 이 인 시</u>
有情無力泥人時。⁵　　그리운 정에 힘없어져 사람을 애먹이는 때여서네.

【주석】

1 天碧羅衣(천벽라의) : 하늘색 비단옷. ≪허장만기≫는 "≪십국사전 十國詞箋≫에서 이욱의 첩은 옷을 옅은 남색으로 물을 자주 들였다. 하루는 저녁이 지나도 걷지 않았는데 이슬을 맞자 색이 더욱 선명해졌고 이욱이 그 색을 좋아하였다. 이때부터 궁중의 옷은 마침내 모두 이슬을 거두어 남색으로 물들여졌으니, 그 색을 '천수벽(天水碧)'이라고 이른다고 기술하였다. 구양형이 '천벽나의불지수(天碧羅衣拂地垂)'라고 쓴 것은 촉(蜀)에서도 이미 여자들 옷을 옅은 남색으로 물들이기를 받든 때문이다."라고 해설하였다.
2 初著(초저) : 처음 입다.
3 宛風(완풍) : 부드러운 바람. 透(투) : 투명하다. 드러내다.
4 鳳竹(봉죽) : 생황이나 퉁소 같은 관악기. 고대에는 관악기에 봉황 모양의 장식을 했기에 봉죽이라고 불렀다. ≪송사·악지 宋史·樂志≫는 "관을 나열했으면 소(簫)이고, 관을 모았으면 생(笙)이다. 봉황이 짝져 낢을 소가 본떴고, 봉황이 와서 멈춤을 생이 본떴다.(列其管爲簫, 聚其管爲笙, 鳳皇于飛, 簫則象之, 鳳凰戾止, 笙則象之.)"고 풀이하였다. 일반적으로 피리를 봉생(鳳笙)이라 부르고, 팬파이프를 봉소(鳳簫)라고 부른다.
5 泥人(이인) : 사람을 애먹이다.

【감상】

　미인의 고운 자태를 묘사하면서 뜻같이 사랑이 실현되지 않는 데서 온 실의를 그렸다.

　상편은 "천벽나의(天碧羅衣)"가 땅에 끌리는 모습을 그려 여주인공의 내심을 엿보게 하였다. "나의불지수(羅衣拂地垂)"로는 처음 입은 치마의 날렵함을 묘사했고, "춤추는 듯한 부드러운 바람은 향그런 살결 드러낸다(宛風如舞透香肌)"로는 여주인공이 채색 구름을 타고 비천(飛天)하는 선녀 같은 모습을 상상케 하였다.

　하편은 여주인공의 한가한 행위로 내심의 고민을 드러냈다. 눈살 찌푸려 피리 불고, 천천히 거닐며 꽃가지 꺾는 동작은 바로 그리운 정으로 무기력해진 마음에서 기인됨을 살피게 하였다. 이러한 형상은 봉건시대 사대부 계층이 요구했던 전형적인 미인상으로 심오한 뜻은 없지만, 작가가 추구한 미인상임을 알 수 있다.

　이 사로 연정을 품었으나 뜻을 이루지 못해 찡그리며 "유정무력(有情無力)" 해진 미인의 전형을 보는 듯이 접할 수 있다.

9-3-249 구양형

<완계사 浣溪沙> 3수-3 相見休言有淚珠

<u>相</u><u>見</u><u>休</u><u>言</u><u>有</u><u>淚</u><u>珠</u>。 만났으니 눈물 방울졌음을 말하지 말게!
<u>酒</u><u>闌</u><u>重</u><u>得</u><u>敍</u><u>歡</u><u>娛</u>。[1] 술자리 끝나며 즐거움 다시 말할 수 있게 되어
<u>鳳</u><u>屛</u><u>鴛</u><u>枕</u><u>宿</u><u>金</u><u>鋪</u>。[2] 봉황 병풍에 원앙 베개 베고 금포 장식 한 집에서 잠을 잤네.

<u>蘭</u><u>麝</u><u>細</u><u>香</u><u>聞</u><u>喘</u><u>息</u>,[3] 난향과 사향의 가는 향기 맡고 숨 헐떡거리며
<u>綺</u><u>羅</u><u>纖</u><u>縷</u><u>見</u><u>肌</u><u>膚</u>。[4] 진귀한 비단옷은 살결을 드러냈으니
<u>此</u><u>時</u><u>還</u><u>恨</u><u>薄</u><u>情</u><u>無</u>。[5] 이때도 정 없는 박정한 남자라고 여전히 한(恨)했는지!

【주석】

1 酒闌(주란) : 주연(酒宴)이 끝나려 하다. 歡娛(환오) : 즐거워하다.
2 金鋪(금포) : 문 위 장식물로, 용·뱀·짐승의 머리 모양으로 문고리를 만드는데 그 색이 금빛이기에, 금포(金鋪)라고 한다. 여기서는 금포로 문을 대신함.
3 喘息(천식) : 헐떡거리다. 숨을 쉬다.
4 綺羅纖縷(기라섬루) : 화려하고 진귀한 비단이나 비단옷.
5 薄情無(박정무) : 박정무의(薄情無義)의 줄임 말로 인정이 적어 인정과 의리가 없다는 뜻임. 박정(薄情)은 박정한 남자를 말함. 무(無)는 무의(無義)의 줄임 말로 의리가 없음을 뜻하며, 동시에 구절 끝에 써 의문을 나타냄.

【감상】

남녀의 염정(艶情)을 남자의 시각에서 솔직하면서도 직설적으로 묘사하였다.

상편은 이별한 후 다시 만난 즐거움을 썼다. 첫 구는 여자가 기뻐 눈물 흘렸고 남자는 위로를 다했음을 술회했다. 다음 2구는 만난 뒤 남녀의 합환이 빨리 이뤄졌음을 직설적이고도 형상적으로 그렸다.

하편은 그들의 만남이 곧바로 침상의 환락으로 이어졌음을 실토하였다. "문천식(聞喘息)"으로 후각, "견기부(見肌膚)"로 시각을 동원해 그러한 정황을 여실히 드러냈다. 따라서 이 사가 ≪화간집≫ 중에 지나치도록 허물없이 쓴 염정사로 꼽히게 되었다. 끝구는 남자 자신이 박정한(薄情漢)이 아님을 확인케 한 말로 매우 대담함을 보였다. ≪화간집≫ 서(叙)에서 화간사의 염정성을 내세운 구양형만이 표현할 수 있는 말로 보인다.

진정작 ≪운소집≫ 권1에서 "결구의 정취를 상상할 만하다.(結語情致可想.)"라고 평하였다.

황주이 ≪혜풍사화 蕙風詞話≫는 "염사가 쓰인 이래로 이 사보다 선정적인 사는 거의 없다. 반당승목, 왕붕운(王鵬運, 1849-1904)은 '어찌 선정적일 뿐일까? 정말로 의경이 심원한 대(大)요, 기격(氣格)이 침착한 중(重)이다.' 진실로 화간 사필이 없었다면 감히 이렇게 말할 자가 누군가!(自有艶詞以來, 殆莫艶于此矣. 牛塘僧鶩曰 '奚翅艶而已, 直是大且重' 苟無花間詞筆, 孰敢爲斯語者!)"라고 호평하였다.

이빙약은 <허장만기>에서 이 사는 "서사에서 차례가 정연하고 서정은 기분 좋고 통쾌하다. 그러면서도 드러낸 말은 여전히 정도를 지켰기에, 유영과 황정견의 매우 저속한 사로 실펴보아도 절로 현격한 치이기 있디.(叙事層次卅然, 叙情淋漓盡態, 而著語尙有分寸, 以視柳七黃九之粗俗不堪, 自有上下牀之別.)"라고 평하였다.

9-4-250 구양형

<삼자령 三字令>

春欲盡,	봄 다 가려 해
日遲遲。[1]	날 길어지니
牡丹時。	모란 피는 때라서
羅幌卷,	비단 휘장 걷고
翠簾垂。[2]	푸른 발 드리웠네.
彩箋書,	채색 편지에
紅粉淚。	연지분 눈물 흐름을
兩心知。	두 마음은 알리!

人不在,	임은 안 계신데
燕空歸。	제비는 덧없이 돌아왔으니
負佳期。[3]	만날 약속 지키지 못했네.
香燼落,[4]	향 탄 재 떨어져
枕函欹。[5]	베개에 기대니
月分明,	달은 환해져
花淡薄,	꽃빛 옅어졌기에
惹相思。	그리는 마음 일으키네.

【주석】

1 日遲遲(일지지) : 날이 길어져 온화해지다. ≪시경·빈풍·칠월 詩經·豳風·七月≫에 "봄날

해 길고 온화해져, 흰 쑥을 많이 캐네(春日遲遲, 采蘩祁祁.)"라고 읊었다. 주희(朱熹)는 "지지(遲遲)는 날 길어져 온화해진다는 뜻이다.(遲遲, 日長而暄也.)"라고 주하였다.

2 羅幌(나황) : 비단으로 만든 휘장.
3 負佳期(부가기) : 만날 약속을 이행하지 못하다.
4 香燼(향신) : 향이 타고 남은 재.
5 枕函(침함) : 중간에 물건을 숨길 수 있게 만든 베개.

【감상】

부인이 남편을 그리는 심경을 썼다. 이 사는 매 구 3자마다 뜻을 바꿨으나 혼연일체(渾然一體)를 이뤘다.

상편은 백주(白晝)의 정경 묘사로 실외에서 실내로 옮겨 갔다. 첫 구는 봄이 다해감을 말했고 다음 2구는 발 밖의 해가 모란꽃을 비치는 경상을 그렸다. "나황(羅幌)" 2구는 여주인공이 발을 드리우고 쓸쓸해하는 모습이다. "채전(彩箋)" 2구는 사람은 돌아오지 않는데 채색 편지지의 편지를 보니 그리움에 사무쳐 눈물을 흘리지 않을 수 없음을 썼다. 끝 "양심지(兩心知)" 구는 이러한 쓸쓸함이 여주인공 자신에게서부터 상대방에게까지 미침을 표현한 말로 두 사람의 정이 깊음을 부각할 수 있었다.

하편은 오후에서 밤에 이르는 정경 묘사로 실내에서 실외로 옮겨 갔다. 첫 "인부재(人不在)" 3구는 제비는 공연히 돌아오고 사람은 돌아오지 않았기에 만날 약속을 저버리게 된 아쉬움을 말했다. 다음 "향신락(香燼落)" 2구는 밤이 되면서 보이는 실내의 참담한 경상을 그려 그리워하는 정을 엿보게 하였다. 끝 3구는 첫 단락과 조응(照應)한다. 실내로부터 실외의 "화월(花月)"을 등장시킴으로써 상사의 정이 무한함을 함축할 수 있다.

탕현조는 탕평 ≪화간집≫ 권3에서 "매 구마다 쓴 3자는 바뀌어 가면서도 궁색하지 않았고, 조악하지 않았으며, 생경하지 않았으니, 역시 고수이다.(逐句三字, 轉而不窘, 不坌, 不崛頭, 亦是老手.)"라고 평했다.

진정작은 ≪운소집≫ 권1에서 "'양심지' 3자는 온후하여 '억군군부지'에 비교해도 뜻이 더욱 깊다. 다행히도 '분명', '담박' 4자를 썼다.(兩心知三字溫厚, 較 '憶君君不知' 更深. 好在分明, 淡薄四字.)"고 평하였다. "분명"은 여주인공의 심경을, "담박"은 돌아오지 않는 남자 마음을 비유한 말로 보고 진정작은 이 같은 평을 한 것이다.

9-5-251 구양형

<남향자 南鄉子> 8수-1 嫩草如煙

<ruby>嫩草如煙<rt>눈 초 여 연</rt></ruby>。 연한 풀 안개처럼 자욱하고

<ruby>石榴花發海南天<rt>석 류 화 발 해 남 천</rt></ruby>。¹ 석류꽃 바다 남쪽에 피었는데

<ruby>日暮江亭春影綠<rt>일 모 강 정 춘 영 록</rt></ruby>●² 강가 정자에 해 지자 봄 경물 그림자 녹색으로 드리워져

<ruby>鴛鴦浴<rt>원 앙 욕</rt></ruby>● 원앙이 목욕하니

<ruby>水遠山長看不足<rt>수 원 산 장 간 부 족</rt></ruby>●³ 강산은 아득하고 광활하여 아무리 보아도 싫지 않다.

【주석】

1 石榴花(석류화) : 석류꽃. 열매 속의 붉은 알갱이를 먹을 수 있다. 안석류(安石榴)라고도 한다. 海南天(해남천) : 중국의 남쪽을 두루 말한다.
2 春影(춘영) : 봄 경물(景物)의 그림자.
3 水遠山長(수원산장) : 강산은 아득히 멀고 광활하다. 看不足(간부족) : 아무리 보아도 싫지 않다.

【감상】

강남의 생기발랄한 봄날 풍광을 묘사하였다.

첫 2구는 푸른 풀이 끝없이 이어져 시야가 광활한 중에 석류화 붉게 피었음을 썼다. 경물을 맑고 곱게 투영시켜 해남(海南)의 모습을 선명히 그렸다. 11자 2구로 시간, 지역, 경물을 묘사하면서도, 전혀 흔적을 드러내지 않았다. "일모(日暮)" 2구는 지점과 시각을 쓴바, 바로 "해남천(海南天)"의 "일모강정(日暮江亭)"이란 근경을 그렸다. 여기의 "춘(春)" 1자가 오묘하게 운용됨은 늦봄과 초여름 사이의 "춘"인 데다 만물에 생기가 넘쳐나는 "춘"을 형상한 때문이다. 작가는 "춘수록(春水綠)"으로 쓰지 않고 1글자를 바꿔 "춘영록(春影綠)"으로 씀으로써, 평범한 경상을 새롭게 보이게 하였다. 5월 강물은 맑아, 물에 비친 그림자가 그림같이 눈에 싱그럽게 들어옴을 이 3자로 그려낸 것이다. 더욱이 물 위에서 노니는 원앙의 모습은 해남(海南)만의 독특한 풍물이기에 화면을 더욱 활기차 보이게 할 수 있었다. 끝구는 해남 강천(江天)에 대한 무한한 찬탄으로 끝없는 동경을 끌어내었다.

이 사는 질박하고 청신하게 남방의 풍토와 풍속을 그림으로써 화간사를 염사의 굴레에서 벗어나게 하였다. 풍광 묘사는 이순 <남향자>와 유사함을 알 수 있다.

9-6-252 구양형

<남향자 南鄉子> 8수-2 畫舸停橈

畫舸停橈。¹　　　단장한 큰 배가 노 내리니
槿花籬外竹橫橋。²　무궁화 울타리 저편으로 대나무 다리가 놓였는데
水上遊人沙上女●³　물가를 노니는 길손이 모랫가 여인을
迴顧●⁴　　　　　　고개 돌려 바라보니
笑指芭蕉林裏住●⁵　파초 숲 속 사는 곳을 웃으며 가리킨다.

【주석】

1 畫舸(화가) : 채색한 큰 배. 停橈(정요) : 정선(停船). 요(橈) 배의 노.
2 槿花(근화) : 무궁화. 여름, 가을 사이에 꽃이 피는데 아침에 꽃을 피우나 저녁에는 진다. 무궁화를 심어 울타리를 만든다. 竹橫橋(죽횡교) : 대나무로 다리를 놓다.
3 水上(수상) : 물가. 수상유인(水上遊人)은 곧 배에서 내린 나그네를 말함. 沙上女(사상녀) : 모래사장 위의 여인.
4 迴顧(회고) : 고개 돌려 보다.
5 芭蕉(파초) : 남방의 다년생 초목으로 잎은 부채꼴로 커지며 자란다.

【감상】

　큰 배에서 내린 유람객과 모래가의 여인이 서로 보는 찰나에 사랑에 빠진 정경을 그렸다.

　첫 "화가(畫舸)" 2구는 배에서 내린 후 눈에 들어온 남방 물가 마을을 묘사하였다. "근화리(槿花籬)", "죽횡교(竹橫橋)"는 남방 풍경으로 구속 없는 자연미를 돋보이게 하였다. 제3구 중의 "수상유인(水上遊人)"은 바로 화가(畫舸)에서 노를 내린 사람으로 남성일 것이며, "사상녀(沙上女)"는 물가 마을 여인일 것이다. "회고(迴顧)"라는 동작은 "유인(遊人)"이 모랫가의 여인에게 말을 건 뒤에 보인 행동이다. 끝 2구는 "사상녀"의 활발하고 다정함을 생동감 넘치게 형상했을 뿐만 아니라, "파초임리(芭蕉林裏)"라는 장소로 진입시킴으로서 남방의 정겨운 풍광을 접하게 하면서 첫 구와 호응시킨 오묘함도 보일 수 있었다.

　이빙약은 <허장만기>에서 "누구도 부인할 수 없는 한 폭의 그림이다.(儼然一幅畫圖.)"라고 평하였다.

9-7-253 구양형

<남향자 南鄉子> 8수-3 岸遠沙平

岸遠沙平。 연안 멀고 모래 평탄한데
日斜歸路晚霞明。[1] 해 기우니 돌아오는 길이 저녁놀에 환해지네.
孔雀自憐金翠尾●[2] 공작은 금빛 섞인 비취색 꼬리를 절로 대단히 여겨
臨水● 물에 임해
認得行人驚不起● 길손인줄 알고도 놀라 날아오르지 않는다.

【주석】

1 晚霞(만하) : 저녁놀.
2 孔雀(공작) : 공작새. 自憐(자련) : 스스로 가련하다고 여기다. 또는 자신을 대단하다고 여기다. 金翠尾(금취미) : 황금빛과 비취빛을 드러낸 꼬리.

【감상】

　물가에서 바라본 남방 석양의 풍광 묘사이다.

　첫 2구는 먼 곳에서 허공으로 옮겨가며 주위를 묘사하였다. 돌아오는 길로 석양이 드니 평평한 모래사장이 연이어진 물가에 드리운 노을은 그림같이 아름답다. "공작(孔雀)" 3구는 공작새로 경물을 그렸기에 남방 특색을 보였을 뿐만 아니라, 저녁 노을을 즐기는 공작새의 모습에 인정을 부여하여 나그네인 주인공의 심경을 살피게 하였다. 공작이 꼬리의 화려한 무늬에 자부심을 지녀 길손이 있어도 놀라 날아오르지 않는 모습을 그려 나그네를 이방인으로 대하지 않는 배려에 위안을 느끼게 한 장면 묘사가 그림 같다.

　진정작은 ≪운소집≫ 권1에서 "단어 구사와 용의가 모두, 신기함을 갖추었다.(遣詞用意, 俱有別致.)"고 평하였다.

9-8-254 구양형

<남향자 南鄕子> 8수-4 洞口誰家

洞口誰家。[1]　　　　산 굴 입구의 누군가가
木蘭船繫木蘭花。[2]　　목란 배에 목란꽃을 매 놓았네.
紅袖女郎相引去●[3]　　붉은 옷소매 소녀들 서로 불러
遊南浦●[4]　　　　　　남포에서 노니는데
笑倚春風相對語●[5]　　웃으며 봄바람에 의지해 응대해 말한다.

【주석】

1 洞口(동구) : 산굴 입구. 誰家(수가) : 누구, 어떤 사람.
2 木蘭(목란) : 교목으로 두란(杜蘭), 임란(林蘭)이라 함. 남수(楠樹)와 비슷함. 늦은 봄에 꽃이 피는데 배를 만들 수 있다. 후에는 목란을 배의 미칭으로 삼았다.
3 相引(상인) : 서로 끌어당기다. 상초(相招), 서로 부르다.
4 南浦(남포) : 남쪽을 향한 물가, 남쪽 나루. 남포는 시·사에서 뱃길의 이별 장소를 상징하였다.
5 笑倚(소의) : 웃으며 의지하다. 相對語(상대어) : 응대해 말하다.

【감상】

남방 소녀들이 물가에서 즐겁게 노니는 장면을 그렸다.

첫 2구를 문답체로 써 장소에 대한 관심을 보이게 하였다. 산굴 입구의 누군가로 의문문을 연 뒤에, "목란선계목란화(木蘭船繫木蘭花)"로 이어 써 실경(實景)을 엿보게 함으로써 누군가에 대한 관심이 무의미함을 깨닫게 하였다. 다음 "홍수(紅袖)" 3구는 동굴 입구에 사는 소녀들이 유쾌하게 노는 모습을 그렸다. 남방 소녀들이 약속해 노닒에 서로에게 기대어 말하는 친밀함을 보이는 장면을 "소의춘풍상대어(笑倚春風相對語)"로 형상하여 천진난만하게 즐기는 여인들이 친근함을 느끼게 하였다.

상해노신기념관 소장품 중에는 노신(魯迅, 1881-1936)이 1931년 일본 여성 내산송조(內山松藻)에게 써 준 이 사가 보인다. 내산송조는 1914년 상해에서 내산서점(內山書店)을 개점해 노신과 친밀하게 지냈던 내산완조(內山完造)의 제수(弟嫂)이다. 노신이 이 사를 써준 이유를 상상해 볼만하다. 노신이 첫 2구에서 함축한 개방 속의 기다림에 애착을 보인 때문은 아닌가 하는 상상을 하게 된다.

9-9-255 구양형

<남향자 南鄉子> 8수-5 二八花鈿

二八花鈿。[1]　　　　16세 예쁜 소녀가 꽃 비녀 꽂았는데
胸前如雪臉如蓮。[2]　앞가슴 눈같이 희고 얼굴은 연꽃같이 곱네.
耳墜金環穿瑟瑟●[3]　귀에 금귀고리 늘어트려 푸른 구슬 꿰고는
霞衣窄●[4]　　　　　가볍고 고운 옷을 몸에 끼게 입고서
笑倚江頭招遠客●[5]　웃으면서 강기슭에 의지해 먼 곳에서 온 손님을 부른다.

【주석】

1　二八花鈿(이팔화전) : 꽃 비녀 꽂은 16세 소녀. 화전(花鈿)은 꽃 비녀로 곧 이런 비녀를 꽂은 여인을 대유함.
2　胸前(흉전) : 앞가슴.
3　耳墜金環(이추금환) : 귀에 금귀고리를 늘어트리다. 瑟瑟(슬슬) : 주옥(珠玉)의 일종. 사몽란(史夢蘭, 1813-1899)의 ≪첩아 疊雅≫는 "'슬슬'은 푸른 구슬이다(瑟瑟, 碧珠也)"라고 주하였다.
4　霞衣窄(하의착) : 가볍고 고운 옷이 몸에 끼다. 하의(霞衣)는 가볍고 아름다운 옷.
5　江頭(강두) : 강가. 강기슭.

【감상】

　　남방 젊은 기녀의 아름다운 모습과 다정함을 썼다. 첫 2구는 머리 단장한 16세 기녀의 미모를 그렸다. 다음 2구는 귀고리 장식 모양과 외모 묘사로 남방 기녀의 개성미를 드러냈다. 끝의 "소의강두초원객(笑倚江頭招遠客)"은 그녀가 강기슭에서 멀리서 온 나그네를 대담하면서도 다정하게 부르는 모습을 형상한 구로 그 모습을 보는 듯, 그 소리를 듣는 듯한 느낌을 전한다. 묘사가 질박하고 자연스럽기에 형상성을 더욱 선명히 드러낼 수 있었다.

9-10-256 구양형

<남향자 南鄉子> 8수-6 路入南中

路入南中。¹	남방 길로 들어서니
桄榔葉暗蓼花紅。²	광랑 나뭇잎 녹음 졌고, 여뀌꽃 붉네.
兩岸人家微雨後●³	양 연안의 인가는 가랑비 온 뒤에
收紅豆●⁴	홍두를 거두느라
樹底纖纖擡素手●	나무 밑에서 곱디고운 흰 손을 들어 올린다.

【주석】

1 南中(남중) : 남방.
2 桄榔(광랑) : 남방에 자라는 상록교목(常綠喬木)의 하나로, 나무줄기가 높고 굵다. ≪술이기 述異記≫에는 서촉(西蜀) 석문산(石門山)에 광랑(桄榔)이라는 나무가 있어, 껍질 속에서 가루가 생겨 밀가루 같기에 이것으로 병(餅)을 만들어 먹는다고 하였다. 蓼花(요화) : 여뀌꽃. 수초(水草).
3 人家(인가) : 사람이 사는 집. 남의 집. 타인.
4 紅豆(홍두) : 홍두 나무 열매. 상사자(相思子). 홍두 나무는 영남(嶺南)에서 나는데, 가을에 꽃이 피며, 그 열매는 콩깍지 모양의 선홍색이다. 빛깔과 모습이 심장과 유사해 이를 마음으로 여겨 그리움의 상징물로 삼았다. 왕유(王維, 701-761) 시 <상사 相思>는 "홍두는 남국에서 자라기에, 봄 되면 몇 가지 돋우어내지요. 임께서 많이 따시길 원함은 이 물건이 상사의 정 일으키는 데 제일인 때문이지요.(紅豆生南國, 春來發幾枝; 願君多采撷, 此物最相思.)"라고 읊었다.

【감상】

남방 풍광 속에 여인들이 비 온 후에 섬섬옥수로 홍두를 거두어들이는 현장의 모습을 그렸다.

첫 2구는 작자가 여행 중 진입한 지역을 명확히 밝힌 뒤, "남중(南中)" 지방에 광랑 잎이 우거져서 그늘 짙고, 담홍색 여뀌꽃이 핀 물가가 아름다워 풍광이 이채로움을 그렸다. 뒤의 3구는 "남중(南中)"의 강 연안 인가를 그렸다. "미우후(微雨後)"에서 "수홍두(收紅豆)"로 화폭을 옮겨가며 초점을 다음 구에 집중시켰다. 곧 "수저섬섬대소수(樹底纖纖擡素手)"는 남방에서 흔히 볼 수 있는 풍광으로 장소를 제기한 뒤, 색채가 수반된 손동작을 연출시킴으로써 유쾌한 정취를 드러낼 수 있었다.

진정작은 ≪운소집≫ 권1에서 "다행스럽게도 '수홍두' 3자가 경물을 접해 감정이 솟아났기에 이 같은 경계가 출현 되었다.(好在 '收紅豆' 三字, 觸物生情, 有如此境.)"고 평하였다.

9-11-257 구양형

<남향자 南鄕子> 8수-7 袖斂鮫綃

袖斂鮫綃。[1]
얇은 비단 옷소매 걷고

採香深洞笑相邀。
향초 캐는 깊은 동굴에서 웃으며 맞이했네.

藤杖枝頭蘆酒滴●[2]
등나무 지팡이 끝에 매단 노주가 방울져 떨어져

鋪葵蓆●[3]
규초 자리를 펴니

豆蔲花間趖晩日●[4]
석양은 두구꽃 사이를 옮겨간다.

【주석】

1 袖斂(수렴) : 옷소매를 걷다. 鮫綃(교초) : 교인(鮫人)이 짰다는 얇은 명주 이름. ≪술이기 述異記≫ 상권에서는 "남해에서 교초 비단이 나는데 샘물 뜨는 방에서 잠겨 짜기에 일명 용사(龍紗)라고도 하는데 그 값이 백여 금이다. 이것은 입고 물에 들어가도 젖지 않는다.(南海出鮫綃紗, 泉室潛織, 一名龍紗, 其價百餘金. 以爲服, 入水不濡.)"고 기술하였다. 교인(鮫人)은 전설 속의 인어(人魚).
2 藤杖(등장) : 등나무 지팡이. 蘆酒(노주) : 갈대 줄기로 술을 빨아 마시다. 또는 이 같은 음주 방법으로 마시는 술. 滴(적) : 방울져 떨어지다.
3 鋪(포) : 펼치다. 葵蓆(규석) : 규초(葵草)로 엮은 자리.
4 豆蔲(두구) : 육두구(肉荳蔲). 다년생 초본 식물로 육두구는 남방 계곡에서 자란다. 趖(좌) : 빨리 달리다(走). 이동하다. 晩日(만일) : 석양.

【감상】

향초를 캐는 남방 여인이 산 동굴에서 나그네를 맞이하여 산간 생활을 즐기는 모습 속에 인정을 그렸다.

첫 2구는 남방 여인이 비단 소매를 걷어 올리고 향초를 캐는 동굴에서 나그네를 웃으며 맞이하는 인정을 썼다. "등장(藤杖)" 구는 등나무 지팡이 끝에 걸어둔 술 단지에서 노주(蘆酒)하기 좋게 술이 방울져 떨어짐을 썼다. "노주적(蘆酒滴)"의 "적(滴)" 자가 술향기와 마시고 싶은 충동을 전하기에 생동감을 전한다. 이 글자가 남방 여인과 나그네가 구속 없이 산간 정취를 즐기게 한 매개가 되었다. 끝 2구는 남방 여인과 나그네가 규초(葵草) 자리 위에서 술을 따름에, 석양이 두구(豆蔲)꽃 사이를 옮겨가도 돌아갈 줄 모르는 열정을 그린 바, 남방의 정취가 이국적임을 부각할 수 있었다.

9-12-258 구양형

<남향자 南鄕子> 8수-8 翡翠鵁鶄

翡翠鵁鶄。[1] _{비 취 교 청}	비취빛 물새
白蘋香裏小沙汀。[2] _{백 빈 향 리 소 사 정}	흰 마름꽃 향기 풍기는 작은 모래섬 안에서 서식하는데
島上陰陰秋雨色● _{도 상 음 음 추 우 색}	섬 가로 어둑어둑 가을비 내려
蘆花撲●[3] _{노 화 박}	갈대꽃 땅으로 돌진하듯 떨어지니
數隻漁船何處宿● _{수 척 어 선 하 처 숙}	몇 척 어선 어디서 정박하나?

【주석】

1 翡翠鵁鶄(비취교청) : 짙은 남색 백로. 교청(鵁鶄)은 물새의 일종으로 목이 적갈색이고, 몸 윗부분이 대부분 희며, 흉부의 도롱이 같은 깃털은 짙은 녹색이 섞여 있다. 부리와 다리가 길며 중국의 남방에 서식한다.
2 白蘋(백빈) : 백빈. 수중의 부초(浮草). 초여름에 흰 백색 작은 꽃이 핀다. 沙汀(사정) : 모래섬.
3 蘆花(노화) : 갈대꽃. 버들솜처럼 바람이 불면 사방으로 흩어짐. 撲(박) : 뛰어들다. 달려들다.

【감상】

남방 수향(水鄕) 쓸쓸한 물가 섬에 가을비 내리는 경상을 그렸다.

첫 2구는 먼 외부로부터 백빈 자라며 백로가 노는 모래섬에 이르는 경관을 묘사하였다. 다음 3구는 가을비가 내리는 음산한 날씨와 갈대꽃이 날려 떨어지는 몽롱한 경치를 그렸다. 끝구를 고깃배가 정박한 곳을 구체적으로 밝히지 않은 의문문으로 써 자욱한 수면에 가려진 물가 마을의 몽롱한 경상을 상상케 하였다. 이런 필치는 담담(淡淡)한 수묵화(水墨畵)를 연상케 한다.

구양형 <남향자> 8수는 남방의 풍광을 흔적 없이 자연스럽게 묘사하였다. ≪화간집≫에서 청신한 맛을 드러낸 연작사(聯作詞)라는 특색을 보였다.

주밀(周密, 1232-1298)은 "이순, 구양형 또래는 모두 촉인으로 각기 <남향자> 10수를 지어 풍토인정을 나타냈는데 또한 죽지체이다.(李珣, 歐陽炯輩, 俱蜀人, 各制<南鄕子>十首, 以志風土, 亦竹枝體也.)"라고 말했다.(강방담(姜方錟)의 ≪촉사인평전 蜀詞人評傳≫에서 인용)

탕현조는 탕평 ≪화간집≫ 권3에서 "짧은 사를 쓰기 어려움은 자연스럽지 않게 시작하기 어렵고 유원하지 않게 끝맺기가 어려워서이다. 여러 사의 첫 구가 중복됨이 하나도 없으면서, 끝맺는 구의 말이 모두 생각의 여지를 남겼기에 진실로 명작으로 칭할 만하다.(短詞之難, 難于起得不自然, 結得不悠遠. 諸詞起句無一重復, 而結語皆有餘思, 允稱名作.)"고 평하였다.

이빙약의 <허장만기>는 "<남향자> 8수는 거의 남방 풍물 묘사로, 그가 어떤 인연으로 여기까지 주의히게 되었는지는 알 수 없다. 구양형은 촉 사람이니 어찌 일찍이 남방을 유람했겠는가? 그러나 그의 사는 경물 묘사가 뚜렷하고, 소박하면서도 속되지 않았기에 무늬 비단의 향기로운 자태를 단번에 씻어 내어, 경물을 묘사하고 풍속을 기술한 사를 지었기에 이순과 의기투합하여 화목하게 지낸 이라고 이를만하다.(<南鄕子>八首, 多寫炎方風物, 不知其以何因緣而注意及此. 烱蜀人, 豈曾南游耶? 然其詞寫物眞切, 樸而不俚, 一洗綺羅香澤之態, 而爲寫景紀俗之詞, 與李珣可謂笙磬同音者矣.)"라고 평하였다.

9-13-259 구양형

<헌충심 獻衷心>

見好花顏色,	아름다운 꽃 같은 얼굴빛이
爭笑東風。[1]	봄바람과 웃음을 다투듯이 보임은
雙臉上,	두 볼 가가
晚妝同。[2]	밤 화장한 듯 짙어서네.
閉小樓深閤,[3]	작은 누대의 깊숙한 쪽문 닫으니
春景重重。[4]	봄 경치 한창인데
三五夜,[5]	보름밤이라
偏有恨,[6]	공교롭게도 한은
月明中。	달 환한 속에 있네.

情未已,	정은 다하지 않았지만
信曾通。	믿음은 이미 통해선지
滿衣猶自染檀紅。[7]	분 섞인 붉은 눈물 여전히 옷 가득히 물들였네.
恨不如雙燕,	한스러움은 한 쌍 제비가
飛舞簾櫳。[8]	발 드리운 창에서 춤추는 것 같지 않아선데
春欲暮,	봄 저물려 해
殘絮盡,[9]	흩날리는 버들솜 다했건만
柳條空。	버들가지 공연히 드리웠네.

【주석】

1 爭笑(쟁소) : 웃음을 다투다.
2 晩妝(만장) : 밤 화장. 짙은 화장을 일컬음.
3 深閤(심합) : 깊숙한 쪽문.
4 重重(중중) : 농밀(濃密)하다. 정도가 매우 심한 모습.
5 三五夜(삼오야) : 보름, 즉 달이 둥근 보름날 밤.
6 偏(편) : 공교롭게도, 뜻밖에.
7 猶自(유자) : 여전히. 檀紅(단홍) : 단향목의 옅은 붉은색보다 진한 붉은색. 여기서는 분에 젖은 붉은 눈물인 분루(粉淚)로 보임.
8 簾櫳(염롱) : 발 드리운 창.
9 殘絮(잔서) : 흩날리는 버들솜.

【감상】

  이룰 수 없는 사랑을 추구하는 여주인공의 춘원(春怨)을 그렸다.

  상편은 여주인공의 아름답고 고운 모습과 달이 둥글 때 남에게 말 못 할 그윽한 한이 생김을 썼다. 첫 4구는 짝을 이뤄 써 내려가듯 꽃과 여인의 얼굴을 함께 썼기에 어느 것이 생화(生花)이고 어느 것이 얼굴인지 분간할 수 없다. "쟁소동풍(爭笑東風)" 4자는 "화(花)"를 살아있듯이 그리면서 여인의 요염함을 드러낼 수 있었다. "폐소루심합, 춘경중중(閉小樓深閤, 春景重重)" 2구는 여주인공의 신분과 그윽한 봄 경치를 그린 모습으로 이 형상은 하편을 위한 복선이되었다. "삼오야(三五夜)" 3구는 여주인공이 홀로 규방에 앉아 밝은 달을 바라보면서 한이 일어나는 상황을 엿보게 하였다. 곧 달은 만월로 단란(團欒)함을 이뤘으나, 그녀는 혼자라서 단란함에 다가갈 수 없어서이다.

  하편은 세월이 흘러 빈 누각에서 옛사람을 그리워하면서 봄을 원망하는 정을 썼다. 하편의 발단은 상편의 "편유한(偏有恨)" 중의 "한(恨)" 자에서 온 바, 이 한은 3층을 이뤘다. "정미이(情未已)" 3구는 연인과 서로 떨어져 있어 그리워하나 그 정을 이룰 수 없기에 온종일 눈물 흘리면서 옷 적심을 서글퍼 했으니, 이것이 제1층을 이룬 한이다. "한불여쌍연, 비무염롱(恨不如雙燕, 飛舞簾櫳)" 2구는 한 쌍의 제비가 발이 쳐진 창문 앞에서 날며 춤추는 모습에 자신을 비유하여 자신이 그렇지 못함에 한이 생김을 썼으니 이것이 제2층을 이룬 한이다. 끝단의 "춘욕모(春欲暮)" 3구는 아름다운 봄은 다 가려 하니 여주인공의 미모는 지키기 어려워진데다, 버들솜 되어 날아간 버들이 공연히 버들가지만 드리웠기에 그 처지를 자신에 비유해 슬퍼했음으로 이것이 제3층을 이룬 한이다.

전체 사는 돌연히 온 봄이 망연히 떠나감을 묘사해 신세를 기탁했기에 신묘함을 보였다.

이빙약의 <허장만기>는 "'삼오야', '월명중' 사이에 '편유한'이란 3자를 홀연히 첨가했기에 매우 기묘(奇妙)해졌다.('三五夜', '月明中', 忽加入, '偏有恨' 三字, 奇絶.)"고 평하였다.

9-14-260 구양형

<하명조 賀明朝> 2수-1 憶昔花間初識面

憶昔花間初識面●	지난날 꽃 속에서 처음 만나자
紅袖半遮,[1]	붉은 소매로 반쯤
妝臉輕轉●	화장한 얼굴 가려 살짝 돌리고는
石榴裙帶,[2]	석류빛 치마끈에
故將纖纖玉指偸撚●[3]	일부러 가냘픈 고운 손가락을 몰래 비벼 꼬며
雙鳳金線●	짝진 봉황 금실로 수놓았음을 기억한다.
碧梧桐鎖深深院●[4]	벽오동이 깊고 깊은 정원을 가뒀기에
誰料得兩情,	누가 알았으랴! 두 사람 정이
何日敎繾綣●[5]	헤어지기 어려워 애태울 어떤 날 올 줄을!
羨春來雙燕●	봄 오니 짝진 제비
飛到玉樓,	옥루로 날아들어
朝暮相見●	조석으로 만남이 부럽다.

【주석】

1 紅袖半遮(홍수반차) : 붉은 옷소매로 (얼굴) 반쯤 가리다.
2 石榴裙帶(석류군대) : 석류꽃 색 치마끈. 곧 붉은색 치마끈.
3 偸撚(투년) : 몰래 비비 꼬다. 년(撚)은 손끝으로 비비다.
4 鎖(쇄) : 가두다. 잠그다.
5 繾綣(견권) : 헤어지기 힘들어 애태우다.

【감상】

한 남자가 처음 만난 여인에 반해 오매불망 그리워하는 정을 썼다.

상편은 여자를 처음 만난 때의 장면과 애교 속에 수줍음 보였음을 추억하였다. "억석(憶昔)"은 만난 곳과 첫 모습을 회상하지 않을 수 없음을 썼다. "화간초식면(花間初識面)"은 양면을 말했으니, 하나는 장소가 꽃 아래였고, 다른 하나는 만난 여인의 얼굴이 꽃같이 아름다웠다는 인상이다. "홍수(紅袖)" 2구는 정면에서 여자의 교태와 수줍어하는 모습을 그렸다. "석류군대(石榴裙帶)" 3구는 주위의 시선을 끌기 위해 붉은색 치마끈에 옥 같은 손가락을 수줍은 듯 문지르며 봉황 수놓던 모습을 잊을 수 없음을 회상하였다.

하편은 현재의 그리움을 2층으로 그렸다. "벽오(碧梧)" 3구는 그 여인이 깊은 규방에서 나오기 어려운 데다가 그리는 정이 한없음을 강조함으로써 한 층을 이뤘다. "선춘래쌍연(羨春來雙燕)" 3구는 눈앞의 풍광으로 주인공의 심경을 우의하였다. 한 쌍의 제비가 아침저녁으로 함께 날며 마주함을 부러워함으로써 자신의 고독을 부각한 것이 또 한 층을 이뤘다. 곧 자유롭고도 다정하게 지내는 들보의 제비는 조석으로 해후하나, 자신은 첫사랑의 여인을 만날 기약조차 없음이 매우 야속함을 토로한 것이다.

9-15-261 구양형

<하명조 賀明朝> 2수-2 憶昔花間相見後

憶昔花間相見後,[1]	지난날 꽃 사이에서 만난 뒤
只憑纖手	가냘픈 손에만 의지해
暗抛紅豆,[2]	남몰래 홍두 던져
人前不解,	남들 앞에서 알지 못하게
巧傳心事,	교묘히 마음을 전했지만
別來依舊	이별하자 예전대로
辜負春晝.[3]	아름다운 봄날을 저버렸음을 기억한다.

碧羅衣上蹙金繡,[4]	푸른 비단옷 위의 금빛 수 주름지게 놓인
睹對對鴛鴦,	짝진 원앙을 보고
空裛淚痕透.[5]	눈물 흔적 스미도록 공연히 적셨다.
想韶顏非久,[6]	앳되고 고운 얼굴 오래갈 수 없음은
終是爲伊,[7]	끝내는 임 때문으로
只恁偸瘦.[8]	이처럼 모르는 사이에 야위리라고 생각했다.

【주석】

1 憶昔(억석) : 옛일을 돌이켜 생각하다.
2 紅豆(홍두) : 두과(豆科) 식물로 상록 교목(喬木)인 홍두수(紅豆樹) 열매. 주로 남국에서 나며 그 열매를 상사자(相思子)라고 하며 애정의 증표로 삼았다.
3 辜負(고부) : 저버리다. 春晝(춘주) : 봄날. 곧 아름다운 시절.
4 蹙金(축금) : 금실과 은실로 수를 놓아 주름 무늬로 만든 장식.

5 空裛(공읍) : 공연히 적시다. 透(투) : (액체)가 스며들다.
6 韶顔(소안) : 어리고 아리따운 얼굴.
7 終是(종시) : 끝내는.
8 恁(임) : 이렇게. 偸瘦(투수) : 모르는 사이에 여위다.

【감상】

여자의 짝사랑이 이뤄지지 않는 데서 온 고통을 느끼듯이 그렸다. 애정이 발전해 가는 경과와 애정에 대한 믿음을 세심하게 전개시킨 점에서 이 사는 오대(五代, 907-960), 십국(十國, 902-979) 시기 사와 구별된다.

상편은 남몰래 사랑을 나눈 남자가 헤어진 뒤로 소식을 전해오지 않음을 회상하였다. "억석(憶昔)"은 "교전심사(巧傳心事)"로 곧장 이어져, 꽃 사이에서 영원한 사랑을 약속한 것을 추억했다. "별래(別來)" 2구는 현실, 즉 이별 후의 탄식이다. 쌍방의 애정은 깊고 두터웠지만, 이별한 뒤로는 함께할 수 없었기에 그 아쉬움을 허송한 봄날로 비유하였다.

하편은 헤어진 뒤로 짝사랑에서 온 고통을 썼다. 하편은 2층을 이뤘다. 제1층은 비단옷 위로 수놓인 쌍 원앙을 보았기에 남자가 그리워져 옷 앞자락에 눈물을 한없이 적신 모습이다. 제2층은 "상소안(想韶顔)" 구에서 끝구에 이른 단락으로 여주인공이 그 남자에게 보인 정절과 애정 표현이다. 늘 아름다운 모습을 지닐 수 없는 청춘이지만, 그녀는 그 남자를 위해 얼굴이 야위어진다 해도 후회하지 않으리라고 단언했다. 그 말은 단호하고 진실하기에 감화력을 보일 수 있었다.

구양형 <하명조> 2수는 정감의 전개가 농염한 가운데 완만하고 층차가 분명하기에 위로는 온정균을 이을 수 있었고 아래로는 유영(987-1053) 사를 열게 할 수 있었다.

9-16-262 구양형

<강성자 江城子>

晚日金陵岸草平。[1]　　석양 지니 금릉 연안의 풀 고요하고

落霞明。　　지는 노을 환한데

水無情。　　강물은 무정하게도

六代繁華,[2]　　육조가 번화했음을

暗逐逝波聲。[3]　　흐르는 물결 소리로 남몰래 좇네.

空有姑蘇臺上月,[4]　　부질없이 뜬 고소대 위의 달은

如西子鏡,[5]　　서시를 비추던 거울처럼

照江城。[6]　　강성인 금릉을 비추네.

【주석】

1 晚日(만일) : 석양. 金陵(금릉) : 지금의 남경(南京). 전국시기 초(楚) 위왕(威王)이 월(越)나라를 멸하고 금릉읍(金陵邑)을 두었는데, 진(秦)나라 때에 명칭을 말릉(秣陵)으로 바꾸었으나, 양한(兩漢)에도 여전히 이 이름을 사용했다. 삼국(三國)시기 손권(孫權)이 여기에 도읍을 세우고 이름을 건업(建業)으로 고쳤으며, 진(晉)나라 때에는 건강(建康)으로 고쳤고, 당(唐) 무덕(武德) 8년(625)에는 다시 금릉으로 개칭하였다. 장강 남쪽 기슭에 있다. 草平(초평) : 풀이 고요한 상태를 보이다.

2 六代(육대) : 삼국의 오(吳)·동진(東晉)과 남조(南朝)의 송(宋)·제(齊)·량(梁)·진(陳)의 육조(六朝)를 말한다.

3 逝波(서파) : 한번 흘러가 되돌아오지 않는 물. 흘러간 세월.

4 姑蘇臺(고소대) : 오왕(吳王) 부차(夫差)가 지금의 강소성(江蘇省) 오현(吳縣) 서남쪽 고소산(姑蘇山) 위에 세워 총희 서시와 연회를 열며 즐기던 곳. 설소온(薛昭蘊) <완계사> 8수-7 주 참조.

5 如西子(여서자) 2구 : 고소대 위로 뜬 달이 지난날 서시(西施)를 비추던 거울처럼 강성(江

城)을 굽어 비춤을 말했다. 서자(西子)는 월(越)나라 미녀인 서시.
6 江城(강성) : 강에 임한 도시나 성곽.

【감상】

당시 금릉(金陵)을 주제로 한 회고사(懷古詞)이다.

첫 3구는 금릉을 지정한 뒤, 장강 연안의 풀 고요하고 저녁놀 한창일 때, 끊임없이 흐르는 강물 소리가 한없는 서글픔을 자아냄을 썼다. 이로써 공활(空豁)한 공간 속에 적료(寂廖)한 경계를 출현시킬 수 있었다. 그러면서 "수무정(水無情)" 구는 아래의 "육대번화(六代繁華)" 2구를 끌어내는 오묘함을 보였다. 곧 작자는 역대로 번화했던 강성(江城)인 금릉을, 무정하게 흐르는 강물 속에 투영시켜 망국의 한을 드러낸 것이다. 끝 3구는 달을 바라보는 감회 묘사로 당시의 감개를, 서시를 비추던 거울에 연계시킴으로써 멀리 고소대(姑蘇臺)를 바라보는 듯한 소회를 드러낼 수 있었다. 고소대 앞에 "공유(空有)" 2자를 붙임으로써 경물이 의구함을 함축하게 되어 강성(江城)은 그대로나 세태는 이미 변해, 온갖 풍파를 겪은 형상을 그려낼 수 있었다. 더욱이 "공유(空有)" 2자를 "무정(無情)", "암축(暗逐)"과 같은 비량함을 보이는 용어와 연계시킴으로써 사 전부를 숙연한 정조에 머물게 하였다.

이 사는 금석(今昔)을 대비해 성쇠지감(盛衰之感)을 드러냈기에 이와 유사한 감회를 그린 왕안석(王安石, 1021-1086)의 명작 <계지향 桂枝香> (금릉회고 金陵懷古) 중의 "육조의 옛일은 흐르는 강물 따라 사라졌는데, 단지 싸늘한 안개와 시든 풀만이 짙푸르게 뒤엉켰네.(六朝舊事隨流水, 但寒煙衰草凝綠.)"라는 의경 출현에 영향을 미쳤을 것이다.

이빙약은 <회장만기>에서 "이 사의 오묘함이 '서시를 비추던 거울처럼'이라 이 한 구에 있음은, 뜻밖에 끌어들임으로써 마침내 진부함을 버리고 창신함을 출현시켜서다.(此詞妙處在 '如西子鏡' 一句, 橫空牽入, 遂爾推陳出新.)"라고 평하였다.

9-17-263 구양형

<봉루춘 鳳樓春>

鳳髻綠雲叢。[1]   봉계 머리 풍성하여 검은빛으로 윤기 흐름은

深掩房櫳。[2]   창틀을 깊게 가려선데

錦書通。[3]   편지 전해졌기에

夢中相見覺來慵。[4]   꿈속에서 만나고 깨어나니 정신은 나른해져

勻面淚,   분 화장한 얼굴의 눈물이

臉珠融。[5]   얼굴에 붙인 보석 장식에 녹아내렸네.

因想玉郞何處去,[6]   꿈속에 떠올렸네! 옥 같은 임이 어디로 가서서

對淑景誰同。[7]   누구와 함께 좋은 경치 마주할지를!

小樓中。   작은 누대 안에서

春思無窮。   임 생각 끝이 없어

倚欄顒望,[8]   난간에 기대어 고개 들고 바라보니

暗牽愁緖,[9]   남몰래 근심 일게 하는데

柳花飛起東風。   버들솜 봄바람에 날아오르네.

斜日照簾,   석양이 발을 비추니

羅幌香冷粉屛空。[10]   비단 휘장 향기 차가워지고 그림 없는 병풍 허전해지는데

海棠零落,   해당화 시들고

鶯語殘紅。   꾀꼬리 울며 꽃은 지네.

【주석】

1 鳳髻(봉계) : 봉황 모양으로 틀어 올린 쪽머리. 綠雲叢(녹운총) : 윤기 흐르는 검은 머리가 풍성하다.
2 房櫳(방롱) : 창문. 창틀.
3 錦書(금서) : 부인이 남편에게 보내는 편지.
4 覺來慵(각래용) : 꿈에서 깨니 정신이 나른해짐을 느끼다.
5 勻面(균면) : 분으로 화장한 얼굴. 臉珠(검주) : 얼굴에 붙이거나 머리에 매다는 보석 장식.
6 玉郞(옥랑) : 남자의 미칭.
7 淑景(숙경) : 아름다운 경치.
8 顒望(옹망) : 고개 들고 응시하다. 옹(顒)은 고개를 들다.
9 愁緖(수서) : 근심.
10 羅幌(나황) : 비단 휘장. 粉屛(분병) : 흰색 병풍. 곧 그림을 그려 넣지 않은 병풍.

【감상】

규원사(閨怨詞)이다.

상편은 봄날 규방 여인의 몽경(夢境)과 꿈을 깬 뒤의 우수를 썼다. 첫 2구는 여주인공이 머리 단장 끝내고 말없이 창가에 기댔음을 말했다. 다음 4구는 편지가 전해져 꿈에서 상봉했으나 꿈에서 깨니 몸은 나른해져 눈물이 화장한 얼굴로 흘러, 얼굴에 붙인 보석 장식과 어우러짐을 썼다. 이때의 심리는 "각래용(覺來慵)" 3자에 집중된바, 나른해 힘겨워짐을 강조했다. 끝 2구는 임 생각이 절실해짐을 썼는데 곧 그 임이 어디에서 어떤 여자와 좋은 경치를 대하고 있을까를 상상하면서 슬픔에 빠진 모습을 그렸다. 슬픔에 이른 경과를 "용(慵)"에서 "상(想)"으로, "상(想)"에서 "수(愁)"로 단계적으로 옮겨감을 그려 맥락을 분명히 하였다.

하편은 여자의 눈에 보이는 잔춘(殘春) 경상 묘사로 무한한 우수를 드러냈다. 첫 2구는 작은 누대 안에서의 "춘사무궁(春思無窮)"을 토로하여 다음 구부터 끝구까지 "춘사무궁"하게 된 연유를 술회하였다. 다음 3구는 버들솜인 "유화(柳花)"가 봄바람에 날아오름을 썼다. 이는 곧 그리운 정이 버들솜이 되어 임을 찾아 떠도는 신세가 됨을 우의(寓意)한 표현이다. 끝 2구는 해당화 지며 봄이 감을 썼다. 그리운 정과 석춘(惜春)의 서글픔을 경(景) 속에 녹여 냈기에 우수에 찬 모습을 보는 듯하다.

이 사는 농려(濃麗)한 수사와 포서(鋪敍) 기법으로 소박한 정을 함축함으로써 깊은 여운을 남길 수 있었다.

진정작은 ≪운소집≫ 권1에서 "꿈속에 떠올렸네"란 꿈을 꾼 그리움이 있어서니 눈물 흔적은 핏자국이다.(因想者, 因夢而有想也. 淚痕血點.)"라고 평하였다.